国家出版基金项目
NATIONAL PUBLICATION FOUNDATION

徐旭生文集

第 八 册

中华书局

日　記

目　録

西游日記(一九二七——一九二九年)

一九三三——一九四八年日記

一九五四——一九六六年日記

一九一〇——一九一七年日記

一九一〇年

日記①，所以程功過也。余之尤悔叢集矣，而日記之作，復時作時輟，惡日以長，善日以消，余其終於迷復乎！今定自庚戌年七月十六日起，日日作之，苟非大故，無敢輟焉。讀書觀世，或有所見，亦附記之。其於求寡過之義，庶幾其有合乎！

七　月

十六日，昨夜蚊甚多，不能安寢，將曉始眠，起甚晚。天雨，華教習告假。下午外國輿地教習未到。下堂後觀《蕺山先生人譜》，然弗能沈潛有得。

吾人之所沈溺者，不外名利兩端。現在痛自省察，覺利如美疢，雖未入口，而遇其當前，恒欲□□□□□②強自鈐制，而根

柢深固,殊難解脱。名則如汪洋大海,陷溺已深,雖欲拔足□□
□①。此二關未破,一旦畢業後欲出以泛應天下事,其不敗者幾
希,後當痛改。

閲報,言新疆又兵變,巡撫逃出城外,國事可勝浩歎。

近日身體甚不佳,時患氣促,當静以養之。次重來,聞嵩希昆
仲、孟華同至,寄塵亦到。

十七日,昨夜睡頗酣。夢同父親入一廟中,轉瞬不見父親,驚
呼不得。遂醒,心中怔忡不已。蚤起,天雨,甚寒。寫字數行,看
《四書反身録》數張。飯畢,到次重處,與次重下圍棋兩盤。
晚歸。

莊渠先生答唐應德書,略謂朱子言舉業是一厄,詩文是一厄,
簿書是一厄,只此三厄,埋没了天下多少人才。願應德卓乎萬物
之表,莫以此等攖心。若謂此是正業,是指尋花問柳與力穡同也。
竊謂此言似過。人若能知道,則舉業固不足言,而詩文、簿書,皆
志應世者所當有事也。譬諸治田,志道如藝黍種粟,苟秋成至豐,
亦須種菜樹果以供用。若悠忽度日,道體薾然,則如久荒之民,菜
色鳩面,縱身材長大,亦無能爲一夫敵矣。因讀《四書反身録》而
有見若此,附記之。

十八日,早起,寫字數行。下午交涉教習請假。下堂,同逸夫
到次重處,圍棋數局。歸,看《金剛經》,念洋文,又寫字數行,乃
眠。近日多亂夢,心不清之過也,當慎之。

十九日,早起,寫字。下午算學教習請假。無堂,到次重處圍

---

① 編者注:原稿此處無法辨識。

棋。飯畢,借次重錢一元,到郵局,爲定法文報事。已晚,返。看
法文小説數張,寢。湖南募賑,借體剛洋□□①元捐入。法文報
價,仲芳代出。囑沅芷出城取洋十六元,還味芬債十四元。

　　□□②寢時,忘作日記,此係二十日補作。自今以後,定於打
睡覺鐘時,無論欲睡否,必作每日日記;如欲仍看書者,作後再看,
慎之勿忘。

　　近日游戲過度,繼自今非星期,非有要事,勿得出焉,其可乎。

　　二十日,早起,補作昨日日記,寫字。下午國文教習告假。到
郵政局匯洋六元到天津,定法文報,還體剛、仲芳錢各一元,買郵
票費錢一元。飯後寫字。發快信與彭右文,爲薦英文教習及爲二
哥謀事。事畢,稍看洋文即寢。午後天陰,約五點鐘時雨,天氣清
涼,至寢時尚未住。琬垂今日到堂。

　　二十一日,早晴,起甚匆忙。上體操者僅十二人。海帆昨日
到京,今朝上堂相見。近日同學失錢者紛紛,可爲一驚。接澤生
自陝來信,晚飯後作信復之。又作法文信札,未畢,鳴睡覺鐘,
遂寢。

　　睡後多噩夢。古人云:當於將睡時整頓心神,勿使走作。今
試爲此工夫,觀其有效否。

　　二十二日,起少晚,續昨晚所作信札。未畢,鳴上堂鐘,即上
堂。法文報收到,但缺四日,寫信往令其補足。下堂後看報。晚
完所作信札,遂寢。今日氣促頗甚。

　　二十三日,起讀法文詩。下午算學教習告假。本欲到郭復初

----

① 編者注:原稿此處無法辨識。
② 編者注:原稿此處無法辨識。

師處，聞次重言復初師不在學堂，故未果。到次重處，觀濟臣與次重圍棋。晚餐後□□①海帆處，與海對局。還，沐浴畢，鳴鐘，就寢。

二十四日，□□②睡頗晚，夜中又多臭虱爲患，眠甚不佳。早起到天津銀號，取洋五元。後到琉璃廠，購墨海、筆帽、水筆頭等物。還海帆洋二元三角。游農事試驗場，遇顧湛然，至五鐘始返。氣促愈甚，看《國風報》數段即就寢。從廠甸返時，遇監國到鹿相國宅吊喪。將眠時，雷電交加，有雨徵矣。

二十五日，接家信一封。下堂後到次重處對局。請岫齋晤少岩先生時替二哥謀事。晚歸。今日氣頗舒。

二十六日，昨晚既睡復起，傍十二鐘時乃睡，今朝晏起。下午下堂後到復初師處一談。晚歸。作算學題數道，就寢。今日氣頗舒，然傷風頗甚。

二十七日，早起，將衣服整理，寫信與彭璣堂。晚洋文功課未作，寫大字數張，寢。

二十八日，早起，體操。下午到次重處。餐後晤璣堂。歸，看法文報畢，就寢。

《易》曰："日新之謂盛德。"故爲學無他，能與日俱進而已。余近日玩愒度日，無能改於其德。金璧光陰，去而不返，没世不稱，君子所疾。炳昶乎！炳昶乎！汝家在締造之中，汝國在危難之際，天下事皆汝事，汝平日自許何若，而竟將隨俗浮沈以終身

---

① 編者注：原稿此處無法辨識。
② 編者注：原稿此處無法辨識。

乎！不爲聖賢，即爲禽獸，曷□①弗懼，曷可不勉！乃對曰：唯弗敢忘，吾其銘諸心，鏤諸骨，勿輕言□□□②而又躬自蹈之也。

二十九日。善之不進，由過之不改。吾今荏苒蹉跎，日復一日，陷溺深矣，弗能自拔，其將何以爲人？故舉悖德之事，條列於此，使後有所戒，勿致再蹈覆轍云。一戒博弈；見人博弈，可勸止則勸止之，否則避之勿觀，寧嚴勿流。二戒讀艷詞艷詩；此戒最易犯，戒之。三戒賭酒；四戒負氣；五戒游思出位。此五戒須極力遵守，即稍涉思及此，亦須嚴爲斬絕。君子小人之界，於此焉分，不可不慎也。

早稍晚。下午國文、交涉、理財教習皆請假。與岫齋言游明陵事。晚餐後到操場踢球。燈下作洋文論説，未畢，鳴鐘寢。

箕子之祀，不血食矣，唇亡齒寒，吾儕能無懼乎！觀韓志士求援萬國之電，未嘗不悲其志也。烏虖！

三十日，早起，看《四書反身錄》。下午算學教習到遲，未上堂。昨日岫齋與余商訂游事，余曰："走昌平州，謁明陵，登居庸，可乎？"岫曰："善。"今日岫來，言："曷不先觀頤和園，登玉泉耶？子若願，余即出摒擋各事。"余初頗懷狐疑，後以久有游玉泉之志，今日始克踐其言，遂許之。下堂後，同岫齋、體剛、霽雲三人雇車出游。到海淀用晚餐後，命車夫駕車游圓明園。車夫不願，强之而後可。將到時，道□□□□③既至則有三五宮監攔門，曰："此中荒涼滿目，無可觀覽，請諸君返。"□□□④答以既到此，須

---

①編者注：原稿此處無法辨識。
②編者注：原稿此處無法辨識。
③編者注：原稿此處無法辨識。
④編者注：原稿此處無法辨識。

一入觀方好。乃有一阿監引入。既入，則斷墙圮路，瓦礫滿地，登高一望，低處滿蒲葦，平處藝穀黍，殿閣遺址，邈無存者。麥秀黍離之感，當不過是，爲太息者久之。遂反海淀，宿焉，久談始睡。

此爲八月初一晚歸來補記，書罷已鳴寢鐘，本日日記太長，不及作遂寢。

八　月

初一日，早起，食甚飽。飯後駕車到萬壽山，先至外務部公所，蔚灃、明齋尚未到，少坐即出。到園北一游，水清景麗，參差荇菜，蕩漾水上，已足一豁心目。反公所，少頃，味、明二君至，談片時，至其大樓上參觀。大樓者，其招待異國人處也，陳設頗華。即出，游頤和園，園門東向。入園門二重爲仁壽殿，殿前銅龍鳳及魚缸各一對。龍鳳背有蓋，開之，見其腹中臟腑具全。魚缸周圍丈餘，前有“天地一家春”圖章。後所游，每殿前皆有此物。魚缸或二對，亦有以鹿鶴代龍鳳者，皆銅質。路數轉，昆明湖突現眼前，山色湖光，成爲一片，環以周欄綠柳，間以橋梁，玉泉塔影矗立。體剛曰：“此非西湖之雷峰塔乎？何此湖似西湖之甚也。但此湖略小，不能如西湖之一望無際耳。”惜余未曾到西湖，不知所言之果當否。路右轉，未幾仍左迴，南向者爲樂壽堂，孝欽顯皇后駐蹕所也。出門，復行周廊下，過對鷗坊。入門，右雲錦殿，左玉華殿。在重門下飲茶，息少時，復入，左芳輝殿，右紫霄殿，中排雲殿。東走，漸登山，見一大理石坊，上有純皇帝御筆。前進爲寶雲閣，周圍上下皆以響銅爲之。中有響銅案一，古色斑斕，幾莫之識，辨爲乾隆二十年所造。因歎曰：“非太平盛時，國力豐富，烏能爲此？”惜上方銅隔子庚子亂時爲人偷去數塊，迄未能補，恨恨。又進，爲十方閣。穿石洞,到佛香閣。閣後爲衆香界,則山之最高處也。閣高四重,下有金佛一,侍立金童二。内無梯,不可攀擠。適其上有所修補,乃攀工人所駕之梯登其下層,全園在望,湖水澄清。是役也,梯高二十餘級,岫、蔚二人弗敢登也。下穿石洞,曲徑幽邃,紛糾特甚,非有人引導,幾迷所向。出,復到排雲殿前重門下飲茶。出門,再由周廊西行。欲以重價雇船泛湖,不可得。遠望湖心之龍王廟。又西行,見一輪船翼然岸次,裝飾頗麗,近則知乃以大理石爲之,輪檣具備。登船樓飲茶觀湖,致足樂也。坐後大鏡一具,湖光人影,一鑑分明,此時身如在瓊島間矣。下船而陸,過小有天,回向東行,路漸高。繞出山後,野花生香,安棗半紅,別是一番佳景。至山腰,有一亭在上,少息飲茶。復行,出衆香界,後爲轉輪藏。藏高二重,而其頂與佛香閣頂齊,足徵地勢之高矣。衆香界後面額題"祇樹林"三字。又東,有平臺。漸下,至山下有頤樂殿,孝欽顯皇后當日觀劇處。舞臺三重,下有□①五,上安機括。萬壽日傳衆伶人演《羅漢渡海》一劇,群佛自天下,鰲魚自海内出,向外噴水;劇畢,群佛復升天界,可謂大觀。兩廊爲賜文武各大臣觀劇處。余儕在舞臺上飲茶片時,即出,時十一句鐘時也。此游也,園内地約到其半,所歷之宮殿樓閣莫可殫記,記其大者而已。然吾意在玉泉,故速游即出。在衆香界可望玉泉三塔及寶禪寺。出園後復到公所品茗,乃命駕往玉泉。途次雖山青水秀,而頗有塵埃。至有人引路南行,松柏夾路,幽雅可人,天然之妙勝萬壽也。路數轉,至龍王廟前,有純皇帝所題"玉泉趵突"四字,兩

---

①編者注:原稿此處無法辨識。

傍有詩並行草。再轉，下至泉水湧出處，有純皇帝所題"天下第一泉"五字，並有御製"天下第一泉"碑。碑離地頗遠，攀石根觀之，幸余目力尚健，略可辨讀。略言水以質輕爲貴，曾比較諸水之重量，此泉之水一兩，則惠山、金山、虎邱、西山碧雲寺內諸泉水，或較重一釐，或較重二釐及三釐，有至一分者；若雪水，則較此泉水少輕；而地中所湧之水，究以此泉水爲最清，故稱爲"天下第一泉"，云云。水極清，酌一杯飲之，清爽滲入心脾，梅花和雪，當不過是。飲罷登山，時甚爲高興，躍而上，至山腰，有亭在上，少息，復登至山巔。岫齋不克登，又下，扶以上。山上風甚涼，四望可百餘里，景山如埒，京師叢碧一片而已。見昆明湖，息，至兩點半鐘乃下。始甚崎嶇，鄉導曾跌倒一次，其險可想。此上爲初二日所補記，記至此，天已晚，就寝。下至山足，復取水，飲杯餘，遂出，言旋，到外務部公所少息，即行。到海淀取行李，開飯宿賬約三元餘。七點半鐘到館中。又同體剛到岫齋處用餐，畢，歸，補作昨日日記。聞監督因今朝行禮人太少，將查不到並不請假者記過一次，則同行諸君均不獲免。然今日之游樂甚，殊不以此芥蒂也。將睡時尚有餘興，遂寝。是行也，費用每人約須三元之譜，余往時借沅、明二人各一元，不足者岫齋補之，後當奉還。玉泉山腰佛殿中，佛首皆於庚子年中爲意大利兵士所斷，慈悲如來竟不能保厥元，悲夫！佛法大乘，本無像設，芸芸衆生，何能以法相見世尊也。碧霞禪師畏寒，取佛像燒之，爲師所呵。碧霞曰："我燒取舍利。"以是例之，則頭顱之斷亦何傷於我佛哉，噫！

　　同游諸君子，目力以余及體剛爲最佳，他人所不能見之匾額碑碣，余二人能察知之，然竟有遠望以爲然而近觀乃大誤者，以是悟質鈍者之不能知，而聰明者之又多誤也。宇内萬理，莫不如是，可弗兢歟！

歸次，車中擬作《玉泉山歌》，因韻生未能就。以上爲初四下午所補記。

初二日，早起。下午交涉告假。發河南府家信一封。補作昨日日記，未完。與伯剛言名，余以名心非嚴爲鋤絶，不足以成大事。伯剛則謂名心不必盡斷，意見頗有異同。晚飯後打球，罷，沐浴。補作前日洋文功課，仍未畢。晚，就寢。

前日言所戒五事，尚有一事當戒者，喜看小説是也。補誌於此。

所戒五事，末二事戒之甚難，當重申禁令，使勿敢犯我境界。他若各種私欲，須竭力與之鏖戰，死生以之。勉旃！勉旃！一敗塗地，汝辱何似也。

近有一友人一小事極對余不住，雖未發作，心中甚爲忿忿。夫以友人善則愈親，可也；否則漸遠之，亦可也。何至以一小事而欲絶數年之舊交？況終日在一處，諸事豈能盡無失處？以一小事而絶舊交，人其謂我何①？慎慎，後當勿爾。

初三日，早起，看《四書反身録》數張。下午下堂後出城取錢十元，買鞋一對。到椒岩公館，晤姊氏及椒岩、瑞岩等。晚宿焉。

初四日，早起，回學堂，借得《亭林先生遺書》八本，《蘇詩選》《顧注韓詩》各一部。下午理財、國文教習告假。還明、沅二君洋各一元。晚餐前後擊球。上燈後念法文詩，看報；作信札，未畢，

---

①編者注："何"，原誤作"問"，據文義改。

寝。私欲雖極力鋤絶，然乘間即發，富彦國先生"防意如城"之語，大有至理。吾人能乘旦晝之氣，利用羞惡之心，以濬吾人固有之靈明，則得矣。

初五日，早起，上體操。華教習告假。到明齋、海颿寓所小談，歸。看《四書反身録》數張。神昏氣惰，不克自持，遂伏案睡去。夫以志氣昏惰如此，而欲以進德修業，豈不難哉！午後倫理、歷史教習請假。下堂後因次重邀，遂與濟臣同到次重寓。翻閱《曾文正公日記》，意甚輕之。夫曾公之爲學，極自刻苦，克己勵行，事事求是，吾輩比之尚不能得其萬一，而竟敢藐視前修，真可謂下愚不移者矣，後當痛改。濟臣與次重對局。余到岫齋室内，適海帆亦來，因互相談論。余則涉於誇誕，不能深入以探理原。胡厚坪來，多戲語。飯後同次重到大學堂，復初師不在家，到彝仲老伯室内談論。彝仲先輩推服復初師備至，以爲欲再求一人，恐將不可得。又言《文心雕龍》論文最佳。劉舍人爲楊子雲後韓退之前一人，其識所獨到，柳子厚、李習之有不能及。又問關於河南地理古迹多事，余所答有不誠處。反，到簡齋寓小座，見所購得鄂忠烈墨迹一軸，甚佳，遂歸學堂。余讀書不能有恒，最爲大病。如看吕新吾《去僞齋集》未畢，换看李二曲先生《四書反身録》，未終讀，又復抛去，其餘半途而廢者，更難悉數，徒爲涉獵，邈無所得。自今起，《四書反身録》讀畢，始准讀《去僞齋集》，又畢，始准讀他書。以《亭林遺書》參之，蓋借人書不得不早看早還也。慎之，慎之。

初六日，起，用過粥，擊球。八點半鐘行禮。後復擊球。約九句鐘，微雨。到次重寓所。岫齋讓食，即食，食後小坐。天頗寒，即還換袷袍。午餐後到寢室。睡起看報,見韓人某上濤邸書,心爲悽然。閱亭林與人手札,志爲奮,神爲肅。讀《四書反身錄》。晚餐後與新吾談論。次重來,共看《吳梅村詩集》。次重言梅村詩作得便宜,故未能登峰造極。其言頗有意義。去後續讀《反身錄》。作法文練習信札,未畢,遂寢,然天已晚。

有子曰:"信近於義,言可復也。"昨日誠齋約游農事試驗場,意不欲往而漫應之,後追悔已無及。幸今日天雨,故未往。不然去則失時,不去則傷信矣。後當戒之。

初七日,起頗晏。下午算學教習請假。無事。到次重寓,又到明齋寓小談,誠齋同來,借《中國歷史》三本。誠去後,取老杜《洗兵馬》讀之,見其雄氣犇放,無半句庸腐語,讀此等詩,真令人豪情頓長,少陵於詩,可謂聖手矣。飯後又到明齋寓,則正在方城下酣戰。去到次重寓,彼又與章康平對局。乃取其案頭之《杜詩鏡詮》,翻閱數十首,遂歸。與裔介眉談論,語大而誇。又同介眉到操場,遇用九,與立談多時。反齋舍,作日記,罷,寢。

今日心體頗爲不靜,極力鎮之,然未知終能戰勝否。當此一髮千鈞之時,人禽關界,不可不慎也。

亭林先生曰:"於海闊天空之中,一旦爲畜樊之雉,才華累之也。"世之恃才逞智者,可以鑒矣。

初八日,昨晚睡,在床上借霽雲《國風報》二本讀之,約過十二句鐘乃睡,故今朝起頗晚。食粥畢,到明齋寓。同誠齋游農事試驗場。天陰頗寒,費銀蚨一塊餘。還,到海帆處晚餐。歸,稍擊球,即反齋舍。讀《四書反身錄》五張,看法文報,抄單字二十餘,寢。

今日在車中計畫每日抄洋文有用單字二十五個，洋文或能進功，然今晚試行，又似甚非易者，須另尋一善法，使可常行不間斷者，乃爲善耳。

又今日在車中看《日知錄》數張，此數張係講《周易》者。然《周易》本文遺忘略盡，不知所語之爲何者多事，心中殊爲悶悶。少壯不努力，老大乃傷悲，此即其小影也，可不懼哉！

初九日，昨晚天甚寒，今早起頗晚。下堂後擊球。晚與饒君談，觀其詩頗清真，惜無奇氣。談畢，十二句鐘矣，乃寢。

今晚談過久，心又棼亂，須極力鎮之，勿忽。

初十日，起頗晚。華教習告假。往時多主極力誅黜名心，昨日忽有所疑，以謂爲己者，雖仁人君子之所極力排抵，然亦人類之共有心而無庸諱者也。根器淺薄之人，曉之以利害；稍上焉者，動之以名譽，有所希冀，斯有所率循矣。苟名心都盡，不將四大皆空，天下事無人過問乎？昨晚與饒君爭辨，斷斷如也。睡時細思之，饒君言頗有理由，彼時之所以不合者，未之思故耳。夫人類爲己之心，種之於極初之時。然荀子曰：人之所以爲人者，以其能群也。經數千年聖人賢士之所陶育，樂群之心已成爲人類之遺傳性矣。如見其群中有一人將陷於溝壑，有不披髮纓冠而救之者乎？吾人誠能擴其量，恢其識，推其惻隱之心，以充乎仁之極至，則名心黜盡後，於以泛應，攸往咸宜。天下事皆吾分内事，視天下爲一家，視中國猶一人，所謂孔席不暇暖，墨翟無黔突者，莫不由此，又何患於塵根俱净而逃於虛空乎？嗚呼！無欲而好仁者，無畏而惡不仁者，天下一人而已矣。人而不欲爲天地間第一等人物，則亦已耳。苟其不然也，尚冀其於名心加之意也，噫！

湯,大聖人也,而其盤銘則曰:"苟日新,日日新,又日新。"自新之義,顧不重耶? 夫學如逆水行舟,不進則退,滔滔洪流中,豈有汝駐足處? 自吾作日記,於今將匝月矣,德無寸進,稍自省察,即千孔百瘡,無可療治,乃復悠悠忽忽,日甚一日。炳昶乎! 炳昶乎! 汝其甘於下愚不移乎? 奈之何其弗稍振勵耶!

早晨剃頭,工錢尚未與之。讀《名臣言行錄》數張,作算學題數道。下午下堂後與逸夫、朮芳談,肆爲狂誕。晚餐後擊球,甚乏。回齋舍,看法文報,抄單字十餘,寢。

接長兄信一封,係由椒岩處轉寄來者。前數日,曾接長兄自陝來信,竟忘記日記,可恨。還岫齋洋一元。沈君覲寅取《壯悔堂文集》一部。

十一日,早起。下午交涉教習告假。下堂到次重寓,與次、岫談中國事,不禁爲之長太息。晚餐後反堂內擊球,畢,吳笏卿來談。去後,抄單字十餘,寢。

傳聞甘肅又兵變,一年之中,兵變者不下五六起。竊謂銅元之害,有識者憂之。現度支部極力挽救,其害尚未極也。中國兵制若循此不變,不出數年,大局糜爛矣。暇當詳考而備論之。

報上言洛潼鐵路已修成六十里,股款收足三分之一,聞之不禁雀躍。然工程浩大,難者在後,更願吾諸鄉先生力任其難,勉成此路,亦吾鄉之光也。

十二日,下午下堂後看法文報。晚餐後擊球。上燈時與伯剛、仲芳、敬存、用九立月下談多時,歸,抄單字十餘。寢。

十三日,下午上國文堂時,取亭林先生詩集觀之。先生雖不以詩名,而氣魄雄勝,無一點齷齪氣,其抱負躍然紙上,讀之自令人精神奮發。與勤信昆仲、則君商議明日到復初處拜節。下堂，到岫齋寓，爲借衣服事。到信孫處。晚餐後與次、岫談論國事，歸。欲少看書，伯剛約同賞月，遂到月下痛談。伯剛欲畢業後組織一強國政黨，余極力贊成，至時余必助一臂之力，置成敗於度外，盡吾力之所能爲者而爲之。近來時勢太逼人，雖欲偷安而不可得，綆短汲深，深用恐懼，勉之而已，無多言。伯剛作事，才具大勝，余所不及，魄力亦佳。

十四日，昨夜作日記罷，又與伯剛、逸夫倚欄長談，至十二點鐘始就寢。床頭又取地理講義少觀之，故今早起頗晚。下午地理請假。下堂後同則君便衣到復初師處拜節，適師出門，未見，送節敬二元，門敬二千，歸。賞聽差人等節錢廿餘千。晚餐後到次重寓，遇彝仲老伯，談次，彝仲前輩言大江南北有一學派甚秘，莫悉其傳受所自，倡之者係揚州人周太谷，其後有李某、張某其人_{其名余忘之}。毛實君爲李某弟子，即係此派中人。喬茂萱亦係此派中人，有言係泰州王心齋之支裔，然莫能明也。歸，同仲芳、伯剛、术芳、沅芷、錫侯、介眉到操場飲酒，樂甚。飲罷，擊球爲戲，月光之下，洵足樂也。天頗晚，乃寢。借海帆洋三塊。

十五日，起頗晏。出城到椒岩公館拜節，賞其下人錢十六千。又同瑞岩到與臣先生公館拜節。瑞岩先歸，坐少時，欲歸，與臣先生酷留在彼處過節，乃止。晤春泉、靜侯、暢亭、又堂諸人。席散後，與春泉、暢亭重到椒岩公館，見姊氏。席散後，天已晚，因留宿焉。與瑞岩諸人戲弄麻雀，至夜分乃寢。晨出時借沅芷洋三元。下午後天微雨。_{此係十六晚補記。}

十六日，早起反學堂，代沅芷借《紀效新書》一部。華教習請假。看御批《通鑑》十餘張。與伯剛談移都庫倫事,時沅芷亦在坐,皆不甚以爲然。伯剛言"使余當國,余欲遷都滬濱",余極不贊成伯剛之言。伯剛又言"君意可著爲論説,登之報章,以與都人士共研究之",余頗然其議。但余於蒙古形勢未甚明晰,故且從緩。午餐後理財教習告假。天頗寒,余衹衣單衣三件,且昨晚睡甚遲,上交涉堂時困甚,下堂後覺甚寒,故體操告假一鐘。再看《通鑑》。晚餐前後擊球。燈下復看數張,寢。晚復雨。

十七日,起天晴,頗寒。下午算學教習告假。出,同柏雲到岫齋寓。反,擊球。晚餐後,因誠齋明日將南旋,到寓相送。反,與伯剛、則君劇談頗久,寢。

十八日,昨晚已上樓,將就寢,伯剛、沅芷約同看月,乃倚欄對談,因論整頓蒙古東三省之緩急,意見頗不甚合,至十一二點時乃寢。今朝起頗晏。看《仁學》數十張。陰雨連綿,天甚寒。下午惟有理化一堂。晚餐後與沅芷、公望、介眉諸人皆談少時。又看《仁學》數張。與伯剛談論,覺甚困,反。作日記,罷,寢。

譚復生自是豪傑之士,然其《仁學》一書,陳義殊爲粗淺。蓋學者之求學,以真理爲鵠,使其爲真理也,雖振古及今無一人言之,亦不妨自我作古,極力闡發之,以使大明於天下。然古人學派互有異同,古人之言各有真意,爲學者當綜其所以同,析其所以異,雖其意在疑似之間,亦當精以察之,勿屈其意以從我,否則微論其主張之未必是也,即使古人盡非而我全是,而其爲學之塗術,終有害而無所利。復生欲伸其進化圖新之説,則謂《論語》"述而不作"之文爲劉歆所竄入。然夫子修明六藝,考夏、商之禮樂;其孫子思子,贊其祖之德則曰"祖述堯舜,憲章文武",豈子思昧厥先德,必待數千年後復生始紹厥墜緒耶? 且其書所言,大抵不越乎"人有靈魂,不生不滅"之八字,而其界限不嚴,遂攔入破善惡一說。夫善惡固無定耳,然人群固有利害者也,利害生而善惡之名立矣,烏得而破之。又仁學者,形而上之之學也,不能純正精微,發明仁道,而於經世瑣務,輒復叙入,體例條段之不明,愈言愈支離矣。甚矣著書之不易也。此段爲十九日補記。

十九日,起。華教習告假。理髮,並給上次工資。到東安市場購賣茶葉等物。反,看《通鑑輯覽》數張。下午外國歷史教習告假。晚餐前後擊球,罷,叔大問處世之宜,余告以"剛訥"二字,然此二字,余能言之而已,不能行之也,愧甚。又看《通鑑》數張。寢。

二十日,下午國文、交涉、外國輿地教習皆請假。晚餐前後擊球。燈下作法文翻譯及練習,畢,寢。

今日閱報,言日本要遼陽作都城,殊駭聽聞。此信雖難判其確否,然中國大勢已屬岌岌不可終日,而上下方宴樂如故。國其淪喪,我爲臣僕,言念及此,不覺潸然。烏虖! 余乎! 汝其爲弱喪而不知歸者乎!

二十一日,昨晚就寢後,有懷昆仲,作短歌一章。今朝早起寫出。下午外國輿地教習未到。算學王教習到堂,言因病不克與諸君子共晨夕,此堂可並入顧教習受課。下堂後到海帆寓小談。又到次重寓,在岫齋處食蟹,晚餐後取次重所贈世界暗射地圖歸。與用九、敬存、卓如少談。寫河南府家信一封,將短歌寄返,畢,寢。今日上學期榜發,余取第七,平均分均得九二·六七。

二十二日,昨晚登樓後與伯剛談,約十二點時方就寢。今朝起頗宴,起後心内甚不靖。出城,同沅芷到豫學堂,晤璣堂、丹峰、隆吉諸人。回,同沅芷到琉璃廠,購《蒙古地志》一本,《蒙古游牧記》一部,費洋二元,借沅芷洋一元。返,到樓上少眠。晚餐後到算學王教習家送行。歸,看《蒙古游牧記》約十張。寢。

二十三日,昨晚上樓,看《蒙古地志》數張,乃寢。今朝起,看《蒙古游牧記》數張。接河南府家信一封。下午理財教習未到。又看《游牧記》。晚餐前後擊球。晚又看《游牧記》數張。寢。

二十四日,早起。下午下堂後,對直隸暗射地圖。晚餐前後擊球。燈下看《蒙古游牧記》十數張。寢。

二十五日,華教習告假一堂。接長兄自陝來示一封。下午理化、國文教習皆請假。對直隸暗射地圖。晚餐前後擊球。燈下看《蒙古游牧記》十餘張,讀韓文公詩二首。寢。

文公詩光怪[1]陸離,萬變惶惑,波浪雲湧,不可方物,竊謂作詩而嫌調熟及無氣勢者宜讀之。且其起落承轉,無不峻厲峭險,尤易啟人神智。吾於少陵之詩,望洋興嘆而已。

二十六日,昨夜睡不甚佳。下午外國歷史教習請假。本欲到法律學堂尋魏縵卿,後因電話不通,恐訪之不遇而止。到次重寓,在彼處晚餐後談論許久乃歸。與伯剛、叔大論人類腦力進化退化事,爭論頗劇,然茲事體大,非一時所能辨析,遂止不議。又論政治、宗教各事,至十一點鐘方寢。

二十七日,本日為至聖先師誕辰,放假一日。起看《蒙古游牧記》。剃頭,工資未付。九點鐘行禮,畢,擊球。午餐後看《游

---

①編者注:"怪",原誤作"離"。

牧記》,畢內蒙古東四盟。復擊球。晚餐後又擊。燈下又看《游牧記》及法文報。寢。

二十八日,華教習告假。下午外國輿地未到堂,只餘算學一堂。因告假出城。先到法律學堂,晤魏緱卿、李蔚如。又到南半截胡同換洋一塊。晚到琉璃廠,購印色一盒,費銀五錢。又到珠寶市取洋五元。余之到椒岩寓也,香圃、瑞岩、伯恭強弄麻雀,輸錢二十餘串,因返取洋一元及錢票八串付之。晚復強弄,余堅不欲,乃止,換人弄,余坐觀之。至一點時乃寢。此爲二十九日補記。

二十九日,起,在椒寓早餐後,出到豫學堂,晤璣堂、耿齋。謁右文及張子進兩鄉先生,與子進坐談許久。余嘗聞子進之才識俱高出群輩,然此次係初識,亦弗能深談也。歸,過琉璃廠,遇伯剛,購得《椒山先生全集》及《蒙古志》各一部,價各一元。返,到海帆寓,還海洋三元。在彼處晚餐後,談多時乃返。天已晚。飲茗,作日記,畢,即寢。

九　月

初一日,因前晚失眠,故昨晚睡甚困,然有噩夢。今朝起頗晏。接澤生信一封。晚餐前後擊球。燈下寫陝西家信一封。看《蒙古志》言界約一篇,然地圖太不完全,殊屬茫然。又看《游牧記》,剛二張半,鳴鐘寢。

昨日進城時,在人力車上少困,今朝覺傷風,然不劇。

初二日,下午算學教習告假,無堂。看《游牧記》數張,讀椒山先生自作年譜,伏案少寢。起,尋用九少談。晚餐前後踢球。燈下看《游牧記》,畢內蒙古六盟地。讀《民約論》十張。鳴鐘,登樓。

初三日，昨晚登樓後，又看《民約論》數張，寢。今朝起，看《游牧記》數張。晚餐前後踢球。燈下看法文報，讀《游牧記》及《民約論》各數張。早寢。

初四日，終日微雨，天頗寒。上午下堂後，同沅君出到岫齋寓午餐。下午下堂後，雨少止，踢球。晚餐後復踢。燈下弄啞鈴多時，少看法文報，讀《游牧記》約二十頁左右。鳴鐘，又取韓詩，朗誦數首乃寢。

現俄人窺伺蒙古日急，北藩防備單弱，不足以資戰守。外蒙古疆域極遼闊，而舊額兵僅九千餘，又皆專恃騎射，槍銃之不知，遑論近時火器，則一旦邊塵有警，不足用也。庫倫一地爲漠北第一要衝，而綜直隸、吉林兩省分防兵，不過一千八百餘人，又添募蒙古兵二百餘人。烏里雅蘇臺、科布多雖各有每年輪防兵三百餘人，而可用與否，尚未可知。以廣五千里、袤三千里之地積，而可用之兵僅有此二千人，不亦危哉！爲今之計，誠宜建庫倫爲陪京，以時行幸；改蒙古爲行省，整頓兵政，以固邊防。即其不能，而北藩兵力必須急爲增加。且土拉河、鄂爾坤河沿岸地脈肥沃，宜於耕種，元太祖曾墾穫焉。而本朝康熙、雍正年間，傅爾丹、穆克登諸人在此大興屯田，成效卓著。日久廢棄，遂致荒蕪，良可惋惜。謂宜及時移民屯種，以給軍實，無挽輸之勞，收固圉之效，利莫大焉。又庫倫現在商務殷繁，然駐兵殊未必爲善地，欲得相宜之地，非得嫻悉軍略者親身歷勘，不可據紙上故迹以求之，殊難悉中機宜。此事關係至大，吾國人所宜注意也。

初五日，晨晴，午時又微雨，天甚涼，晚復晴。下午國文教習請假，理財教習上堂甚晚，同學多已下堂，然彼終上堂。余應告假一點，今日忘之，明朝應補請也。晚餐前後踢球。燈下弄啞鈴，看《國風報》"錦愛鐵路之大計畫"一篇，作翻譯，畢，鳴鐘，寢矣。今日國文無堂，看《蒙古游牧記》，畢三音諾顏部。近來日言進德而德日退，私欲蟠據，欲驅逐而無由。今晨頗萌悔心，其善端之發見歟？然余發願爲善，非一次矣，而終不能，何也？故此次余欲思法以培養之，不持之言急，優游饜飫，或其有所濟乎。

初六日，下午下堂後看伯剛日記。伯剛近日學大有進益，以其日記中自責者多也。余則悠忽時日，過尤叢集，愧甚。晚飯前擊球。少時風甚勁。餐後同伯剛到東安市場，換洋蚨一元。上燈時到整容室櫛頭，並前次工資付之。又到外邊澡堂沐浴，彼中氣息甚不佳，可嘆。歸，同伯剛、錫侯、濟臣坐談少時，飲茗，後即寢。此爲初七日午後補記。

初七日，余近日志氣萎惰，毫無進德，漸趨於下流而不自知。循是以往，人欲橫流，天理消滅，舍聖賢不爲，而同群於禽獸，不其痛歟！茲用嚴加針砭，痛自繩勵，特定規則數條，俾資遵守。勉哉小子，必敬必慎，勿貽汝父兄及同人羞也。一、習勤苦。昔陶公運甓，祖生聞雞，中原多難，端賴偉人，而耐苦者，作人之始基也，故以爲首（此事有實行事數條如下：一、冷水盥面；二、出門非有急事及極罷勞，不得走車；三、早起以六點鐘爲度，無間冬夏。此事所極難能，然所關至大，不得不勉。又每日聞鳴九點鐘，即須作本日日記，記畢，聞鳴鐘，下自修，即上樓就寢，非有要事，不許坐夜。慎之，慎之）。二、養心神。心神擾擾，無事徒勞，惟靜惟定，迺底於正。欲勵斯德，三則必行（一、早起盥畢，或到操場閑步，或在室中靜坐，須塵念靜盡，從靜中觀出

端倪，久之或可有得；二、每日《四書反身録》或《近思録》必看兩
三張，不務多，不求記，優游涵泳，使有自得之妙；三、每日日記後
必書格言數則）。三、勵學業。學堂功課之外，兼爲經世有用之
學，非者勿觀。四、慎言語。此條亦有數目（一、勿道人之短；二、
理非真知者不輕言；三、萬勿輕侮人），能慎行之，可以寡過矣。
又習勤苦條可添下堂後踢球一事，然不得在下第四堂以前，星期
日隨便酌定。余之戒博弈者月餘矣，奕幸未犯，博則兩次，此皆由
不能孤高絶俗而隨俗俯仰也。小人之德草，汝豈甘爲小人哉！戒
之，戒之，勿貳過。

　　早起，吃稀飯罷，整頓書架並書案，見舊法文本子多祇前面有
字，後則無之，有始鮮終，可想見矣，愧甚。擊球。午餐後同沅芷
到海颿處，小坐即歸。復擊球。約二時返齋舍，定前段日程。晚
餐後取白沙先生《和楊龜山此日不再得》詩誦之，神爲肅然。晚
有微月，同伯剛、介眉到西操場，痛談多時乃還。天甚寒。看《近
思録》第二卷三張畢，作日記完，寢。

　　武王《丹書》曰：“敬勝怠者吉，怠勝敬者滅，義勝欲者從，欲
勝義者凶。”錢南園先生曰：“立品必自慎獨始，於人所共知者，而
猶不檢，獨中豈復可問？人禽之界混，則雖破萬卷，適以取罪聖
賢耳。”

　　初八日，早起，然已六點半鐘矣，後當極力矯正。睡夢中多怔
忡不定之態，心之不寧，可爲浩嘆。取《定性書》一篇觀之。上法
文堂時，在堂上閲法文報，見有歐西考古學會在中國西疆土中發
見兩漢時所藏策書，有古本《易經》、卜筮、醫藥之書多簡。中國
古物，幾盡爲泰西人將去，曷勝惋惜。且非西報言之，而吾人竟無

所知，何也？下第四堂時踢球。晚餐後聞有人在金魚胡同德華交通會社演説飛行艇，因同伯剛、沅芷、淑年、叔大諸人往聽。至則尚早兩點鐘，乃到東安市場維新書社少坐。又往，仍早。余等爲不速之客，彼不甚招待，諸人皆忿忿出。余則力辨，謂來時初意如爲此區區禮節也，則請遄反；如其否也，則不宜如浮雲柳絮，無因而來，又無因而去也。然終弗能挽，僅余與伯剛、叔大返。立庭中多時，伯剛亦不耐煩去。然未幾即就坐，濤邸、蔭陸尚咸莅，餘亦多軍界中人。演講尚爲明晰，以幻燈演片數十張，以便講習。演説畢，歸已十句鐘。到岫齋寓，宿焉。與叔大、次重坐談，至一句鐘時乃寢。次重之識有絶人者，惜乎志不足以帥氣。

諸葛武侯曰：“淡泊足以明志，寧静足以致遠。”李二曲先生曰：“昔人謂有道德者不多言，有信義者不多言，惟見夫輕人妄人多言耳。未有多言而不敗者也。”故默之一藥，能醫言之萬病。此爲初九日補記。

初九日，約六鐘半起。返學堂，補作昨日日記，未完。下午下堂後到次重寓，同次重到陶然亭，登城一望。返時清風颯至，蘆花半蒼，蕭然有出世之致。返到次重寓晚餐，畢歸。發河南府家信一封。看《近思録》數張，然心浮甚，不能有得。完昨日日記。

周茂叔曰：“志伊尹之所志，學顏子之所學。”

伊川先生《易大畜象傳》曰：“人之藴蓄，由學而大，在多聞前古聖賢之言與行，考迹以觀其用，察言以求其心，識而得之，以蓄成其德。”

初十日，早起，少静坐，即看《蒙古游牧記》數張。下午理財教習未到。又看《游牧記》，盡外蒙古四部。今日有數同學因下午第一堂時踢球記過，同學不能知幾而以身試法，監督於此等瑣事輕入人罪，蓋兩失之。晚餐前踢球。餐後與伯剛在操場立片時，談源豐潤票號倒閉，近來銀根奇緊，一國經濟界大恐慌事，爲太息者久之。余所存於天津銀號之學費，明日即當取反，免受恐懼也。燈下看《游牧記》數頁，心極不定，乃換看《法學通論》十數頁，借伯剛之《西洋歷史》看十數頁，讀《近思錄》兩三頁。就寢。國債捐不辦，取回洋六元，還沅芷一元。

程子曰："學者爲氣所勝，習所奪，只可責志。"

又曰："言學便以道爲志，言人便以聖爲志。"

初十一日，早起，弄啞鈴，看《蒙古游牧記》數頁。下午在倫理堂上又看數頁。報上言度支部出銀五百萬救濟市面，已歸平復矣。晚餐前後踢球。燈下再看《游牧記》，畢青海諸蒙古，然甚匆匆，略無記憶。翻閱《聖武記》十餘篇。到月下閑步，約半句鐘。到沅君自修室，與沅芷談頗久，借得暗射地圖返，將考察黑龍江地勢。因時已晚，乃取《近思錄》翻閱數張。鳴鐘，登樓。

曾子曰："士不可以不弘毅，任重而道遠。"

昶竊謂《易·文言》"敬以直內，義以方外"之直字、方字最好，故聖賢爲學，所以求直與方也。世之揉直成曲、刓方爲圓者，可以鑒矣。

十二日，早起，弄啞鈴。看地理講義"黑龍江"二張，考黑龍江源流。取杜詩，朗誦數首。今日作國文，首題爲"昌黎以博愛爲仁，試舉孔孟大義以糾之"，次題爲"作讓息貪論"。余作第一題，意思尚屬平常，而文氣極爲餒飣，因近日常不讀書故也。法律教習未到，國文至第四堂時始交卷。晚餐前踢球。餐後同淑芳到東操場少談。欲返作法文功課,而叔大强出館外步月,遂出,至東安門,興盡而返。與伯剛、叔大、术芳諸人坐談文章各事甚久。又同伯剛、叔大同到西操場月下立談。余之所短,在始終不脱厭世思想,對此明月即欲息肩矣,奈何。伯剛近言救國術多偏重於財政,余則偏重於士風。竊謂現在學部若墨守張文襄之宗旨,不改弦而更張,則數年之後,人才消磨净盡矣,何勝浩嘆。反,鳴鐘,登樓。

二曲先生論學大指曰:天下大根本,人心而已矣。大肯綮,提醒天下之人心而已矣。是故天下治亂視人心,人心邪正視學術。凡學在反身,道在守約,功在悔過自新,而必自静坐觀心始。静坐乃能知過,知乃能悔,悔乃能自新。

十三日,早起,看《蒙古游牧記》。下堂又看《游牧記》數張。第四堂時,各堂皆無功課,因往踢球。正興高采烈時,監督命輝檢察將球收去,言近二日不准踢,至星期一再行斟酌,遂返。監督之意,殆謂人皆宜規行矩步,奄奄無氣,而後可至於練勞養性之理。彼毫無所知也。晚餐後同伯剛痛談一切,嘆人材之消乏。吾謂次重人甚骯髒,多玩世不恭之意,然其才識頗非庸常,云云。後又作《哀韓》,未成,寢。

“志士不忘在溝壑,勇士不忘喪其元。”

范文正公曰:“士當先天下之憂而憂,後天下之樂而樂。”此爲十四日補記。

十四日,早起,本欲到豫學堂見右文鄉先生,求資政院旁聽券,兼詢各事,因天微雨,不往。同沅芷到海颿寓,坐談多時。偉臣拉沅芷弄麻雀,余遂獨出。心甚非沅芷之圓通,然不能强之使反,於友道殊未盡也。到東安市場,購《藝舟雙楫》《廣藝舟雙楫》各一本,價洋六角五分,未付之。到帥府園口外修理鐘錶鋪,令彼修理一舊錶。返,午餐後看報。剃頭,工資未付。看《廣藝舟雙楫》,南海先生言學書當舍帖而學碑,其言具有至理,恨余聞見甚陋,於碑板所見者絕少,視其書,未免望洋生嘆耳。登樓,少寢。起,岫來,少談即從到彼寓。晚餐後同次重痛談世局,益信余所見之不誣。歸,視沅芷仍未歸,因到介眉自修室談論移時。返齋舍,補作昨日日記。叔大來,談甚酣暢,至十二句鐘始去。作日記畢,就寢。今日岫齋借存錢摺,取洋錢二十元。

《周易》乾卦九二爲君德,而其《文言》曰:"庸言之信,庸行之謹,閑邪存其誠,善世而不伐,德博而化。"前四語甚屬平庸無奇,爲學者可以知所從事矣。

十五日,近二日皆一醒即起,然大約已近七句鐘矣,愧甚。看《蒙古游牧記》。下午第一堂理財教習未到,又看《蒙古游牧記》。下第二堂時,召遺來談。下第四堂,定議與岫、海、明、沅、偉諸人明日在聚豐堂公讌召遺、伯含,而筱牧、蔚澧、問樵陪之,發信與後三人。出館,到岫寓。晚餐後,伯含、召遺來,嗣潛夫亦至,談論移時,心中甚不高興。爲岫作陪小酌,飲酒數十杯返。同伯剛、介眉、沅芷到西操場月下小談。鳴鐘後又與伯剛、叔大、术芳談論,大爲齟齬。曠觀同學中,伯剛尚屬有志之士,而其論學,則欲於狂狷鄉愿中間另闢一格;其言志也,不敢將宇宙間第一等事挑在肩上;論治道,則不能統籌全局,而欲於一小部分試展經綸。余也處空谷久矣,聞人足音,跫然而喜。迨呼將伯,而知其無能助余,兩間事遂集於余躬。余小子,德涼能鮮,胡能以一身仔肩此重任。

偶念及此，爲之雪涕。然弗敢不懼，弗敢不勉。皇天后土，尚其鑑
佑余，俾無貽隕越羞也。

　　"莫見乎隱，莫顯乎微，故君子慎其獨也。"十六日早補記。

　　"勿以惡小而爲之，勿以善小而不爲。"

　　十六日，約三鐘時醒，遂不能成寐。起秉燭取《易》，到自修
室朗誦乾坤兩卦，恍然如有所悟，復誦一次。時微雨，木末滴聲浙
浙，真修省佳時，然余之氣弗能自振。時覺有鬼魅來攫余，瞑目靜
坐，未能蕭然。因復登樓寢。慨然有室家之思，將明乃復睡着。
有噩夢，倏而此，倏而彼，不知此心於何往也。將七句鐘起。方余
夜起時，天尚清朗，片時後，大霧迷漫，對面不能見人，八九鐘時乃
散。接到父親手示。第一堂算學教習未到，畢看《蒙古游牧記》。
此書前兩本尚有記憶，後兩本看時殊屬草草。看報。下堂後借伯
剛《國風報》一本，讀關於朝鮮亡國事件，爲之慨然。四鐘時出，
約同人到聚豐堂，諸客畢至。讌畢歸館，約八句鐘。發椒岩信一
封，看法文歷史數張，畢，就寢。

　　《周易》否象曰："君子以儉德避難，不可榮以祿。"後儒多改
"儉"爲"斂"，竊謂仍以"儉"爲是。君子處否塞之時能不求人，斯
能不浼於小人而不傷其德，故曰"不可榮以祿"，即不求人之意
也。而儉又爲介之本，故孔子言之。

　　十七日，早起，看地理講義"黑龍江省"。下午交涉教習請
假。下堂後踢球。燈下看《傳習錄》十餘頁，然其指則弗喻也。
置之，取《讀書錄》翻閱數頁。到鄰室看浚泉、則君所作《重農輕
商論》及章康平所作《哀韓》，均佳。淑芳索觀余作，余以《哀韓》
半篇貽之，因其中有艱澀字，遂互相戲嘲移時。就寢。劉忠定公

力行"不妄語"三字,至於七年而後成,可見古人力行之毅力,且可見戒妄語之不易。十八日補記。

十八日,早起,到東操場散步。聞軍中號聲,心花怒發,何時得精兵十萬,與鮮卑倭奴搏戰於黑水白山間,乃丈夫吐氣之秋耳。百卉將殘,壽客獨傲,清風高節,足以令人興感。但菊亦不一種,憶家中老菊百株,有顏色深紅,初開即欲槁者,俗名草上霜,殊肖其形。然酷霜之後,仍復依然。又有顏色淡朱,嫵媚可人者,俗名爲貴妃醉酒,形其艷也。然一經微霜,花萎葉枯,傲骨一無存者。吾人視此,立身當知所以自處矣。下午國文教習請假。看報。下堂後蔚灃來,少談。同到岫齋寓,取銀摺交蔚、沅,蓋彼來借錢故也。反,擊球。燈下與沅芷閑談多時。反,讀法文《詠象詩》,爲李思邁氏所作,形容盡肖。讀畢,就寢。咳嗽。

薛敬軒先生曰:"'秉心塞淵',可以爲積德之要。'思無疆','思無斁',可以爲進德之要。'思無邪',乃誠身之要。"

十九日,早起,少看洋文,即到東操場閑步。又看洋文。下午交涉、外國輿地教習請假。看報。借伯剛《國風報》,看《我國現時陸軍情形》一篇。晚餐前踢球。後與伯剛、則君、術芳、淑年諸人閑談。作法文翻譯並練習,完前日所作《哀韓》一篇。看孟華作,甚佳。畢,寢。咳嗽。

橫渠先生曰:"學者大不宜志小氣輕。志小則易足,易足則無由進;氣輕則以未知爲已知,未學爲已學。"

二十日,早起,抄《哀韓》未完。下午算學教習告假,到帥府園口外取所修理錶,借沅芷洋兩塊,換洋一元,付修理錶價七串。還,與沅芷同到仙齡處,取銀摺,到天津銀號取洋十元。到瑞蚨祥購呢小褂一件,價洋八元弱。到豫學堂晤右文、子進、敏修諸先生,痛談一切,但意見頗爲鑿枘。余甚贊明東林諸老之名節,右文頗不以爲然。談至九鐘出,到椒岩寓晤椒岩,寄生在焉。彼於後日續弦,因女家及冰人對己不住,大爲憤憤,詈罵不已。余與老椒譬説百端,莫能止也。寄生大是好人,而恩怨太爲分明,馴至不近人情,可惜。就寢時已十一鐘,睡着時近十二鐘矣。夜風甚寒,幸余出時衣尚厚,不至受寒。

亭林先生曰:"讀屈子《離騷》之篇,乃知堯舜之所以行出乎人者,以其耿介。同乎流俗,合乎污世,則不可與堯舜之道矣。"二十二日補記。

二十一日,五鐘半即醒。風聲蕭蕭,寄生曰:"聞此聲也,實不啻步兵之痛哭矣。"余懷愴然。寄生之言多曠達,然其人多愁多怒,好罵人,何也。六鐘起,早餐後欲請椒岩與劉少岩寫信,因彼事忙,匆匆不及盡舉其辭而去。聞與臣先生疝氣大發,病甚劇,往視之。值虞臣睡,不便驚之,問輯之,言少愈矣。少坐即出,到韓子布寓,晤張岱峰,子布不在寓。又到楊錦堂寓,晤錦堂、子含、奉生及張君念漁。聞本日資政院議員在財政學堂開研究會,同念漁固始人、子含往,然尚未開會,且不知能入座旁聽否。二君皆去,余獨留。見喻志韶先生,問之,彼言約可入座,乃登樓就座。見星五、敏修先生同到,因下,與之周旋。後子進、右文亦到,少談。約二鐘半,搖鈴開會。同學入聽者有吳君亞侯。遂陸續由許鼎霖、于邦華、雷奮、汪榮寶等人登臺演説,許儀度雍容,于議論酣暢,雷氣象閑雅,談言微中,汪聲浪高低,具有度法。餘尚有數人演説。將五點時,余即反,到館内。飯後與伯剛等談論。與椒信一封,仍爲前事。補作昨日日記，未畢，寢。

亭林先生曰："非禮勿視，非禮勿聽，非禮勿言，非禮勿動。是則謂之耿介，反是謂之昌披。夫道若大路然，堯、桀之分，必在乎此。"二十二日補記。

二十二日，早起，因與伯剛昨晚論租税問題，伯剛主不加租税，余不謂然，伯剛有未盡之意。因思此事，關係至大。現在全國一致謂不開國會，不許加新租税，則政府許開國會後必加新租税無疑也。若此事不能明晰，豈不斷却一國人性命也。因請伯剛著爲論説，痛切發揮，著之報章，以與邦人君子共討論之。伯剛許諾。然余後當督之，勿令懈也。少看洋文。下午末堂理財教習請假。燈下補作前二日日記畢，出到東安門外澡堂就浴，反少談論。作日記畢，寢。今日問樵請客，辭之，咳嗽未愈。

"禮義廉恥，國之四維。四維不張，國乃滅亡。"

二十三日，醒即起，近七鐘矣。看《四大家文鈔》吳摯父先生文數篇，及陳去病《蒙古改行省議》。下午第一堂算學教習未到，看報。下堂後同則君到大學堂見復初師，談論多時。復初師言儒學之流派甚詳，其論陸、王之學，具有見到語。四鐘辭出。則君歸。余到筱牧寓，談論累時，在彼處晚餐後，又少談，即同筱牧到其自修舍少坐，借得夏滌庵先生《孟子講義》一本。出到簡齋寓，適不在家，乃歸。觀所借得《孟子講義》，其言具有至理，雖間有迂腐之處，然無傷其大體也。鳴鐘，就寢。沅芷借洋一元。

"出門如見大賓，使民如承大祭。己所不欲，無施於人。在邦無怨，在家無怨。"

二十四日，醒時已過六點半鐘矣。即起，看《孟子講義》數張。下午下堂後擊球。晚與介眉到東操場立談。返齋，看《孟子講義》數張，《戰國策》數十張。寢。

滌庵先生曰："孟子之學出於子思，子思受業於曾子，其學以尚氣節、重道義、輕富貴、薄王侯爲立身之本。"

二十五日，早起，少看洋文。華教習請假。同新吾到海帆寓閑談。下午倫理教習請假。看報。下堂後看《虞初新志》數張，擊球。晚餐後到岫齋寓，令董厨代購梨糕、貝母各物，因余咳嗽尚未愈故也。前日譙丙級同鄉公份，余付五元，沅芷付一元，共找回錢十一串六。歸，又看《虞初新志》，内紀左忠毅公軼事一則，忠肝義膽，可歌可泣。又看《戰國策》十數張。吾初意趙武靈王爲人必磊落英多，不可一世，乃觀其與群臣談論，雍容爾雅，舉戰國之人，時無能及之者，而疑難叢集，卒不爲動，可謂英主矣。鳴鐘寢。

"故君子和而不流，强哉矯；中立而不倚，强哉矯；國有道，不變塞焉，强哉矯；國無道，執死不變，强哉矯。"此條爲二十六日補記。因本日監學欲查寢室，未寫完已鳴寢鐘，故匆遽上樓也。

二十六日，早醒即起，已六點一刻矣。到東操場散步。反，看《戰國策》數張。洋文堂因監督懸牌，將到各堂考查，乃先在本堂翻報預備。下午交涉教習請假。看報。晚餐前踢球。燈下看《戰國策》十數張，演算學數道。因有二道未作完，鳴鐘後登樓，寢不能寐，約多半點鐘，卒想得證法，乃寐。

"居天下之廣居，立天下之正位，行天下之大道。得志，與民由之；不得志，獨行其道。富貴不能淫，貧賤不能移，威武不能屈。此之謂大丈夫。"二十七日補記。

二十七日，起時略同昨日。到東操場散步，朗誦白沙先生"能飢謀藝稷，冒寒思植桑"詩，心中氣象，大有自得之妙。因思濂溪先生"志伊尹之所志，學顏淵之所學"，男兒有志，應如是耳。反，讀《戰國策》荊軻入秦一段，至送行易水悲歌慷慨處，幾欲爲之淚下。洋文堂上接續練習譯報。下午下堂後同淑芳談論算學，看《國風報》上壬秋先生作《圓明園詞》及《朝鮮滅亡記》，翻閱算學諸書。晚餐後忽念歲聿云暮，年華催人，回思十年前豪氣凌雲，豈意悠忽十年，功不成，德不立，依然故我，心中悽愴者久之。燈下仍復翻閱算學諸書，毫無所得。鳴鐘寢。

曾文正公《有恒箴》曰："自吾識字，百歷及兹。二十有八載，則無一知。曩者所忻，閱時而鄙。故者既抛，新者旋徙。德業之不常，日爲物遷。爾之再食，曾未聞或愆。銖銖之增，久乃盈斗。天君司命，敢告馬走。"

二十八日，早起，已六點三刻。到操場小游。吃稀飯後看微分學。沅芷來談。早餐後看報，踢球。畢，出到東安門外，購茶葉、絲帶、手巾等物。返，到岫寓晚餐，與次重小談。見復初師所出題目，錄如下：《漢書·藝文志》序詩賦略、《後漢書》創文苑傳論，柳子厚、李習之論，學校之設主於教民而因以取士論朱子語，國朝五先生贊顧亭林、王船山、陸稼書、方望溪、江慎修。歸館，少看算學，即同伯剛談論，事後思之，殊屬無益費時，後當改之。將鳴鐘，即上樓寢。接長兄自長安來信一封。

"學如逆水行舟，不進則退；心似平原走馬，易放難收。"

"心要在腔子裏。"二十九日補記。

二十九日，早起，時略同昨日。到東操場看菊花。到沅芷自

修室借來《小代數學》，觀之，不了然者甚多。法文堂上接續練
習。下午下堂後踢球。燈下復看算學，又同人談論。近日頗無振
作氣象，何也？鳴鐘寢。天陰微雨，甚寒。

"聖賢千言萬語，只是欲人將已放之心約之，使反復入身來，
自能尋向上去，下學而上達也。"

三十日，醒即起，下樓盥畢，已七鐘矣。昨夜風雨蕭蕭，今朝
雲白天青，另是一副佳景。到東操場少立，返自修室整理書架。
下午算學教習兩堂均未到。剃頭，工資未付。晚餐前踢球。燈下
因看報，昨日資政院議事，軍機大臣出席，宣布行政方針，各議員
不能嚴行駁詰，任其模棱兩可，殊屬負職，欲作一論說以激厲之。
未成，明早誓早起成之。閱叔大作畢，寢。

"天下之亡，匹夫雖賤，有責焉矣。"

十　月①

初一日，早起，六點半鐘矣。續昨日論說，未完。下午理財教
習未到。續前論。晚餐前擊球。燈下續成前論，寄往國民公報
館，不知彼肯代登否。畢即寢。昨日發國文卷子，余得七十五分。
余此文頗非佳，然高公以看八股之眼睛，其黑白頗不能分明也。
作日記，寢。昨夜北風怒號，今朝甚寒，上午第三堂時，風尚未止。
余聞此聲，欲痛哭矣。奈何！

"仁人君子，不以物喜，不以己悲。"

初二日，早起。下午第一堂時看報，下堂擊球。燈下看外國

---

①編者注："十月"，原誤作"九月"。

歷史講義數張,寢。

"養心莫善於寡欲。""學問之道無他,求其放心而已矣。""操則存,舍則亡,出入無適,莫知其向,其心之謂歟。"_{初三日補記。}初三日補記。

初三日,早起,到東操場小步,返齋,看法文。下午外國輿地教習請假,看報。晚餐前擊球。餐後聞今日上諭已下,定於宣統五年開國會。因同伯剛、體剛同出東安門,則各鋪門龍旗高懸,則巡警總廳所知照也。因同到東安市場。返看法文,寢。

"邢和叔言:'吾曹常須愛養精力,精力稍不足則倦,所臨事皆勉强而無誠意。'接賓客言語尚可見,況臨大事乎!"

初四日,起約六點半鐘,近日起時,頗有勉强,惰氣乘人深矣。余自作日記以來,申禁令者數數,其犯者亦數數。内以不能慎言語,養心神,改無恒之弊及好游思出位爲尤甚,其將有以改之。近日心神甚爲紛擾,必須存養與省察並修乃克,亦作聖之基耳。汝而甘爲禽獸則已,如其否也,請勉自刻勵,無敢怠荒。看洋文。早餐罷,看報,得讀昨日上諭。然代表團、資政院議員、報界胥不滿意此舉,恐後將不免紛擾,流血之禍竊恐不免,可爲痛心。前日所作論說,報上已登。下堂後到海帆處談論。又到岫齋寓,在彼處晚餐後,同明齋到東安市場。返,又到岫寓,海、沉皆在,須臾瓠尊亦至,談約七鐘。返,發河南府家信一封。補作昨日日記及本日日記畢,寢。

"不愧屋漏,則心安而體舒。""毋不敬,可以對越上帝。""涵養吾一。"

閑邪存其誠,所以居業也。何以閑邪,亦曰非禮勿視聽言動,出門如見大賓,使民如承大祭而已。

初五日，早起，同沅芷出到天津銀號，取洋十元。到琉璃廠，購《欽定皇輿西域圖志》，價洋一元五角。又同到騾馬市一小館用飯，費錢九千，換洋一元與之。乃獨到椒岩寓，見姊氏，請其催椒岩與少岩寫信。出到與臣寓，與臣大病新愈，年未五十，鬢髮蒼矣。出到豫學堂，訪右文、子進，未遇，遂返。晚餐後與伯剛、沅芷諸人談，新吾帶回河南爭礦代表意見書，並豫豐公司及交涉局與福公司所訂原文觀之。又抄單字數十，寢。

疾雷震耳而不懼，大浸稽天而不溺，大旱金石焦、火山流而不驚。

"後有毒蛇，前有猛虎，神定不懾，誰敢予侮。"_{初七日補記}

初六日，起，出到偉臣寓，偉臣昨晚未歸。見海帆，又往尋筱牧，亦爲河南礦事。返，過鋼侯寓。歸館中。早餐畢，同新吾出城到豫學堂，訪杜友梅、王搏沙二君，皆未遇。見曹鈍少，光山人，豫學堂監學也，談少時。出到法律學堂，見李蔚如，談至四鐘半。歸，過法文學堂，購洋紙本並筆尖數枚。返，則館中已開過飯。本晚爲提燈會，同學皆已操裝，乃命聽差出購燒餅數枚，食之。至七點一刻，東城各學堂胥集本館，乃排隊出到大清門，嵩呼者三（大清帝國萬歲，大清皇帝萬歲，大清國會萬歲），乃返。是晚巡警失職，前門內車甚擁擠，返到堂十句鐘矣。休息，坐談，至十一鐘半始寢，寢時雨聲蕭蕭矣。本日出城換洋一元。本日之會，爲賀國會也。然聞今日資政院民選議員爲國會事大起衝突，則現在非賀時也。

"須是大其心，使開闊，譬如作九層之臺，須大做脚始得。"

初七日，聞打起鐘始起。看《靈峰存稿》，瀓庵先生著也。出到海帆寓，又到延壽堂診病，回到海帆寓。筱牧來，與偉臣同往豫學堂。今日爲吾省代表第一次與福公司代表開談判，二人爲翻譯。返，早餐罷閱報，再看《靈峰存稿》，伏案少眠。晚餐後再到海寓，則偉臣尚未返，坐到七點半鐘。返，補作前兩日日記即寢。

滌庵先生以知恥爲今日救亡之要劑，真知言夫。

初八日，醒已七鐘矣，起。華教習告假，抄洋文單字。余因咳嗽未愈，故下午體操告假。晚餐後到偉臣寓，偉言福公司代表人極爲狡展，昨日未能開議。至七點鐘返，看外國歷史數張，寢。

"心大則百物皆通，心小則百物皆病。"

初九日，起時同昨日。華教習告假，看洋文，欲譯沙都波凉氏文學一篇，不克竣事。下午第一堂時看報，資政院因湖南公債事大起公憤，停止議事，亂徵見矣。政府作事，真堪痛恨。看畢，中心鬱結，因取《離騷》朗之，則又咳嗽不已。事方多難，吾又善病，"悠悠我心憂，蒼天曷有極"耶！晚餐後同沅芷諸人到院中小步。歸，談論瑣事，看外國地理數張，寢。

初十日，起時同昨日。下午國文、交涉教習請假，看報，讀《離騷》，次重來談。晚餐前觀人打球，被强入場，時風極大，守門者多時。晚餐後小談，看外國輿地講義數張，寢。

十一日，起時同前。看外國輿地講義。下午下堂後到海帆寓小談。又到岫齋寓晚餐，與次重談論。次重言吾儕今日如欲爲偉人者，此時之言行皆不合，且好逸惡勞，吾儕大患也。言之慨然。六鐘時返，月光頗佳，初則散步月下，繼則閑談，總之不欲用功而已。入本月後，心境日就齟齬，良堪痛恨。又看輿地講義二張，鳴鐘後登樓，與浚泉用法文談論，然亦不成段，至十二點半始寢。

横渠先生《砭愚》曰："戲言出於思也,戲動作於謀也。發於聲,見乎四支,謂非己心,不明也,欲人無己疑,不能也。過言非思也,過動非謀也。失於聲,繆迷於四體,謂己當然,自誣也,欲他人己從,誣人也。或者以出於心者歸咎爲己戲,失於思者自誣爲己誠,不知戒其出汝者,歸咎其不出汝者,長惡且遂非,不知孰甚焉。"

伊川先生《動箴》曰："哲人知幾,誠之於思;志士勵行,守之於爲。順理則裕,從欲惟危,造次克念,戰兢自持。習與性成,聖賢同歸。"

"惟聖罔念作狂,惟狂克念作聖。"

十二日,起約七點鐘矣。各自修室亂跑,無所事事,早餐前一事未作。餐後同仲芳、露三到東安市場。還,看報畢,到樓上晝寢。起,補作前二日日記。晚餐後燈下圈點外國歷史講義十張,看外國輿地講義五頁,寢。

吾之作日記也,於今將三閱月矣,而依然故我,毫無寸進,奈何,奈何! 現考試伊邇,豫備功課之時,心境尤易顛沛於不可知之境,亟宜設法振拔,戰兢自持,俾無陷於罪戾。勉旃,勉旃! 勿傲怠荒逸,貽隕越羞。

張子《西銘》致其大,《東銘》極其精矣。

十三日,起未到七點鐘。在法文堂上草同學研究法文條約一份。此次期考,法文止報課本一種。晚餐前觀人踢球。餐後倩伯剛寫入航空飛行研究會志願書,看外國輿地四頁,翻閱國際公法數張,寢。

余屢欲戒戲言,而終弗能,何也? 會當極力檢點耳。

"言行，君子之樞機。樞機之發，榮辱之主也。言行，君子之所以動天地也，可不慎乎？"此條爲十六日補記。

十四日，早起。下午第一堂算學教習未到，看報。下堂後欲看講義，則精神疲倦，因伏案假寐少時，起，仍不欲觀。燈下看地理講義日本、朝鮮兩國，精神尚好。鳴鐘寢。十六日補記。

十五日，昨夜朔風怒號，今朝起，天氣甚寒，因換綿褲皮襖。下午體操教習請假。晚餐前在操場觀人踢球，天寒風勁，真壯士致果之時哉！燈下看歷史講義七頁，寢。今日晚餐前到岫齋寓，取還洋二十五元交學費。

"子曰：'龍，德而隱者也。不易乎時，不成乎名。遯世無悶，不見是而無悶。樂則行之，憂則違之。確乎其不可拔，潛龍也。'"十六日補記。

十六日，早起，則昨晚鎖被人扭，幸未失物；各同學鎖幾盡開，失物者紛紛。因同稟監學，請其搜察。在法文堂上，心極不寧。下第三堂時，步軍統領差人來，言已捉得賊人，係館中舊剃頭役，前次因偷物交巡警監禁初出者，其內應則現時館中剃役也，午後旗兵來館，將剃役捉走，失物皆可璧還，一快。下午第一堂無課，看報。燈下看歷史講義五張。月明風靜，因獨到操場，步月多時；到樓上，又步月多時。約十點半鐘寢。今日接父親手示一封。

"君子終日乾乾，夕惕若厲，无咎。"嗚呼！君子朝乾夕惕，始能无咎，而猶不免於厲也。吾人終日玩愒，毫不自振，危哉岌乎！人之所以異於禽獸者幾希。十八日補記。

十七日，早起。下午交涉教習請假，看報。下堂後與偉臣及宗仲九閑談。四點半出到岫齋寓，在彼處晚餐後，與次重談論，至九時始返。月色清朗，一望無際，如處水晶世界。强叔大出步月，不可，少談即寢。

戲言戲動，最易誤事。莊佻之分，君子小人之界也，可不慎歟！十八日補記。

十八日，早起。下法文第三堂時，聞則君與术芳因語言衝突大鬧，然推原禍始，實因术芳於昨晚鳴寢鐘後欲下樓用功，而余極力尼之，术芳不得下，遂寢，今朝早起又被則君嘲弄，因老羞變怒也。攪人之罪，余實尸之，本以爲戲而終致決裂，甚矣余之偗也，不速戒，其將陷於罪戾。晚餐前與伯剛、沉芷談論。余謂好勝之心與嫉妒之心實在一軌道上，不過有一中心點，稍過此則爲嫉妒，爲惡德，將及此則爲好勝，爲懿德，故吾亦不知心中之有嫉妒與否，但雖嫉妒而不名譽之手段則能一點不用而已。伯剛言："吾早夜孳孳，惟求其在我而已，人則吾不知，安有所謂嫉妒哉？"余答言："若如此，則非優入聖域者不能。"因互相戲謔。然伯剛之心體頗靜，余所不及也。晚餐後又談論。返齋，看國際公法及財政學，止求懂而已，不記憶也。鳴鐘寢。

"巧言悅人，自擾其神。閑言送日，亦攪汝神。解人不誇，誇者不解。道聽塗說，智笑愚駭。駭者終明，謂汝賈欺。笑者鄙汝，雖誓猶疑。尤悔既叢，銘以自攻。銘而復蹈，嗟汝既耄。"

十九日，昨晚登樓後，與伯剛、沉芷談論幣制各事，至十二鐘始寢。今朝聞鳴起鐘始起，食粥後看輿地講義，畢日本、朝鮮二國。早餐後登樓少寢。起看報，再看輿地講義，畢法領印度支那、暹羅。晚餐後少談，看歷史講義六七張，寢。借沉芷洋一元。

"心兮本虛，應物無迹。操之有要，視爲之則。蔽交於前，其

中則遷。制之於外，以安其内。克己復禮，久而成矣。"二十一日
補記。

二十日，昨晚寢後輾轉不能成寐，將一點時始寐。今朝聞鳴
鐘始起，起後心火如焚。上第一堂法文時，心甚悽慘，以爲人生如
寄，一旦溘先朝露，亦易易耳，尚何眷戀之有。回思高堂白髮，則
又中心如割矣。第二堂時略愈。下午交涉教習請假，看報。燈下
看理財學十張，極爲草草。演天元、開立方一則，前數年所學，尚
未忘，可喜也。鳴鐘寢。

"有我相，有人相，有衆生相，壽者相，則非菩薩。"

"凡所有相，皆是虚妄。若見如相非相，則見如來。"二十一日
補記。

二十一日，昨晚仍至十二鐘時始寐。寐後則忽困頓長道，泥
濘塞途，忽將乘飛行之艇升於太空，噩夢顛倒，莫知紀極。今朝七
鐘起，則燕山雪花瀰漫大地矣。出門一望，大有搏寇狼胥，勒銘燕
然之思。然未多時即止。下午算學教習請假，看報。返齋，再看
法文報，燈下看法文課本十餘頁，寢。

"塞上秋來風景異，衡陽雁去無留意，四面邊聲連角起。千
障裏，長烟落日孤城閉。　濁酒一杯家萬里，燕然未勒歸無計，
羌管悠悠霜滿地。人不寐，將軍白髮征夫淚。"（讀此闋，知文正
公有厭世之心矣。然先生固先天下之憂而憂、後天下之樂而樂
者，遂力任勞瘁，終身莫敢息肩也。）

二十二日，昨晚睡尚佳，聞鐘始起。下午理財、國文教習未
到，看報。考體操畢，踢球。燈下看國際公法。鳴鐘登樓後，與伯
剛、术芳談論。伯剛言："欲救今日之中國，必須用猛烈之劑，始

可奏功。故吾之志，止求其正鵠所在，雖用霸術，所不恤也。"余
則謂須以仁慈之心，間采申商之術，而其終必歸於王道。否則邪
熱大去，而饘粥不服，仍無救於死亡也。斷斷爭辨，至一點鐘時
始寢。

今晚之所爭辨者，兩方各不相下，然炳昶良不敢自菲。使
此時有人問余曰："子之所言，果能考諸三王而不謬，建諸天地
而不悖，質諸鬼神而無疑，百世以俟聖人而不惑乎？"余必應之
曰："可。"亭林先生有言："有王者起，將以見諸行事，以躋斯世
於治古之隆，而未敢爲今人道也。"炳昶不敏，竊附斯義。二十三
日補記。

昨日資政院因上次具奏，上諭令各行政衙門核議覆奏，大動
公憤，謂政府諸公侵權違法，不負責任，現已決定具摺嚴劾。此爲
資政院開院以來與政府交綏之始，其結果如何，現尚不能預測，姑
誌之。二十五日補記。

二十三日，早起。下午倫理、理化教習皆請假，無堂，看報，又
看法文報。燈下看法文課本。鳴鐘寢。今日下午借得霽雲《國
風報》二十六期觀之。

"詩以道性情"，至矣哉！杜工部曰："窮年憂黎元，嘆息腸內
熱。取笑同學翁，浩歌彌激烈。"程伯子曰："富貴不淫貧賤樂。"
王陽明曰："鏗爾舍瑟春風裏，點也雖狂我得情。"二十五日補記。

二十四日，早起。昨晚借得琬垂法文《文學史》一本，今日法
文堂上觀之，此書條理井然，可稱善本。下午交涉教習請假，看
報。晚餐前踢球。燈下看法文報及《文學史》。鳴鐘後登樓，與
叔大用法文談論。叔大聰明，吾所不及。十一鐘寢。

"鞠躬盡瘁,死而後已"者,諸葛孔明也。"先天下之憂而憂,後天下之樂而樂"者,范希文也。二十五日補記。

二十五日,早起。在法文堂上看法國文《文學史》。下午下堂後看報,前日資政院所上奏,政府聞議員大爲憤激,乃於昨日奉旨,依議以爲調和之計,然議員因前質問軍機,軍機有不負責任之回答,仍擬繼續彈劾,未知結果何若。晚餐前踢球。餐後談論。次重來,因同出到東安飯店飲茶。反到次重寓談論,九鐘返。補作前數日日記。將《東中大辭典》題贈伯剛。登樓寢。

"悠悠我心憂,蒼天曷有極。哲人今已遠,典型在宿昔。風檐展書讀,古道照顏色。"文山晚年之所養益純。二十七日補記。

二十六日,早起,看外國輿地講義十五張。早餐後談論,看報。續看輿地講義,畢之,然末頁頗極潦①草。踢球。時天已微雪。晚餐後稍談,看法律講義十頁。登樓寢。二十七日補記。

二十七日,早起,則雪已盈寸。看理財講義十張。早餐後談論,剃頭,看報,翻閱國際公法講義。出到明齋寓,又到岫齋寓。晚餐畢,與次重談論。次重來館借繪圖器,與之同來。次重去後,讀任公《意大利建國三傑傳》,吾心爲之驚,爲之懼,爲之喜;及觀其歷艱彌貞,百折愈厲,吾欲爲之潸潸而泣下矣。竊謂中國今日維新人士太無宗旨,四分五馳,恨無一極有力之學説以支配之。中國今日止圖救亡乎,欲爲强乎,將成霸乎?是宜審擇國勢,定一主義,百變而不離其宗。且當普布此主義於國民心目中,使同赴此正鵠,萬衆一心,萬馬齊力,艱難則鏖勝之,障阻則騰越之,任他

①編者注:"潦",原誤作"了"。

蠶叢與鳥道，恃吾精誠一心，通夫而後可成大業矣。今者保守進步之主義尚未能定，度支部以無目的、無系統、雜亂無章之豫算表交資政院審議，而資政院乃於各事不求酌量時勢，而一律比例爲裁減，斯事也其有異於度支部之爲乎？此特其一端耳。推其餘事，無不如斯。國會開後，吾料其與今日政府諸公無大相遠也。悲夫！

二十八日，早起，看外國歷史一遍。午餐後談論，看報，翻閱理財講義。晚餐後談論，無所事事，寢。今日雨雪終日。

竊謂中國今日固以救亡爲急，然必采一大帝國主義，積極進行，使國人心目間具知吾國有亞洲主人翁資格，必不可以今日之危急而荼然自消沮也。烏虖！亞洲者，中國人之亞洲也，而今竟容碧眼赤髮者跳梁其間。悲夫！三十日補記。

二十九日，夜中雨雪不住，飄風悲鳴。今朝早起。上午考理財，下午考交涉，皆有小錯。燈下看輿地講義八頁。璣堂打電話來，言王世堃病，請岫齋明日往視，兼言春鼎甥夭亡。余聞之，怳然以驚。夫春鼎今年纔十六，聰明特達，而竟致短命耶！憶去年此時，大壯喪，厥叔弟曾爲文哭之。二人聰明相似，年相若，而皆夭折，則天意可知矣。烏虖！時方多難，先亡者未必非福。獨椒岩與吾姊氏喪厥愛子，其何以娛者耶？當爲文以慰之。打電話後再看講義，則中心擾擾矣。未及即鳴鐘，就寢。

三十日，昨夜北風大作，今朝寒甚。上午考算學，題目尚易。下午考外國歷史，因題目範圍太廣，第五題未答完全。燈下與淑年互考輿地一遍，寢。

十一月

初一日，上午考外國輿地，下午考洋文，題目皆非難。下堂後同沅芷到海帆寓，又到次重寓，回館。晚餐後同則君到東安市場購筆一支。到浴堂沐浴。反，少談即寢。今日借得沅芷《墨子》一部，觀之，其中頗具至理。

初二日，上午考倫理，題爲“孔子專言仁、孟子兼言仁義説”。下午考國文，題爲“趙武靈王變俗胡服、老上單于裂漢衣袴論”。出場後到次重寓。晚餐後同次重到東安市場，到球房中一觀，則剃辮髮者居其半矣。返，又少談，八點鐘時歸館。與彭璣堂打電話，屢呼乃應。聞春甥係因疹亡故，約一禮拜矣。後與伯剛、介眉、沅芷談論。鳴鐘後登樓，與露三、伯剛談，甚晚乃寢。初三日補記。

初三日，七點半鐘乃起。發河南府、陝西家信各一封。出到海帆寓，請海帆將前訂練習法語章程修改。歸，與沅芷、錫侯談。午餐後少談。伯剛返，討論應立互相砥礪規則。余與剛、沅二人意見大不合，討論者易時，尚未折衷。作李甥哀辭畢，看報。晚餐畢，到次重寓，將所作哀辭屬爲改正。聞岫齋在伯含寓聞姊氏因悲傷致病，悔今日未往，明日下午應請假往視。返館内，看《墨子》，然心殊不净，置去。翻閱所作日記，則事之無恒中輟者甚多，何勝愧赧。且初作時自責之語尚多，後則大弛矣。繼自今務須一刀兩段，事事檢點，晝驗之行事，夜驗之夢寐。每晚寢時，即須自計今日所言過失若干，所行過失幾何，有則竭力放逐之，使勿再犯吾境而後已。慎之，慎之！尋介眉與伯剛議決所立互相砥礪規則,取無罰主義,取先儒之學說,博取而慎擇之,庶爲有益。將鳴鐘,即寢。

濂溪先生曰:"仲由喜聞過,令名無窮焉。今人有過,不喜人規,如護疾而忌醫,寧滅其身而無惡也。噫!"後半爲初四日補記。

初四日,醒即起,然已七鐘矣。夜有噩夢。早起天甚寒,取《西域圖志》看幾頁,然翻閱殊無所得。上法文堂時,精神甚疲乏,平時不知愛養精神,尚誰怨耶?下午看報,見資政院已將前彈劾案作廢,何勝浩歎。末堂理財請假,與潛夫、次重、海帆談。晚餐前踢球。餐後寫信一封,以慰椒岩與姊氏,往視則待禮拜六也。少談,看新疆數張,寢。

墨子曰:"言無務爲多而務爲知,無務爲文而務爲察。""故君子力事日彊,願欲日逾疑與偷字通用,設壯畢云疑作飾莊日盛。"

初五日,將七鐘起。夜仍有夢,吾之心甚亂,故夢中亦復顛倒。使吾無夢時,吾之學當有進。然此事非一朝一夕之故,當力戒之,每日必記,每月程夢之多寡,以驗學之有進與否。下午顧教習未來,無堂,看報,理髮,看《西域圖志》安西州屬及哈密廳屬未完。在儲藏室內取出《漢書》《後漢書》《舊唐書》各一本,《代數通藝錄》《學算筆談》各一部。晚餐前踢球。餐後看《漢書·藝文志》詩賦略,無心得。抄法文單字十餘。翻閱算學諸書,無所得。綜計今日言行,尚無大誤,但精神委靡,略無振作之氣。燈下各書皆不欲觀,雖強看亦無所得,其後心又放縱不知所往矣。可嘆!明日早起,當整頓書架及其他各事,表裏並進,庶有小補。作日記畢,將鳴鐘寢。

明道先生曰:"富貴驕人,固不善;學問驕人,害亦不細。""人於天理昏者,是只爲嗜欲亂著他。莊子言'其嗜欲深者,其天機淺'，此言却最是。"

初六日，起時略同昨日。整理書架。洋文堂上，因法語會犯規被罰事，與子嶼大起衝突。子嶼固屬非是，然余言辭亦頗失當，故致彼老羞變怒也，後當慎之。下午理財、國文教習請假，看報，看法文報，抄單字十餘。晚餐前踢球。燈下代朮芳作《送閔召窗序》一篇。學堂功課匆忙，常不讀書，作文殊欠雅馴也。借浚泉最小二乘法講義，翻閱十餘張，寢。

橫渠先生曰："學者捨禮義，則飽食終日，無所猷爲，與下民一致，所事不逾衣食之間，燕游之樂耳。"

初七日，早起。下午理化教習第一堂未到，看報。趙侍御熙因軍機不負責任，痛加彈劾，可謂朝陽鳴鳳，愧殺仗馬寒蟬之資政院矣。倫理教習請假。聞岫齋病，往視之，在彼處晚餐後少談。到海帆處談論，約八鐘返。寢，心中甚亂，下樓尋《讀書錄》不得，不知何人取去。取《近思錄》觀之，渺無所得，心亂達於極點。未及，寢。十一日補記。

初八日，起。下午國文、交涉請假，看報。下堂後談閑話。晚餐前踢球。燈下閑話而已，寢。十一日補記。

初九日，早起。下午算學教習請假，看報，談話。晚餐前踢球。餐後到岫齋寓談論，借洋三元。返，談話。登樓後看《群學肄言》十餘張，其言至精粹，如謂力行與感情爲比例，而非與知識爲比例，故智育、德育絕然兩事，其設喻至精。由是言之，而陽明先生知行合一之說非眞義，而宋儒偏重省察之說爲非誣矣。又言人群之進，唯恒與漸，使其進也驟，則雖其義至眞，亦將爲群之大害。由此言可以推之於吾人之爲學也。天頗晚乃寢。十三日補記。

初十日，七鐘即醒，取枕邊《群學肄言》觀之，起已八點半矣。步行出城，到南半截胡同，晤椒岩與姊氏。姊氏言及春甥，頗爲傷懷，余極力勸慰之。下午到豫學堂，晤璣堂、彩宸、耿齋、丹峰諸君。旋到東院，見右文、子進、敏修諸先生及王錫濤、王搏沙二君。錫濤庸腐可笑。後又到璣堂室內，至七點半始返。到偉臣寓談，以爲天尚早，及聞學堂鳴寢，疾馳歸，已無及矣。就明齋室宿焉，寢甚晚。十三日補記。

十一日，早返館。因館中新章，寄宿生在外住者記過二次，因寫信與監督，請伊辦理，然彼置之不問，余倖免二過也。寫信與璣堂。下午交涉教習請假，看報。末堂理財亦請假。晚餐前踢球。燈下稍談。發河南府家信一封，換洋一元，洗澡。返，作《論中國現在宜設籌邊輿地學會》未完，寢。十三日補記。

十二日，早起。下午算學教習告假，無堂，看報，剃頭，翻閱《國粹學報》數十頁。晚餐前踢球。燈下稍談論。觀伯剛所作學記一篇，嫌其意見太重，與之辨駁少時。返齋，自作一篇，然文氣殊不條暢。甚困，鳴鐘即寢。十三日補記。

十三日，早起。下午理財教習請假，看報。下體操後踢球。晚接璣堂回信，得資政院入場券一張。出到偉臣處，取回片模一個。返，欲作說帖一篇，言外蒙古移民屯田、內蒙古改設行省事。繼以茲事體大，未成就緒，因與伯剛討論者久之。鳴鐘後補作前數日及本日日記，作完十一鐘矣。寢。

十四日，早起。下午第一堂時看報。晚同則君談及同學錄屢刊未就，殊屬可慨。則君言："吾曾有意發起，但此事非易，且公選辦理此事人辦法殊爲複雜，故爾中止。"余謂此事亦非大難，但患無人任之耳。若以公選非易，則此等勞怨之事，吾二人任之可也。故此事現在宜研究其辦法而已。則君贊成，因畫辦法數條，書公啟三張，事遂定。鳴鐘後，看法文孟德斯鳩數張，抄單字十餘，十二鐘乃寢。十八日補記。

十五日，早起。上午監督上堂考查洋文，命一人將中國報翻作法文，命一人聽之，再翻之爲中文，視其合否，余考尚屬平常。下午國文教習告假，看報。晚餐前踢球。燈下無所事事。公啟已出丁級，已出戊級，因有小意見，尚未簽名。經則君往問彼齋長、班長，言決無意見，但聞之鑿鑿，想欲鬧意見者當有其人，而彼級中老成持重者決不贊成，此事當無傷也。坐談至十二點鐘，寢。十八日補記。

十六日，早起。上午監督上堂續查功課。下午算學教習告假。岫齋於四點半鐘請在西域樓吃飯，在坐者爲喬氏昆仲、次潛諸人。飯罷，到南半截胡同，晤椒岩昆仲數人，並大姊、漣泉，八哥及八姊亦於前日到京。坐談至九鐘時，寢。十八日補記。今日接父親手示一封。

十七日，八鐘時起。在椒寓清談終日，晚始歸。到次重寓少談。返館內，聞今日有數上諭。其一爲慶邸辭職，不許。他一則爲資政院彈劾軍機一事。略言軍機之負責任與否，與責任內閣制之何如，朝廷自有權衡，該院總裁等不得擅行干與。此事殊違世界公理。蓋國家乃契約性質，土地人民，非君主一人之私產也。政府不過如一公司中之總辦耳。人民乃其股東，股東以全體之生命財產委於總辦，而總辦顧曰"吾不負責任焉"，則股東抽出股份可也。如曰朝廷自有權衡，則此乃極專制時代之言，斷不能存於立憲之世。政府辦理此事，真屬荒謬無比，促資政院之解散，而以招徠革命主義之流行耳。時勢如此,尚復何言。決定明日到資政院聽講。天頗晚乃寢。十八日補記。

　　十八日,早起。上午監督續查功課畢,演説,略謂此班程度至爲參差,好者固屬不少,而太差者亦不乏其人,汝等今日所最宜注意者,口音、文法、耳聽三者。且言汝等學法文五年,欲求縠用,實覺其難,但學法文如構室然,文法則其棟梁楹柱也。苟棟梁楹柱既立,則作屋自易爲功,故汝等所尤要注意者爲文法。下堂後即告假,到豫學堂代毅夫尋旁聽券,得之。遇伯剛,因同之到毅夫公館,不遇。因到資政院,則旁聽座已滿,不能進矣,悵然而返。至館中,因余尚未早餐,乃到岫寓倩其厨煮飯食之,畢,返。晚餐後,體剛等返自資政院,問之,則言資政院已決議再行彈劾。談論數時,寢時覺甚困乏,身體畏寒。二十二日補記。

　　十九日,早起,覺頭重畏寒,不知何時感冒風寒矣。上第二堂時困甚,第三堂遂告假。午餐後請陳琇皆診治,換洋一元,令聽差取藥。此半日中,惟守爐枯坐。潛夫因談其庚子年遇難事,全家幾盡罹虎口,鐵心怵目,有如是也。將晚餐時,藥始煎成,服之,旋即登樓就寢。七鐘時,沉芷上樓視,少談。沉芷下,旋岫齋來視,且送麵湯等物,沉芷亦來,可感也。因起食之。毅夫亦來,因談少時,又睡至十鐘時再服藥,沉芷、介眉來。未幾,二人去,即脱衣就寢。二十二日補記。

　　二十日,早醒已少愈,止餘咽喉微痛。八點半起。不上堂。至早餐後,請琇皆再診視。理財、國文教習請假[①],上交涉一堂,

――――――――
①編者注:"假",原脱,據文意補。

末堂體操仍告假。晚餐後談論，服藥，鳴鐘寢。今日接海東、理卿、星恒諸兄信一封。二十二日補記。

二十一日，早起。上堂。下午第一堂時看報。晚餐後閑談。又同則君出，換所收同學錄銅子。返，到希文寓，同海、偉談多時。歸，又少談論。登樓後，與术芳談，談算學累時，又看《學算筆談》多張，天甚晚，乃寢。二十二日補記。

二十二日，今日爲冬至日，放假。八點鐘始起。又與术談微分，愈談而雲霧愈深，不能理解。下午同术芳到顧教習家中問之。返，到東安市場，賣綿鞋一對，費洋一元。又到維新書社，令之代刻片模。返，到次重寓談論。晚餐後復談論，八點時歸。少談，補作前數日日記，畢，十二點矣，寢。

魏莊渠曰：“須發大勇猛心，方做得成就。若不曾發憤，只欲平做將去，可知是做不成也。”朱子曰：“世衰道微，人欲橫流。不是剛毅的人，斷立脚不住。”二十六日補記。

二十三日，因今明後三日爲西洋一節氣，法文教習告假，故起頗晚。起後談論，無所事事。下午外國輿地教習請假，請算學假一堂，到資政院聽議。將三鐘時始開議。本日所議決者，爲浙江鐵路、禁烟及廣東禁賭三案，並宣讀彈劾軍機奏摺。六鐘歸去時，與偉臣偕同學到者，約爲新吾、毅夫諸人。反，與隆吉俱步行到前門，到一小館吃飯。歸，沐浴。又到海帆寓。歸館，聞今日有上諭，將國會代表咨送回籍，俾各安生業，詞旨甚爲嚴厲。政府諸公如是憒憒，倒行而逆施之，真堪太息痛恨。“天方薦瘥，喪亂宏多”，“天實爲之，謂之何哉”。少談即寢。

吾鄉呂心吾先生曰：“懶散二字，立身之賊也。千德萬業日

怠廢而無成，千罪萬惡日橫恣而無制，皆此二字爲之。"二十六日
補記。

二十四日，起頗晚。今日監督聞天津學界代表在京開會演
說，嚴禁本館學生在館中者外出，然已出外者，彼又無可如何，何
勝一笑。午餐後到海帆處，小談即歸。看報。聞人言天津學界因
國會風潮罷課，幾燒學堂，持槍，其不從者劫之，然經直督派兵彈
壓，又照常上課矣，何勝浩嘆！學界諸公不謀其始，不慮其終，倏
然而起，戞然而止，政府固辦理不當，而學界知識之幼稚，亦殊堪
閔嘆矣。下午監督上堂演說，余則未聽。今日無所事事，閑話而
已。鳴鐘後，又與伯剛稍談。今日處事言談，極須慎重。登樓，取
《天演論》，讀十餘章乃寢，甚晚。

象山先生曰："小心翼翼，昭事上帝。上帝臨汝，無貳爾心。
戰戰兢兢，那有閑管時候。"蕺山先生曰："無事時得一偷字，有事
時得一亂字。"二十六日補記。

二十五日，因上午無堂，故起頗晚。稍談。下午外國輿地及
末堂理財皆請假，看報。晚餐因飯菜不佳，同學請齋長尋辦事人，
而彼等一人不在館。請電知監督。監督來館，則先將厨役申飭，
又將學生及監學檢察各申飭一番。燈下看《天演論》十餘章，少
談。登樓後畢讀，始寢。毅夫將歸家完婚，余本欲以序一首送之，
因與朮芳賭氣不果，余量隘矣。後議決由八人公送呢幛一懸，每
人攤銀一兩。

心吾先生曰："天下難降伏、難管攝的，古今日都做得來，不
爲難事，惟有降伏管攝自家難。聖賢做工夫，只在這裏。"二十六日
補記。

二十六日，早起。下午算學教習告假，看報。資政院諸公因前日有上諭催訂內閣章程，遂將彈劾軍機案取消，真堪浩嘆。近來各方面無非可悲之事。政府逞蠻，學生浮動，議員昏憒無識，有一於此，足以亡國，矧兼之也。乃反觀吾身，亦復如是，終日昏昏，毫不振拔。奈何！奈何！同則君出到商務印書館，問同學錄印刷費，彼言約在四十元上下。返，少談。燈下補作前數日日記。清理同學錄印刷費賬目。鳴鐘寢。

濂溪先生曰："人之生不幸，不聞過；大不幸，無恥。必有恥，乃可教；聞過，乃可賢。"《傳》曰："宴安酖毒，不可厭也。""懷與安實敗名。"二十九日補記。

二十七日，早起。下午交涉、國文教習告假，體操因畏寒自行告假。看報後即出，到次重寓，至八點半鐘時始返，少談即寢。

昶按：《易》於剝復之後而繼之以無妄，聖人之意深矣。又無妄之後繼之以大畜，《象傳》曰："君子以多識前言往行，以畜其德。"蓋意之妄也，雖勤學好問無益也，故君子重之。二十九日補記。

二十八日，早起。下午第一堂時看報。下第四堂後觀人踢球。燈下無所事事，閑談而已。登樓後又談，寢時十一句半矣。

夏東巖曰："學者須收斂精神。譬如一爐火，聚則光燄四出，纔撥開便昏黑了。"二十九日補記。

二十九日，早起。下午交涉教習請假，看報。下堂後看法文《法意》數張。晚餐前觀人踢球。燈下再看《法意》，繕抄同學錄名單，甚晚乃寢。

念庵先生曰："置身千仞，則坎蛙穴螺爭競，豈足以當吾一視。著腳泥淖，得片瓦拳石，皆性命視之。此根論大抵象也。"十二月初二日補記。

三十日，因明日西人過年，故今日法文教習請假，起頗晚。下午下堂後看報，看人踢球。晚餐後到海帆寓，談至九鐘始返。取大代數講義觀十數張，寢。

康齋先生曰："日夜痛自檢點且不暇，豈有工夫檢點他人。責人密，自治疏矣。"十二月初二日補記。

十二月

初一日，起頗晚，取大代數觀之。九點半鐘行禮。行禮後再看大代數。早餐後同露三到東安市場，取前日所刻片模。歸，看報，再看大代數。晚餐後少談，看《蒙古志》數張，寢。

白沙先生曰："才覺退便是進，才覺病便是藥。"薛文清公曰："習於聞見之久，則事之雖非者，亦不覺其非矣。"初二日補記。

初二日，起頗晚。法文教習請假，同仲芳到華教習寓少談。歸，看《蒙古志》數張。午餐後理財教習請假，看報。下堂後整頓講義。講義每日訂之，不覺其繁，累日不訂，一旦欲整理之，殊非易易，惰之誤人也如是。晚餐後到明齋寓，取回前誠齋借去書數本。歸，再理講義。補作前數日日記，則事多不能記憶，惰之誤人如斯。近日太不振作，百事叢脞，吾人自許之為何，而可惰緩若是。古人云學不日進即日退，可不懼哉！自今日始刻自振拔，每日早起，諸事萬勿遲延，提醒此心，使常惺惺然，勿自暴自棄，為同人羞也。鳴鐘寢。

金伯玉先生曰："境遇艱苦時，事物勞攘時，正宜提出主宰，令本體不為他物所勝，此處工夫較之平常百倍矣。不然，平常工夫亦未到妥貼處。"

初三日，聞鳴鐘起，少看《蒙古志》。下午下堂後看報，發椒
岩信一封，少談。再查蒙古地理。燈下續看色楞格河源流，極爲
繁賾，地圖數本皆不清楚，終亦未考清楚。以是知中國於籌邊之
計極爲疏闊，現在籌邊輿地學會之設立，誠爲急務，惜吾無暇爲
此。鳴鐘寢。

"學要鞭辟近裏。"

初四日，早起，少看蒙古地理。下午交涉、國文、體操教習皆
告假。看蒙古地理。燈下再觀。鳴鐘寢。

昶曰：陽明先生得力在龍場，三十餘歲而聞道，吾人今日志
學，尚未爲晚。嗚呼，可不勉哉！初八日補記。

初五日，早起。下午下堂後稍看地理。到岫齋處，晚餐後與
次重、信孫談，至九點始返。與介眉、沆芷少談即寢。

昶曰：陽明先生少年雖未聞道，然其爲人光明磊落，無一點齷
齪氣，無一點鄉愿心，故一聞道，即能優入大賢之域也。初八日補記。

初六日，早起。寫①與仙齡信一封。下午交涉教習告假，看
報。今日督臣中之最公忠者，莫若錫清弼，而進言不用，求助不
得，欲用蟄老，而蟄老去之，欲調皙子，而皙子不來，内政外交處於
叢矢之中，以一身支之而已。可憐哉，錫督也。下堂後剃頭，多日
不剃，非常悶癢，今日如積病新愈，其愉快爲何如。少看地理。燈
下習作大字數張，少談。鳴寢後又談，寢頗晚。

"履，德之基也。謙，德之柄也。復，德之本也。恒，德之固

---

①編者注："寫"，原誤作"信"。

也。損,德之修也。益,德之裕也。困,德之辨也。井,德之地也。巽,德之制也。"_{初八日補記。}

　　初七日,早起,則瓊林玉樹,一白無際,逾時雪始止。下午算學教習未來,談論,寫大字。燈下,伯剛酌酒,與琬垂、术芳、濟臣各飲數杯,又合咏雪詩數十均,皆非佳咏,後付之一炬。鳴鐘後,先與术芳爭論,後又談算學各事,寢甚晚。寢後恍若有悟,此生當不致再與人作無謂之爭論矣。

　　昶曰:居安處順,頗難於辨君子。如孔光、胡廣之流,若處太平之時,豈不可稱爲賢臣? 一遇艱困,而名節墜地矣。故曰:"困而不失其所亨,其惟君子乎!"又曰:"困,德之辨也。"_{初九日補記。}

　　初八日,早起,抄同學録未完,托魯乡代抄。作《〈漢書·藝文志〉序詩賦略、〈後漢書〉創文苑傳論》未完。午餐後畢作前論。看報,書大字。到東安門外買紙。還,至次重寓談論,在彼處晚餐,又談。岫齋酌酒,同次重三人各飲數杯,至九鐘始歸。補作前數日日記未畢,鳴鐘寢。

　　昶曰:人置身當在泰岳之巔,下視衆峰如培塿然。若斷斷於人世之末節,便如陷九淵之中而不能出矣。_{十一日補記。}

　　初九日,早起。下午末堂理財教習未到,看報,書大字。燈下再寫。出到浴堂浴。反,到明齋處少坐。返,抄昨日所作論未完,寢。_{十四日補記。}

　　初十日,早起,接到仙齡回信。下午下堂後看《國風報》,書大字。燈下談論而已,寢。_{十四日補記。}

　　十一日,早起,接到豫晉秦隴協會公啟,發河南府家信一封。體操因天寒未上。晚餐後書大字。到海帆寓少坐。出,月光如晝,乃與明齋二人徬徨門外,遇則君、體剛諸人往青年會,約同往。余正欲到城外步月,因欣然同往。至則有二外國人以英語演說,余無所知也。九點鐘時返,少談,寢。十四日補記。

十二日,早起。下午告假,與偉臣、筱牧諸人同往嵩陽別業。到者不多,二時半始開會。有數人演說,略無精采。演說畢,每省舉定起草員以便商酌辦法而罷。歸,到信孫寓晚餐,談論。晤蔚灃,縱談多時。蔚去,歸館。鳴鐘寢。十四日補記。

十三日,早起。下午國文、外國輿地教習請假,看報,寫大字。燈下再寫大字。後無所事事,談論而已。寢。十四日補記。

十四日,早起。下午同海帆、仲芳到監督房,言洋文教習事。出到外國輿地教習早已上堂矣,因請假一堂。看報。算學教習請假。晚餐後,蔚灃在岫齋寓,來約,因與沉芷同往談。聞次重言嵩生將歸娶,議送禮之法。後經議定,七人送酒席等票四張,潛甫代辦,每人約攤分子一兩許。後同蔚、沉到海、偉寓談,至九鐘半始返。打鐘後,同露三等在樓上談新刑律各事,頗晚寢。十五日補記。

十五日,早起。同沉芷、明齋到蔚灃寓,因同三人到少岩先生家賀喜,未見,晤伯含,少坐。出,同明齋到南半截胡同,晤椒岩兄弟。久之,明返,余留。早餐後晤二姊氏,談至晚乃返。又到蔚灃寓。返,到浴堂沐浴。返,補作前數日日記。自此後,賬目、接收信件皆另紙記之,以便考核。鳴鐘寢。

十六日,下午止交涉一堂。看報後,出城到琉璃廠豐元印書館,爲印同學錄事,然尚未定。返,晚餐後蔚灃來還錢。蔚去後,即出買物件。歸,稍談即寢。

十七日,下午算學一堂。寫大字,看報,觀人踢球。晚餐後到岫齋寓閑談。岫齋買酒,與次重、信孫對飲。九鐘半歸。

十八日,下午一堂。下堂後到郭師處,郭師已歸湘矣。見彝仲世丈,少談出。因出城到琉璃廠,購筆二枝。到豐元印字館,爲定印同學錄事。出到南半截胡同椒岩寓辭行,出已九點矣。覓車疾歸,僅得歸館。鳴鐘後與則君閑談,整頓衣物畢,寢。二十一日補記。

十九日,下午到監督處請假。下堂後購物,收拾行李,搬到岫齋處。在信孫處晚餐,後談論。聞明日須上車甚早,終夜不寢,同岫、沅諸人談論。二十一日補記。

二十日,二點鐘吃飯,後同岫、沅、明及米階平氏到車站,然四鐘始賣票。購票後上車,乘客非常擁擠,終日站旁無賣食物者。至下午四鐘時,到元氏縣,有賣包子者,取而食之,則冷硬如冰,無可奈何,只好食之而已。七點半到彰德,住天保棧。飯畢,未幾即寢,睡甚酣。二十一日補記。

二十一日,二點半即起,別沅芷,上火車,七點始開車。至衛輝,別岫齋。十二點到鄭州,換車。四點半至洛陽矣。柰侄同价二人來接。歸,則父母方倚門而望。父親之鬚,幾皆皓然,人子觀之,能無中心悽然也。聞二哥得一小事於鐵路公司,又爲之喜。晚餐後與二親及二哥、柰侄談,至九鐘反室。補作前數日日記畢,寢。

二十二日,起頗晚。終日無所事事,陪父親談論而已。寢頗晚。二十五日補記。

二十三日,起頗晚。仍陪父親閑談。父親言顧寧人之考古音於洛陽也,實因角字現在洛邑土音與古音同,遂意古音存於洛陽,故來考觀也。又言北邙古墓近日因購古董者之多，幾盡被發掘，官吏雖欲禁之而不可，可勝浩嘆。下午寫大字數張，看《彥周詩話》數則。寢時約十一句鐘矣。二十五日補記。

二十四日，醒時已八點鐘，内子屢催始起。再看《彥周詩話》，中言東坡在海外無書可觀，止假得《柳柳州集》一部，反復沈玩，始知柳州詩之妙。甚矣，論人之不可以輕易言也。又有一則言：老杜詩中有"飯抄雲子白"之句，雲子雨也，言如雨點耳，出荀子《雲篇》。竊意此二字頗似科學中字，以其與科學説合也。終日無事。燈下陪父親及二哥閑談。歸室後，又與内子談家中事，代内子寫信一封，十一點時寢。二十五日補記。

二十五日，起頗晚。補作前數日日記。終日無事。午後飛霰交加。書大字數張。寢已十一鐘。今日接長兄自陝來信一封，則君信一封，作信復之。二十六日補記。

二十六日，起頗晚，雨雪弗住，然弗甚大。作信與長兄及伯剛，並付郵。燈下和衣寢。八鐘起，談論。九鐘半歸室，書大字數張，十一時寢。

二十七日，起頗晚。終日無事，寫大字數張，讀杜詩數首而已。寢時將十二點鐘。二十九日補記。此日係讀李詩，所云讀杜，筆誤。

二十八日，起頗晚。早餐後到明齋家。未幾雨雪其霏，欲待雪少住始反，而積久愈大。四鐘時，借得其老僕草笠，戴之而返。步行雪下，中心清爽，近數月中無此境矣。晚餐後到明倫堂小步，因思此日若得帶竹笠，披羊裘，騎蹇驢，隨小童，携錦琴，到安樂窩畔，假得樹下一席地，獨奏一闋，歌《世莫我知》之章，其樂當無既耳。惜乎余不能也。燈下寫大字數張,陪父親及二哥談論作詩之法,甚久。後又獨陪二哥談論。將十一點,母親呼喚,乃反室就寢。二十九日補記。

　　二十九日,將八鐘起,到家數日中以此日爲最早矣。寫大字數張,終日無事。燈下行辭歲禮,後坐談之頃,頗有無限感慨。寢時約十二鐘矣。今日終日雪,深一尺。古人云"瑞雪兆豐年",明年其爲大有年乎? 一喜!

一九一一年①

正　月

初一至十六日，終日無所事事。溫《詩經》兩本，抄《步天歌》未完，看李詩十餘首、杜詩數十首而已。暇時或聽父親談論，時與内子閑談，時與菜侄講論算學。每日均起晚睡晚。屢欲出游，因雪，大路多泥濘，故未能。惟初六日到存古閣，撫讀殘碑斷碣。十五日早起，登文峰塔。梯已破碎，攀登非易。凡九級，至其最上級，則俯視瀍、洛諸川，惜天非清明，不能望龍門。洛土頗存古風，士女聞都好整潔，間以儉嗇之風。各家門内壁外，多置名花三兩盆，頗饒静趣。其婦女則迷信鬼神特甚。廟宇甚多，老嫗之諷經拜神者，不絶於途。燈節之燈甚多，頗可觀覽。十六晚月明如畫，到明倫堂前閑步。因思吾身之在天地間，直如寄寓，何時賦歸來

①編者注：原作"辛亥年"。

之章,以此精神還諸太虛,固千百年如一日也。至若風花雪月,山水蟲魚,固天地自然之美景,所以大賚世人,使勿過勞以傷神,萬不可交臂失之者也。思之,思之,真為暢然。寢時約十一點半鐘矣。

十七日,起時約九點鐘,日中無所事事。明齋同楊少山來,談刻行期。晚餐後到文昌宮及玉虛觀一游,天氣頗寒。歸,與內子閑談。寢時約十鐘。

十八日,起甚晚,終日無事。晚明齋來,言事情不完,二十日恐不能啟行。是日寢甚晚。

十九日,起頗晚。今日開印,父親在官廳聞人譏笑洛潼鐵路事,中心不懌。家人偶有觸犯,即暴怒,以故終日兢兢。午後到明齋家,明言行期尚未定,余則心中夷猶。晚餐後,母親因兒去在即,中心甚為悽愴,余與內子、棻侄極力勸慰。外間雪花亂墜,行李尚未收拾,因定於二十一日始啟行。寢頗晚。

二十日,起仍晚。午前僕人到明齋家取燈籠,聞明將明日啟行,因收拾行李。傍晚明齋來,重申行期定於明日。二親甚喜,因有路伴也。余每自家出,中心頗為坦然。今日痔忽發,乃悲愴塞懷,然又不欲令二親知,在己室中浩嘆而已。燈下與父親、二哥談學術之源流變遷,討論者久之,中心暢然,忘憂懷矣。十鐘返室,內子話別,愁腸千結。余慰之,因教以慎言、勿愁思二事,內子深然余言。談至十二點,乃就寢。

二十一日,醒甚早,起時五鐘。用食物畢,遂行。二哥及棻侄與二僕人到車棧相送,八鐘火車開矣。遇嵩希昆仲。晚到彰德,宿棧房,呼喚甚不靈便,飯亦不好,因召其主人斥之,謝過乃已。

晚睡不佳。

二十二日，三鐘半起，登火車。七鐘開到保定，有查疫者，在保定下車者皆須查。將八鐘到北京，下車，雇轎車歸。即到岫寓，晤岫齋、次重、階平及岫齋少君，年甚少而聰慧。讀次氏元旦江亭上所填《瑞龍吟》一闋，頗有感慨。晚到明齋寓宿，晤鍾氏昆仲及同院諸人，寢。

二十三日，七鐘半起。入館，晤同學諸人。上堂，館中查疫頗嚴，第三堂無堂。讀伯剛、琬垂諸人詩。下午無堂，看報，同伯剛、術芳到東安市場。返，晚餐後談論。伯剛言知行合一之說，余頗不甚了了。返齋舍，補作前數日日記畢，寢。

二十四日，起時七鐘。上堂，晤海帆。下午止交涉一堂，看報，世事甚不佳。發河南府家信及右文信各一封。蔚如來，少談。看經濟學數張。下第四堂，同介眉到操場散步，踢球。晚餐後再踢。燈下看法文條約、經濟學、本朝史各數張。鳴鐘寢。

二十五日，起七鐘。到西操場少散步。華數習告假。沅芷來，第一堂時與沅談。末二堂時看法文詩《巨靈》一篇，詩為玉谷氏作，以況拿翁。悲壯淒涼，有一唱三低回之致。下午第一堂時，看報，倫理教習未到。晚餐前踢球。餐後聚多人到東操場觀放紙鳶，樂甚。燈下看《黃埔條約》數頁，法文《法意》一頁。少談，寢。

二十六日，早起。到西操場散步，思浩然與天地同體之意，頗具別解。下午交涉一堂，晤偉臣，看報。晚餐前踢球。餐後如昨日。燈下看《黃埔條約》二張，甚困，少息。再看本朝史十張，寢。

二十七日，早起。因昨日有法文練習忘作，補作之。下午下堂後看報，看本朝史五張。心甚不痛快，因與沅芷、伯剛等談論，覼縷連續,至夜半始寢。中以談小說時爲多。

二十八日,起過八鐘矣。大霧暳暳,其陰終日未霽。看《血史》數十張,敘次無法,文字亦非佳。午餐後看本朝史,閱報。燈下續閱本朝史,取《離騷經》朗誦一遍,寢。

二十九日,晴,天甚暖。起將七鐘。到操場散步。下午止交涉一堂,看報,剃頭,看本朝史,踢球。燈下續看本朝史。少談,寢。

三十日,起七鐘。到操場小步。下午無堂,磨墨,看本朝史曾、左諸公事迹,胸中若有所感。燈下無事,與尊三、毅夫談,看法文文選一張,寢。

二　月

初一日,起七鐘。下午理財教習未到,同毅夫閑話。燈下不作事,同毅夫、沅芷閑話而已。是日有風,然不寒。早寢。

初二日,中夜醒,弗寐,憶往事歷歷然。天將明又睡着,聞鳴鐘始起。晚餐前踢球。餐後到東操場散步。燈下無所事事。鳴鐘過,少談,寢。

初三日,聞鳴鐘起。到西操場散步。晚餐後到東操場散步。燈下仍無事事。鳴鐘寢。近日英據片馬,李經羲籌戰守之備,不遺餘力,大是好男兒,但以今日昏瞶老邁之政府諸公,其能竟其用也,噫!

初四日,聞鳴鐘起。下午下堂後閑話而已。嵩生今日在醉瓊林請客,辭不往。燈下磨墨,看法文歷史數張,寢。

初五日,起,到東安市場購買物件。返,到海帆處少坐。同沅

芷出城,過琉璃廠。別沅,獨到南半截胡同,晤椒岩及姊氏。出到
下斜街訪伯含,未遇,又訪蔚如,亦不遇。乃到蔚澧寓,晤談多時,
返。是日天色甚惡,燥而多風。歸,到浴堂浴。出,又購物件數
事。返,到海帆處晚餐。身覺甚寒,恐係感冒,乃借得痧藥數丸吸
鼻中。又少談,乃歸館,九鐘即寢。

初六日,聞鳴鐘始起。下午理財無堂。岫齋以一唐人所書
經碣拓出相贈,須親自爲檢定,乃理其次序,約一鐘始定。唐人
書内有溫厚敦樸之氣,可貴也。燈下無所事事,閑談而已。鳴
鐘寢。

初七日,鳴鐘起。昨夜睡甚惡,精神不振。下午下堂後談笑
而已。寢甚惡。是日寫謄寫紙五張。

初八日,今日仲春上丁,致祭先師,放假。九句半鐘行禮畢。
到海帆處小談,在彼處午餐後,到岫齋處,晤召遺。晚餐後與次重
談及古今文學之源流盛衰,次氏所見至爲精到,非好學深思,心知
其意者,莫能道也。但次氏現時英氣消磨,欲爲文學家以終老,而
余頗不願耳。八鐘返,少談即寢。

初九日,鳴鐘起。晚餐後到海帆處小談,歸。因近日和戰之
議,群言紛紛,因與伯剛、介眉、沅芷到操場步月,談論此事。余與
介、沅二人頗是主戰説,伯剛否之,因互相辨論。究之二説皆有所
窘,中國此時實屬無可奈何,雖有善者,亦未如之何也矣。十一
鐘,他人皆睡,余獨步月下,頗有無限感慨,無限悽愴。寢時幾十
二鐘矣。是日曾到東安市場,同往者爲吳新吾。

初十日,鳴鐘起。今日報上有俄兵大舉南下之耗,殊堪駭人。
燈下清談而已。到樓上,取小説一本觀之。睡頗晚。

十一日，鳴鐘起。下午下堂後，同則君到劉治襄先生處，請彼作一同學録序。反，到次重處閑談。歸，發河南府家信一封，劉伯含信一封。因昨日看小説睡，今日精神頗委靡，後當戒之。鳴鐘寢。

十二日，起頗晚。無事，談論。午餐後同沅芷出城，到光州館晤莘生、召遺昆仲。後又獨到祥符館晤問樵，因出到福隆堂，浚泉喜筵也。客到未齊，乃與伯剛、則君同到中興球房，晤潛夫諸人。返後又同潛夫、次重、毅夫同到青雲閣上飲茶，縱談頗樂，然感慨繫之矣。七鐘返福隆堂，就坐。坐客甚多，法文鐸教習在焉，爲人圓滑甚，居心叵測，未可易視。飲酒三兩杯而已。九鐘客散，歸。胸膈作熱，如飲多酒。鳴鐘寢。

十三日，鳴鐘起。下午下堂後剃頭。晚餐後同淑年、介眉、敬存諸人到東安市場一游。返，遇沅芷，因同到浴堂沐浴。歸，鳴鐘寢。

十四日，鳴鐘起。近日精神不佳，因持無所事事主義，祇能葆得完固精神即爲佳也。晚餐後取《桃花扇》及《鄭成功傳》於海帆處，因伯剛假也。燈下閑談。又同毅夫到月下散步，談論天地原始，頗極快心。鳴鐘寢。今日接到父親手示一封，内有長兄信一紙。

十五日，鳴鐘起。下午下堂後，無所事事，燈下談論而已。鳴鐘寢。

十六日，鳴鐘起。因滇緬界約近日與英將釀劇大交涉，因取薛氏所定之界考之，但無精細地圖，頗稱難事。下午第一堂無堂，取圖細爲覈對。下堂後氣覺不舒，置之。燈下不事事，閑談而已。

鳴鐘寢。

十七日，鳴鐘起。下午體操，因天寒，自請假一堂。燈下無所事事。鳴鐘寢。

十八日，鳴鐘起。下午下堂後寫膳寫紙二張。到次重寓閑談，在彼處晚餐後，同到潛甫公館。潛因病告假一星期，其情頗懼，余則勸以病不甚重，善爲調養，即占勿藥，勿過鰓鰓爲也。八鐘返，又到次寓少談。回館，鳴鐘寢。今日到潛寓，潛以關東半島圖一紙見贈。

十九日，起稍晚。寫膳寫紙四張。下午同用九、淑年、沅芷到東安市場一游，購學衣一件。返，同沅芷到海帆寓閑談，四鐘返。晚餐後無事。鳴鐘寢。

二十日，鳴鐘起。下午細雨濛濛，晚成雪。燈下作《國朝五先生贊》，頗不稱意，然亦無可奈何，敷衍而已。鳴鐘寢。

二十一日，雪頗大。下午下堂後，無所事事。燈下看《西域圖志》，翻閱數十頁。鳴鐘寢。

二十二日，下堂後，無所事事，翻閱《説文》數張而已。

二十三日，下午教育教習請假，圈點《説文》數張。燈下與沅芷等射詩句爲戲。

二十四日，燈下仍與伯剛諸人射詩句爲戲，甚久。鳴鐘寢。

二十五日，睡不佳。昨晚本欲休養精神，而射詩句則頗費精神。甚矣戲之無益也，後當戒之。下午告假一時，與岫齋同到清華學堂視其世兄。學堂約在海淀東北，相距約二三里。風景甚佳，有河，有長阜，有古松。地址頗廣，蓋故端親王之清華園也。然房子頗不多。游畢即歸。復到岫齋寓，見彝仲世丈，少談。到岫室內,晚餐後歸。鳴鐘寢。

二十六日,昨晚睡頗惡,起甚晚。剃頭。午餐後同沅芷到筱牧寓,晤筱牧、厚坪及仙齡諸人,三鐘返。過仲衡寓,晤仲衡、鋼侯,將晚餐時歸館。晚餐後同沅、剛、介到海帆寓,又同剛到浴堂浴。返,寫河南府、陝西家信洛字三號,秦字一號各一封,寢。

二十七日,起稍晚。發昨晚信。今日丙級同學行畢業禮,放假。召遺來相見,少談。次重來,約到勤孫家,因出。到次重處午餐,同次出城。聞勤寓宣武門大街,遍尋不得,乃從校場頭條至達智橋,到松筠庵一游。庵者,椒山先生之故宅也。出到善化會館,初晤楊夢薌,遣其長隨尋勤寓。言在校場頭條,適過其門而不見,異矣。乃出到勤寓。寓舍爲江右萬相國青藜故居。亭堂壁閣,竹木交輝,名公扁聯甚多,房租亦廉。少談,又同勤信、次重再到松筠庵。其西院爲諫草堂,內藏椒山先生諫草石刻,拂毫淋漓,想見當日批鱗直諫氣象。堂前有彭雪岑畫梅二石,筆力大勝。然畫梅非若桃李,疏影橫斜,三五枝已足擅勝。今彭摹一株,頗得其意。他株則濃濃密密,桃李三春尚不如是之繁盛也。以吾思之,當是堂花耳。語次重,次重不謂然。庭內有假山,東院則爲椒山祠堂,供椒山及張夫人,配享者其二子一媳,名氏予忘之矣。出,再到勤寓。勤、次二人見詩甚博,非予所及。讀勤孫近作《聞雁》詩,風格遒健,力追古人。出,與次重別,到豫學堂尋友。不見,歸館。晚餐後尋介眉到操場散步,適介聞姊之喪,悽愴塞懷,以彼新愁觸我舊恨,其傷心當何如者,余二姊、八姊之喪在戊申之春,距今三年矣。爲太息者久之。乃同伯剛强介眉到操場散步,後沅芷歸來,乃同談死生之故,存亡之理。伯剛所主中和主義,余及沅所主極端之説,因互相争論,然無端之辨,莫可究詰。鳴鐘就寢。

二十八日,今日初上體操。下堂後無事,同毅夫漫步到東安市場。歸,適伯剛、沅芷因介眉終日鬱鬱,思有以解之,乃强之到東興樓,余與岫齋、毅夫陪。然介恪守禮節,酒不沾脣,强之飲,則曰:“今日實對不起。然若必予强,是陷余於不義也。”余輩乃莫敢强。終席,介未嘗啟齒,食蔬飯而已。是日余與剛、沅、毅皆醉。聞伏侯病咯血,乃先出,往問之。與剛、沅、毅三人同歸。欲與潛甫書,展紙揮毫,未一行,不能成書而罷,遂寢。

二十九日,夜間風雨蕭蕭。余宿醒未解,心中甚不適。余飲酒太多,後當戒之。是日上午雨,下午成雪。上堂下堂,衣履沾濡矣。晚與潛書一通,寢。

三　月

初一日,雨霽雲散,心曠神怡。下午國文、教育教習請假,無堂。出到海寓,又到次寓,然仍無所事。頃之,沅芷來。伯剛在橋上,沅呼之入,伯剛不肯。余因出見剛、术、介、淑、琬皆在。問之,則曰:“今日風和氣清,不可不游,子曷同往?”予曰:“諾。”乃同出東安門,然向何處游乃佳乎?余曰:“到萬柳堂尋袁督師墓瞻拜之,其可乎?”皆答曰:“善。吾子曾往游否?”余曰:“否。余聞其在崇文門外,然不能的知其處也。應請一人到東安市場尋一京城圖觀之。”衆曰:“善。”沅、淑二人往,余等緩步待之。少須,沅來,言:“淑年嫌遠不往,余獨來也。萬柳堂在城之極東南隅。”遂同行。是日日光甚烈,值雨初住,地上蒸汽如霧。到崇文門,泥濘塞途。术曰:“吾乘興而來,今興盡矣,吾將返也。”余應曰:“君北,吾儕南耳。”乃別。同游者五人，出城門。天際濃雲密厚，陰陰欲雨。然五人者興致勃然，言曰：“雲無根蒂，將散矣，烏能雨？”是時且行且言。伯剛甚惜其履，余亦自惜其靴，因前途或有泥途故也，乃同入一履店，各購布履一對着之。行次雲散，出街衢，清風徐來，綠水蕩漾。問一童子，得堂所在，及近，則拈花寺也。五人者疑信各半。寺東南十數武，有一大冢，上有古柏五七株，疑督師藏骸之所。又東南有亭翼然，亭門早以塼泥塗之矣。問土人，皆莫知爲誰氏之冢，知拈花寺爲萬柳堂而已。乃下入寺。和尚出門，止有一小行者，引到東院樓上，即所謂萬柳堂。門外柳兩三株，尚未青。樓上有仁皇帝御書“簡廉堂”三字刻石，並有石刻楹聯及唐詩數首，均仁皇帝御書。命行者開窗拂塵，煮茗一壺。飲之，清風習習然來，甚自得也。東南半里許，有翠柏數十株，葱葱鬱鬱，從樓頭依稀望見之，作而言曰：“此非督師之佳城乎？何古柏蒼翠之至於斯也？嗚呼！督師奇材，早承疆寄，豐功茂烈，著於東陲。而乃橫遭讒忌，罹不測之奇冤，致令干城摧折，武臣解體。膺專城者，養癰以貽患；起尤符者，縱橫而莫禦。及至寇哄於堂，而武臣猶自嬉於其室也，可不悲哉！易世之後，牧夫樵子聞督師之名者，猶爲之感慨而太息，而況我輩今日之憑吊乎哉？”伯剛曰：“下往觀之，如其是也，吾儕當三揖之。”皆曰：“諾。”乃下同往，則近日新墳也。又南到江西義園，見一巡警，問之，則曰：“亭西北之墳，昔朝鮮每年貢使必來致祭，而今亡矣。其誰氏之墳則不知也。”因廢然而返。是游也，天初晴，無纖塵，暖日惠風，不寒不暑，雖未得督師之墓，固甚樂也。晚餐後閑談而已。鳴鐘寢。

初二日，無事，燈下閑談而已。鳴鐘寢。晚餐後曾到東安市場。

初三日，無事。燈下與伯剛談論政黨事，大起爭論。大約行事之勇，允推伯剛，實非吾所能及。至於知事之明，則吾實不敢多讓，非吾之自滿也。寢。

初四日，起，補作前數日日記。觀沅芷之日記。余紀游頗費匠心，然數處遠不如沅記之自然而情趣奇橫也。午餐後同沅出城，到琉璃廠，購得《春秋大全》一部，廖氏《穀梁疏》一部，價頗廉，蓋一書店將出倒故耳。到椒岩寓，未晤一人而出。訪毅夫昆仲，又不遇。返，到斌陞樓，主人召遺、伯含，在坐者岫、海、蔚、牧、明、問、沅及余。返，將鳴鐘矣，寢。今日聞問樵言陝西數處因禁烟致亂。

初五日，下午理財教習晚到，不上堂，地理教習未到。今日本欲寫蠟紙，然晚餐後又同術、淑到琉璃廠，購得陳刻《資治通鑑》一部十六函薛文清公《讀書錄》六本、《文集》十二本、《年譜》一本各一部，《通鑑外紀》一部一函，又賸以朱高安所刻四種七本，共價洋二十元。返，天已晚矣。不及寫，寢。

初六日，起，抄前作《國朝五先生贊》。下午本欲上操，因書鋪來送書，付洋需時，遂告假一鐘。又到偉臣寓，晤偉、牧，取回舊木箱，整頓書架者久之。將所買書送到儲藏室。晚餐後到潛甫寓，返將九鐘矣。將昨日朱高安四種分之，淑得《孝經》，術得《歷代名臣錄》，剛得《大戴禮》，余則得《四禮翼》。分畢，補作前數日日記，寢。

初七日，下午下堂後同則君到豐源印字館。又到椒寓，晤姊氏及清甫、瑞岩，八鐘返。過海寓。返，寢。

初八日，今日清明放假。上午讀《資治通鑑》數張，頗有會心。午餐後聞自來水公司有展覽會，往觀，同往者爲淑年、术芳、體剛、新吾、錫侯，至則無有。遂散步郊坰，進安定門，到文廟及辟雍。天將雨，命駕歸。寫大字。晚餐後次柬來，約觀新詩二章，其二者佳。岫病，倩余來館代請繡皆。歸，寢。今日稍傷風，不劇。

初九日，下午下堂後小談。近日風聲大爲不佳，而吾國人猶復醉生夢死，可嘆也。晚餐後同术、淑、剛、沆、毅到東安市場，遇浚、繡，同到球房北壁飲茶。返，到岫寓視其病，少坐。返，身甚不快，取太史公《報任安書》，高聲讀之，汗涔涔下。鳴鐘，寢。

初十日，晚餐後到海寓。又到岫寓，少談。返，寢。今日傷風愈，然喉痛。

十一日，起，看《資治通鑑》數張。昨借得墨，因作擘窠大字，大者約一尺，後又寫小字數百。午餐後寫蠟紙數張。看報。到次寓，在彼處晚餐後，同次、岫同到潛夫寓視其病，談至九鐘始返。寢。今日在岫寓遇伯勖。又毅夫病，岫齋之世兄亦病。

十二日，下午接到海東諸兄信一封，囑托椒岩一事。晚餐後出城，到椒寓，晤椒及姊氏，與清甫、瑞岩諸人鬥麻雀爲戲，至夜分宿焉。

十三日，昨夜寢不佳，早起，返。借得《夢溪筆談》一部，返。下午次重病矣，往視之，在彼處晚餐。今日心中甚不樂。又到海寓。月色甚佳，在院坐多時。又同海出東安門一步。返，約介到操場，月下談多時。鳴鐘寢。

十四日，下午下堂後剃頭。又同介眉同到東安市場一游。杏花開矣，繁花萬朵迎人來，真令人神醉也。歸，介遇其友，同去。余獨到次寓，在彼處晚餐。返，上燈後又出到浴堂浴。歸，寢。微雨濛濛。今日接到父親手示一封。

十五日，下午國文教習晚到，不上堂。下堂後書大字數張。燈下無所事事。鳴鐘寢。

十六日，今日爲西洋節氣，外國教習皆請假，上午無堂。發河南府家信洛字第四號一封，看《資治通鑑》十數頁。下午下堂後，到大學堂晤復初師。出到筱牧寓，晤筱牧、偉臣，在彼處晚餐。談次，及閻文介、李文清諸公遺事，與滌庵先生之高風，中心肅然起敬。八鐘返，月明風清，在人力車上，因思當此人欲橫流之日，吾前時之所以自勵者何若，近時之所持行者又何若，不禁惶慨汗下。終日嬉戲，早眠晏起，日惟口腹衣服是計，幾何其不陷於禽獸也。即近日精神不佳，欲爲衛生之計，然衛生之法，以清心寡欲、多勞體力爲首要，而時起居、慎言語、節飲食次之。今不此之務，而無所事事，鎮日嬉游，日炎炎作大言以欺世駭俗。古人曰“志士勵行”，余於志士尚不能爲，空言聖賢豪杰何益。及今回頭，尚望無沉迷，復之悔。不然，則苦海茫茫，茫無津涯，醉生夢死於其中而不知悟也，豈不哀哉！嗟夫！一身之微，衆欲攻之，今日自悔，明日又不知心放何處去也。悲夫！鳴鐘寢。

十七日，起頗早，看《資治通鑑》數張。下堂後到次重寓小談，在彼寓晚餐，九鐘歸。與伯剛、沅芷、术芳、介眉諸人坐談，晚始寢。今日下午召遺來。

十八日，起，看《通鑑》數十張。午餐後本欲出城，而時雨時止，遂止不出。與沅芷談農桑之利。看報。晚餐後到海帆寓談。

出,聞鳴鐘,疾歸寢。

十九日,下午下堂後往訪召遺,不晤。到隆福、護國寺一游,今日爲廟會,游人甚盛。歸,到鳴皋處一談。返,燈下抄單字數十,寢。

二十日,下午下堂後,岫約再到召遺處,仍未見。歸,到昱東寓,不見。返,在岫寓晚餐後,同次、岫訪潛夫,仍不見。返,同次到東安市場觀擊球者,久之乃歸寢。

二十一日,下午作國文,題爲“孔門分言語、文學爲二科説”。作後寫蠟紙數張。到西操場戲。燈下再寫蠟紙數張,寢。

二十二日,下午下堂後再書蠟紙數張。翻閱《詩藪》,講詩得其大體。燈下與沅芷諸人談,飲酒數杯,寢。

二十三日,下午下堂後到郭師處,爲催同學録序事,適不在堂。晤彝仲世丈,坐談者久之。出,遇郭師歸,立談數語。返,燈下仍談,飲酒數杯,寢。

二十四日,下午下堂後,即出城到琉璃廠豐源印字館。出到椒岩寓,晤清甫及伯恭甥,少坐。出到勤孫寓,晤其昆仲三人,談詩學之正變,觀勤孫所作亡弟墓誌銘。誌幽奧深雅有古致,銘末數語,勤氏得意之筆,余甚不以爲然,蓋落文人套臼,非自肝膽間流出之文矣。通篇大致佳勝,而此獨成努末,足惜也。觀勤孫詞稿,在彼處晚餐,約明日同出游。返椒岩寓,晤椒及姊氏,晚宿焉。今日將宋人詩話、《韓詩》、《夢溪筆談》還椒。

二十五日,早起。借得《筆叢》十二本、《陳后山詩集》四本。出到毅夫寓,晤毅夫、開夫及軒橋世丈,在彼處早餐。出到勤孫寓,則勤、信皆未起,倩和促之,乃起,少談。出,同到法源寺。丁香初發,穠艷可人。古檜二本,徑可盈尺,當是數百年古物。寺僧出,延茶殷勤，意在索茶資，少飲即出。勤欲返，余及信、和皆不可，强之同到崇效寺。寺僧甚不知趣，興爲索然。牡丹未開。求其《馴鷄圖》觀之，言裱去矣。少坐即返。又到勤寓，取《明七子詩》觀之，論其得失之故。在勤孫寓晚餐後，欲歸，勤、信强同到毅夫寓，毅已返學堂矣。因別勤、信歸。過大栅欄，買藥。至館九鐘矣。談，寢。

二十六日，法文教習請假。發河南府洛字第五號、桐河家信各一封。晚餐前到操場①練習運動。餐後次重尋同出，與毅夫偕同到東安市場飲茶，返九鐘矣。寢時看《筆叢》數十張。

二十七日，今日法文教習來甚晚，而余曠課一點，異事也。晚餐前運動。後同介、沅、毅同到交民巷一游。回，到浴堂浴。同介眉回館，未幾寢。

二十八日，下午下堂後寫大字數張。晚到東安市場飲加非，术芳爲主。返，再寫大字，寢。

二十九日，下午下堂後寫大字，運動，讀詩。晚餐後請諸人到東安市場飲加非。歸，看《詩藪》，寢。

三十日，下午下堂後事如昨日。晚餐後到東安市場飲加非，淑年爲主。遇次重，同到潛夫寓，潛病愈矣。九鐘歸，談至十一鐘寢。

四　月

初一日，接父親手示一封。聞長兄得署磚坪廳巡檢事。下堂後寫字，運動。晚餐後寫字、談論而已。寢。

初二日，起，剃頭，磨墨，到操場與淑年競走。午餐後，同沅芷

---

①編者注："場"，原脱，據前後多處日記補。

到財政學堂看運動會，人到者甚多，返六鐘矣。到外邊一小館晚餐。返，寫大字。鳴鐘寢。

初三日，下午下堂後寫字，運動。出到岫寓。返，晚餐後到東安市場飲茶，浚泉爲主。歸，少談，寢。

初四日，上洋文第三堂時，自出買紙。返，到岫寓早餐。下午下堂後寫大字。天雨，不能運動。看理財講義數頁而已，寢。

初五日，下午下堂後寫大字，運動。晚餐後到東安市場飲茶，繡皆主也。歸，寢。

初六日，下午下堂後寫大字，運動。晚餐後出浴。返，到海帆寓少談。歸，寢。

初七日，下午下堂後寫大字，運動。晚寢不寐，起則明月皎潔，星河在天，清風徐來，萬籟俱寂，對此清輝，能無悲感？作《明月篇》一章，以誌離思。寢時約二鐘。

初八日，黎明即醒，不能復眠，即起。在院中裝回多時。到自修室，將《明月》章均之未穩者更之，並爲寫出。下午下堂後寫大字、運動而已。晚餐後燈下談論，至鳴鐘時寢。

初九日，起頗晚。看理財兩張，寫大字。下午談，看報，同伯剛到隆福寺。歸，運動。晚餐後看教育講義數張，寢。

初十日，下午下堂後寫大字，運動，看教育數張。燈下再看。鳴鐘後月色甚佳，伯剛邀到操場，席地而坐，飲酒玩月，甚自得也。寢時十一鐘。是日接二哥信一封，並宛郡學界同人信一封，邀余初八未到①到嵩陽別墅，有所商議，然期已過矣。作函與清甫，請

----

①編者注："未到"，疑"未刻"之誤。

其見發起人代謝而已。今日閣制發表。

十一日，下午下堂後寫大字，運動。燈下看教育講義。鳴鐘後月色大好，約伯剛、沅芷等人到操場，尋昨日興。西方有一星甚明，不知何星。其時金星離於天中，此星直奪太白之光，可怪也。寢時約十一鐘。

十二日，下午下堂後寫字，談論，剃頭。晚餐後微雨初晴，天色甚佳，到操場運動。燈下與沅芷瑣談，至鳴鐘寢。

十三日，下午下堂後寫字，看交涉講義數張，運動。燈下談論，寢。

十四至廿日，每日看講義數張。十七日運動，競走畢，未多游行。次日腿部覺痛，兼少傷風，遂告假數鐘，亦不看講義。廿日愈。

二十一日，早起。看教育講義二十餘張。下午少看講義，即出游填墨盒。燈下少談即寢。

二十二日，早起。看理財、交涉講義。下午看地理講義。晚餐後擲球、談論而已，寢。

二十三日，早起。看歷史講義、地理講義。下午出到岫齋寓閑談，在彼處晚餐。歸館中，擲球，談論，寢。

二十四日，上午考理財，下午考交涉，皆無大錯。晚餐後擲球。燈下談論，寢。

二十五日，早起。翻教育一遍。上午考教育，第五題略記大義而已。下午考歷史，年月有小錯處。晚餐後，擲球畢，談論，寢。

二十六日，早起。翻閱地理一遍。上午考國文，題為"子產治鄭民不能欺、子賤治單父民不忍欺、西門豹治鄴民不敢欺論"。

下午考洋文，考頗不佳。出，同伯剛、浚泉到合興號小餐，浚爲主。返，又到東安市場一游。歸館，少談即寢。

二十七日，早起。上午考輿地，無大錯。下午考倫理，題爲“心無物然後能應物論”，聊草塞責而已。出，同术芳到合興號小餐，术芳爲主。正餐時，沛然下雨。歸，雨止，到操場一游，心清氣爽。擲球，書大字，寢。

二十八日，華教習告假，國文、倫理教習亦告假。出到岫齋寓，岫約游清華園。同往，坐車到西直門，上火車，一鐘到清華園車站。下，麥長草秀，風景絕佳。步行到清華學堂，少待，晤岫齋世兄。出購食物，坐林下，席地食之。畢，同游圓明園，宮殿故址猶有存者。太湖石矻立庭前，而觀閣止剩柱礎，摩挲撫弄，令人低回扼腕不止。舊時河湖皆淤積，中盛蒲葦，石橋猶存，登之尚能遠望。重行則水聲潺湲，有小溪頗清潔，吾於上流濯面，下流濯足。噫嘻！此御溝之水，曾幾何時，而農夫野老皆得被濯於其間，盛衰之機，可不懼哉！是日也，深入者約四五里，遂反。然足迹所至，不過是園四五分之一耳。返，再到清華學堂，少坐即出，意五點鐘時有火車到京。步行到車站，問人則曰：“五點之火車到京者，惟禮拜六有之，今日則無。”遂廢然而返。到海淀，雇人力車歸。到岫寓，晚餐未畢，學堂鳴寢鐘，遂不返。餐畢，談論。寢時又取《國風報》一册觀之，畢乃寢，約十二鐘矣。

二十九日，早起。返館內。上操。華教習告假，無堂。潛夫約出游，同出到彼寓少坐。次來，因同車出到致美齋小餐。出到清源寺，風景絕佳。潛、次席地圍棋數局，余坐觀之。出到陶然亭小坐，潛帶葡萄美酒，取出飲之。余飲頗多，酒興亦陶然也。次、潜二人重理戰局，余則酣寢。夢醒時，彼二人殘局猶未收也。收局出，登城南望，感慨萬端。返，登香冢、鸚鵡冢。歸，步行，暢談樂甚。到粉房琉璃街南口，別二人。到椒岩寓，彼於本月二十二日有抱孫之喜，今日喜酌，又飲數杯。是夕賈祝三與李華虞因細故幾至用武，極力勸解。晚宿焉①。

五 月

初一日，早起。無事，取麻雀弄之，同局者清甫、祝三、伯恭也。正弄間，李華虞來，與祝三又將起衝突，乃極力勸解，自出銅子百枚，爲祝三還華禹者，以賞下人，事乃已。後同出到青雲閣飲茶，勸業場擲地球數盤。別，獨到萬通樓，購喜禮四色。出到瑞蚨祥，購鐵綫紗小褂一件。歸。晚餐後擲球。燈下寫家信洛字第六號一封。寢。

初二日，下堂後同則君出城，過萬通樓，取喜禮。同到豐源印字館。出別，獨到椒寓，在彼處晚餐。畢，歸寢。

初三日，下堂後到豐源印字館，校對同學錄。歸。晚餐後擲球。寫大字。

初四日，下午下堂後同毅夫出城，到毅寓少坐。出到椒寓爲陪客，然余至，客皆已就座矣。餐後晤瑞岩。燈下弄麻雀。宿焉。

初五日，早起。賀節喜。罷，再弄麻雀。後同出到勸業場樓上飲茶，又到青雲閣擲球。到南味齋小飲，至半醉，豁拳頗劇。

①編者注：原稿此後一頁正中書"辛亥歲徐子言行録"八字，右側録王陽明詩一首："金山一點大如拳，打破維楊水底天。醉依妙高臺上月，玉簫吹徹洞龍眠。此陽明先生七歲時過金山詩，虛生誌之。"

出,再到椒寓。欲歸,瑞岩堅不令返,乃止。燈下椒開賬,賬主紛然。睡時頗晚。

初六日,昨晚余謂瑞岩君起可喚我,瑞岩因倉場事忙,今朝黎明即起。歸到學堂,尚未鳴起鐘也。下午寫大字,擲球而已。寢。

初七日,下午同毅、剛、介、沅游農事試驗場。雨過無塵,雲鋪不暑,殆天之故備此佳景,以爲余儕快游計耶!豳風堂前飲茶,山亭上乘凉遣興,樂陶陶然。及出時,余游興尚未艾也。歸,到合興號小餐,時則大雨澍濡矣。畢,聞潛夫將到滬濱去,往送之。返,寢。

初八日,起未作事,談論而已。下午同淑年到東安市場品茗。歸,寫大字,擲球。寢。

初九日,下堂後到東安市場飲茶,沅芷主之。出到豐源印字館。歸,晚餐後擲球。海帆有電報來,聞其夫人病,彼將遄返,往送之。

初十日,下堂後與監督商議同學録事。晚餐後到東安市場品茗,同往者浚泉、繡皆、沅芷。返,寢。是日接父親手示一封。

十一日,再與監督商同學録事。晚餐後擲球。寢。

十二日,下堂後談論。晚餐後擲球而已。寢。

十三日,下堂後出到豐源印字館。返,晚餐後擲球。寢,睡不寧。

十四日,下堂後出到豐源印字館。返,天雨。燈下談論而已。早寢。是日外侄孫吕生來訪,出城時尋所住棧房,未見。

十五日,早起。新晴,天頗寒。出到永定門。步往,同往者剛、沅二人。至火車站,遇黄元笙,乃昨日約同游南苑飛行機器工場者。少坐，火車到，所謂軍用輕便火車者也。式甚小，上無篷。
八句半鐘開車，少頃，到萬字地。下，乃步行，迤邐向東。行約八
九里，至飛行工場，主人爲劉質卿、李焜甫二君。少坐，即往觀飛
機。已製成，但未上油。闊二三丈，長二丈，有二翼。升降機、轉
向機皆在機之後部，人坐中間，得以動之。全機重五百餘斤，載一
人外，可載貨六百斤。製造頗極巧妙。觀畢出到接待室談論。又
同出到場中散步。場寬、廣各一里餘。是日天氣頗佳，雨後無塵，
不暑。但余前日傷風初愈，今日出時穿衣過薄，又傷風，精神不
佳，爲憾。在彼處午餐，主人情意優渥，□①感也。是日來觀者尚
有二人，一爲一王姓老太史公，湖北人，一爲山東人，李姓，係墾務
局總辦云。餐後到其屋上一小臺上，用遠鏡望京師，景□②歷歷。
三鐘時，雇驢騎歸。到永定門下，觀人跑馬。歸，極困，晚餐後
早寢。

　　十六日，早起，精神甚憊。下午無堂。上午則余告假。服藥。
到岫齋寓晚餐。返，早寢。

　　十七日，上午余仍告假。下午無堂。余出到岫寓晚餐。歸，
擲球，談論，寢。

　　十八日，上堂。下午下堂後出到岫寓，少食物。出到豐源印
字館。歸，在岫寓晚餐畢，回館。呂生來訪，與同出到椒寓，悟姊
氏及清甫。回館則過時矣，到岫寓宿焉。

　　十九日，下堂後呂生重來。剃頭後出到豐源印字館。出到椒
岩寓，晤清甫。歸，再到豐源印字館。歸，寢。

---

①編者注：原稿此字無法辨識。
②編者注：原稿此字無法辨識。

二十日，下堂後無事。晚餐後擲球。發家信一封洛字第七號。寢。

二十一日，下堂後無事。晚餐後擲球。浴。補作前數日日記。寢。

二十二日，起補作前數日日記，發與張忠夫信一封，到岫寓午餐。返看報，再補作前數日日記。少眠。談論。晚餐後無所事事，乘凉，閑談。寢。

二十三日，起，少看法文《魯意十四王史》，看經濟學數頁。第二堂時寫大字。下午下堂後再寫大字。接二哥信一封。晚餐後到琉璃廠豐源印字館。返，少戲於東操場。再寫大字。近書法雖不佳，然稍得揮灑自如之妙，可喜也。寢。

二十四日，上午雨。下午雨止。無堂，寫大字。少眠。出，同剛、浚、淑、毅、术、沅、琬諸人到東安市場晚餐，飲酒頗多，有酩酊意矣。歸，擲球。寫大字，不能成章。談論，頗晚寢。

二十五日，下午無堂，少困，寫大字。收到家中寄來包裹一件。到岫齋處晚餐。畢，出到豐源照像館。返，到館，雨淋漓下。談論，寫大字，寢。由家帶來拓魏東武侯王基碑十三張，贈新、沅、次、剛、浚各一張，岫二張。

二十六日，早起。看中國歷史講義①十數張。第二堂時續看十餘張。下午下堂後寫大字。少眠。看教育講義數張。晚餐後到東安市場飲茶，同往者剛、毅、浚、淑、术、沅，繡皆主之。歸，再看教育講義數張，寢。

①編者注："義"，原脱，據文意補。

二十七日,上第二堂時看教育講義。下午下堂後寫大字,再看教育講義,少談論。晚餐後到豐源印字館。返,再寫大字,少看歷史講義,寢。

二十八日,上午雨,天氣頗寒。下午下堂後,同沅芷同訪召遺,未見。歸,到岫寓,在彼處晚餐,談論。歸,寫家信一封洛字八號,寢。

二十九日,早起。看教育講義十數頁,少談。午餐後談話,看報,續看教育十頁。浴。晚餐後談話而已,寢。

六 月

初一日,上第二堂時整頓書架,講義之薄本者合並之。下午下堂後續整理之。看《四書反身錄》數張,神爲之蕭。近日心放已久,不能歸腔子裏,奈何。及今之時,當力行以振之。少困,看教育講義未終頁,搖鈴。晚餐後到豐源印字館。歸,寫大字二張,寢。

初二日,上第二堂時寫小字,臨率更《僧邕師塔銘》。午餐前學堂懸牌,定於初五日行放學禮,初六放假。下午無堂。到次重寓少坐。反,少困。起,續臨《邕師塔銘》。率更此書結構嚴整而瘦健絕俗,余筆力弱,學之甚難,然不可畏難苟安。此帖余所存者只有三百字,以後每日當臨一通也。看報,閱大壯新著一篇,筆致淋漓,余爲之硃黃批評殆遍,大約多標榜之言。晚餐與伯剛談幣制諸事。伯剛於財政學頗有研究,余所遠不能及。燈下寫大字,余近所進功者爲筆力,而所蔽者則在太不用心,後當改之。寢。

初三日,上第二堂時,看《國風報》一本。滄江氏筆致淋漓,

頗有十年前之概。下午無堂,臨《邕師塔銘》一過。岫齋明日南
旋,出送之,在彼處晚餐。同沅芷出,步行到豐源印字館,返仍步
行。至廊房頭條,見有二韓人、二印人同行。嗚呼!亡國餘痛,四
人其有同情乎!然我國之來日大難,余後顧茫茫,不覺愴然神傷
矣。隨之入勸業場,見一韓人持肆中所陳倭刀觀之,不知彼視此
斷犀之材,亦有同仇致果之意否。歸,仍到岫齋寓,少談作別。
歸,鳴鐘,上樓。與伯剛、毅夫痛談,互相針砭,談至夜分始寢。

初四日,終日無堂。上午摩墨,談論而已。下午寫大字數張。
前次期考榜發,余取十六名,平均分數九二‧七二。出到次寓,談
四鐘返。臨《邕師塔銘》百餘字。困,倚書架眠,醒已搖鈴。晚餐
後談論,風頗大,在東操場始與剛、沅、琬談,後剛去而嵩生來,倚
檻談至九鐘。欲返,見東北火光燭天,不知何處祝融爲災,然未及
即息。返自修室,作日記畢。寢。

初五日,起,看教育講義十餘頁。午餐後少談。看報。臨
《邕師塔銘》一過。寫大字。同沅芷到偉臣寓,少談,命僕購物食
之。出城,到豐源印字館。返,到次重寓,次明日南旋,與之作別。
歸館,寢。

次重通信處:長沙八角亭天利亨洋貨號,譚九老代收,轉交封
三堂。

初六日,起,看法文、理財講義十餘頁。行散學禮後,監督演
說,略謂國家危機達於極點,政府不得不示鎮靜,而吾儕則不可不
識其危急。其言甚痛,與其平時語氣絕不相似。返自修室,閑談。
午餐後少談。剃頭。天雨,余少寢。起,雨止。同則君出到豐源
印字館,又到其裝釘處,整理同學錄之頁數,去其不用者,以備裝

釘。天又雨,冒雨出到廠東門,雇得人力車歸,然衣履皆濕矣。到館已過七鐘,購物食之,談論。與伯剛、沉芷、术芳約定每日以五鐘起用功,互相糾察。寢。

初七日,夜中大雨淋漓,五鐘即起。看法文十餘頁。用稀飯後,看教育講義三十頁。午餐後談論。發與星垣、海東二兄信一封。看報。看中國歷史,未數頁,寢去。起,臨《邕師塔銘》一過。晚餐後到東安市場小酌,體剛爲主,在座者伯剛。返,看《國語》,摘其粹者錄之。寢。今日贈濟臣東武侯斷碑一份,濟臣以楊升庵所輯《南詔野史》相報。

初八日,昨夜睡不甚佳,四鐘即醒。四鐘半起,看法文講義十頁。用稀飯後,看教育講義三十頁。午餐後談論,看報,少眠。臨《邕師塔銘》一過。晚餐後同沉到東安市場一游。返,同沉、毅到堂子一帶,席地坐談,天黑乃返。少談即寢。

初九日,昨夜睡頗佳,五鐘起。看法文講義十頁,看教育講義二十七頁。體剛邀到合興號小酌,在坐者剛、則、錫及余四人,大嚼大飽。返,看報,少眠,談論而已。晚餐後同沉、毅擲球。返,臨《邕師塔銘》半過。寢。

初十日,五鐘起。看法文講義十頁,抄單字半頁。用粥後看法律講義三十頁。午餐後談論。雨。看報。見監督,請其明日派聽差往取同學錄。監督看印出底稿,謂序中有不合式處,宜商議改訂,允之。返室,少困,晚餐後談論而已。寢。

十一日,五鐘起。作業略如昨日。今朝天甚寒。下午遣聽差往取同學錄。陳允中來談。三鐘聽差返,將其中之訛字同伯剛、沉芷改之。畢,凡住館同學,按齋送到。晚餐後擲球。燈下少看書，即寢。

十二日，五鐘起。起時雷電霹靂，雨雹交加，未移時止。作業同昨日。午後同則君見監督，言同學錄事。監督言此次所辦不佳，有重印之意，囑余二人到京華印字館調查。乃同出，先到琉璃廠，將同學錄之誤訂者囑其改正，乃到京華印字局問交。返，到觀音寺買鞋，大柵欄買藥。歸館六點半矣。購物食之。看中文數篇，寢。今日接父親手示一封。

十三日，起，作業約同昨日。午餐後看報，梳頭，浴，臨《邕師塔銘》一過。晚餐後擲球。燈下讀小山《招隱士》、楊子雲《解嘲》。勤孫信來，復之，寢。

大哥通信處：陝西興安府磚坪①廳分廳。

十四日，睡不佳，精神委頓。五鐘起。上午看法律講義二十餘頁而已。下午看報，臨《邕師塔銘》一過，再讀《解嘲》。晚餐後擲球，後坐談，月色甚好，寢於室外檻內，便觀月也。

十五日，中夜歸室寢，起已六鐘。看法文講義十頁，法律講義三十頁。下午談論，看報，少睡。臨《邕師塔銘》六百字。晚餐後擲球，後就月下寢。

十六日，昨夜蚊蟲惡作劇，通宵不寐。四鐘移室內，用衣蒙首，乃得少眠。七鐘起。看法律講義十餘頁，精神委頓，乃輟。寫陝中家信一封。午餐後談論，看報，少眠。臨《邕師塔銘》一過。晚餐後擲球，談論，寢。

十七日，五鐘起。看洋文。用粥後看法律講義十頁。因訂窗

①編者注："坪"，原誤作"砰"，據本年四月初一日日記改。

紗,遂輟業。午餐後整理書案,看報,少眠。臨《邕師塔銘》一過。
晚餐後雨,談論。燈下看法律講義十五頁,寢。

十八日,起將六鐘矣。用粥後看法律講義三十頁,私法畢。
作書與毅夫。下午談論,看報,少困。臨《邕師塔銘》二百餘字。
將晚餐,雨。晚餐畢,雨止,擲球。燈下少看書,寢。今日始發陝
中家信。

十九日,五鐘起。看法文講義。用粥後看理財講義二十頁。
出,買白摺。午餐後談論,看報,臨《邕師塔銘》四百四十字。晚
餐後擲球。燈下看博物講義十餘頁,寢。

二十日,作業全同昨日,惟燈下談論,未用功。寢。

二十一日,起五鐘。作業同昨日。晚餐後擊球,談論。寢。

二十二日,起。作業同昨日。午後雨。晚餐,談論。燈下看
博物植物學十頁,寢。

二十三日,五鐘起。作業頗少。午後仍雨。晚餐後談論。燈
下發洛中家信洛字九號、大壯信各一函。寢。

二十四日,五鐘起。作業同前數日。偉臣來,約游石閘海。
同沉到偉寓,在彼處午餐後往。荷花盛開,鮮艷可人,惜天少熱。
在海南東北望,鐘樓矗立雲表,見鼓樓一角,雲烟一抹,江山如畫,
真足令人神移。返已五鐘。晚餐後擲球,談論,寢。

二十五日,五鐘起。昨購荷花兩朵,觀之。談論,未作事。下
午談論,看報,寫字如前日。晚餐後擲球,談論,寢。

二十六日,五鐘起。看法文及理財講義如前數日。下午談
論,看報,臨《邕師塔銘》六百六十字。晚餐後同沉到偉臣寓,並
晤筱牧,八鐘歸。補作日記畢,寢。

二十七日以後，因精神不佳，作業略如前。下午習字功輟矣。二十九日看理財畢。三十日續看物理及植物學。至初五續看動物、物理，未完。初六日，起甚不快。出城，到大壯寓談論。下午出到毅夫處少坐。出到椒寓，晤姊氏。晚椒約到大舞臺觀劇，天甚熱。返，到椒寓寢。初七日，晨起腹覺泄且帶血。上午十時出到繡皆寓，求其診脉。至晚返，到海帆寓晚餐。歸館即寢。夜數起泄，憊甚。初八日，早天雨。雨止，搬到次重室內小住，爲飯宿用人之便。服藥。初九日覺愈。初十日愈。十一日，早頗清涼。看本朝史開創時期。晚搬回館內。十二、十三、十四仍到海寓餐，稍看動物、生理、化學等功課。十五日始在館內用餐。十六日，下午到琉璃廠，購地學會雜誌、雲南地圖、中俄界圖預約券各一份。歸，看《地學雜誌》。十七日，晨起少看礦物學。下午同新吾、沅芷到海寓，數人對局，余作壁上觀。在海寓晚餐。歸，寢。初九日，接父親手示一封。十二日，發家信一封洛字十號。

十八日，起已七鐘。食粥後考片馬地勢，參觀錫督摺稿、雲南諮議局及沈道祖燕二稟稿，形勢糾紛，頗難尋繹。然略知英夷之野心，及興禄、石鴻韶輩誤國之罪。使由此割讓片馬，則英夷且將上沿高黎貢山旁潞江逐漸蠶食，以通巴塘、裏塘，疆場之禍，其有艾乎！下午看報，稍談論。晚餐後同伯剛到琉璃廠，購得戴子高《顏氏學記》二本。返少看《學記》，即寢。

十九日，接到父親手示一封。晚餐後同沅、新到海寓閑談。二哥來，與明齋偕，少叙。二哥宿海寓，余歸館。少談，寢。

二十日，六鐘起。用粥後出。到海寓，與二哥同出城到椒寓，晤椒及姊氏、清甫。下午五鐘時，同二哥步行歸海寓，在彼處晚餐。歸館，寢。

二十一日，五鐘起。約沅、明及二哥游農事試驗場，十鐘歸。到偉臣寓午餐。畢，歸館。晚餐後同新、沅出到海寓，觀沅與海對局。岫來。見彼二人勝負已分，馳歸。至館門，鳴寢鐘矣。入館寢。今日下午，精神恍惚。

二十二日，因天氣尚熱，學堂改於二十七日上課。是日數往來於海寓，將銀洋存於阜通銀號。到交民巷，定法文報。今日精神不佳。二哥搬到椒寓。燈下談論，寢。甚困。

二十三日，上午看礦物學，畢之。下午看報，少睡，談論。燈下看輿地講義二十頁，寢。

二十四日，上午看輿地講義數頁，遂已，閑談。午後看報，少眠，談論。晚餐後到海寓少談。返，寢。

二十五日，起。因明日二哥南旋，出城到椒寓，晤清甫。午餐後與姊氏閑談。出，同二哥到騾馬市大街，購靴子、果脯數事。返椒寓，少息，又同出。在南味齋小餐。到大柵欄，購藥物數事。歸椒寓。晚餐後，椒及姊氏俛留二哥明日無行。寢甚晚。

二十六日，二哥早起，仍欲行，清甫勸止，余亦慫恿之，乃止。早餐後與姊氏閑談。出，同二哥、清甫、郭甥同到喜連成部觀劇，優皆雛，而音均殊不俗，足賞也。歸椒寓，晚餐後宿焉。

二十七日，二哥南旋，送至車站。碧草若帶，至足感人，境由心造，此物豈有異哉！作別，返學堂。今日初上課。午餐後同大壯到次寓，未見，次昨晚到京。返，見監督，為協商膳費事。監督謂須察，乃出。看報，少寢。起，少談。晚餐後談論而已，寢。

二十八日，七鐘起。下午同則君作同學錄款項報告，並將同

學録送至監學處。看報,少眠,看法文報。晚餐,閑談。燈下看國
際公法講義二十頁,寝。今日陰雨連綿。

二十九日,六鐘起。華教習、劉教習皆告假,一日無堂。昨夜
淋雨淅瀝,今朝未住。因精神不佳,未看功課,翻閲《國粹學報·
叢談》。將午晴。下午看報。出到次寓少坐。同沉到東安市場
購物。返,看法文報。晚餐後在東操場散步。燈下少閲《國語》
數篇,早寝。在床上閲《説文》二頁。昨夜寝不佳。

七　月

朔,五鐘半起。始上操。華教習請假一日,無堂。整理書架,
看法文報。下午看報,少眠。召遺來談。二鐘,召遺去。出到次
寓少談。頃之,徐君斗南尋岫齋,因與之談及東事。彼言奉省及
附邊墻之蒙古風俗頗詳,奇異之談,亹亹忘倦。據言内蒙古地皆
可耕,但墾闢尚少,若能大興移民,令之墾種,大利也。聞其言,爲
慨然者久之。在岫寓晚餐,後濃雲如潑墨,乃急歸。至館門,大雨
傾注,少須雨止。與剛、介、沉、毅談。燈下翻閲《國粹學報》圖畫
部,寝。

初二日,過六鐘起。華教習請假二天,則今及明日皆無堂。
上午看中國歷史十餘頁。午餐後看報,續看歷史數頁,少寝。晚
餐後同毅到次寓小談。聞潛甫明日又返南,約同往送之。歸,九
鐘矣。寝。

初三日,昨晚登樓後,談至十一鐘始寝,今朝起七鐘矣。胸膈
鬱悶不舒,時作微痛。不看功課,少翻閲《元秘史》。午餐後閲
報,少寝。五鐘時,伯剛約到合興號晚餐,同往者沉芷。坐中談及

世風頹蔽，吾儕孤立於此洪波中，勢至岌岌，畢業後應各小心謹慎，黽勉自將，免爲異己者口實。談次，頗深感慨。出，全到東安市場一游。歸，別二人，獨到浴堂浴，並薙頭，愉快非常。歸，少談，寢。

初四日，四五鐘時微雨蕭蕭。六鐘起，雨止霽。用粥後少談。翻閲咸陽李氏歷史課本，盡元末明初一册。李氏手筆尚可，惟史識不足，且其體例亦不甚合，足惜也。午餐後閲報，少寢。起，伯剛以《宋四家詞選》見贈，朗誦稼軒詞數闋。晚餐後出到海寓閑談，七鐘返。再翻閲李氏課本半册，寢。

初五日，起六鐘。下午閲報，談論而已。晚餐。出到海寓，又同沅、繡諸人到東安市場飲茗，擲球。歸八鐘，閑談，寢。

初六日，昨夜中宵醒者二句鐘，今晨起已七鐘矣。下午閲報，少寢。少看洋文，談論。晚餐後同剛、毅諸人到東安市場品茗，擲球。歸八鐘，閑談，寢。今日閲報前，到阜通取錢交膳費。九鐘將寢時雨。

初七日，昨夜風雨蕭蕭，達旦弗住。各教習皆告假，少看法文，即在室内案上擊球爲戲。及午餐時，風雨益急，門前御溝水將溢。城内如此，則野外禾稼之傷，又將何如也。午餐後仍弗止，窗外榆盈尺矣，爲風吹倒，余少戲。看法文，登樓寢，起四鐘矣。雨止，時見太陽，然未幾即隱。看報，近日東鄰陰謀日益逼急，天時人事，了無善朕。寒風蕭蕭吹汝急，恐汝後時難獨立雨中，決明當與四面楚歌之帝國相映成趣也。眷言及此，悲感何如。晚餐後同淑、琬到門外觀水，垂楊傍岸，水波蕩漾，風景尚不惡，惜水太濁耳。少頃，又微雨，乃歸。與剛、沅諸人議舉辦理畢業事宜代表事，爭論久之。看法文報，看法文單字，翻閱《國語》數十頁，寢。

初八日，晴。六鐘起，上操。午餐後看報，看幾何講義，梳頭。三鐘到次寓談，即在彼寓晚餐。後同海帆、高榮先到東安市場游，遇沅、新諸人在彼處飯茗，二人反，余留，又同繡、新二人擊盤球，歸八鐘矣。近日心緒甚惡，不知用何法始可振之。歸，與剛、沅諸人談論國事，酣暢痛快，心境爲之一爽。十鐘寢。

初九日，昨日登樓後輾轉不寐，寐時將近十二句鐘矣。今晨五鐘半即醒，起。看法文憲法數頁。下午看報。登樓寢，約二小時。看法文報論説一篇，未完，頭沈沈痛。少談，約介、沅、剛、毅、術到宴英樓小酌，是日約客者爲余，出資者介也。歸，到浴堂浴。歸館，看教育學三十餘張，翻化學四五頁。登樓，在床上看法文單字本，寢時將十二鐘矣。夜間甚熱。

初十日，六鐘起。有微霧，陰。下午看報。登樓寢一小時。起，少看法文，談論，看教育學五頁。晚餐後到海寓少談，視天欲雨，即歸。燈下看教育學。天微雨。又翻閱化學數頁。登樓寢時將十一鐘。

十一日，昨宵涼風，夜雨達旦不休。起將七鐘。談論，翻閱《中國外交史》數十頁。午餐後雨仍未止。今日公讌教習於福壽堂，兼擬同學照相。三鐘，雨少止。到福壽堂，因同學未到齊，故未照相。初就坐猶静肅，三巡後歡笑歌呼，可慨也。返館中已七鐘。燈時雨止，月時出没雲間。少看書，即就寢。

十二日，起七鐘。教習告假。出到次寓談，十鐘返。午餐後閲報，少寢。看中國外交史數十頁。晚餐後同伯剛、希文、新吾到東安市場，擲球，擊盤球爲戲，且小酌。歸已八鐘，月當新晴後，異常光明。乃在花園子內小立,談論。登樓寢,在床上看法文單字本數頁。

十三日,起將七鐘。午餐後閱報。下堂後少談。到次寓談,即在彼寓晚餐。後同岫、沅同到同鄉李、余諸君寓。八鐘歸,少談即寢。今日監督示期考於下月二十八日舉行。

十四日,起將七鐘。午餐後閱報。蜀人路事風潮甚急,端午橋又帥兵西上矣。一有不慎,大局將爲糜爛。時事如此,真堪太息。晚餐後到次重寓。歸,月色如畫,四望無纖雲。沅沽酒,邀同人在小園酣酌之,至十二鐘始寢。今日監督又示畢業考准於九月舉行,下月十一日停課。

十五日,起已搖鈴。食粥。午餐後閱報。登樓寢,四鐘起。伯剛約到正陽樓食蟹,在坐者沅、介、毅。歸,徒步行,月下散步,最爲樂趣。歸,月色大好,在小園中談,至十一鐘登樓。在檻內月下寢,一時返室寢。

十六日,起同昨日。午餐後閱報。登樓寢,三鐘起。晚餐後到岫寓少談。同次到東安市場品清茗,八鐘半歸。琬垂沽酒,在小園約尋前宵興。登樓時已十一鐘,同學有開大門出者。寢。

十七日,起甚晚。教習告假,看三角講義、法文講義。午餐後閱報,看地理講義。今日報言昨日川人起事,攻督署,互有殺傷,誰階之厲,致令大局如此,可勝浩嘆! 晚餐後同希文到東安市場,飲茗食物,擲球,又擊盤球爲戲。歸,九鐘寢。今日接大兄信一封。

十八日,昨宵二鐘醒,展轉不寐,五鐘後始復寐,七鐘起。同堂約教習照相,照畢又同海、沅、剛、介四人合拍一影。今日皇帝典學，九鐘行禮。後到海寓，早餐後少談。歸，閱報至寢時，唯看小説而已。

十九日，起七鐘，起天微雨。下午閱報，看法文報，看外國史講義二十頁。晚寢後到東安市場，與浚泉、沅芷擊盤球，歸八鐘。看教育講義十餘頁，寢。

二十日，起七鐘。教習告假，看三角、外國史講義。下午看報。川省因濫捉拒路諸代表，激成民變。昨交旨察拿川路代表在京者遞解回籍，且嚴禁學生開會。烏虖，大局糜爛矣！下堂後續看外國史二十頁。晚餐後閑談而已，鳴鐘寢。

二十一日，起七鐘。聞川省被拿蒲、鄧、顏諸公已經斬首，趙季鶴以誅殺立威，適足以激亂耳。下午閱報。下堂後寫小字百餘，研墨，看外國史講義二十頁。晚餐後少談。燈下看教育講義三十頁，法學通論十餘頁，化學數頁。寢時十二鐘。今日下午四鐘時雨。

二十二日，起七鐘半。微雨。教習告假，看物理講義二十頁，翻閲外國輿地非洲部。午餐後閱報，寫小字三百餘，看平時國際公法講義二十頁。晚餐後到次寓少談，七鐘歸。看教育本論二十餘頁，公法講義二十頁，化學數頁。寢十二鐘。今日下午四時雨頗大。

二十三日，起七鐘半。下午閱報。寢，一時起。寫小字二百餘，看公法十餘頁。晚餐後少談。出，浴堂浴。歸，作家信一封洛字十一號。看公法三十餘頁，平時公法畢。再看化學數頁。寢十二鐘。

二十四日，起七鐘半。昨夜將三鐘始寐。下午看報。後登樓寢，四鐘餘始醒。起，晚餐。後到次寓少談。歸，看戰時國際公法三十頁，看化學數頁。寢時十二鐘。

二十五日，起八鐘矣。昨晚寐時同前晚。寫小字二百。下午看報，後少看外國史講義，寢。起，晚餐。燈下看理化十餘頁。早登樓，然寐時將二鐘矣。

二十六日，起七鐘。下午下堂後看報，看外國史講義十餘頁。晚餐後到次寓少談。歸，看外國史外國輿地澳洲部、歐洲前半部。十鐘寢。

二十七日，起七鐘。下午下堂後看報，看法文報，少看外國史。約剛、毅、沅、介、浚、繡諸人到東安市場小餐，遇蔚如、召遺，歸時八鐘。看外國史二十頁，礦物講義二十餘頁。寢。

二十八日，起七鐘。下午看報，少看法文報。晚餐後見宮門抄有趙季鶴電奏，言川省亂事少定。又有上諭宣布天下，並言剿撫兼施之意。然季電有血戰七日及奪得兵器二千餘件之語，未免過事張皇，又蔽罪蒲、羅諸人，似有挾怨之意。幸聖明洞鑒萬里，諭旨中於諸人不置一辭，即陰以保全之。蓋此事現未察明，不能遽判其有罪與否，而諸人又皆繫職官，季氏未奉明詔，當不敢擅自屠殺，善為撫諭，此事其有定乎。燈下甚困，不思看書，八鐘半寢。今日晚餐時濃雲四合，未幾雨，然寢時雨止。

二十九日，六鐘起。上操。下午看報。出到次寓談，在彼寓晚餐，歸八鐘。談論。寢時十鐘。

八 月

初一日，昨晚登樓後閱《地學雜志》《國風報》，考中國創辦海軍事項，寢時已十二鐘。今晨七鐘半起。教習告假，看《國風報》。下午閱報，並法文報。登樓寢，四鐘起。晚餐。到次寓閑談，歸八鐘。看歷史講義摘要，觀之而已。寢時十一鐘。今晚雨。

初二日，七鐘起。雨未止。華教習告假。下午看報，少寢，少看歷史講義而已。寢時頗晚。

初三日，今日上丁，致祭先師。行禮後，看戰時國際公法完。下午閱報，看法文報，小寢。起，晚餐。後少談，看國際私法。寢時十鐘。

初四日，昨晚寐時將二鐘矣。今早七鐘起。下午閱報，少寢，看私法。繡皆約到宴英樓小酌，在坐者剛、浚、毅、术、則、沅、介也。八鐘歸，少談即寢。未寐，看理財講義二十頁。

初五日，起七鐘。看理財講義三十頁。下午看報。出到次寓少談。往大學堂見復初師，求寫對聯一付，少坐。出到偉臣寓談。頃之筱牧返，再談。在彼寓晚餐，歸時九鐘矣。少談即寢。

初六日，起七鐘。下午閱報。今日作國文，題目一爲"范睢説秦王論"，一爲"范睢論"，余作後者。少寢。起，作文未成。出到岫寓晚餐。學堂飯太壞，自後余當入岫諸人火也。返，燈下完成之。已鳴寢鐘，補作前數日日記畢，十鐘半寢。

初七日，七鐘半起。下午考體操，閱報，看理財講義。晚餐後出浴。歸，少談，寢。

初八日，華教習告假，看法文單字。下午閱報，看理財講義。燈下無事，寢。

初九日，華教習告假，看理財講義。下午閱報。蒙事日棘，蒙藩皆有二心於俄，俄來干涉吾内政，尚不知外部若何答復，使我政府不急起直追，則後患曷可勝言，爲之一嘆。燈下看理財講義，寢。

初十日，二三鐘即醒，至明始寐，九鐘起。少談。下午看報，看法文報，抄單字二十餘。燈下仍看法文報，寢。今日在次寓晤彝仲世丈，閑談，八鐘始歸館。

十一日，八鐘起。看法文單字。下午閱報，再抄法文單字。燈下再看單字，寢。

十二日，八鐘起。看植物講義。下午閱報，抄單字十餘。燈時月明如畫，在廊下閑坐縱談，小飲數杯。寢。今日接父親手示一封。

十三日，八鐘起。看植物講義數十頁。下午閱報，看動物講義，少寢。燈下看平時國際公法，寢。

十四日，八鐘起。此日不作事，惟換錢數塊，賞下人。午後閱報。到復初師處賀節喜，未見。返，燈下閑談，寢。

十五日，八鐘起。閑談。午餐後看報。同伯剛、琬垂、介眉到同生像館，余與剛各映半身像一。返，晚餐，少談。沅沽酒，同飲。但同人意頗不暢，蓋為畢業期近而然。飲後快談，余與沅、介、剛四人而已。至十一鐘登樓，然明月中天，無纖雲之翳，皓光萬里，爽人心目，復倚檻賞玩。後語聲漸高，恐妨人酣寢，十二鐘亦遂返寢，寐時約二鐘矣。

十六日，起九鐘。璣堂由電話來言忠夫先生來京，囑覓一深於德文，可為教習者，然余意中頗難其人。午後出城，到中州東館，晤張嗣爽。此君與余闊別六年，余晤面尚不相識，然彼尚能識余，坐談多時。出到黃香甫室，在彼處晤盧朗玉、理玉昆仲。二人新野縣人，人頗爽塏。在香甫處晚餐。未幾忠夫歸，言"尚有小酬應，子今晚勿歸，當快談也"。許之。後同朗玉、香甫到聚仙球房，飲茶、擊球，八鐘返東館。忠夫先生歸，談德文教習事，忠似深屬意伯含,問余以程度若何,余答以在館中當屬上中,忠即不問。復河南諸君函後,又談次,問余畢業後願出洋游學否,余答以願,忠言當爲盡力謀官費,但未知能成否耳。後見案頭有《推背圖說》一本,取觀之,頗難了了。讖緯之學,無由判其真,是非置之不論不議可也。寢時約一鐘矣。

十七日,昨夜寢後,思出洋游學事,意頗猶豫。思二親白首矣,父親尚能許兒遠游,恐母親心有不怡,非人子之心也。又游學多則十年,少則五六年,辜負韶光,當爲余室人所不喜,亦即余所不喜也。心頗自悔失言。寐後天甚寒,六鐘時即醒。起,少談。在彼處早餐罷,同忠夫到同縣杜君寓,晤忠夫令弟,係河南高等學堂畢業,來部覆試者,並晤同鄉數人。同忠夫昆仲出到虞臣先生處,晤虞及又堂,少坐。出,步行到皇城隅,始雇人力車。同到學堂,適理玉亦至。到館少坐,導觀講堂、操場,後三人別去。余傷風頗甚,不事事。閱報,燈下閑談,寢。

十八日,九鐘起。傷風未愈。天寒,然太陽光甚烈。因坐檻下,效野人之負暄。同毅到合興號早餐,菜弗佳而貴。歸,閱報,談論而已。燈下與剛、毅痛談,然頗爲术所弗喜,想余等妨其用功,亦頗有不是處也。九鐘寢。看《地學雜志》,考山西之煤產。寐時十鐘半。今日下午細尋維出洋留學之利害,頗存決心。余儕少年,正不可耽於宴安,今日時勢艱難,正吾輩入地獄時,豈可如此自荼,爲之一奮。

十九日,九鐘起。傷風愈,然患嗽。將午餐時岫來,言:“鈍老仍願潛夫考畢業,欲托人助,囑意於余二人,子意如何?”余答以可。岫去後,余細思此事,頗滋疑竇。岫齋人頗任智數,此事殊難必其確否，但此事與余無損，不妨許之耳。午餐後閱報，看外國興地歐洲後半部。晚餐後晤偉臣。燈下續看美洲部，未完，補作前數日日記畢。十一鐘半寢。

二十日，八鐘起。看教育講義四十頁。午餐後閱報，言昨晚武昌拿獲革黨三十人，迅即就地正法三人，不知與前日炮兵之亂有相關聯否。現時政府傾全力以搏蜀，鄂中守備空虛，炮兵之變雖小，然考以報紙之所聞見，軍心已變矣。若與此案有關，後患尚未有既也。習圖畫一則。繡皆來談。旋聞內閣得漢口急電，武昌失守，洋兵登岸。近日謠言甚多，惟冀斯信之不確也。因談及南省危機，爲之慨然。晚餐後閱宮門抄，有上諭，略言據瑞澂電奏，革黨謀於十九日晚起事，已經拿獲三十餘人，訊明正法三人，辦事尚屬明敏云云。然旋據同學家屬之在武昌者言，武昌確已失守。又有警電，言統制被戕，制軍潛逃。誠如是，則東南大事去矣，不知政府何以善其後也。又聞已電調豫軍及第一鎮往剿。吾省伏莽滋多，軍備單寒，後患何堪設想。寢。

二十一日，是日謠諑繁興，其確實可靠之信，則漢陽失守，槍炮廠被匪據而已。今日有上諭，命蔭昌、薩鎮冰、程永和往剿，京師戒嚴。十二鐘寢。

二十二日，起甚早。同毅夫出到交民巷法文報館，聞重慶、長沙失守。返，聞黃州失守。此信皆確實。發洛中家信一封。出城，到中州東館，晤忠夫、承之、理玉諸人。到椒寓，見姊氏及清甫，晚餐後返。聞豫中信甚急，同明齋到電報局電詢洛狀。返館，心甚不寧，決於二十四日南旋，尚未知火車能通否。寢。

二十三日，早起。聞江寧失守。出城，到椒寓，晤椒及姊氏，相對咨嗟而已。回學堂，晤張庚樓，彼言江寧安靖，前報絕非確耗。勷侯言出見《帝國日報》館主筆陸君，彼言長沙尚未失守，現革黨所據武昌、漢陽而已。又言革黨近已舉大統領，建國號曰黃朝云，似此虛憍自大，絕無成事之望，當不久蕩平耳。出京之意爲之中止。晚餐後，岫言京中傳有二十七日革黨起事之謠，六國飯店住可疑之人極多，京住頗爲危險，盍同出京，到彰德小住數日，觀望時機，再定行止也。余意又爲之震，定於明日出京。回館檢點隨身行李，晤召遺。別後遂出，搬至西河沿泰來店，同行岫、海、明、沅、紱侯、階平及岫之長公子、岫之戚范君。是日接洛中覆電，洛陽平靖，心爲之慰。十鐘寢。今日再作函，告椒及毅。一作函，告勤信昆仲。黃昏時微雨，未幾即止。今日奉旨，項城督鄂，西林督川。朝廷作事，真同兒戲。無事時投能臣於閑散，有事時驅使之若牛馬，豈二公一出，即可鎮定大亂耶？手無斧柯，奈龜山何。一嘆！

二十四日，五鐘起。上火車，因掛車頗少，故人甚擁擠。剛、介二人來車站相送，言昨日霽雲有友自漢鎮來，言南中尚平靖，似可無虞云。遂珍重致別。七鐘車開，路中無甚消息。下午七鐘到彰，宿天保棧，作洛中家信及椒岩、召遺信各一封。寢。

二十五日，七鐘起。岫送其長公子、戚友數人回衛。余同海、明、沅到彰郡城內一游。到天慶園小飲早餐，房屋尚寬潔，但陳設不如北中耳。菜亦尚佳。餐後出漫游，到俊興絲行，其主人與沅識，托其轉交信件。出到天寧寺，古剎也。甚崇宏，但金碧剝落，垣宇頹敗矣，爲之一慨。出城，回棧房少息。獨出到安陽河上散步。彰郡農業頗佳，出棉花甚多，又有洹、漳諸水之灌溉，富郡也。歸，沅又到城中，聞其友靳姓言信陽已失守，革黨據武勝關爲戰計，已下宣戰書於官軍，言於二十八日交戰，至河南省尚平靖，但未知是否謠傳耳。因決議明日南旋，勸各人歸，各人不願，余將獨歸。十鐘寢後，有同鄉自京師歸，言姜軍移駐帝城內，政府自爲張皇，可嘆。同鄉去後，寢。

二十六日，五鐘起。上火車，無機關車，不向南開，因又下。棧房中又一兵官來，住兵三四十人，兵官門前立兵一人，棧房門前立兵二人。以今日之時勢，與士卒同甘苦，猶恐不得其死力，而仍擺大官排子，如此不敗何待。入城，電詢剛、介京師安否及考期。出到第一館小飲。歸棧房，未幾接到剛、介電，言畢業考急，速歸。因又作北上計畫。晚餐後作家報，寢。

二十七日，五鐘起。登車北上，七鐘餘開。路中見兵車甚多，火車行甚遲，下午十一鐘始進京。進城，晤次重，言京中今日尚平靖。在潤華堂寢。今日在火車上將期考講義翻閱一遍。

二十八日，六鐘起。上午考理財、歷史，下午考法文、教育，尚無大錯。燈下亦未作事，早寢。

二十九日，上午考國文、地理，下午考倫理、法律，無大錯。晚餐後到東安市場，同新吾、沅芷擲球，擊盤球爲戲。歸，寢。

三十日，起，將舊書少收拾之。下午看報，昨日因蔭昌電奏與革黨遇，捉得革黨三人，奉上諭嘉獎。然聞官兵傷者已十二人，此事亦誠離奇，政府諸公何至糊塗至斯，咄咄怪事。同次重到勤孫處。同勤信到江亭一憑眺，蘆花蕭瑟，秋意正濃，遙望故鄉，中心愴然。加以胡笳悲鳴，炮聲時聞，登樓王粲，情將何以堪耶！夕陽西下，歸，到椒寓，晤清甫及伯恭甥，少坐。出，仍到勤寓晚餐，後少談。歸學堂，寢。

九　月

初一日，九鐘起。今日日蝕，因與同學以水盆盛水和墨，令日光反射，少減其光輝觀之。自九鐘後初虧，約正午時復圓，蝕約四分餘云。午餐後同介、沅二人出到伯剛寓少談，約定初三日到同生照像。出，別二人，獨到蔚如寓，坐談少時。出到毅寓，約其往照像也。六時許出到椒寓，見姊氏及清甫，在彼處晚餐。後歸學堂，坐談少時，寢。寫洛中家信一封。

初二日，九鐘起。是日無甚事，在學堂中閑談而已。聞廳軍小有不利，乃抄少陵《悲青坂》一闋寄洛中，范希文"碧雲天"一詞寄內子以示意。晚寢。

初三日，八鐘起。剛、毅二人來，同沅、介、海共六人到同生合拍一影。返，是日風頗大，不出城，在堂中閑談而已。晚寢。今日接父親手示一封。

初四日，九鐘起。無事，頗整書籍，看小說而已。晚寢。

初五日，九鐘起。仍理舊籍。晚餐前到前門外購紙箱一件。返館，聞有上諭，盛宣懷革職。待至九鐘，宮門抄未到，寢。

初六日，九鐘起。讀昨日上諭，知盛已革職，蒲、羅釋出。然此事嫌晚，且政府不肯認國之失策。且王、趙所爲相反，而議處則同，此亦未愜人意耳。近日京中謠傳甚多，市面非常緊急，情形頗極危急。因與海、沅諸人商議後日南旋。晚餐後到椒寓借錢，椒勸勿歸，余意……①

---

①編者注：原稿此後闕頁。

一九一三年①

余自二年以來，存養省察，功附缺如，愆尤叢集，少一自反，即覺千孔百瘡，無可收拾。疇昔大言，絕無踐履，日墮畜生道中而不自知。用是深自悔勵，嚴行檢身之法，勿忘勿助，蘄日進於成德。烏虖！藐藐予躬，而群賊日伺於其側，將欲葆吾天君，使靈明不即之沈暗，吾知其難也。雖然，小子勉之，勿怠勿荒，或幸免於咎戾。上帝臨汝，勿貳爾心，尚懋勖哉！二年十一月二十八日記。

十一月

二十八日，起九鐘。到中國學會看報，因昨晚聞土匪白狼陷信陽，心甚不寧故。在學會遇戴五氏。歸，讀《坐禪三昧法門經》數章，其言甚切摯，余頗發願心，實行未知能否。午餐後寫寄喬氏

昆仲及子璵明信片各一。四鐘半到學堂聽講，不甚了了。歸，途中購伯爾宋氏 *L'EVOLUTION CRÉATRICE* 一本，讀數葉，此書頗精深難讀，價六佛。晚餐後在客廳戲。十鐘登樓，看報，寢時十二鐘矣。今日嗽頗甚，且胸間時作微痛。余絕不小心，致身體不佳，悔何似，後當改之。

二十九日，八鐘起。到學堂受課。課後同張君到盧佛爾博物院，購印片兩張，價四佛。午餐後到郵局，欲將印片寄家中，因過大而止。到杜馬教習家中少談。歸，購 *Leçon de Psychologie et de Philosophie*（Rey），*Critique de la raison pure*（Kant），*Leçon de philosophie*（Roustan），*De Rervm Natvra*（Lucrèce）諸書，價廿一佛四十五生丁。四點半到學堂受課，六鐘歸，讀來氏書數葉。晚餐後在飯廳小談，波蘭人陶馬水佛同一俄女到室中一談。去後視伯來棟君病。歸室，新吾同劉君來，少談，去時十一鐘。看報，就寢時十二鐘半矣。今日嗽少止。

三十日，九鐘起。盥沐畢，到毅寓，後同到雲山寓，遇一劉君及新、衡二人。歸，午餐。到哥崙浦謁蔡孑民先生，顏色頗憔悴，返五鐘矣。途中讀《二世界雜志》數張。到雲寓，遇孟照。歸，看報。晚餐後續看報，有法將軍伯奈甘氏欲練安南土兵禦中國議，《時報》駁之。竊以爲將來法練越土兵勢必不免，然越兵練成日，即安南獨立日也。又有德去年度人口統計，每千人生者二九·一，死者一六·四，兩相減，實增一二·七。統計生者一九二五八八三，死者一〇八五九九六。其人口增率，較前數年少慢。讀來氏哲學數葉，寢時十二鐘。

十二月

一日,八鐘起。到學堂受課二時,不甚了了。歸,過劉君處,小談,遇鄧君。午餐後到 Collège de France 受課一時,教習甚佳,領會過半。過雲山處,遇新吾,五鐘歸。讀來氏心理學,甚草草。看報。晚餐後續看報,閱《佛學雜志》數張,寢十二鐘。

二日,八鐘起。到學堂,讀特嘉爾哲學論數葉。受課一時,仍不了了。歸,讀來氏心理學。午餐後到學堂,受課一時,聞留法儉學會從中國新到多人,住張君所住棧,往視之,談數時。一極熟法字,竟忘作何寫,可恥也。五鐘再到堂受課,皆不甚明白。平日悠忽憚作苦再,不自勉,將無可救藥矣。歸,閱報,讀來氏心理學。晚餐後在客廳小談,讀來氏心理學,寢時十二鐘。

三日,九鐘起。到學堂受課。購特嘉爾氏書二本 *Les Principes de la Philosophie*,*Discours de la Méthode*,價四佛。午餐後到毅寓,聞法內閣倒矣。下堂後購《人道報》觀之,因其爲反對政府之機關報也。四鐘毅來,未幾去。購《時報》觀之,其事終不甚明了,因吾於法財政情形不熟悉也。晚餐後小談。還室,讀特嘉爾書序數張,寢十二鐘。

四日,八鐘起。天晴,巴黎冬令之晴,頗難得也。出,購《人道報》觀之,彼攻政府及總統矣。到中國學會閱報。歸,讀特氏學派書數張。午餐後到陶馬及俄女蘇羅維夫室內少談。三鐘到學堂受課。五鐘半到雲寓小談。歸,閱《時報》,德議院因薩外爾納德兵官陵土人事,與政府大爲衝突。晚餐後小談,讀康德氏《真理之評判》數張,寢時十二鐘。今日購 *Contes du Lundi* 一本寄喬勤孫,價三佛七十五生丁。接沅信一封。午後天陰。

五日,八鐘起。出到毅寓,看中國報多紙。聞中國行政區劃爲八十餘區,未詳也。歸,閱《人道報》,知法組織內閣者將爲立包氏,社會黨反對之。閱德意志文學史之關於康德者,康氏書之難讀,頗著名也。午餐後閱畢氏之《中古哲學史》數張。五鐘到學堂受課。歸,購《時報》觀之。晚餐後小談,十鐘登樓,十一鐘寢。

六日,八鐘起。到學堂受課一堂,後到藏書樓,觀特嘉爾氏書數十張,十一鐘歸。閱報,知立包辭組織內閣,組織內閣將爲突必氏。午餐後到雲寓,見寅恪詩一首,尚俊逸可誦。與雲同到中國學會閱報,知吾河南分四州,汴、洛、相、申,吾南陽屬申州。熊秉三內閣大政方針尚不大錯,如能全實行,中國一二年中或有轉機。歸,到學堂受課一時。畢,到仲衡寓,晤棣、毅,寫一明片與佩青。歸,晚餐,後小談。登樓,函致長兄,並寄像片一張。寄炳辰、亮功、潛甫明信片各一。寢時十一鐘矣。今日接海函一,彼言亦將西來,甚喜。

七日,起九鐘。到孟照寓,晤新雲,後與新、照到呂可桑堡小游,歸。午餐後毅來,與同到呂可桑堡見新、照。四人同到加爾納瓦來博物院一游。此博物院多古代物,甚有興味。歸,同到寓小談,六鐘三人去。出,購報,理髮。閱報,知突必氏亦辭,組織內閣者約爲都買爾開氏,《時報》於都氏有微辭焉。晚餐後與數波蘭人及數俄女在客廳談笑。十鐘半登樓,十一鐘寢。今日上午天晴,下午復陰甚矣。巴黎冬晴之難得也。

八日,起八鐘。到學堂受課二時。歸,途購《遠東問題》一本,價七佛。到照處小談,歸。午餐後到學堂,讀《遠東問題》二十餘頁,受課一時。出到張君處,與張君同到呂可桑堡及一藏書樓,因到時已將五鐘,未觀書而出。再到張君處,取書包。歸,讀《遠東問題》。劉君來談。晚餐後登樓,仲衡、棣森來談,至十一鐘始去,寢。

　　九日,起八鐘。到學堂受課二時。歸次到雲寓,遇照。歸,午餐。後再到學堂受課一時。歸,張君來,少談去。讀《遠東問題》數張。再到學堂受課一時。出雲寓少談。歸,閱報。晚餐後在客廳少談即登樓①。新吾來,陶馬君繼至,談至十一鐘去,寢。

　　十日,起八鐘。到學堂受課二時。歸,看報。午餐後再到學堂受課一時。出到雲寓,同雲到學會閱報,無甚要事。歸,到一商店,購衣服類物,值四十二佛郎。歸,晚餐後在客廳談,至十一鐘始登樓寢。

　　十一日,起九鐘。函與海帆,言路中情事。未畢,僕來收拾房間。出到雲寓少談。歸,續此函。午餐後再續,畢。將封,又接海函,言彼定來,甚喜,乃補其不備者,畢。到學堂受課,教習突爾幹氏名甚著,前半點鐘即有人在門外,待上堂時,坐位滿後尚多立者。然課未完,電燈忽息,不能終課,真敗人美興。歸換襯衫,因頗不潔也。晚餐後少談。出到仲衡處,彼出矣。見棣森,聞張勳作逆事,尚未知真否,然亦意中事,彼不能起大禍,十日事畢矣。但附近居民再遭兵劫,爲可慘耳。十鐘歸,與偉臣信,封畢,十二鐘寢。

---

①編者注:"樓",原脱,據本月八日、十日日記補。

　　十二日，起九鐘。接潛夫信，言彼於年終將來巴黎一游。寫一郵片答之。出購報，並購 Collège de France 功課表一份。歸，少觀書。午餐後到學堂受課一時，五鐘再往受課一時。過雲寓，同雲到劉君寓，未見，歸。晚餐後聞俄女士病，同波蘭人往視之，十鐘歸。補作前數日日記，寢。

　　十三日，起八鐘。到學堂受課一時，到 Collège de France 受課一時，歸。午餐後到學會看報，遇邱君。歸，到學堂受課一時。過劉君處，劉君病。劉君頗不矜細行，或有以取之。晚餐後，新吾、毅夫、棣森來，十二鐘始去，寢。

　　十四日，十鐘尚未起。新來，起，同新至劉君處視其病。勸新終學美術，不覺談至一鐘。同到中國飯店吃飯，費洋四佛。飯後新去，獨到棣、衡處，同棣到歐德融觀劇，劇價九佛。劇演甚佳，然西洋言情小説多以極獷固之老父，生一極聰慧之女兒，事不稱懷，以至於死，此等情形，幾屬千篇一律，非所以教也。歸，至照寓談。歸，晚餐後少談。登樓，補作前數日日記，寢時十一鐘。作一函答郭君，因郭君詢入學事宜也。

　　十五日，起八鐘。到學堂受課二時，歸。午餐後至法蘭西校受課一時，再到學堂受課一時，歸。讀伯爾宋氏書數頁，晝寢一時，起再續讀。晚餐後再讀數葉。寢時十二鐘。

　　十六日，起八鐘。到學堂受課一時，看報，歸。午餐後再至學堂受課一時，歸。張君同來，頗與辨宗教事。張君去後，讀伯爾宋氏書數頁。再到學堂受課，歸。晚餐後少談。登樓，練習字，讀伯爾宋書數葉。寢時十二鐘。

　　十七日，八鐘起。到學堂受課二時，歸。午餐後再到學堂受課一時。歸，畫寢。起，新吾來，持沅與信，對於國事頗多憤懣，爲解之，並作函與沅。余言頗誇大。新去後，晚餐。登樓，不作功課，取中國小説《西游記》觀之，寢十二鐘。

十八日，起九鐘。作家函一封六號；有正書局一信片，問寄報事。到學會看報，遇羅、張、陳三君，歸。午餐後到法蘭西校受課一時，教習言極清楚。到學堂受課二時。返，過雲寓。歸，晚餐。接剛函一封。登樓，讀伯爾宋氏書，寢時十二鐘。今日馬君來。天晴，甚寒。

十九日，起九鐘。接家信及沅轉來剛函各一封。到毅處，以剛函示之。歸，少看報。午餐後到外一行。歸，讀伯爾可宋氏書數葉。寢，一時起。到學堂受課一時。到照寓。歸，晚餐後再讀伯氏書數頁，抄單字十餘，寢十二鐘。夜攝氏負二度，大晴。晚又接剛與沅信，甚文雅。

二十日，八鐘起。到學堂受課一時。出到毅寓少談。歸，遇波蘭陶馬君，同至吕可桑堡。又到衡、棣寓少談，歸。午餐後到照寓，遇陝西王君，七鐘始歸。晚餐後，棣、新、毅諸人來，至十一鐘始去，寢。今日接郭君信，言明日來；學會信，言二十八日開會。

二十一日，起九鐘。十鐘新、照二人來，留一字與郭君，與新、照同出至雲處，言寅恪有信一封與雲相嘲弄，雲大怒，極力勸解，歸。午餐後與新、照同至 Fontenay-sous-Bois 一游，至二人舊主人處一坐，出到林中一游。天雖冷，尚有游人也。又打球，少時因天冷遂歸。至寓談，七鐘二人去。晚餐後至波蘭人室中一坐，寢時十鐘。今日甚困倦。

二十二日，起九鐘。到學堂受課。午餐後至法蘭西校同學堂受課各一時,歸。今早沅芷來一函,上言彼閱報,見有章太炎先生致大總統書,遂將裁下,寄來一觀。太炎書甚痛快,想袁氏一時之雄,對於章氏,恐亦無可奈何。因彼不畏死,且亦無可死之道,又非利祿所能縻,危言危行,章氏亦可人也。將沅寄來者抄下,因沅尚索原紙也。晚餐後,劉君來借錢,無法可想,許借五十佛,十一鐘去,寢。今日大霧迷漫,對面不遠即不能辨。溫度降至攝氏負□□①。

二十三日,起九鐘。今日無霧,冷如昨日。到學堂受課。歸,至雲寓少談。歸,劉君同鄧君來。去,午餐。後到學堂受課一時。歸,劉君同吳君來,去後再到學堂受課一時。出至新處,又遇劉君,歸。晚餐後,馬君、劉君、雲、新、毅諸人陸續來,借與劉君五十佛,十鐘去。

---

①編者注:原稿此處無法辨識。

一九一四年

元　月

日記之間斷又將及月，日嬉游不用功，將陷於禽獸而不自知。用是特自振勵，痛自詆擊，庶愆尤少有去乎！十八日記。

此將及月餘之事，大約二十五日潛夫來，日陪之出游並閑談。三年元月六日潛夫返比。十七日早，接父親手示一封，晚發家字九號信。又記。

三年元月十八日，起十鐘。欲至藏書樓觀書，然今日星期，皆不開，爲之廢然。到馬君處，不遇。返到雲寓，遇新、毅二人，歸。午餐後出尋雲、毅，皆不見，乃獨到布魯尼林，游人極多，觀滑冰之戲。歸，少觀朗森氏《法文學史》，並作一文，題目爲"十八世紀法之文學"，極難着手，作數行即止，文法亦極平庸，然無奈何也。晚餐後出尋雲，又不見。購報，歸觀之。新吾來，談至十點半去。再看報，作日記。爲今年前三月之預算表，蓋近日余消費頗多，須取節儉主義故也。寢時十二鐘。

今早大霧，下午天尚佳。早在雲處借函與寅恪，勸其歸國結婚。

十九日，起九鐘。至學堂受課二時，作學堂第二次登錄，繳費三十二佛七十五生丁，歸。午餐後到法蘭西校受課一時，見畢加爲先生，謝其薦教習也。到學堂受課二時。出買紙，費二佛七十五生丁。再到學堂藏書樓，欲尋小茹爾維氏《法文學史》參考十八世紀文學，然已爲人取去，乃看十九世紀數張。六鐘出，同雲到法國學生會，受入會片。歸，續作文。晚餐後再至學堂藏書樓，欲觀書，然書役病，不能取，遂出。過毅、棣寓，十點半歸，續作文。寢時十二鐘。

廿日，起九鐘半。續作文。午餐後再續。三點半鐘到教習家中改功課，錯甚多，教習告須多習拉丁文，四點半歸。到毅寓見棣，後同毅到吳昆吾寓，前爲潛作冰人，今日接回信，亦尚可望成，故往詢昆吾諸事。歸，晚餐後雲、毅來，同到法國學生會。歸，過雲寓，十鐘半歸。少看拉丁文，寢時十二鐘。今日早晨微雪。

廿一日，起十鐘。到學堂受課一時。歸，看拉丁文。午餐後再到學堂受課一時，到藏書樓看小茹爾維氏《法文學史》，五鐘歸。讀拉丁語尾變化，作練習數則。晚餐後再續作。新吾來談，十一鐘始去。寢時十二鐘。今日天晴。

廿二日，起九鐘。續作拉丁文練習。到教習處。歸，到書店購拉畢葉氏之《心理及論理學》，價十二佛五十生丁。歸，午餐後到法蘭西校受課一時，學堂受課二時，第一時不甚了了。反，讀拉丁語尾變化，查拉丁字。晚餐後登樓。今日身體頗不佳，疝氣頗作,少看書,十鐘即寢。

廿三日,起九鐘半。續作拉丁文練習。出到毅、棣寓少談。歸,午餐後出買靴,費三十佛。到學會閱報,有一中國人不能談官話,並不能寫中國字,到學會中問中國人能談英文者。以法語問之,知其香港人,曾在英學習工程,現將歸國也。與之談,甚困難,中國言語不統一弊若是。是君去後,棣至。看報,至五鐘始出浴。歸,過棣、毅寓,少談。歸,接偉臣信一封。晚餐後再作拉丁文練習,寢十鐘半。今日疝氣仍不愈。

廿四日,起八鐘。到學堂受課一時。歸,過雲寓,少談。歸,作拉丁文練習。

數日中時過匆匆,不及作日記。因二十六日童用九因公赴葡,過法京,陪之出游。二月一日用九去。數日中接介眉信一封(二月二日),伯剛信一封(元月三十一號),岫齋信一封(二月一日),家信一封(元月三十日)。今日疝氣頗劇,不能用功。午餐後到法蘭西校受課一時而已。二月二日記。

四　月

余日日言存養,言省察,其實只作一場話說,究有何益! 即此日記,又已間多日矣。事過輒悔,悔後即忘,私欲紛擾,天君無一時寧静。奈何! 奈何! 從今矢發大願力,將此欲念一刀斬斷,並期念兹在兹,無俾萌芽。人禽之關,端在於斯,蠢爾小子,尚鑒勖哉! 四月初十日記。

十日,八鐘醒,未起。看《庸言報》數則,關於中國關税事宜。九鐘半起,結領帶,費數分鐘仍未結好而止。閱昨日《巴黎時報》。十一鐘半出，到外邊少游，十二鐘歸。午餐後登樓，再閱《庸言報》中小説。後海來，少談，同出到中國學會閱報。出到中國飯店，與海對棋，未終局。見中國人甚多，聞中國又借中法銀行款一萬五千萬元，振興實業，建築市場各事。歸，途購《巴黎時報》閱之，言白狼在陝西勢頗猖獗，據得數城，出示，言將推翻政府，可嘆。心中煩悶，不欲觀，乃取《後漢書》司馬彪續志讀之，未終卷，又置之。讀杜“老向巴人裏”五言長律一首，未能全憶。覺尚飽，乃起行室中，十一鐘寢。今早接潛甫、寅恪明片各一。

十一日，夜睡頗酣。八鐘，在床上歷憶二十年來事，如夢幻也。九鐘起，盥沐畢，因屉中太亂，少有整頓。海帆來談，聞希文今晚到法，及白狼事，爲之太息。蓋秦中四塞，交通不便，運兵爲難，且回族時有不靖，一有蠢動，即乘機而起，勢且牽及大局，不知當局者何以處之。同海出購 Anatole France 之 *La Révolte des Anges*，價三佛。遇仲衡，仲借二十佛。同到吕可桑堡一游，木葉茂矣。十二鐘歸，讀所購小説，生字頗多。午餐後同波蘭陶馬君同到布魯尼林一游，蕩舟湖中，樂甚，五鐘歸，共用洋三佛五十五生丁。陶馬君少談去，再看小説。晚餐後，陶馬君借一佛。還室，再觀小説，事頗離奇可喜，然因其間多作綺語，中心搖搖。至十二鐘，希文不至，遂寢。今晚接勤信昆仲信一封。

十二日，夜中眠極不嘉，怪夢重叠，可駭可怖。八鐘醒，九鐘起。將出，海同希文來，言昨日未到，今早六鐘始到巴黎。少談，同出到聖母禮拜堂。因今日爲 Pâques 大節，乃耶穌復活之紀念，到禮拜堂者極多。出，同游植物園。歸，暢談離愫。午餐後海來，同出，遇棣，出同登巴黎鐵塔之絶頂。下，又登 Trocadero 之塔。

少息，下，由地道到蠟人院游。出歸，少談。晚餐後海來談，新亦來，至十鐘去。作日記畢，即寢。今日費洋十二佛六十生丁。接寅恪《讀小說詩》一首。

十三日，起九鐘。新、海來，同希文四人共至 Champs-Élysées 及 Concorde 及 Brûlerie 一游，歸十一鐘半。午餐後本約定同到斐色野王宮一游，到車站，已購票矣，聞今日王宮不開門，因中止，改於明日。乃同觀拿翁墓。出到布魯尼林，蕩舟湖中，新到岸上，爲吾三人攝影，樂甚。畢，到一島上加非店少息，復游，六鐘歸。電車極擁擠，待多時乃得上。至室，復同希到棣處，索學會票。歸，晚餐後到劇園聽劇，所演爲《茶花女》，甚慘悽。然余對於此種小事習慣不奇，故亦無甚感動。出飲加非一杯，歸寢一鐘矣。今日雲、毅同來，毅午餐於寓。游費約十三四佛，陶馬君還一佛。

十四日，醒八鐘，在床上看小說數十葉。十鐘海來，起，新亦來談，去後十一鐘半。後午餐畢，到斐色野王宮內一游。出到草地攝影，游至六鐘始歸。到中國飯店一餐，餐前同到新吾學中觀人模型，一法女裸體，身不掛寸絲，坐臺上，心中怦怦大動，余之修練功太差也。同希、海到仲衡寓少談，同出到加非店中少息，歸十一鐘矣。又與希文少談。接家信，寄來一包疝氣藥，服少許。接子璵郵片一，及學會公啟一，言明日開會。補作昨日日記畢，十二鐘寢。今日費二佛十生丁。

十五日，夜睡不甚佳，八鐘醒，在床上看《群仙革命記》*Révolte des Anges* 數張。九鐘海來，起，新亦來，同希文四人同到魯佛爾博物院一觀。吾於美術史未用功，故於其正變源流不甚清楚，亦一恥也。止觀油畫，出歸。午餐後本擬到 Fontenay-sous-Bois 訪雲、毅二人，然毅同棣來，聞雲亦進城，遂止。海來，談至四鐘。出到布魯尼林，蕩舟湖中，余操舵，四人同執槳，舟行頗速，五鐘歸。晚餐後同希、海、棣到 Odéon 觀劇，劇爲法大文豪謀黎耶、古爾奈及耨三人合著，演唱尚佳。歸寢一鐘矣。今日劇票費十佛。

十六日，睡甚酣，起十鐘。海、新、棣來，同出到呂可桑堡花園一游。今日天氣極佳，然風甚寒。諸人各自衡，余只六十啟羅，知余頗消瘦，心甚不喜。歸，午餐後海、新、棣、衡、雲、毅皆至，同學大聚。欲合攝一影，出到聖母禮拜堂後花園內視光，然群兒來，頗擾，遂止。希文將返比，乃與海、毅往送至車站，新從之至比一游，四鐘火車開。余與海往訪樂君，不遇，乃到蒙曳池一游。出歸，到中國學會閱報，白狼在秦，張督謹守省垣附近，然聞政府頗注意，或就剪滅，亦未可知。出浴。歸，晚餐後還室，看《群仙革命記》數葉，補作昨日日記。煮沸水，服疝氣藥。十一鐘矣寢。今日浴、車共費六佛。

十七日，起九鐘。夜中怪夢重重，吾之心亂也。奈何！奈何！近日胸中冰炭，形神俱困，將有陷溺之事，吾亦不自知舟之將泊於何所也。盥沐後，到植物園一游。歸，讀《佛學雜志》。到客廳同羅馬尼一女士少談。午餐後頗倦，出到布魯尼林，然每日往，頗厭，遂南下。經巴黎附郭，貧民所居，除室高數級，路有電車外，惡濁污穢，逼似北京。步行到聖格魯地，已疲，到藍旗加非館少息。出，前行至山前，未登，乘船歸。晚餐後到尼哥拉夫人室內一談，十鐘半歸室，十一鐘寢。今日洗衣、加非、船費共六佛六十生丁。

十八日，昨晚在床上又看《群仙革命記》，寢尚佳。八鐘醒，續觀。九鐘起，續觀。到植物園一游。畢觀是記，是書頑艷幽奇，

光怪陸離,然長歌當哭,作者傷心人也。午餐後訪仲衡,不遇。到
昆吾寓少坐,昆吾欲同其夫人到價廉店 Bon Marché 購衣,乃與之
同往。出到一加非店少息,歸,到呂可桑堡公園少坐。日落氣清,
好風可人,此種樂趣,一生真不可多得也。欲歸,昆吾强到其家食
粥,甚佳。飯後再談,於無意小事中頓觸室家之想。征人遠行,少
婦嘆室,可悲可懷,莫愈於是。視時,計已將十一鐘,急歸寢。今
晨接希文郵片一,介眉信一封。

十九日,醒九鐘,在床取《漢書·藝文志》少觀。海來,起,少
談。午餐後到昆吾寓,與其夫婦同到布魯尼林,欲蕩舟,人極多,
遂止。至一加非店少息,歸來七鐘半矣。晚餐後到客廳中小坐,
九鐘半回室。在室中少游行,心中不喜,寢。今日共費四佛餘。

二十日,八鐘醒,九鐘起。看《佛學雜志》勸發菩提心分,然
吾心甚亂,幾不識所語何事。出到銀行取是月學費,歸。到中國
學會看報,歸。午餐後海來,天氣極佳,與同出作汗漫游,至 Parc
Montsouris 少息。出城,至 Arcueil-Cachan 少息,乘電車歸。巴黎
附近交通固甚便也。到一小書店賃書觀,交賃價二佛,保證金二
佛半,取善古司達 Gustave Le Bon 之《意信論》*Les Opinions et les
Croyances* 歸一觀。棣來即去,聞毅將往英,且借錢云云。晚餐後
到仲衡處少談,取回《庸言》及《佛學雜志》,並借得《東方雜志》三
本。歸,途見法王黨貼示,歷數民國政府內政外交財政之失敗,結
言宜興復王政、傾覆民國之意。此舉雖無意識,然亦見法國家之
多難也。歸,接到父親手示兼丸藥一付。看偪父之《精神救國
論》,大約主持維心哲學,排斥維物主義,尚佳。服藥後寢,在床
上看《清宮二年紀》,觀時計已一鐘,即寢。今日接偉臣信一封。

交房、飯二百四十二佛。

二十一日，八鐘醒，少看《東方雜志》。起，服藥，續寫介信。未終，新來，言希文歸國矣。然希文又丁內艱，爲之悽然者久之。還余三十三佛。新去後，再少觀《東方雜志》。午餐後獨出，再作汗漫游。今日所行者多爲法貧民地，有一室，高六級，如常度，窗極小，窗外尚有鐵網罩之，內有電燈光，有工作聲，不知何工場也。到 Daumesnil 湖中島上一加非店少息，取囊中《意信論》觀數張。再游，頗欲到毅、雲處，因天已晚，且途不甚悉，遂歸，坐電車至室。閱《東方雜志》朱舜水先生行事，因念及文文山、岳鵬舉諸人，心甚悲傷，幾爲泣下。晚餐後海來，少談去。服藥，作日記，寢十一鐘。今早又接父親寄來荔枝散一包，今日所服即是。

二十二日，八鐘醒，八鐘半起。服藥，看《意信論》數葉。到學堂，則教習改於禮拜六上課。到中國學會看報，歸。午餐後到學堂，則今晚半天，因英王到此，放課歸。出游，見街上有無政府黨通示，言不宜投票，因各國政府違叛民意，妄增軍備，以致工人備嘗艱苦，不可救藥，宜自此勿投票，蹶起傾覆政府，以申民意云云。其論雖偏激，然法貧富太懸殊，貧者與中國一致，至富者則揮霍無已，物質文明之極弊至於如此，兼之露時特事起後，政府之信用全失，宜無政府黨之振振有辭也。後覺困倦，歸，途中見人極多，蓋因英王過此，故觀者多也。人皆思觀，余亦從之。待多時不來，余不耐，遂歸。讀《老子》多章，倦甚，少寢，起寫家信。晚餐後續成家書五號，出付郵。遇陶馬君及一俄女士，同往觀電影，十一鐘半歸。服藥後，寢夜半矣。今日費二佛。

二十三日，八鐘半起，服藥。接雲信一封，欲借三十佛，毅郵片一,詩一首,尚平妥。讀《埃及史》數張。出到植物園游。觀報,首即爲歐梁公爵之政見,公爵爲魯意斐利王之嫡嗣。物望尚佳,近頗似有所運動,殆哉法之民政也。墨西哥及合衆國戰端又開。歸,午餐後到 Fontenay-sous-Bois 見雲、毅,同出到林中一游,湖中一蕩舟,七鐘歸。晚餐後到尼哥拉夫人室内一談,十鐘半歸。服藥,作日記,寢十一鐘半。

二十四日,九鐘餘將醒,夢如兒時讀書,知早晨須背誦書,而春憊極,不欲起醒。海來始起,服藥,少談,同出到仲衡寓。歸,購報觀之,言美、墨又啟戰釁。午餐後到海寓,同出,乘地中火車到 Auteuil,步至 Saint-Cloud 附近,飲加非一杯。前進至 Suresne,穿 Longchamp,過 Bois de Boulogne,至 Passy,乘電車歸。晚餐後到尼哥拉夫人室内一談,借小説 *Aprés le Pardon* 一本。歸,觀十餘張,服藥,寢時十一鐘。今日因行路多,頗困。

二十五日,九鐘起。服藥後出購報一張觀之,言墨西哥因外患之急,亂黨與現政府將合力以拒俄,辭旨甚激昂,爲之感動。但兩國力太相懸絶,恐難取勝也。至學會觀報。午餐後到陶馬君室内小談。歸見張君競生留字,言學堂内藏書樓門有一示,言 M. C⁺⁺⁺⁺⁺⁺曾取書一本,不還,茲禁止登樓,彼疑此 C 字記號爲中國人,宜共籌對待之方云云。余知其誤,至學堂藏書樓見管書者,問之,彼言此 C 字爲此人名之首字母云。張君人尚好,但遇事無深思,太輕浮耳。因又同其到學會。出,同到吕可桑堡花園一游。出,同到中國飯店晚餐,不佳。遇吳昆吾,約明日同到 Fontenay-sous-Bois。同張君出,到一加非店少息,又觀一電影,歸十鐘半。補作前二日日記,服藥,寢十一鐘。今日費四佛。接童用九郵片一。

二十六日，將醒，有怪夢。八鐘醒，九鐘起。服藥，出購報一觀。今日爲法民選舉議員之日，街上頗有多人聚集，聲頗囂。到馬君寓少談，歸。午餐後出，到馬君寓，將聖路易中學前寄來之馬君分數單繳與。出到昆吾寓，同昆吾及三德人一法人改到魯濱孫地，至即進一加非店内，有跳舞場，其四人者跳舞不倦，余、昆吾頗厭之，辭去。到一山徑，頗幽邃，撥草而登，林木陰翳，小憩樹陰，精神爲爽。同下，飲加非一杯。還尋四君，仍跳舞。余與昆吾七鐘歸。晚餐後陶馬君約小出游，十鐘歸。服藥，寢。

二十七日，九鐘起。海來談，服藥，小出游，歸。午餐後同陶馬君出到衣店，作夏季衣，價百三十五佛，先付五十佛。歸，往浴。歸，出訪日本小林君，談頗歡。同出到中國飯店晚餐，遇一越南婦、一印度女士，亦餐於彼，此二人談法文甚佳云，費十二佛。出，小林君來寓一談，去。爲羅馬尼女士寫中國字數事，往叩其門，彼不在室内。寢時十一鐘。

二十八日，九鐘起。服藥，讀囂俄詩一首。出到植物園一游。歸，午餐後到學堂受課一時。出到成①衣店試衣，約三十日下午再往試。到學會看報數事，白狼跳梁如故，此時中國將驕卒惰，盜賊遍地，其可憂孰甚。歸，新吾來，言及白匪，彼慨嘆殊深，以爲中國將亡，極力譬解之。中國現象真不佳，吾儕尚日止圖飽食暖衣，絕無振作，誠屬可恥也。晚餐後在飯廳談，至十鐘始還室。新又來，少談去。服藥，寢十一鐘。接沅明信片一，伯剛信一封。

---

①編者注：原於"成"後衍一"到"字，據本年六月二十四日日記刪。

二十九日，九鐘海來始醒，起，服藥，談後出。同到呂可桑堡公園，游人不多，陰翳林木，天氣之佳無比。遇仲衡，談。歸，午餐後少看書，心甚不適。往 Fontenay-sous-Bois，途中深思中國結婚與西洋結婚制度之不同，原因及其利害，其理極賾，頗難究尋。至雲、毅室中，皆不遇。出到湖上，舟子告我"君友方在水上"，待數分鐘，毅乘舟至港，余亦登舟，續游一鐘。歸至毅室，雲亦在焉，少談。歸，晚餐後在飯廳內談，至十鐘半歸室。服藥，作日記，寢。今日天甚熱。

三十日，九鐘起。海來，服藥，少談，海來。出到學會看報。歸，午餐後心不適，出到布魯尼林，蕩舟湖中，行甚疾，凡一時，再周而返。至室不適，欲尋人閑談不可得，到尼古拉夫人室內少談。晚餐後十鐘登樓，心中甚鬱悶，少看書，服藥，寢時約十二鐘矣。今日費二佛半。今日天雨。

五 月

一日，八鐘半起，服藥，少讀書。出到呂可桑堡，天微雨，甚寒。到學會看埃及古史數張，歸。午餐後毅、棣來，去後，余出到衣店試衣。歸，到法國學生會看報，因聞毅言西報載黑省兵變，俄兵入齊齊哈爾，政府派張勳往，張不聽命云云，頗深隱憂故也。中國今日政局激變，兩方面皆快私忿，不顧大局，此次兵變，是否有民黨之關係雖未可知，然以之成事則不足，以之牽制袁氏則有餘。中國此時戰事尚非大患，患在兩方相持，使秩序不能回復，而國計民生將困敝無可救藥矣。觀報，則各報皆不言，惟《人道報》言之。此報與中國民黨頗有關係，尚冀此係謠言耳。報言中國本位制度當有變更,大約將定虛金本位制度,且言今日中國憲法宣布總統權力極爲偉大云云。歸,少看報。晚餐後到外一游。歸,服藥,寢時十一鐘。

初二日,八鐘醒,九鐘起。接沅信一封,潛郵片一。服藥。寫寄沅芷信,未發。今日疝氣又有增劇之勢。出到呂可桑堡一游,至學會少看報,歸。午餐後海帆來,同出到呂可桑堡公園一游,頗談論中西音樂。今日衣成,付八十五佛。歸,新來少談,去。晚餐後出到棣寓,則新、衡皆在焉。十鐘半歸,取來小說一部,《草字入門》一本。服藥,看小說,寢時十二鐘。

初三日,八鐘醒,在床上看小說,畢之。此小說名《好述傳》,市間小册子,然亦無傷大雅。視時計已十一鐘,速起。新來談,約飯後出游,去。午餐後寫家信一封,近日疝氣仍不愈,禀知父親,言將屏棄書卷一二月,以觀病之愈否,如仍不愈,將於暑假前後棄學歸國等語。新、棣來,待海帆不至。出到 Fontenay-sous-Bois 訪雲、毅,不遇。出蕩舟湖中,六鐘歸。新來少談,去。晚餐後欲到海寓,然忘其門牌,到棣寓問,知海不過早餐過晚,故遲到一刻,時已九鐘餘,遂止不往。歸,服藥,作日記,寢十鐘半。

初四日,起九鐘。孟照從中國來談,言中國近日奢侈過甚,人不事事,良堪浩嘆。棣來,同出到呂可桑堡公園一行,歸。午餐後海帆來。接長兄自家來信一封,並寄來疝氣藥一包。同海帆到一俄女士處尋孟照,至則雲亦在焉,談笑甚歡。新亦來,出。雲同來,少談去。晚餐後欲送《東方雜志》還仲衡,然過陝西王君處,談久,故未往。返到棣處,則新亦在。新因今日一俄人當面向他人言中國將瓜分,痛國勢之陵夷,心極憤慨,力爲解之。蓋吾儕今日惟有"素患難行乎患難"而已，無他法也。十鐘一刻歸，服藥，寢。

初五日，昨日因談話太多，睡頗不佳。九鐘起，服藥。出到呂可桑堡公園一游。到仲寓少談，取《盜偵探》及《水滸》一本。歸，觀之，《盜偵探》絕無精彩。午餐後海來，同往游 Cimetière Père-Lachaise 一游。歸，倦甚，晝眠。一時起，馬君來，少談去。今日樂、馬二君來，不遇，出往浴。到學會少觀報，出已七點三刻。遂到中國飯店，遇新，同晚餐，費五佛。同到棣寓，過十鐘歸。服藥，寢。

初六日，九鐘起，服藥。到學會看報，遇棣。返，午餐後獨出，出 Porte de la Chapelle 少游。此處所住皆貧民，地亦污穢不潔。進 Porte de① Clignancourt。歸，新來洗像片。晚餐後到陶馬君室內一談，十一鐘歸室。服藥，寢。

初七日，九鐘半海來，起，服藥。接寅恪托代交孟照一詩，用九托代交毅夫一信。同海出到呂可桑堡公園，少游歸。午餐後同海到 Fontenay-sous-Bois，見雲、照二人，毅則進城，未見。未及照之女友亦至，同至湖蕩舟，到黃門加非店少息，歸。晚餐後新來，同出到江邊一行，以爲有月光也。然月隱雲中弗出，天甚寒，乃歸。服藥，寢。

初八日，晨夢迷離，九鐘起，服藥。出到呂可桑堡一行，歸。午餐前後訪東人小林君二次，皆不遇。午餐後出，坐電車到 Porte d'Orléans，步行過 Arcueil-Cachan，Bagneux，Bourg-la-Reine，Fon-

---

①編者注："de"，原脱。

tenay-aux-Roses，至魯濱孫地。今日天氣不佳，頗寒，游人少，獨到高處飲加非一杯。今日心極亂，極力不能鎮之。坐火車歸。晚餐後少息，服藥，寢。

初九日，九鐘起，服藥。新來，言吾國近日流民來巴黎者日多，頗與國體有關，今日 *Excelsior* 報大放厥辭，肆力譏嘲，奈何。取觀之，則言中國貧民來此者日多，企圖作工，將來法國工人多一勁敵，其言多張皇。余以爲此無別法，惟有先行調查人數，或能作工者若干，大家代爲設法，或可免將來驅逐之恥。因同出到呂可桑堡一游，歸。午餐後，仲衡來借二百佛，因此月學費尚未收到故也。同出到學會，新、棣及廣東范君皆在焉，乃議同往問之。同出，范君因事辭去，遇海，因同往。尋不見，且天雨，到一加非店少息。觀報，則有街名。又往，遇其一，約其明日十鐘到學會中詳問之。歸，昆吾來，少坐即去。晚餐後訪小林君，同出到 Boulevard Port-Royal 訪一東人吉田君，聞爲東京帝國大學教授，談至十鐘半歸。服藥，寢。今日與東人談，余因讀書過少，頗愧。天頗寒。

初十日，九鐘起。服藥，看哲學史數張。出到學會看報。此窮民三人來，問之，彼言湖北人，農也，亂後流離失所，遂到此，彼同來者十餘，然巴黎之貧民約百餘云云，遂去。新及海、棣皆來，少談。出隨新到中國飯店午餐，後同到 Les Vallées 中國豆腐公司，遇齊竺山君，問其能代此等貧民設法否。彼言此等名爲困苦，實甚狡猾，其來歐洲也非一日，乞丐之餘，時能以小量金額匯其家中，其群内頗有組織，但局外人不能識之。現游蕩日久，初問之，彼必言欲作工，及入工場，又復狡展，甚難處置。但恐日久又將如英、美，致吾儕坐三等艙到岸者裸體受檢，有辱國體，爲堪虞耳。

爲之慨然。出至車站，則火車開尚有一鐘，至一加非店少息。歸，晚餐後新來，少談去。服藥，寢十鐘。

十一日，起將十鐘，服藥。出一游，歸午餐。因余朝頗思中國音韻諸事，致形神疲醉。學而不思則罔，思而不學則殆。余近日其殆矣乎！將出，會海、新、棣來，同出，將往 Malmaison 故宮，新不願往，乃與棣、海同去。至則今日爲星期一日，王宮閉門，不克入，乃自外游。從人家別墅穿過，出則至 Jonchère，觀農夫之耕，兩大馬前曳器具，並不靈便。西洋工業發達，其犁鋤雖頗複雜，並不便用，不知何取。到加非館一息。前望小山，林木欲滴，室亦明净，且價不貴。出登山，雖不高，而一是塵囂音聲皆絶，惟有鳥語花香，時見農夫植長春藤。登峰最高處，遠望村落歷歷。下至 Bougival，坐電車歸。晚餐後在飯廳談，至十鐘登樓。作前數日日記，寢十一鐘。

十二日，起九鐘。出到吕可桑堡公園。又到昆吾寓少談，有四川紀君至，因此月學費尚未發，欲往使館求爲設法云云。同出，約明日四鐘到學會中先聚，同往。返，張君在室，亦因吾國難民並此月學費事，約於禮拜日下午開會籌議，約定必往云。午餐後雲、毅、棣諸人來少談。雲去，同棣、毅到學會看報，遇一吳君，後照、新亦至，談少時。出到照寓，少談返。晚餐後新來，同洗照片，雲亦來，將十鐘去。作日記，寢。

十三日，起九鐘，讀一法文小説。出到植物園内，少坐觀，天甚寒，歸。午餐後再觀。三鐘出，尋棣不見。尋陝西王君，彼因學費已豫支，不領費。出尋仲衡，亦不見。乃獨到學會，少觀報。紀君尚有留學者八九人至，乃同往使館，見張君，彼允電往教育部及

華比銀行代問。出到價廉店，購夏季裏衣諸事，約費四十佛。歸，
又購皮靴一對，價二十佛。返，新在室，少談。忽憶午間接周君
書，言用九托帶物件，約自七鐘至八鐘在室待，乃同往，並遇使館
中楊君。至，周君約係蘇人，話頗不易明白，云用九托帶來郵片多
張相贈，並托買書云。出已晚，乃至中國飯店晚餐，歸。因近日太
形墮落，委靡不振，擬自明日起八鐘後，萬不偃蹇在床云。歸十
鐘，新去即寢。

十四日，起五鐘半，盥沐畢，作日記，看哲學史數張。因昨日
將雨傘失去，疑忘在使館，乃往尋。天極寒。到使館，尋無有。出
到價廉店再購一柄，價五佛。到 Fontenay-sous-Bois，在雲、毅寓早
餐。畢，出到林中，游至五鐘返。到雲、毅寓飲茶一杯，六鐘歸。
至室，見照留字約往，至則不在，歸。晚餐後在飯廳內少坐，十鐘
歸寢。

十五日，八鐘起。欲往學堂問是否此學期內可不作登記，及
往，則登記已於十三日截止，且秘書門前人甚多，遂不問而出。到
照寓，又不遇。到法國學生會觀報，又到中國學生會觀報，遇昆
吾、棟森及中國難民者。返，雲、毅來。午餐後雲在室。在此日記
上胡塗，心甚不平。新、海續來。至四鐘出，到書店代用九購書，
余亦自購地理書三本，價十六佛，用九錢不足，代墊八佛，歸。晚
餐後新、棟來，十鐘去，寢。今日接寅恪信一封，言彼在倫敦見燉
煌石室內古物，且勸余到倫敦必往觀之。給僕夫五佛。

十六日，八鐘起。盥沐畢，出到照寓少談，借《論理學》一本，
返觀之。午餐後欲往聖日耳曼地，約陶馬君同往，不得，獨出，則
已二鐘半，改往布魯尼林。待電車約半點，始有坐位，未至。

六　月

日記之不作，又將及月，今日忽有所感，又來繼續，不知又將輟於何日也。**六月十五。**

十五日，昨夜噩夢驚人，夢父親病泄甚劇，余抱芳侄泣，巾盡濕，意且謂今年不知如何而多傷感如此。醒則甚熱，或因過熱而夢如此，未可知也。又寐，則夢與內子情話，且似親戚中何人正行婚事者。醒，亂夢無次，可恥也。七鐘醒，起，盥沐畢，八鐘小餐。後出到郵局寄勤信昆仲來蒙湖畔風景片一本，郵費十五生丁。到湖邊，天頗寒。購《巴黎報》一份觀之，言法內閣將由維微亞尼氏組織，閣員皆左方黨，然三年義務兵案仍須保留，則與前黎布氏之政綱豈有大別，而推倒之，可見此純係黨見也。歸，電車費三十生丁。至室則頗暖，天亦晴。午餐後少坐。出到一小山上 Montriond，少坐觀湖，且思范文正公之《岳陽樓記》，覺其勝人處固在命意之高，然措辭亦極渾練也。三鐘到教習家學德文，四鐘出。到湖上泛舟一時，費一佛，返。今日水平浪靜，較前日勝也。到一加非店少息，寄吳昆吾及陝西王君風景片各一，共費七十生丁。沿湖濱游，天雨，坐電車歸，費卅生丁。買報，費十生丁。報言昨日俄皇與羅馬尼王會於君士坦薩。少習德文。晚餐後出，欲購德字典、文典等物，然太晚，書肆皆閉門矣。歸，少習德文，作日記，寢時九點半。今日接吳昆吾、張競生片各一。

十六日，昨夜睡不穩，亂夢失次，忽爾在家相宅，忽爾行泥水中，忽爾見故人談余病狀。五鐘即醒，不能復寐。六鐘起，盥沐畢，寫一函與明齋，勸其到青島住家。小餐後出到書店，購德法字典並紙本、墨水數事，價五佛半。到棣處少談。歸，練寫德文。接毅明信片一，係自莫斯科發者。午餐後再少練寫德文。出，再購紙本一、水筆尖四，價三十生丁。到湖口少坐，天氣尚佳，然晴雨計下降。三鐘到教習處受課一時，出，天微雨，歸室。晝寢一時，起，再寫字數個。然今日疝氣頗不佳，遂廢去。余用功太無次序，故長不適，自今日起矣，每日有功課者，止用功二小時，無功課者三小時，信函及看報時在外，然過多者亦可酌減用功時刻，當屬行此自治規則。出小游，購牙刷一，價九十五生丁，買報，十生丁。報言阿爾巴尼亂民攻擊都城，勢頗棘手，突、希兩國因小亞細亞虐待希僑民事，感情日惡云云。歸晚餐，接中國學會信一封，爲舉書記事，作一函答之。出到棣處，將九鐘歸。作日記，寢時九點半。余今午心偶放，即費多時，極力始能收拾，始知古人"從善如登，從惡如崩"之言之不虛。

　　十七日，昨夜睡尚佳，但夢仍多，忽見悍卒不聽將命，痛哭於軍前，忽自持兵器入軍中，總言之，亂夢失次而已。七鐘醒，七鐘半起，盥沐，小餐。後出到山上閑游，歸來坐電車，費十五生丁。十一鐘少習德文。接海函及海轉來沉芷郵片一及父親手示，父親言不必愁慮，病且自愈云云。午餐後少習德文。接陶馬君郵片一。出，天甚熱，到教習處受課一時。買二郵片，費二十生丁。到湖口一加非店少息，費四十生丁。發二郵片與新、海。歸，電車費廿五生丁。到一裁縫店，令作一白褲爲夏用，價三十五佛。歸，少看德文，則泛濫無紀，絕無所得。發一函與沉芷。晚餐後出購報十生丁，觀之，報言維微亞尼在議院宣布政見，得三百六十餘票之大多數。維氏對於三年兵案仍明白主持，亦時勢之不得已。至其對於社會改革之政見,亦甚合時勢。此報爲舊黨機關頗不滿,意謂爲引起貧富之革命。然法之貧富不平極矣,豈可任其終古,然亦足見金錢之勢力大也。將歸,忽聞音樂瀏亮,往尋之,則見聯邦大審院前有樂隊,聽者極多,但無坐。至樂場則極佳,大湖橫帶,漁火雜明。余聽三闋,其一音節急甚,其二少緩,三則黃鐘大呂之音。樂尚未終,已九鐘半,歸。作日記,寢將十鐘半矣。

十八日,昨晚夢仍失次,忽而見某要人問商約事,忽而亂雜無常,八鐘起。昨夜雨,今晨早餐後携雨具出到湖口,溫度尚十五度,而風甚寒。歸,少習德文。午餐後至棣森處,同出到一商店,棣購網球諸事,余購牙粉一瓶,價一佛半。登樓,樓上有日本之展覽會,少息,飲茶,價一佛。觀各物,日人仿西洋及中國物極似,但絕無特色,其可認爲日本物者,獨有燈籠、扇子諸事,然皆惡劣不堪。下出到湖口,一小物出十生丁。自稱出十生丁,今日身重六十五啟羅。一童乞去五生丁。泛舟二時半,出一佛。歸,電車出六十生丁。購報,費十生丁。晚餐後接張競生君郵片一,言在學堂可得一修業證書,然必須學堂片子始可,余學堂片子不知置於何處,或無關重要,惟有置之耳。觀報,作日記,寢十鐘。

十九日,昨夜夢登高樓以瞻眺,餘則忘之。七鐘醒,八鐘起。小餐後到棣處,欲玩網球,地屬塞西爾棧,往問,彼言地尚濕,請俟下午。出,欲到湖口附近尋一網球場,且問價焉。及過門,則談話忘之。到湖口少坐,欲到山中尋一空地少玩,然不得。已十一鐘,到一野加非店少息,歸。天甚熱。午餐後接書店寄余德文典一本,然此書店余於禮拜二日求之,彼久未寄來,余昨日又求別一書店矣。使彼今晚再寄一本來,余無辭以却之,余欲却此,又恐彼不吾寄，心頗忐忑不寧。繼思之，事莫簡易，往後一書店問之，使彼已得，則即却此，使彼未得，令其勿求可耳。出問之，果尚未得，令勿求。歸，少看德文，時甚困乏。出到教習家受①課，一時畢，欲少游，聞殷殷雷聲，馳歸。再看德文。五時半大雨滂沱，間以冰雹，砏湃有聲。此地葡萄爲大宗出産，此次受損失不少。晚餐後出少游，九鐘歸。再寫幾德文，作日記，寢十鐘。

二十日，昨夜似無夢，七鐘半八鐘起。小餐後出游此地之西，見田夫致力於畎畝甚樂，因思物質文明之弊，至於貧富懸絕，大起社會之争；況吾國人民生計頗低，因物質文明之流入，而一種特別社會生計驟高，至普通人群則依然故態，貧富不平，其害將甚於泰西。欲以拯之，惟有力崇節儉，使物質文明流入之速力少覺和緩，待普通人群生計程度增長，而後各種隨之，其禍乃因以少輕。雖然，欲以責人，己先不正。余近日太爲墮落，不克自振。奈何！奈何！擬返中國後，力崇節儉，家中無婚娶、子弟留學諸特別事故，每年用度多不得過五百元。家居不得衣絲帛，五十以前不得衣大毛之衣，非節不得飲酒食肉，餘資以購書籍，少多即開備公衆觀覽。此非以求名，庶盡吾職，不知異日能實行否。歸，途中甚熱，購一紙本，價二十生丁。擬每日抄德文單字半葉，寧少勿得過多。午餐後抄德文。棣來，同到湖口，天氣甚佳，泛舟，三鐘歸。途聞殷殷雷聲，恐天驟雨，疾蕩舟返，然終不雨。到加非店少息，發二片與雲、海，坐電車歸。晚餐後在飯廳同主母少談，九鐘歸室。少看德文，飲茗，作日記，寢十鐘。今日接維爾日尼女士明信片一。

①編者注："受"，原誤作"授"，據本月二十二日、二十三日日記等改。

二十一日,昨夜天甚熱,醒復寐,則夢偉臣諸人。醒約一小時復寐,醒已將九鐘,起。小餐後出購德文報一張,價二十生丁。觀之,所識字無幾耳。至棣處少憩,出玩網球。因昨夜小雨,地頗濕,然天甚熱,十一鐘半歸。午餐後少息,出到棣處,同出到湖中浴,價一佛。浴人甚多,然水中頗寒,且余不識游泳,故少時即出。歸到棣處已六鐘,少息,歸。七鐘時大雨如注,晚餐後天晴。出購報一張,價十生丁,觀之。又抄德文單字,充數而已。作日記,寢十鐘。今日心體極不净。

二十二日,昨夜夢在中國到鄉下住,竹籬茅舍歷歷。醒八鐘,起更衣,小餐後出,天甚寒。到湖口,天雨,遂乘電車歸,價三十生丁。接用九郵片一,看德文。午餐後天漸晴,出到 Montriond 小游,到教習處受課一時。歸,天甚佳,到棣處同玩網球一時,出一佛五十生丁。地主人言,自後請勿以高踵之靴玩網球,因其壞地也。歸,少息,作函與用九。晚餐後出購靴一對,價九佛九十生丁。再到棣處,告以地主人言。歸,抄單字約二十,倦甚,遂寢,將十鐘。

二十三日,昨夜夢如小時在書房,書極難讀,亦不願讀,而必須讀之情狀。八鐘起,小餐後作昨日日記。出登山,坐電車上,價三十生丁。聞有小兒歌聲,往觀,則見小兒四五十人,有二三婦人,約其師也。始則携手回旋,且歌且行,繼則撫掌相和,又次則俯如拾穗狀,又次則二童相携如跳舞狀。至其口中所唱何辭,則驟不能辨。繼思之,禮以正俗,樂以成化,禮樂因地因俗因人而設者也,本非天定,人爲之耳。行之既久,耳目積慣,遂以爲天經地義,不可少變。舟車既通,忽見異俗,則大奇之,厭而惡之,擯爲異

邪者有之，厭故喜新，舍己從人者有之，互相衝擊，國乃大病。夫
人群之不能無竺舊蛻新之分途者，勢也。然國群之生活於斯治制
也，數千百年矣，其爲影響，至宏且巨，安能一旦而驟變之也。惟
夫達人君子，治群治之源流，雖竺舊而嘗目注神瀯於其新，使有善
者不難拮取以補吾缺也。雖喜新，而知舊制之於吾群，當有忻合
不易離之故焉，而利導之，不敢輕決舊防，以資洪流之泛濫。夫然
後衝擊以緩，而國亦受其休。返顧祖國，適得其反，此有心人之所
悁悁而悲者也。十一鐘歸，抄德文動字數個。午餐後欲再觀，然
今日疝氣又似增劇，遂止。出到教習處受課一時。到湖中棹舟一
時，費一佛。到加非店少息，有唱曲者，共費六十五生丁。歸登電
車，余以爲在車上購票也，然彼終不來，余亦終不與而出，然余心
忐忑者數分時。歸作家函，禀知父親現在病狀，未畢。晚餐後續
成，兼作數言與內子，催其寫信。出付郵，少散步。歸，作日記未
完，將十鐘寢。接雲片一。

　　二十四日，昨因欲與使館寫一信，請其轉信，遂據心中，夢中
亦來攪擾，可笑也。夜醒，一鐘復寐，八鐘起。小餐後補作昨日日
記。出往成衣店試褲，出三十五佛。少游，至湖邊，湖中頗有浪。
坐電車歸，出二十生丁。十一鐘少習德文。午餐後再續看。出到
教習處受課一時。歸，少息。到棣寓，棣須購無踵之靴，與之同
來。天微雨，以爲不能玩網球矣，然雨未幾遂止。棣購靴畢，往戲
網球，出一佛五十生丁。六時歸，少看德文。晚餐後少讀後山詩，
九鐘即寢。

　　二十五日，昨夜亂夢失常，初夢與內子同寢，內子困甚，余未
寢即鼾聲作，余搖之不醒，少醒復寐。又夢非與婦人覯而失精，夢

中甚懊惱,然實並未失精。連續夢舊識多人,雜亂失次。君子爲學,諗諸夢寐,余之夢寐,曷無常至於此極也。五鐘醒,不能復寐。六鐘起,盥沐畢,補作昨日日記。小餐後挾《哲學歷史》出行山上,讀"柏拉圖"數葉。坐電車下,費二十生丁。歸,午餐後少息。往尋棣,適彼來,遇於途。歸,更衣出到此地博物院一觀圖畫,色皆較黯淡。出再登山,山上頗清凉,少游。下到湖中浴,今日天氣極佳,然水中仍寒,出着衣。今日心極不入範圍,無可收拾。到湖邊一游,坐電車歸,費四十生丁。晚餐後接沅函一,作函答之,畢,將十鐘寢。

二十六日,昨夜夢似在學堂代人報名者,又見沅芷,問其何時學得法文,彼答學堂功課也。睡較酣,起已九鐘。小餐畢,少出一走即歸。看華氏所著《柏格森之哲學》數葉,少看德文。午餐後再觀。出到教習處受課一時,歸,來往皆以電車,費二十生丁。尋棣作網球之戲。今日天頗熱,服冰吉零,費二十生丁。歸,晚餐後抄德文單字半葉,九鐘半寢。

二十七日,昨夜夢一舊識某人兼十數報館編輯,氣象烜赫,余與之招呼,彼欲令人捕余,余與之抗辨云云。八鐘起,小餐後作昨日日記。出沿湖畔行,余近日心中憧憧,往來無一刻靜時,即在湖畔,萬響具寂,惟聞濤聲,而胸中故實起伏無已時,伏之於此,彼處又起。奈何!奈何!見一畫師,方解衣盤礴。至湖口少息,歸以電車,費二十生丁。看心理學十數片。午餐後抄德文單字半葉,看心理學數片。棣來,同出到山上一游。遇一突厥人,問君國內狀何如。政治之變,宜漸不宜驟,內亂宜有已時,否則意見相尋,政使漁人獲利,不觀摩洛哥、亞爾及里乎?余甚感其言。又遇一瑞士工程師，少談。到一加非館少息，費四十生丁。歸後天小雨，再看心理學數頁。晚餐時見人有言登薩哇大山者，心中忻然願往，但余多病，恐不克如願也。聞湖口今晚有烟火，約棣同往，至則無之。但細月經天，微風可人。湖口游人極多，且多棹舟湖中者，天氣清涼。歸，十鐘寢。接照片一。

二十八日，昨夜甚熱，夢如在家，父親出行歸，出門往迎之狀；又夢如侍師讀書，同學忌嫉之之狀。八鐘醒，起。小餐後出到湖口，沿湖畔西行，看柏拉圖哲學數葉。以電車歸，費二十生丁。午餐後補作昨日日記，少觀心理學。棣來，同出到湖口。今日湖口有會集，如北京廟會之狀，人甚多。有一布棚，顏曰印度戲園，其廣告則言有印度法幾作幻戲。入觀之，了無新異。出到加非館少息，以電車歸。今日天甚熱，歸後寢一時。起，少觀書。晚餐後出購報，觀之，略無要事。欲到湖口一行，因昨晚甚清涼也。途中見往者極多，意其有異，同往，則見湖畔皆以布圍，且售票焉。訊知價一佛，購票入，則見湖沿士女如雲，皆向湖觀。然此時湖中只有小舟梭織，上綴明燈。至岸上，則樹間皆懸燈，長數里，紅黃色相間，遠望如綫連。又有音樂，余聞樂再奏，萬人皆向湖望，則見有舟，上綴明燈作鶴狀，自遠至，繼有作馬狀、作蝶狀者。湖沿石上置燎火，照曜同白晝，繼則烟火齊起，如星狀，如日狀，如彗狀，五光眩射，雷電齊鳴，雖有口辨辭給，亦難形容其萬一，亦一時之大觀也。畢後出，以電車歸，十一鐘矣寢。

二十九日，昨夜甚熱，夢否忘之，起九鐘矣。小餐後出到山上小游，頗思柏拉圖意質之說，殆與宋儒言性相似，皆一元論之讓步於二元論者。歸，接到教育部一片，言寄學費事。房主人言適郵差至，有掛號信，待君簽字，適不在，去，疑其或爲家信。午餐後補作昨日日記。出到郵局問之，彼言宜到車站郵差局問之。往問，無有，彼言或郵差再送去矣，乃歸。今日天甚熱。少時郵差至，則銀行之寄月費也。今日身體不佳，頗似欲腹泄之勢。出到棣處談，歸購報觀之，則奧皇太子與其妃被殺於薩拉熱瓦。此事與世界頗有關係，因奧皇老矣，此皇子攝政數年，頗富經驗，一旦被殺，繼之者爲其侄，年尚少，局勢或有差異也。且奧皇以垂暮之年聞此噩耗，恐亦不永年矣。晚餐後甚倦，過九鐘即寢。

三十日，昨夜夢亂雜，大約在家中也。醒以爲已晚，起，盥沐畢，八點一刻。小餐後出購《巴黎①時報》觀之。登山，上下皆以電車，歸十一點。棣來談，言仲衡寄來百五十佛與二人，吾得五十佛，棣去。午餐後補作昨日日記。出到教習處受課一時，來往皆以電車。歸，抄德文一片。晚餐後同棣到江畔一行，月色不明，棹舟湖中，至十鐘歸。購電車票，票房人言此贗幣，視之果然，但此二佛郎仍此票房償我者，亦無暇與之辨，自後小心而已。歸已十鐘半，寢。

七 月

一日，昨夜有夢，忘之，起八鐘。小餐後接用九信一封，少看德文。出到教習處受課一時，歸午餐。接孟照一信，補作昨日日記，少抄德文。棣來，接新吾片一，同出湖邊游，歸晚餐。接沅信一封，少念德文，十鐘寢。

---

①編者注："黎"，原誤作"餐"。

二日，昨夜夢極亂，醒復寐，未七鐘即醒，不能復寐，起。小餐後出玩網球一時，歸。再出到教習處受課一時，歸，少息。午餐後補作昨日日記，困甚，在椅上假寐一時。醒出，時值微雨新霽。因晨將時計墜地，尋一鐘錶店收拾。坐電車到湖口一游，至一加非店少坐，歸六鐘。因馬君數日未到講堂，聖魯易中學來函問，作函與①馬君並一明片與巴黎舊主人，晚餐後出付郵。到曹君處小談。歸，少看德文，十鐘寢。

三日，昨夜夢忘之，起將九鐘。小餐後往尋棣，同出作網球之戲，十一鐘畢，費二佛。歸，途到一加非店少息，以電車歸。午餐後補作昨日日記。困倦，晝寢一時，起出游。歸，天微雨，看德文。晚餐後少讀陳後山詩，九鐘寢。下午發一郵片與孟照，問其寄錢何尚未至。

四日，夜夢忘之，起八鐘。小餐，少看德文。出，少閑游。今日因無錶，頗悶人。到教習處受課一時。歸，接偉臣信一封，馬君信一封，發一函與聖路易中學。午餐後天雨，出到棣處少談。天霽同出，沿湖邊西行，直至聖叙爾畢地，此地離盧薩六啟羅米達。到一加非店少息，歸。晚餐後寫一信與仲衡，九鐘寢。今晨疝氣又覺重，故未觀書。

五日，夜夢極惡劣，約因精神不定之故，余之學道無進益也。八鐘起，抄德文單字一葉。小餐後出到山上一游。今日天氣佳，但因心亂，極費鎮定，歸。接到父親手書，戒勿勞神，留心靜養諸語。午餐後補作昨日日記。出尋棣，同到湖上泛舟一時，到一加

①編者注："與"，原誤作"作"，據一九一一年四月初十日、一九一三年十二月十七日日記等改。

非店少息,共費二佛四十生丁,以電車歸。作稟函未畢,晚餐後續成之,略告父親近日病狀。九鐘寢。

六日,夢約在家與諸姊戲,其詳忘之。睡甚酣,起八鐘半。小餐後接海轉來潛明片一及海函,並維爾日尼女士片一,作一函答潛。出到郵局購郵票,價二佛二十生丁。購風景片,價一佛。天雨,歸。作長函吊岫齋,一片與海,一片與維爾日尼女士,午餐後出付郵。少游,天仍微雨,歸,作一長函與介。晚餐後少看《明儒學案》,寢九鐘半。

七日,夜夢忘之,八鐘起。小餐後少看德文,接照片一。出少游,到教習處受課一時,以電車歸。午餐後出尋棣,同到湖口少坐。今日風浪頗大,觀扁舟飄颻於湖中,執槳者橫浪以濟,並無傾覆之虞,頗有趣。歸,途遇雨,以電車歸。抄德文單字數事。今日購德文報觀之,極難,查字典不獲,置之。晚餐後少看德文法,寢時九鐘。

八日,夜夢如言室人已亡之狀,心極傷感。醒七鐘,起。余近日頗念家中,或因此而有此噩夢歟。起作昨日日記,小餐後看德文。出到教習處受課一時,以電車歸,看德文。午餐後出購腰帶一,價三佛。棣來,同出作網球戲。四鐘半出,到一加非店,少息,到湖口一游,歸,頗倦。晚餐後抄德文數十,寢十鐘。

九日,夜夢與吳昆吾夫婦同游一地,吳夫人不願往,余謂此為余最喜之地,其地何如,忘之;後又亂夢無紀,余之心太不靜也。八鐘起。小餐後出到教習處受課一時,歸,途購德文書兩本,價二佛。歸,少觀書,皆小段,故實不難,但余識字太少,故仍需查字典耳。午餐後再少看德文。出到棣處,天雨止後同出到湖口,至一加非店少息。發一片與雲，問其考畢否。再沿湖濱游，至六鐘以電車歸。補作昨日日記。今日心頗亂，極費鎮定。晚餐後少看德文，寢十鐘。

十日，夜夢如見嚴城夜閉，不得入城，又見人犧牲性命以救父事，可歌泣。醒七鐘，心放不能收拾，八鐘起。今日疝氣又覺劇。出購櫛一，價一佛半，軟領針一，價三十生丁。登山，少游歸，上下皆以電車，價四十生丁。午餐後出整理錶，價五佛，償房主人，價六十七佛三十生丁。少息，出尋棣，同出沿湖邊行。今日天氣極佳，石上少坐，在湖濯足，到湖口一加非店少息，歸。晚餐後看書，心不在腔子裏，不知所語云何。作日記，九鐘寢。

十一日，夜夢甚繁，皆忘之，但記見岫齋而已，八鐘起。小餐後出到教習處，其房主人言彼接一電報，將離此地，乃歸以電車。少看德文。今日疝氣仍劇。午餐後棣來，少談，同出購浴褲一條，價六十五生丁。獨至湖浴，價四十生丁。今日天熱，故人極多。浴後甚爽快，出至湖口，以電車歸。看《佛學雜志》數事。晚餐後出外少游，返已倦，九鐘寢。

十二日，夜夢忘之，八鐘起。小餐後出到 Place de Beaulieu 小坐，今日疝氣仍故。購報一張，少觀之，歸。午餐後出，遇棣同來，談過四鐘。出到湖口一加非店少坐，歸，往來皆以電車。至室，看《荀子》數葉。晚餐後再看《荀子》數葉，寢九鐘。

十三日，昨夜十鐘尚未寐，雷電交加，大雨如注。寐，夢在家爲家人講《紅樓夢》，醒約一鐘復寐，則夢讀《周禮》。八鐘醒，起已九鐘。小餐後出購報一份，少觀其論説，則講巴爾西發曲之原本。此曲爲德大音樂家華艮納所著，最著盛名，然奧賾沈隱，令人目迷，前在巴黎國家大劇團曾觀之。即此報記者亦無能窮其淵源也。到棣處少談，同出到 Montriond 附近一游。歸，少觀《明儒學案》。今日疝氣比前數日似輕。午餐後出，發波蘭人高布里納君一片。歸，寫寄沅一函，並接聖路易中學一信，爲報告馬君分數事。再看《明儒學案》，絕無心得，不過心頗不定，使有係屬，不至大肆耳。出到湖口少游，並到一加非店少息，六鐘以電車歸，觀（歐古司德）貢德哲學。晚餐後續觀，寢十鐘。

十四日，夜夢忘之，八鐘起。小餐後出到山上，讀貢德氏哲學十餘葉，以電車歸。午餐後出，則今日爲小學生假期時大會，此地名林中會，因會場在林中也。兒童六千餘，魚貫而登，鼓樂前導。天甚熱，余與之俱登。彼飲餐後任便游戲，余到一加非店少息。已倦，到前面空地少息，因思及當日日本凱旋，某君“人皆揚眉我吞聲”之句，心甚悽愴。旋已，以電車下。歸，晝寢一時，起到棣寓，少談返。晚餐後到聯邦大審院前，有音樂，且有法男女伶各一，所扮演爲一老兵與一婦人，問答辭極激昂慷慨，令人鼓舞。歸已十鐘半，聞①街中有歌聲，則男女携手旋轉而歌，至所歌爲何，絕不之知。寢十一鐘。今日接仲衡片一，言梁君已考過。

十五日，夜夢極怪，如在一大厦中，此大厦可焚以避難，其中有幕，人可處幕下，不去亦無患；又如讀書經狀。醒，起將九鐘矣。小餐後出購報觀之，報言奧、塞情形日惡，塞人反對奧人風潮日劇，奧駐塞京公使之子已出避，塞人淺化，對外徒逞意氣，亦非國家之福也。到棣處，同出一游。歸，德文教習來尋，遇於門。彼未

①編者注：“聞”，原誤作“問”。

去此地前，爲其房主人讆言，乃約明晨往續舊課。午餐後雨，晝寢一時，起讀《明儒學案》。顏山農諸人事太離奇，余不敢聞教，但其意氣殊可喜。携傘冒雨出，至 Montriond 登高一望，烟雨迷離，情景如繪。雨益急，下。以電車歸，再少觀《學案》。晚餐後出購《巴黎報》，言尚未至。歸，接潛函，作函答之。補作昨日日記，已十鐘，寢。

十六日，夜似無夢，起八鐘。小餐後出到教習處受課一時，少游歸，今日疝氣又似增劇。午餐後看法文報。棣來，同出到山中，今日仍爲林中會期，皆大學學生，然人較前日少。到一加非店少息，到山中一游。返，仍無多人，天氣頗涼，遂下。歸，少查德文字。前國務院審定國歌，係張季直作，前在巴黎曾見，現忘之，請棣寫出。六鐘棣去，少一諷誦國歌，體製頗佳，然魯音也。晚餐後少息，補作昨日及今日日記，九鐘半寢。

十七日，夜夢忘之，然記其甚亂，八鐘起。小餐後補作昨日德文功課。出到教習處受課一時，以電車歸。將靴子送靴店修補，因底穿也。買靴係一付，價二十生丁。看德文。午餐後到棣處，同出游湖濱，至聖叙爾布斯地一加非店少息。歸，微雨。晚餐後少息，作德文功課，十鐘寢。今日接高布里納君片一。

十八日，夜夢仍亂，八鐘半起。小餐後出到教習處受課一時，償教習七佛。歸看德文。午餐後出購德文法書三本，價五佛。少觀出，與棣同出到湖上蕩舟一時，出一佛。至一加非店息，發二片與雲山、仲衡，費一佛。歸，少觀德文。晚餐後出少游。出洗衣，費二佛三十五生丁，補靴，費五佛。歸，再少觀德文，作昨日及今日日記，十鐘寢。

十九日,夜醒復寐,夢忘之,八鐘起。小餐後看德文,作功課。出到湖口小游,以電車歸。午餐後寫寄希文信一封。希文喪母,知已多日,始往函吊,慵懶可愧。挾德文書出到附近地一游,且少觀。歸六鐘,天氣頗熱,少息。晚餐後到 Montbenon 少游。歸,再觀德文,十鐘寢。

二十日,夜夢忘之,寢甚酣,八鐘起。小餐後出到教習處受課一時,歸以電車。少觀德文①。午餐後少作德文課。棣來,同出到山中游,天微雨,以電車歸。棣少談去,再觀德文。晚餐後到 Montbenon 游一時。歸,再欲觀德文,已倦。補作昨日日記及今日日記之半,再觀《學案》數頁,十鐘寢。

二十一日,夜夢迷離,醒復寐,八鐘起。小餐後接梁、雲片信各一,張競生信一。出尋棣,同出作網球之戲,歸。午餐後看德文,天微雨。四鐘出到湖口一游,湖中頗有浪,以電車歸。購報觀之,則法前財政大臣加裕氏夫人之案現正開審,供辭極長。晚餐後續觀,盡之已十一鐘,寢。

二十二日,夜夢頗亂,其詳忘之,起已九鐘。接父親信一封。出到教習處受課一時,課未畢,余胸中頗有塊壘,心不在功課,以電車歸。頗悶鬱,余近日憂喜頗少,然一起即更深至,奈何!午餐後發張君片一,天雨,少看德文②,頗倦,晝寢一時,起再看德文,心頗亂,極費鎮定。近數日來,內似頗有主,心放能收。然前數日讀《學案》有湊泊處,近又同前,書自書,我自我也。頗悶,以雨具出,到浴堂浴,費一佛。歸,少看《學案》。晚餐後到棣處少談。

①編者注:"文",原脱,據本月十八日、十九日日記等補。
②編者注:"文",原脱,據本月十八日、十九日日記等補。

觀報,仍加裕夫人案,十一鐘未完。作日記,畢已十一鐘半,寢。

二十三日,夜夢忘之,八鐘起。觀昨日未完之報。出到教習處受課一時。歸,少讀德文。午餐後接雲函一封,欲借一百佛。少看《學案》。棣來,同出,少作網球之戲。天尚微雨,地濕,出到加非店少息。歸,購報。晚餐後看報,畢將十鐘,寢。

二十四日,夜夢如作文,題爲"易頤卦",彖辭極枯澀,無生發處,八鐘起。小餐後棣來,同出作網球之戲。出到加非店少息。到湖口一游,今日湖中風浪頗惡,歸。午餐後少看書。棣來,再往作網球之戲。因今日天氣不熱,且不雨也。歸,購報觀之,奧因前太子被殺事警告塞政府,已下哀的美敦書,限於星期六六鐘前答復。此事以俄爲之樞,若俄不助塞,塞必不敢枝拄,否則戰端一開,歐洲大局將有動搖也。晚餐後再看報。十一鐘補作昨日日記,寢。今早接雲郵片一。下午將上月學費匯票掛號寄與雲,接用九片一,作函答之。

二十五日,夜夢忘之,未八鐘即起。再觀昨日報,小餐後畢看報。接張君片一。出到教習處受課一時,歸以電車。午餐後甚倦,晝寢一時,起則心放無可收拾,奈何,奈何! 少看書,棣來。接德文教習函一,彼欲加價,每課二佛,然此人無大學問,余正欲辭之也。同出作網球之戲,此時球場尚無人,戲一時,甚暢,因天氣不熱也。余等去時,衆畢至,然天將雨。余與棣到加非店少息,費一佛半。雨大至,速上電車,余手中錢墜數枚。歸談,棣去後晚餐,時衆皆言戰端將開矣。寫一德文信與教習,言不願繼續功課。看報,補作昨日日記,寢十一鐘。

二十六日,夜夢忘之,八鐘起。觀窗外賣報者胸前大字,似言戰端已開,然不能清楚。小餐後補觀昨日報。出,天甚寒,外邊只十五度。購報觀之,則戰端之開尚無的信。寄六佛與德文教習。到棣寓少談,同出,棣購他報觀之,亦無確耗,少游歸。午餐後見他人所執報,則言奧使臣已離塞都,戰端似不可免。出到棣處,同出,發海、雲、照、昆片各一,作網球戲二時。出到湖口一加非店少息,天又微雨,以電車歸。今日湖中風浪甚惡。棣去後,余視買報者至,欲下。與房主人談數語,下樓,則報已賣盡矣。行至 Place Saint-François,始購得 *Figaro* 一份,緣他報已售罄也。視之,則言戰禍恐難免。俄、德報紙最激昂,法次之,意則似不欲與戰事,英則尚望有和平解決之法。晚餐後看報,作稟函與父親,稟知歐洲近狀,作昨日及今日日記未完,十鐘半寢。

二十七日,寢甚不寧,八鐘起。小餐後出購《巴黎時報》,尚未至,乃購 *LA TRIBUNE* 少觀,則言據倫敦來快信,已於昨晚五鐘正式宣布。購《巴黎時報》,則未言及,想不確。《時報》有一論說,題爲“德欲加入戰事耶”,似爲德助奧之反動,内言按國際通例當有宣戰。然當日俄戰爭,日使離俄都即攻俄軍,並未宣戰,現據奧都來電,言奧似據前例,則尚有少時容列國之活動也。余乃加一紙於稟函,出付郵。歸,再看報。午餐後出以雨具,因天尚雨也。到棣寓少談,甚倦,寐一時。醒,雨止,同出,天甚寒,止有十三度耳。到湖口,風波仍惡,歸。到 Galerie de Commerce 内一加非店少息,坐觀高山巓積雪皓皓。歸,室内甚寒,温度只十三度。觀賣報者未至。晚餐未終,房主人言《巴黎報》至,下樓則仍未至,復登畢餐。出購報一張觀之,言戰尚未宣布,可望和平解決。補作昨日日記,已十鐘寢。接雲函一。

二十八日，夜夢雜亂無常，起八鐘。小餐後出購《巴黎時報》一份，望言英、德、法、意四國調和，或有轉機云。棣來少談，約以下午二鐘作網球之戲。午餐後出戲網球二鐘。出到加非店少息，到湖口，沿湖西行，六鐘以電車歸。購報觀之，言情形日劇，恐難調和。晚餐時人言戰事已開，奧軍已據塞都矣。餐後棣來，談至九鐘半去。補作昨日日記，寢十鐘。今日接雲函一封，寄來三百佛，發巴黎舊房主人及雲函各一。

二十九日，夜夢極亂。近日心不歸宿，紛雜無似，極爲可恥，起已九鐘。小餐後購報一觀，言奧已宣戰，據塞都雖未言，然確已交鋒也。棣來，少談去。心中極爲懊悶。午餐後少看書，甚倦，寢一時。出到 Galerie de Commerce 一加非店少息，到湖口，天氣甚佳，棹舟一鐘，以電車歸。讀貢德氏哲學。晚餐後續觀貢德氏之言道德，何其似吾儒之甚也。凡正誼不謀利人道，必歸於能仁，諸義皆吾儒之精華，而貢德氏能言之，可謂豪傑之士矣。十鐘寢。

三十日，昨夜心思雜亂，至二鐘始寐，起八鐘。接到此月學費並雲片一。小餐後出購《時報》一觀，言俄已正式準備十四師團，此十四師常備兵四十萬，連後備七十萬，俄與奧外交直接關係約已斷絕云。巴黎銀行皆異常擁擠，且紙幣跌價矣。心甚不寧，尋棣不見。歸，請房主人將匯票至銀行換成法紙幣。又出尋棣，少談歸。午餐後棣來，發海、雲片各一，同出至湖濱少游，且濯足焉。微雨，歸至湖口加非店少息，以電車歸。購報觀之，言法蘭西銀行積金極富，可應各方之需，且言風①

---

①編者注：原稿此處未寫完。

八　月

上月三十日作日記未完,本日遂寝。後因風潮日劇,於本月一日四鐘自瑞起身,至巴黎已二日四鐘,諸事匆促,遂中輟。今日又來賡續,然時局日變,恐身將又遷流,此日記之能長續與否,未可知也。八月七日記。

六日,八鐘醒,小餐後在床上看《紅樓》數張,九鐘起。仲衡來,言在 Liège 比軍將德軍擊退。取報一觀,果然。德軍於無意中遇此勁敵,亦一奇也。海亦來少談,出少游歸,觀報。午餐後到昆吾處談,昆吾言觀今日報,英水師似有敗徵,因報言在蘇格蘭北,英、德水師相遇,英傷兵已登岸,醫已往診,其詳不著,似英水軍失利。余頗不然其說,戰事兩軍互有殺傷,安得以此而定其失利,且英百年海軍無敵於世界,未可輕也。昆望德軍之全勝,與余意亦異。因德人皆野心甚奢,其得志非世界之福也。頃之新至,頃之季、李、邱、吳諸君至,談至五鐘歸。過植物園,途中購德軍區圖一,價六十五仙。新來,購報一觀,無新聞,新去。晚餐後看《紅樓夢》數事,寝十鐘。

七日,夢甚亂,初若欲以望遠鏡見物,杳不可見;繼則似在家與母親賭氣,碎一金錶,即自悔,跪求恕罪;又繼則似在盧薩相宅失去一千佛票子,心頗悶,遂醒。約言之,亂夢無似而已。八鐘半起,仲衡來,取彼報一觀,言德軍已入 Liège 城,炮臺破二,餘仍固守。似德軍之前進,尚須稽延。然法軍不救比,此余之所大不解者。如法欲固守不出境者,即大失計也。又言法軍已過境,據 Vic 及 Moyen-Vic 地。此二地皆界上小邑,想無重要耳。至東方,則

言俄入德境，據 Lyck-Biala 地。至德水師，則在芬蘭灣內炮攻
Sveaburg，此係一島，在芬蘭都城前。報言其炮臺式頗舊，其重要
遠遜 Hauge 炮臺。然此在芬蘭灣內，與聖彼得堡近，則德軍氣勢
之大可想見云。出購英文報一，到孟照處取雨蓋，出購英文字典
一，價二佛。歸觀，言英巡洋艦名 Olympbion[1] 者沈於北海，因德
水師過時沈炸藥於海，英艦觸之，遂致沈沒，此等慘劇，爲從來所
未有云。又在中國海內，一俄巡洋艦遇德巡洋艦，對擊，皆沈沒
云。午餐後少息，到學會，新在焉，看中國舊報，頃照、海、衡等至。
照先去，余與三人出到呂可桑堡花園內少息。歸，觀報，無要聞。
晚餐後補作昨日及今日日記，寢十鐘。

八日，起八鐘。小餐後購報一觀，言德在 Liège 已被擊退，英、
法、比軍已相聯合，以法軍官能英語者爲首領；至英、法北海水師，
以英將領之；地中海水師，以法將 Boué de Lapeyrère 領之。至德
被擊退後，請二十四鐘之休戰期，比不許云。又言英水師逐德水
師於荷蘭海岸云。德此次輕敵已甚，致被環攻，欲得勝利難矣。
報又言葡亦將與德宣戰，因葡、英有同盟條約，此約甚古，現仍繼
續有效云。海來少談，同出購英文書一本，價二佛半。訪衡不遇，
至學會，新在焉。因報紙太亂，大爲整頓，借《周易注疏》五本。
出到呂可桑堡花園一游，歸。午餐後衡來，新亦來，同出尋照，同
到突義爾里花園作網球之戲，至一加非店少息，歸。新來，少談
去。閱報，言法軍在境有劇烈之戰爭，德軍敗退，法師已據 Alt-
kirch，向 Mulhouse 進攻矣。又言塞爾卑師入奧境，黑山師已據斯

---

[1]編者注：“Olympbion”，原誤作“Olmpbion”。

舉達里矣。奧、德師不振，或不至如法報所言之甚也。晚餐後少
觀《周易敘辭》，作日記，寢十鐘。

九日，起八鐘。小餐後少整物。新來，約往賃自行車，學登。
同出尋，無有，到布魯尼林一游。今日報言法兵已入 Mulhouse，德
軍向 Neuf Brisach① 方面退去，Mulhouse 爲亞爾撒斯一大城，居民
十萬，法人得之，歡忻無既。此地居民見法兵之至，軒韖鼓舞，若
謂"不圖今日復見漢官威儀"也。又言英軍在 Togoland 地，不血
刃而取德之殖民地。又言中國已宣布中立，日本則否云云。歸，
午餐後照來，少談，同出到昆吾寓，遇錢、季二君。五鐘歸，則新在
室內。新去，晚餐後照來，再談去。讀《易》，作日記，寢十鐘。

十日，起八鐘。小餐後出觀報，言 Liège 尚被圍，然比防兵甚
得勢。奧遣二軍助德攻法。俄由 Styr 谷攻入奧境，奧則占俄領波
蘭 Olkusz、Wolbrom 兩地，與俄軍遇。至日本則大有攻膠州之勢。
英已將德海岸封鎖云云。因昆托代購一歐圖，尋數家書店，無當
意者。往昆寓談，歸。午餐後衡來談，四五鐘時同出到呂可桑堡
一游，人甚多。到中國學會，遇新，少談，出到中國飯店晚餐，費三
佛。觀報，似法東北 Longuyon、Spincourt 方面大失勝利者，報紙恐
人心之惶惑，極力鎮定，然其失利不可掩也。遇季君，言傳聞在
Mulhouse 地，德地下有伏機，炸死法兵三千，法報秘之，不知真否。
歸，途訪季君，不見。歸，少息，又出到王君處，談至十鐘歸，借得
《不忍》雜志一本。觀之至十一鐘，作日記，寢時十一鐘半矣。報
言德人在天津槍斃日人三。

---

①編者注："Neuf Brisach"，原誤作"Neu Brisach"。

十一日，八鐘起，看《不忍》雜志。康君以數十年之資格，現又自負爲中國之先覺，而其立論仍同日報記者之堆砌，究一事之弊，必謂萬弊皆自此生，推而極之，則革此一弊，國可立興，自欺欺人，立論如兒戲，何其不長進乃耳。海來，觀報，今日無他大事，不過法軍底從 Mulhonse 退出而已。奧、俄界互有出入，無大勝負。出到呂可桑堡園一游，遇衡、新，代昆吾購地圖一張，價一佛，歸。午餐後發父親稟函一。今日天氣極熱，出浴。畢，到學會，遇海，同出到呂可桑堡園一游。歸，觀報，言昨所報之小失利，現已將德軍逐出境。晚餐後出到照處，不見。到季君處談，遇熊君，他一人，忘其姓，談至十鐘半歸。作日記，寢十一鐘。

十二日，八鐘起。小餐後出觀報，無大戰。因昨晚季君言使館接教育部來電，言匯兌不通，擬今日下午開會商議此事，屬余代約相識者。乃出到衡處告之，同衡到呂可桑堡花園，遇新，亦告之，同到學會。出到王君處及孟照處，皆告之，歸。午餐後到馬君處，不遇，留字告之。到學會，遇季、吳二君，因到會人少，約明日下午再會，談至六鐘始出。同衡、新到呂可桑堡花園一游，歸。晚餐後出訪王君，不遇。歸，看輿地書，寢時十一鐘一刻矣。今日天氣甚熱，日下攝氏寒暑表達四十九度，室內亦達二十五度。

十三日，八鐘起。小餐後出閱報，無要事，不過德兩戰艦逃入土耳其海，樹土旗，謂土購此艦，真一異事。到昆吾處談，遇錢君。歸，看地理書。午餐後往理髮店理髮，畢，到學會，則到者甚多，頗有爭論。後同到使館，亦無結果。歸，過學會，少息，因天甚熱也。閱報，則言法在東境 Otbon 地方大獲勝利云云。晚餐後海來，少談去。少看書，寢時十鐘。今日室內達二十六度。

十四日，夜夢如在家中，將外出，心中頗不懌，形八鐘起。小餐後出閱報，報言德太平洋艦隊爲英水師封閉，無要事。到衡寓少坐，同出到吕可桑堡公園，甚渴，飲皮酒一杯，遇海、新二人。歸，寫與此地參政院一函，因欲在公園作網球之戲，須得參政院之允許狀也。接昆函一封，言欲借五十佛，並約到彼處閑談消悶。午餐後往，借與五十佛，談至六鐘始歸。閱報，言日本當於今日與德宣戰，心太感動，日本勢咄咄逼人，然彼志不過奪膠州，受其弊者，仍我國也。若其志不專在泰東，能以兵艦入窺泰西者，則大可爲黃人吐氣。吾雖中國人，亦當大呼中國萬歲，然恐其志不及此也。抑又思之天道禍福，冥漠無朕，此次戰禍，在歐人固爲大不幸事，然戰事之蘊釀固已有年，已成不可避之時勢。使再遲一二十年，則中國國基或已鞏固，東亞時局大定，法國非洲之土兵亦大有成績。戰事一開，黑種北來，蹂躪歐土，中東聯合，可出艦隊以衡其曲直，黑黃交攻，歐之爲歐，豈不殆哉！由此言之，則今日之戰，未始非歐人之福耳。晚餐後到王君寓少談，借得《不忍》雜志二本。歸觀之，寢時將十二鐘矣。

十五日，昨夜甚熱，黎明雷聲殷殷，八鐘起。小餐後出觀報，則日之宣戰尚無明文，且言法軍於 Saales 地方小得勝利云。到吕可桑堡公園，遇衡。到參議院問，則言自戰事開後已不作允許狀，廢然。再到園內少坐，則雷復發聲，將有大雨，至亭下避之，然終無大雨。出到學會少坐。

十　月

十八日，起八鐘，盥沐。小餐已，再看昨作拉丁翻譯。出買報,費五生丁。到教習處,昨看翻譯錯甚多。歸,購紙、紅鉛筆及鉛筆刀,費六十五生丁。歸寓,抄翻譯,午餐,查單字,精神甚倦,浴。讀畢氏中世紀哲學歷史三四張。出購晚報,十生丁。晚餐,看報,抄單字十餘,作祈禱,寢十鐘。

十九日,起八鐘,小餐,盥沐,祈禱,以氧水洗耳,抄單字數十。出購報,費五生丁。論説言元老院中財政會提議裁併各部,記者加以恢諧,然足見此時法人心不甚悦政府諸公。過學校,見貼示,言暑假後學士考於下月四、五、六、七日舉行。歸,抄數單字。午餐後出購《瑞士報》,價十生丁。至學會,遇羅、龔、謝、吳諸君,無新報。歸,途中購鍼、綫數事,價七十五生丁,將衣中鈕扣脱去者縫上。出購晚報,價十生丁。晚餐後看報,抄單字,祈禱,洗耳,寢十鐘。

二十日,昨晚在床上再縫褲上數鈕扣,寢時已十一鐘半。今早八鐘起,小餐,盥沐。未畢,海帆來,言其尊人去世,心中大震,欲慰之,頗艱於措辭。余遇此等事,心即煩亂,胡能慰人。海去後,作祈禱。出到棣處告之,與之同到海寓。歸午餐,途中購《瑞士報》,價十生丁。少看報。出尋雲,不見;尋衡,亦不見;遇棣,與之同到呂可桑堡花園。見二飛艇白色,游弋雲中,西北去,忽聞大聲發於東南,有白烟如雲散,不知何事。再尋衡,仍不見。至海寓,遇雲、毅,須臾衡亦至,至七鐘出,歸。購晚報,價十生丁,知午後爲一工場炸裂,在 Tolbiac。晚餐後看報,抄數單字。毅來,言彼與雲因細故起齟齬,慰之。去後少看前日所作功課,洗耳,作祈禱,寢十鐘餘。

二十一日,昨晚夢無常,六鐘半即醒,七鐘半起。盥沐,小餐,

祈禱,洗耳。出到教習處。買報,價五生丁,知昨日爲一化學品製
造場失事,死傷者各四十人,慘矣。到雲寓,遇梅、吳、賀諸君,後
海帆亦至,談及昨晚與毅齟齬事,吳君出言不遜,復之,事後自悔,
少一不慎,愆尤積矣。歸接父親手示一封,少抄今日所改功課。
午餐後心中極不寧靖,出到毅處,不遇,出,遇之於途,彼心中甚不
平,慰之。到海寓,六鐘時遇一法婦,係聞海憂事,吊唁而來,後雲
亦至,談至七鐘始出歸。購晚報,價十生丁。晚餐後看報,心中仍
亂,不能自鎮。洗耳,作祈禱,寢十鐘。

二十二日,八鐘起,小餐,盥沐,洗耳,祈禱。出尋張君競生不
遇,購報,價五生丁。到聖熱奈維藏書樓,讀米氏之《希臘之哲學
形學家》。歸午餐,途遇毅,言戰事似有和機。餐畢,再到藏書
樓,續前讀,三鐘歸。將看拉丁文,心中太亂,出到學會,遇豫端及
一吳君,又遇冠球,歸。購晚報,價十生丁。晚餐畢,出到毅、棣
寓,同出,月色甚佳,至天文臺前附近一游,歸十鐘半。洗耳,祈
禱,寢時十一鐘半。

二十三日,八鐘起,盥沐,小餐,洗耳,祈禱,看拉丁文。出買
報,價五生丁。尋張君競生,不見,遇海及棣。再購《瑞士報》,價
十生丁。午餐,看報,假寐一時,再看拉丁文。出購晚報,價十生
丁。到學會,遇謝、孫、龔及昆吾、豫端諸人。看《時報》,見梁卓
如反對變更國體之文,甚沈痛。歸晚餐。出欲到學會再看《時
報》,往則豫端不在,《時報》亦不在,不知何人取去。購焠兒,價
十生丁。到毅處,見毅、棣,與毅同出,月色極佳,步塞納河上,歸
十鐘。看報,看單字,洗耳,祈禱,寢十二鐘。

二十四日,七鐘半醒,八鐘起,小餐,盥沐,洗耳,抄單字數十,

祈禱。出，天雨，購報，價五生丁。到海寓談。出購《瑞士報》，價十生丁。歸午餐。出到張君競生處，少坐。出到學會看報，遇毅、棣、張、范及一吳君，張君提議集同人組一儲金藏書社，深贊成之。天仍雨，歸。購晚報，價十生丁。少看報，草成一公衆儲金藏書社小啟及簡章數條。晚餐，出再訪張君，不遇，留數字與之，歸。作拉丁文翻譯，洗耳，祈禱，寢十鐘三刻。

二十五日，今早甚倦，在床小餐，八鐘半始起，盥沐，洗耳，祈禱，看拉丁文。出到教習處。購報，價五生丁，途遇雲。歸，途購一橡皮、噴水器及洗耳藥，價二佛十生丁。歸，抄所改功課，午餐。張君來，小談去。出到聖熱奈維藏書樓，路遇雲、棣、昆吾及梅、謝諸人。過法科大學，到藏書樓，讀米氏之《希臘哲學形學者》及其《希臘人及近世之科學思想》。歸，途遇一人，強購一小册，顏曰《必要戰爭》，給以五十生丁。看赫露多氏之歷史譯本數葉，甚倦，遂止。出購晚報，價十生丁。晚餐，看報，抄幾單字，洗耳，祈禱，寢十鐘。

二十六日，八鐘起，小餐，盥沐，祈禱，洗耳，少看畢氏《中世哲學史》，記數人名，然精神不佳，遂出購報，價五生丁。到毅寓，遇棣、毅，言昨日法報言中國紛紛調兵，不知何故，最怪者將湖北兵調往南京，豈因馮氏反對公路之帝制自爲，而公路派兵以防之耶？歸午餐，看報，查單字。閻君來，借四十佛。再查單字。出到學會，遇羅、謝、吳、龔、張、孫、閻諸君。張君借去廿佛。認捐助學會《大中華雜志》一份，當寄款往購。歸，購晚報，價十生丁。晚餐，看報，抄單字，洗耳，祈禱，寢時十鐘半。

二十七日，小餐，起八鐘半，盥沐，洗耳，祈禱，看拉丁文。出購報,價五生丁,購盧地氏之《北京之近日》一本,價三佛。歸觀之。午餐,續前讀。昆吾來談,約三十日下午三鐘到彼寓飲茶。晚餐,購晚報,價十生丁。衡來談,去,再看拉丁文,洗耳,祈禱,寢十一鐘餘。

二十八日,起七鐘半,盥沐,洗耳,小餐,祈禱。到教習處,歸,途尋海不遇。購報,價五生丁。歸,續讀盧地氏書。午餐,再續前讀,浴。購晚報,價十生丁。晚餐,仲衡來談,將十鐘去。洗耳,續前讀,畢之,祈禱,寢將十二鐘矣。

二十九日,起九鐘,在床小餐,盥沐,祈禱。出購報,價五生丁。到海處,衡少頃亦至。歸,途購《瑞士報》,價十生丁。觀之,按廿七日德奧官報,彼師與保軍聯合矣。午餐後少看報,出到學會,見羅、吳、謝、龔、閻、余諸人。出,從閻君處借得《甲寅雜志》二本觀之。購晚報,價十生丁。看雜志,晚餐,再續前讀。此報甚佳,粹然學者之言。出到張君處,張君還二十佛,少談歸。再續前讀,祈禱,寢十一鐘半。

三十日,起八鐘,小餐,盥沐,洗耳,看心理學數葉。毅來,少談同出,購報,價五生丁。到閻君處,不遇,將《甲寅雜志》交與門房。出到毅處,歸。午餐後到毅處,不遇,到植物園小游。到昆吾處,遇羅、季、范、戴、吳諸人,借得《大中華雜志》五本,歸觀之。出電車價十五生丁。購晚報,價十生丁。晚餐,交房主人房飯錢百五十六佛二十五生丁,與飯廳婢十佛,洗衣費五佛七十五生丁。續前讀,余覺其持論不堅實,以是知《甲寅雜志》之超人一等矣。祈禱,洗耳,寢將十二鐘。

三十一日,起九鐘,小餐,盥沐,洗耳,祈禱,再看雜志。天雨,出到昆吾處，將雜志還之。歸，途出電車價十五生丁，購《瑞士報》，價十生丁。午餐，晝寢一時，起將什物檢點，給下女十佛。出到棣寓少談，同出尋海、衡，皆不見。到新房主處，觀其將室整頓否。再到棣寓，晤毅，彼言今日報言日本與英、俄干涉中國之復興帝制，可嘆。晤古德女士，返。晚餐，購晚報，價十生丁，再到古德女士處。歸，看報，洗耳，祈禱，寢十一鐘。

十一月

一日，八鐘起，盥沐，小餐，祈禱，洗耳。再整什物，與僕人一佛。毅至，同一汽車至新寓，車價三佛。整頓一切，午餐，再整書籍。衡來，豫端來，將同出，毅、棣來，豫去，衡留，至七鐘同出。購晚報，價十生丁。晚餐，看報，讀拉丁文片時，洗耳，祈禱，寢十一鐘。

二日，起八鐘，盥沐，小餐，洗耳，祈禱，看拉丁文。出購報，價五生丁。返，再看拉丁文，午餐，再看拉丁文。出到教習處，歸，途購報，價十生丁，購吃墨紙，價二十五生丁，柏格森之《法國哲學》，價五十生丁。到張君處一談。再購火酒一瓶，價一佛八十生丁。歸，一友來，未遇，留一希臘法文字典於室門前，想是海帆也。晚餐，抄今日所改功課，看報，洗耳，祈禱，寢十一鐘餘。

三日，昨夜過十二鐘始寐，今早八鐘起。小餐，盥沐，祈禱。出到張君寓，同到學堂，因今日有學士考，欲往參觀。聞筆試不許參觀，乃止。購報，價五生丁。遇直隸徐君。到海處，少坐即歸。精神甚倦，休息片時。看單字，午餐，寢一時，起作拉丁翻譯。接昆吾信一封，作函復之，出付郵，出郵費十生丁。購晚報，價十生丁。遇收底謀君來，少坐去。晚餐，閱報，抄拉丁翻譯，祈禱，洗耳，寢十鐘半。

四日，昨夜仍過十二鐘始成寐，今早七鐘起。盥沐，洗耳，小看拉丁文，小餐。出到教習處，出上月教授費五十佛，歸甚倦。羅君來，借去五十佛。午餐，接留學監督函一封，寢一時，起抄拉丁文，看法文法。出購晚報，價十生丁。晚餐，看報，身體不甚適，洗耳，祈禱，寢十鐘。

五日，起八鐘，小餐，盥沐，洗耳，抄單字。雷君來談，去，祈禱。出購《瑞士報》，價十生丁。午餐，再抄單字，付此月房、飯價百六十佛。出到巡警局宣告換住址，歸看單字。出購晚報，價十生丁。晚餐，看報，洗耳，祈禱，寢十鐘。

六日，起八鐘，盥沐，小餐，洗耳，祈禱，抄單字，接中法實業銀行信。出到植物園一游，購報，價五生丁。歸午餐，寢一時，起看拉丁文。雷君來，借去五十佛。出購晚報，價十生丁。歸晚餐，看報，抄單字，洗耳，祈禱，寢十鐘餘。

七日，八鐘起，盥沐，小餐，命婢備浴，十鐘尚未備齊。出將棣森箱送還，彼不在室，未遇。出購報，價五生丁。遇豫端，同到植物園一游。歸午餐，再出到孟釗處談，同出訪惠民，不遇，同到毅寓，遇邱、季兩君及棣。歸，途購晚報，價十生丁。晚餐，看報，作拉丁翻譯，祈禱，洗耳，寢十一鐘三刻。

八日，八鐘起，盥沐，小餐，祈禱，洗耳，再看拉丁文。出到教習處，購報，價五生丁。到學堂看功課表，再購《瑞士報》，價十生丁。午餐，少息，到學堂受課二時。出購功課表，價四十生丁。到毅寓，晤毅、棣。歸，抄所改功課。出購晚報，價十生丁。晚餐，看報。昆吾、毅、棣來談，去，洗耳，祈禱，寢十一鐘半。

九日，八鐘起，盥沐，小餐，洗耳，祈禱，抄幾單字。出往繳學費三十佛二十五生丁，往中法實業取學費四百佛，出車錢十五生丁，購《瑞士報》十生丁，往諍議報館定報三月，自本月十六號起，價十佛。歸午餐，少息，寫經理員信一封，家信一封。到學堂受課一時，歸。再出發信，出郵票費二佛。購晚報，價十生丁。歸看報，與房東作奕戲，晚餐，再續前戲，浴，寢十一時餘。

十日，八鐘起，盥沐，小餐，洗耳，抄單字。出購報，價五生丁。歸午餐，少與房主人奕，還室。鄰希臘人來談，去，看拉丁文。出購晚報，價十生丁。歸晚餐，抄所作翻譯，祈禱，寢十一鐘半。

十一日，八鐘起，盥沐，小餐。出到教習處。購報，價五生丁。到學堂受課一時，出購亞理斯多德《道德學》一本，西塞龍《善惡之原》一本，價四佛七十五生丁。歸少看希臘文法，午餐。衡來少談，同出到學堂受課一時。到海寓少談。再到學堂，過時教習不至，歸。購晚報、焠兒，價二十生丁。歸看西氏書，晚餐，看報，再看西氏書，洗耳，祈禱，寢十時半。

十二日，八鐘起，小餐，祈禱，洗耳。到學堂受課二時。購拉丁翻譯一本，價二佛半。到郵局，因前信請彼查寄信遲慢故。購報，價五生丁。歸午餐，與同居奕，少看希臘文法。雷君來談，再與同居者奕。晚餐，再少看希臘文，祈禱，洗耳，寢十時半。

十三日，八鐘起，小餐，盥沐，祈禱，洗耳。到學堂受課一時，出購紙本三，價四十五生丁，報，價五生丁。歸，抄數單字。午餐後新來談，同出到學堂受課一時。購晚報，價十生丁。歸看報，晚餐。衡來談，去十一鐘，祈禱，洗耳，寢十二鐘。

十四日，起將九鐘，小餐，盥沐，洗耳，祈禱，少看希臘文法。出遇徐君廷瑚，談及今日學會開會事，非票不得入會，以爲辦理不甚適，頗欲將此事調和。同往張君惠民處，出同訪季叔平，不遇，同到學會見羅豫端，豫想過信謠言，氣甚憤。歸午餐。再到學會，所調不遂，無票者乃擁進，昆吾、豫端等退出，終開會，決廢學會會長職。所爭者何事，爭端何起，余全不曉。出到毅處，遇棣、釗、新等。出購晚報及《瑞士報》，價二十生丁。歸晚餐。出訪惠民、叔平、徐君，皆不遇。歸看報，洗耳，祈禱，寢十鐘。

十五日，起將九鐘，小餐，盥沐，洗耳，祈禱，少看拉丁文。出到教習處，歸購報，價五生丁。午餐。出到學堂受課一時半。到惠民處，遇褚君、吳君、閭君，始知調和爭端之無望也。歸抄拉丁文，心甚不安，寫錯字甚多。晚餐，到客廳少坐，看報，看單字，洗耳，祈禱，寢十一鐘。

十六日，八鐘起，小餐，盥沐，洗耳，看拉丁文，祈禱。今早天雨雪，出到植物園一游。購早報，價五生丁。午餐，看拉丁文，寐片時。出到學堂受課一時，歸看拉丁文。晚餐，看報。新、棣、毅來談，去，少看單字，洗耳，祈禱，寢十一鐘。

十七日，八鐘起，小餐，盥沐，洗耳，看拉丁文，祈禱。出購報，價五生丁。到植物園游。歸午餐，看心理學，看報。晚餐，奕，看拉丁文，洗耳，祈禱，寢十時一刻。

十八日，七鐘半起，小餐，盥沐。出到教習處，返到學堂受課一時。接學會舊職員辭職信一封。張君來談一時。出李君助金五佛。接父親手示一封。午餐，到學堂受課二時。歸少息，到鄰希臘人室內一坐，奕。晚餐，奕，看報，鄰希臘人來談，祈禱，寢十一鐘半。

十九日，八鐘起，小餐，盥沐。出到學堂受課二時半，歸接學會信一封。午餐，寐一時，起到學堂受課二時。歸，途購黎布氏《記憶力病論》一本，價二佛五十生丁。看報，晚餐，少觀黎布氏書，洗耳，祈禱，寢十鐘半。

二十日，昨晚過十二鐘始寐，八鐘起，小餐，盥沐。出到學堂受課一時，歸少看拉丁文。午餐後寢一時，起出到學堂受課一時。歸看報，晚餐，少看單字，祈禱，寢過十鐘。

二十一日，起八鐘餘，盥沐，小餐。命備浴，已脱衣矣，然水不熱，乃着水出。尋棣、毅、衡，皆不見。購報，價五生丁。到海寓，同出到呂可桑堡花園一游，遇釗。購《瑞士報》，價十生丁，塞境殆將盡矣。歸午餐，出到昆寓，遇龔、胡諸君。歸，出電車錢十五生丁。看拉丁文，晚餐，看報，鄰希臘人來談，浴，寢十一鐘。

二十二日，八鐘起，盥沐，小餐，祈禱，抄拉丁文。購報，價五生丁。出到教習寓，今日功課錯甚多。歸午餐，到學堂受課一時半。歸抄所改功課，看哲學史。晚餐，再看哲學史，洗耳，祈禱，寢十鐘。

二十三日，八鐘起，盥沐，小餐，洗耳，祈禱，看特桑爾氏之哲學。出到植物園一游，天甚寒。購報，價五生丁。歸午餐，看心理學。到學堂受課一時，到藏書樓看謙漢斯之《感動論》。歸抄單字，看報。晚餐，奕，洗耳，祈禱，寢十鐘。

二十四日，昨晚鄰人喧噪，過十二鐘始寐，今朝小餐，起已九鐘。盥沐，洗耳，再看特桑爾氏書，祈禱。出購報，價五生丁。歸午餐，少寐，作一文。羅豫端來，少談去，繼前作。晚餐，再繼前作,洗耳,祈禱,寢十一鐘半。

二十五日,七鐘半起,盥沐,小餐。出到教習處,購報,價五生丁。到學堂,教習不至,出到豫端寓,不遇,到學會一閱中國報,歸,途遇豫端。午餐,少讀書。到學堂受課一時,歸少看心理學,奕。晚餐,奕,祈禱,寢十一鐘。

二十六日,八鐘起,小餐,盥沐。出到學堂受課二時半,購報,價五生丁。歸午餐,少寐,起到學堂受課二時。購《瑞士報》,價十生丁。歸看心理學,晚餐,奕,再看心理學,祈禱,寢十一鐘。

二十七日,八鐘起,小餐,盥沐。出到學堂受課一時,購報,價五生丁。歸看心理學,午餐,奕,再看心理學。到學堂受課一時,歸看報,少看心理學。晚餐,看單字,祈禱,寢十時。

二十八日,起八鐘,盥沐,小餐,看心理學。出到植物園一游。午餐,釗來談,去,看拉丁文。新、毅來談,去,浴。晚餐,看報,再看拉丁文,此段頗非易,寢十一時矣。

二十九日,起八鐘,盥沐,小餐,看拉丁文。天雨,出到教習處。歸購報,價五生丁。午餐,出到學堂受課三時。歸寫一片與波蘭人歌剌古君夫婦,請其禮拜四下午五時到寓飲茶。抄所改拉丁文。晚餐,看拉丁文法,祈禱,寢將十一時。

三十日,起八鐘,小餐,盥沐,看心理學。出到植物園一游。午餐,奕。近日屢奕,頗廢事,當戒之。到學堂受課二時,歸少看心理學。晚餐,甚倦,寢九鐘半。

十二月

一日,起八鐘,小餐,盥沐,看拉丁文,祈禱。到植物園一游,接歌拉古君信,言不能至。午餐,再看拉丁文,看心理學。晚餐,看單字,祈禱,寢十鐘餘。

二日,起七鐘半,小餐,盥沐。出到教習處,出此月學費四十五佛。還到學堂受課一時,歸午餐。再到學堂受課三時,還看心理學。晚餐,接長兄信一封,穆陸牧師信一封,看心理學,祈禱,寢十一鐘。

三日,起八鐘,小餐,盥沐。到學堂受課三時。歸午餐,少看心理學。出到學堂受課二時,第二時一同學作一論説,謂先民愛他,今人愛己,小己思想,先民無此明確之觀念,至近世乃始明晰,乃爲文明之進步云云,爭論頗劇。今日給婢月費五佛。歸晚餐,祈禱,寢九鐘,在床上看心理學十餘頁,寐十鐘餘。

四日,起八鐘,小餐,盥沐。出到學堂受課二時,第二時一同學爲我國老子之學,謂通常爲道起於有,然有非道根,道根乃在有無之上云云,爭論甚烈,卒不能屈。歸午餐,出到棣寓,將所寄書取還。過惠民寓,借得《老子》《莊子》《列子》四本。到學堂受課一時,歸寫謝君東發信一封,不知其住址,請昆吾代轉。晚餐,翻《莊子》一段,頗不易,祈禱,寢十一鐘。

五日,起八鐘,小餐,盥沐,寫家信一封。豫端來,同出到呂可桑堡園一游,遇閤、季二君。購《瑞士報》一,價十生丁。歸午餐,後少寐一時,看拉丁文。晚餐,抄拉丁文,看《列子》,寢十鐘。

六日,起八鐘,小餐,盥沐。出到教習處受課一時,購紙本等物,價七十五生丁。返抄所改拉丁文,午餐。到學堂受課三時。返晚餐,少看《莊子》,寢十鐘。寄歌拉古君函一,請其將字典見還。

七日,起八鐘,小餐,盥沐。出購愛梅爾遜《人生導論》一本,價三佛,歸觀之。午餐,出到學堂,路過佛蘭西校,在學堂藏書樓看寄墨博物院年刊之《泰山志》,受課一時。歸看單字,接仲衡轉來周星槎一封,問中國舊學說之止戰論。今晚電燈明滅無常,晚餐,作書復星槎,寢十一鐘餘。

八日,起八鐘,小餐,盥沐,看拉丁文。出到學會看報,歸,途購牙刷、胰、襪三事,價四佛七十生丁。午餐,到佛蘭西校看沙瓦先生講《漢書》,歸,途中遇毅。小寢片時,起看拉丁文。晚餐,奕,祈禱,寢十鐘半。

九日,昨晚過十二鐘始寐,亂夢無次,今早七鐘半起,小餐,盥沐。到教習處,到學堂受課一時,歸午餐。再到學堂受課二時,歸奕。晚餐,寢時九鐘餘。

十日,八鐘起,小餐,盥沐。到學堂受課三時,歸午寐,後假寐一時,少看單字。到學堂受課二時,歸奕。晚餐,奕,寢十鐘。

十一日,八鐘起,小餐,盥沐。到學堂受課二時,歸讀班加來氏《科學之價值》。午餐,續前讀。到學堂受課一時,歸續前讀。晚餐,再續前讀,浴,寢十一鐘餘。

十二日,起將九鐘,盥沐,小餐。出到呂哥桑堡花園一游。到衡處,同出再到花園游。同到海寓,歸,途遇新、昆二君。午餐,少寐,看拉丁文。晚餐,再看拉丁文法,寢將十二鐘。

十三日,夜寢不佳,起八鐘,盥沐,小餐。出到教習處,歸午餐。到學堂受課三時,歸奕。晚餐,奕,寢十鐘餘。

十四日,起八鐘,小餐,盥沐,再看班氏書。雷君來,借去三十佛,借去《顏氏學記》及《老子》一本,同到呂哥桑堡花園一游。歸午餐,續前讀。到學堂受課一時,歸續前讀,奕。晚餐,奕,祈禱。

近日太不振作，天君絶無主張，當自勵也。寢十一鐘。

十五日，八鐘起，小餐，盥沐，看拉丁文。出到昆吾處一談。歸午餐，再看拉丁文及班氏書。晚餐，少息，祈禱，寢九鐘。

十六日，七鐘半起。到教習處，又到學堂，各受課一時。購領扣，價三十五生丁。抄拉丁文，午餐。到學堂受課二時。購黨德氏《無神論》，價三佛，理髮，價一佛九十生丁。歸看黨氏書，晚餐，到同寓瑞典人室内一談。歸祈禱，寢十一鐘。

十七日，八鐘起，到學堂受課三時。歸午餐，作一法文論説。到學堂受課一時，抄所作法文。晚餐，繼抄，看黨氏書，寢十一鐘。

十八日，八鐘起，到學堂受課三時。歸午餐，交房價百六十八佛六十五生丁，接謝君信一封。出遇豫端，同到吕可桑堡花園一游，購布都先生之《宗教與科學》及《萬物定律之偶生論》各一本，價五佛半。歸，少觀之。到學堂受課一時。歸晚餐，浴，寢十一鐘。

十九日，起九鐘。出到毅寓，晤棣、毅。欲到學會看報，不得鑰。訪豫端，不見，到海寓，遇衡。歸午餐，洗衣，費二佛八十生丁，未付，少寐，少看拉丁文。出到縠特女士處一坐。歸晚餐，抄拉丁翻譯，少觀小亞細亞地理，寢十一時半。

二十日，起八鐘。出到教習處受課一時，歸抄所改功課，午餐。到學堂受課三時，歸少觀佛朗斯氏之《群仙革命記》。晚餐，少看拉丁文，寢十鐘。

二十一日，八鐘起，看布都氏《萬物定律之偶生論》。天雨，出到植物園一游。歸續前讀。午餐，續前讀。到學堂受課一時，歸續前讀。晚餐，續前讀，此書頗非易。祈禱，寢將十一鐘。

二十二日，起看拉丁文。出到生熱内維藏書樓尋古都拉氏之

《來本之之名學》一觀，返午餐。再往藏書樓，得《周易》譯本一觀，此書不易譯也。給乞者二三十生丁。到呂可桑堡園一游。歸再看拉丁文，續觀布都氏書。晚餐，寢十鐘。

二十三日，七鐘半起。到教習處，到學堂，各受課一時。歸，過生熱內維藏書樓一尋書，不得，午餐。到學堂受課二時，歸抄所改拉丁文，看拉丁文法。晚餐，再看拉丁文法，寢十一鐘。

二十四日，八鐘起。到學堂受課三時，購《瑞士報》，價十生丁，歸午餐。出到中法實業銀行，取半月學費二百佛，來往車錢五十生丁。訪謝公，不見，到毅寓一談。到學堂受課一時，給講堂夫役二佛。歸看拉丁文法，晚餐，寫寄魯佛先生信一封，再看拉丁文法，寢十鐘。

二十五日，起將九鐘，續看班加爾氏書。出，今日爲復生節，街內多婦女，持紅十字會匣，代傷兵乞錢，共與三十生丁。購報，價五生丁。到學會一閱報。出遇豫端、冠球，同冠球同到中國飯館午餐，價二佛，遇叔平、毅、棣、新、衡諸人。到新寓，同出到呂可桑堡園一游。同到海寓，遇棣、毅。歸晚餐，看報，中國又有亂事，派五萬師往定亂，續看班氏書，畢之。寢十一鐘。

自二十六日至三十一日，亦照常讀書。給二婢月費十佛，寄家信一封，曾看《大中華雜志》。二十七日晚浴，閱報，知雲南宣布獨立，首事者蔡鍔，從風者廣西、貴州。在中國飯館一餐，價二佛。三十一日晚赴昆吾夜宴，在坐季、吳、吳、曹、戴諸公。

一九一六年

元　月

一日,起九鐘。寫一片寄魯佛先生,爲賀年禧,郵費五生丁。出到豫端寓,同出購報,價五生丁,電車費四十生丁。到布魯尼林,到塞佛爾,坐電車往斐色野,電車價一佛二十生丁,早餐,價六佛。至離宮前一游,風頗大,歸,電車費一佛三十生丁。訪海及張惠民,皆不遇。到毅寓,遇平、棣奕。歸晚餐,甚倦,寢九鐘半。

二日,起八鐘,起看拉丁文,續讀布都氏書。出購二報,價十生丁,皆無中國事。到植物園一游,歸午餐。續前讀,畢之。抄拉丁文,給送報人一佛爲年賞。晚餐,續前抄,祈禱,寢十鐘半。

三日,八鐘起,出到教習處受課一時,到學堂。出到惠民處,遇謝君。歸,途遇吳君,購一自來水筆及筆尖數事,價五佛四十生丁。歸抄所改拉丁文,筆不甚適用。出將錶送至鐘錶店整理,價六佛,未付。午餐,出到學堂受課二時,歸繼抄前未完者。晚餐,少觀人奕，看《莊子·天下》篇，寢十鐘。

四日，八鐘起，少觀來本之氏之《出形氣學論》。購報，價五生丁。到學堂，抄來本之氏之《自由論》一節，未完，歸午餐。到學堂借書，歸觀畢加衛氏之《中世紀哲學史》。往中法實業銀行取上月學費二百佛，給守門者一佛。遇吳、李、范、戴諸君。購《兩世界雜志》一本，價三佛。來往車價一佛二十五生丁。晚餐，出到棣寓，歸，寢十鐘。

五日，起八鐘，少看拉丁文。購報，價五生丁。出將《大中華雜志》還昆吾。尋一體操教習，每月十五佛，因近日身體大不佳也。歸午餐。出到學堂取昨所借書，則已被他人借去矣。歸少寢，看畢氏書，少看拉丁文，出往體操。歸晚餐，少看書，祈禱，寢十鐘半。

六日，昨夜睡大不佳，因鄰人喧噪故，七鐘半起。到教習處，出月金四十五佛，到學堂受課一時。購畢加衛氏《中世紀哲學神學比較之試箸》，價七佛十五生丁。訪惠民，不遇，歸午餐。到學堂受課二時。購來本之之《元子論》，價二佛半，伯爾克來氏之譯本，價五佛。到價廉店購海水浴衣，爲體操用，及巾一條，價六佛三十五生丁，購筆尖，價十生丁。歸少觀畢氏書，抄拉丁翻譯。晚餐，接胡公使信一封，請五日晚到使館小酌，作函謝之。付收拾靴費六佛半。再續抄，倦甚，寢將十鐘。

七日至十日，照常看書上課。出收拾時計費六佛。購來本之之《新人智導論》，價二佛半，《現時之唯物論》，價三佛。九日往中法實業銀行，出車價三十生丁。出購中國報，費八佛並七十生丁。八日昆吾借去百佛。八日晚浴。十日接父親手示一封。冠球來，未遇。

十一日，八鐘在床上看伯爾克爾之行述，起將九鐘，續看伯氏書。出到植物園一游。午餐，出本月膳、宿及雜費百七十一佛，少寐，看伯氏書。到學堂受課一時，看伯氏書。晚餐，接謝公函一，約星期六日下午三時半往飲茶，續看伯氏書，寢十時。

十二日，昨晚寐時將一鐘，今朝八鐘起。看拉丁文，出到植物園一游，觀拉丁文法。午餐，寐一時。張君來，借去黨德氏之《無神論》。看伯氏書。晚餐，再觀伯氏書，觀衛伯氏之哲學歷史，寢時十二鐘矣。

十三日，七鐘半起。出到教習處受課一時。購福祿特爾氏之《哲學字典》，價九十五生丁。到學堂受課一時，歸午餐。寄使館信一封，請其代查實業銀行信，價三十生丁。出電車價十生丁。到學堂受課二時，歸少息。往體操，遇胡公使及其子，又遇昆吾，昆吾還洋百佛。歸晚餐，少看書，寢九鐘半。

一九一七年

五　月

二十一日，八鐘起，少看貢德氏哲學，心甚亂。出到貼現銀行，取出四百九十九佛五十仙，買報，費五仙。歸少看拉丁文，張君競生來。午餐後少息，出以自行車到華法教育會，遇同學多人。出，同棣到毅寓，與毅談，多見道之言。毅境事拂逆，深思或有得乎，則憂戚玉汝，其成就將有可觀，未可知也。歸晚餐，聞鄭女士來，未遇，乃復以自行車出，訪鄭女士。天雨，歸，作日記，祈禱，十一鐘寢。床上閱報至十一點半鐘。

二十二日，"陶潛不得之於雷周"《詩廣傳》"匪舌是出"句，未知何出。起將八鐘，祈禱，少看拉丁文，胸際作熱，甚不適，置之，讀船山《詩廣傳》。出到植物園一游，購報，費五仙。歸午餐，讀杜詩數首，細味之，彼亦瑕瑜不掩，未可信耳食之論，漫無皂白，如"諸公衮衮登臺省"章，絕無佳處；至《秋雨嘆》第一章，忠厚惻怛，雖少陵集中亦不多見。少眠，起少看貢德哲學。鄭女士來，少談，同出到孟釗處，談及家事，多起誤會，慎言之戒，余當謹懍之也。送鄭女士上汽車，歸。晚餐後心甚悽愴。范君來談，去十鐘，祈禱，作日記，寢。

余輩有時不見信於人，不可怨人，如鋼入鑪不融，始見特質，余輩尚未入鑪，人之不敢輕信宜也。惟有致嚴室漏，暗然日章，如逢風雨，自能效雞鳴之不已耳。否則詹詹炎炎，適成其爲言語之士，一遇盤根錯節，未有不形見勢絀者也。

與人言不合時，切不可輕辯。如其人所持之誼本未自信，然因有他故，不得不堅執之，是謂遁辭。遁辭，不必辯也。汝欲以辯學定則窮之乎？則彼早自知不合而仍持之，則定則何有？且窮人於險，人必忌之，即不然，亦非君子之誼也。且彼自未信心，緩之則自弛，急之適成過耳。如能優柔厭飫，間接以去其故，破其執，則更善矣。如其人自信甚堅，則萬勿以輕心掉之。彼誼或己所自得，或得之於人，如非道聽塗説之輩，必行之已久，與世無大衝突者也，是必含一部之真理矣。且常人所用文語二者，含誼多富，周廓未晰，此亦不得已之勢，非個人之過也。此時允宜申明界説，解析條理，一一詳核，自無混誼。如初下之界説，條理未善，不妨隨時更改。善辯者服人之心，乘其説之前後誼少不協而促之，不足服人之心也。必使各盡其辭，無復剩誼，辯論至終，真僞判然矣。如因常語内含歧義，則變辭以明之，使無能因意伸縮，即彼所用之誼少異尋常，亦勿謂其全失。蓋人皆有自愛之心，雖自護己過，亦人之恒情。要之，辯以析理，非以求勝。陶隱居曰：“疑義相與析。”欲解疑難，析其第一誼矣。

薑齋曰："裹孤心者,無以達其孤鳴。故人可與忘言,而不可與言也。"又曰："苟有其孤心,雖無與忘言者可也。"至哉言乎!

二十三日,起七鐘半,祈禱。出到教習處受課一時,不甚明了。歸,途訪張、季及阿都哈底君,皆不遇。購帶、郵票、信紙,價六十仙,報,價五仙。歸少息,午餐。出到學堂報考,因彼未尋出名紙,約明日再往。與厨僕二十五仙。歸看衛伯氏哲學歷史,出體操一時,身重五八·二五克。到棣處,不遇。晚餐,出到聖母禮拜寺前少坐,天氣甚佳。到海寓一談,還彼三百佛。歸祈禱,寢十一鐘。

二十四日,起八鐘,祈禱,讀衛伯氏哲學歷史。出欲照一像,未得,遇梅衛夫人,言余消瘦,宜尋醫,又言可令醫解析溺,以視其含糖分過多否云云。出報價五仙。遇昆吾,約同往中國飯店午餐。遇李君,彼以錢卜中國宜加入歐戰否,得節之小畜×－－×－－,似不吉;又注文謂六三以陰而乘陽,以柔而乘剛,與我國現情符也。出同昆吾及其夫人到呂哥桑堡園少坐,到學堂報名。歸少續前讀,毅來談。晚餐,出遇雲、衡多人,訪新吾及李君,皆不見。歸廿鐘,祈禱,寢。

二十五日,夜夢游山,起八鐘,祈禱,作昨日日記,續昨讀。出訪劉君厚,未得其門。購報,價五仙,購《貢德及德維夫人愛情史》,價七佛五十仙。到學校受課一時,出到呂哥桑堡一游。歸午餐,李君及棣來,少談去。出到學校受課一時,乘電車,價十仙。到浴堂浴,價一佛六十仙。出到天文臺前加非館少坐,價四十五仙。讀《愛情史》。歸晚餐,叔平來,問下月七日演説宜用何意,無以應之。去後少思,得一意,再到叔平寓與談,借得《世界之德國》雜志一本,中有使館隨員戴君一文。歸觀之,祈禱,寢十一鐘。閱法文報,知段芝泉免職,總統命伍秩庸組織內閣。

二十六日,醒七鐘,床上續昨讀《愛情史》,八鐘起,祈禱,作昨日日記,續前讀,接到下月學費。出到植物園,仍續前讀。購報,價五仙。歸午餐,再續前讀。出往實業銀行取學費,至則門者言禮拜六下午不開門,來回車價六十仙。天氣熱甚,在大審院前下車,到加非館一息,價四十五仙,畢前讀。是書所載德維夫人出自名門,所嫁非夫,竊其財、火其室而逃去,不得已歸恃母舅,年給少金以自活。遇當代大哲貢德氏,一見心輸。貢德氏亦有婦,但琴瑟不調,鴛鴦異居。德維夫人終能以義自持,佗傺致死,殆所謂"發乎情,止乎禮義"者歟。獨惜貢德以曠世鴻哲而愛之所鍾,至於自背其所立之定則而不恤,則無修心定性之功者,空言道德,殊便聽聞,有何真益。此等意見,今人必以爲迂,而不知大道惟一,非正則邪,絶無中立之地也。往體操,到棣處作雅格之戲,歸晚餐。出到呂哥桑堡一游,遇劉、王二君,到劉君處小談。歸作日記,未完,祈禱,十一鐘。

二十七日,起七鍾,少看拉丁文,祈禱。出以自行車到教習處受課一時。到李君處,不遇。歸午餐,少息。棣來,言中國恐有内亂,因法報《羈人》轉載《泰晤士報》及露透電,言北省軍人頗反對政府免段氏職,《泰晤士》記者覺無大變,露透電則較悲觀云。余頗不然其言。段氏免職,固非北方軍人所喜,然無内主,無政黨之推波助瀾,當無大變。出同到天文臺前加非館少坐,價二佛。遇李君,購冰,出十仙。與棣同訪海,未遇,到棣處少坐。返觀斯畢訥撒哲學①,在室浴體。晚餐,看報,作日記,祈禱,寢十鐘。

――――――――――

①編者注:"學",原脱,據本月二十八日日記補。

二十八日，今日天寒，醒八鐘，起讀斯畢訥撒哲學，胸際作微痛，置之，祈禱。將出，李瑩伯來談，同出一游。歸午餐。入群神廟一觀壁畫。往中法實業取錢，至則門閉，因昨日爲五十日節，故休假，余不知，又空來，來回車費四十五仙。返過海處，未遇。歸少寢，讀《哲學年報》（一九一二），寶列克氏之《宗教與非宗教論》，辭甚和平不亢，但有數段意頗晦黯。晚餐，到呂哥桑堡一游。到瑩寓，與辯凡神無神之分，懷疑非人類能常之理甚長。返祈禱，寢十一鐘。

二十九日，昨晚看報，至十一鐘半息燈。細思與瑩公辯論，瑩公初所排者當爲宗教儀式，繼而宗教本體，又進而信仰亦非所許。因其排宗教，而宗教與神之觀念幾有不可解之關係，則以無神反對之。因其排信仰也，則取懷疑之度。然因懷疑非能常也，則信將來有一時期，人類無思無慮，知滅信除，此時實已即佛教之涅槃矣。瑩公混此於前二中，余特爲之名。實在無神也，懷疑也，涅槃也，三者異撰，絕非一物。無神爲信仰之一種，與懷疑絕不相容。懷疑則與各信仰抵，既不信有，又何言無。雖然，仍有疑見存。至涅槃，則非疑非信，迥絕言議，各種相反，至此而合。故佛教既破我執，又破法執，浩然與天地合德，即有即無，非無非有。判此三者，而後可言。擬明日見再論之。眠，一鐘已過，怪夢重叠。夢歸見母，與言余歸，母不答。母去，來一婦人，衣僕衣，白髮，諦視之，余婦也，僑裝若斯。大喜，疾執其手於厨之門。彼呼母，掀簾將入中室矣，返顧而笑，遂入。余則與婦入厨次，八姊在焉。余仍執婦手，謂八姊曰："你可打他一頓，問他爲甚麼謅我，打搬者個樣子。"醒思之，夢也，恨不成真。未幾又夢，則真歸矣。入中室，將陪父母食。門側有婦人坐焉，先見其足，視之，余婦也，大慰。雖情辭未通，默思吾歸本意住一日，然因多年不見，當住兩日，以叙離衷。醒復睡，又夢寢矣，有一婦人啟衾，將與吾同寢。余思余遠出，彼何人，斯拒之，且問其誰。醒復睡，又夢幾耶都夫夫人以法語呼余曰："徐先生，吾將告君以新聞。"視之，隨其後者憔悴襤褸，又余婦也，驚呼而醒。尚有數事，不關余婦，略無倫次，不克記之矣。總之睡不佳，起時八鐘半矣。作昨日及今早日記，祈禱。出到郵政局，取出前所寄往倫敦購物，退回款五佛。購報，價五仙。到中法實業銀行，取下月學費四百佛，來回車費四十五仙。歸到中國飯館午餐，遇昆吾、瑩伯諸公，與瑩申前意，彼終持無神之論。往照相，價三佛五十仙，約星期五日往取。到加斯公司，取彼應還學會存金，彼言余無憑執，請余到其本公司，得其"細心人"允許始可。乃往貢都爾塞街見其"細心人"，"細心人"未問余一言，即與余一憑執。歸購櫻桃，價廿五仙，出車價四十五仙。訪海不遇，到孟剣寓談。歸晚餐，接貼現銀行信一封，與同寓佛黎虛君到呂哥桑堡花園一游。歸祈禱，夜衫破，縫之，寢十鐘半。《諍議報》載北京將開一高等軍官會議，議定立時宣戰事宜。

三十日，起八鐘半矣，祈禱。往教習處受課一時。到加斯公司取出七佛八十仙。到浴堂浴，價一佛五十五仙。購報，價五仙。報載李仲僊任爲內閣總理，將組織一連合內閣。往貼現銀行取出收據，歸午餐，鄭女士來，同午餐。買烟捲，價九十仙。張君來談，去後出往體操，身重五七‧九五克。到棣寓，還彼十佛，作雅格戲。歸晚餐，少出即歸。成詩三章，因均太生，均本又被毅借去，甚苦。

一　菩提由心證，蓮華苦未開。玻璃通妙静，魔業何從來。
　　鏡製自我工，痴愛纏寶臺。欲明圓相意，百識沈寒灰。

二　無明獨生滅，辨析恒河沙。粒粒含自意，個個爭微差。
　　石火豈常住，乃欲二根芽。疇識此妙一，大千原吾家。
　　"獨"字當改作"競"字。六月二日。

三　鬱鬱菩提樹，青青發好枝。嗒嗒迦陵鳥，妙音來生時。
　　牛不生驢子，陶能爲冶師。性相成非偶，偶者妄人擬。
　　"擬"字出均，末句改作"偶論聖所嗤"。六月十二日。

作昨及今日日記，作不净觀，寢十一鐘。

三十一日，起八鐘，作不净觀。出往毅處，欲取詩均，途中再
續成二詩：

四　大法轉世輪，莊嚴現諸相。衆生去復旋，輪轉無盡藏。
　　我佛大慈悲，説法醒愚盲。斯因必斯果，至道即此詳。

五　大海茫茫綠，嫩酒故故紅。一珠入海底，刹那滿寰中。
　　綠已非故綠，紅不失其紅。卓哉克黎析，見道信此翁。

未遇，留一字，取其《佛學叢報》《小説時報》各一本歸。翻閱，則
《小説時報》曾經看過，其《月簾静影》一篇尤不可訓。此篇乃以
家庭之專制、人情之變詐組成，而作者言之津津，以綺語文飾之，
教淫教詐，必此等惡劣之小説矣。來回車價三十仙，購報，價五
仙。午餐，欲續前詩未能，到植物園。往訪昆吾不遇，返到植物園
一坐。追念幼時所讀書，何年作何事，多相牴牾，以是知心理學中
之内觀法及作歷史之難也。出坐錢十仙，與乞人十仙，買薄荷糖，
價十五仙。再訪昆吾，仍未遇。歸晚餐，與佛黎虛君爭論甚長。
彼言俄革命不利於聯軍，余言如不革命，將更有不利者存。出到

來庭處一談,來言見報言安徽宣布獨立,中國又有亂事云云。余頗以爲皖癰已成,此其潰決,如能善制,未必爲惡現象,無論如何,不可望其調和,調和者,養癰之道也。歸十一鐘過矣,月色如銀。作不淨觀法,寢。

《水滸》中施耐庵未贊美宋江、石秀,亦未贊美武松、李逵,作者意蓋在吳用。吳用者,無用也。

六　月

一日,昨晚寢後,仍繹往事,眠時將一鐘矣。七鐘醒,續成昨詩,七鐘半起。

六　斯神何爲者,妙相燭無涯。至靜馭至動,衆生自披離。

　　大道無方體,大美人天師。可憐聲聞乘,妄解昧真知。

此解用亞理斯多德義,神以其用而言。

七　真如本無垠,變態乃萬千。我相亦其一,以知通諸天。

　　何方與合德,專愛絕後先。欲識此中意,細草日芊綿。

此解爲斯畢訥撒氏義,然斯氏不言"終因",而"終因"者,亞理斯多德所明最精之義,故此章必合上章觀之始得。

收到六月份《哲學雜志》。出購昨日《巴黎時報》,價十五仙。到學堂受課一時。購《午報》,價五仙。略視,以爲無中國事。購信封,價四十仙。午餐,棣來,言奉天、河南附亂,在《午報》上,乃重取觀之,言奉天已獨立,並斷鐵路,且截各種款項,不屆中央;至河南、山東,則出風聞,尚有一省拼音不明,疑甘肅也態度不明了云云。棣去,少寐,看《小説時報》,在室中以冷水浴體,將七日入會券寄與歐倫、李爾布刺先生各二張。出購《時報》,上言起事者,安徽、奉天、河南、山東,至馮華甫,則助政府。又云安徽兵與○○拼音不明兵在蚌埠交戰。云此事山東、奉天之附逆,余頗億料及之,獨河南則出余意外,豈公路餘黨爲之歟?歸晚餐,到棣處談,棣頗右段氏,希望調和,余則極端反對調和。歸作日記,作不净觀,寢十鐘半。

二日,昨晚在床上看報,十一鐘寢,今早起八鐘過矣。看拉丁文,身體不佳,影及精神,苦力鎮之,幸獲免悔。十一鐘出購《午報》,價五仙,無中國事;《泰晤士報》,價三十仙,是昨日者。彼言上月三十一日電,安徽、奉天先宣告獨立,河南、浙江隨之,聞湖北、福建、山東亦附逆云云。細思之,此事未可輕視,因此輩成事不足,敗事有餘,急時將不惜引外人以殘同胞也。午餐,瑩公來談,見彼所作詩,尚穩愜。出體操,見《不移報》言中國亂黨謀復辟,且有德諜暗助德華銀行出巨款以釀亂事云云。訪棣不遇,歸購《時報》,價十五仙。彼言亂黨謀逐總統,散國會,且復辟,附亂者聞有八省,除上述者外,尚有山西云云。但彼言八省附亂,尚爲擬定,辭或未確。晚餐,出到吕哥桑堡一游,遇吳君及平、棣諸君。歸作不净觀,寢十鐘半。

今日出上月房飯二百佛。一百八十六佛五十仙,彼尚當還十三佛五十仙。

三日,起八鐘已過,看拉丁文。出購《晨報》,價五仙,無中國事。購英文《郵便報》,價十五仙,言二日電天津亦獨立。到教習處受課一時,出上月學費五十佛。購昨日《泰晤士報》,價三十仙,言獨立者九省。午餐,棣、毅、瑩諸公來談。出購《時報》,價十五仙,無他事。晚餐,少閲《詩廣傳》,海來談,去,作不净觀,寢十一鐘。

四日，起八鐘過矣，作不净觀，看拉丁文，房東還十三佛二十五仙。出購《郵便報》，十五仙，無中國事。見他人日報言獨立日八省，無山西，或此爲一小結束，亦未可知。想從亂者，亦止有此數省也。購《午報》，五仙，無中國事。購櫻桃，價廿五仙。訪棣不見，歸午餐，少寢，看拉丁文。出到植物園，購《時報》，十五仙，言亂黨在天津組織臨時政府，徐世昌爲專制總統，王世珍內閣總理，曹汝霖外交總長，段芝貴陸軍總長云云。到棣寓作雅格戲，歸晚餐。出到吕哥桑堡花園，遇劉、沈、何三君，沈君言福建有北兵三旅。訪劉君厚不遇，往海寓少坐，嘆時事之艱難。余意能盡數年之力作一小説，本詩人忠厚惻怛之旨，有諷有勸有刺，而無嬉笑無怒罵。其事其人，嶔崎瑰偉，而有悠然有餘、蕭然自得之致，無劍拔弩張之態。讀之使人穆然，興無窮之思，然言理不晦；動人之哀感，然興振奮之思，無蕭瑟之氣。如能兼此諸德，則於人群當有裨益，但言之非艱，行之惟艱耳。歸，月明如畫，在窗乘涼，暗誦《詩經》數章，寢十二鐘已過。

五日，起八鐘已過，看拉丁文。出購《郵便報》，十五仙，無中國事。購《晨報》，五仙，言臨時政府尚有湯化龍長內務，張勳已到天津。接李爾布拉君一片。購《午報》，言臨時政府求各國承認，北京巡警廳受臨時政府命，監視黎總統之行動云云。到中國飯店午餐，二佛十仙。出取像片，將棣像送彼寓。出到宛塞納林一游，車價四十五仙，冰吉凌價十五仙，歸時在車中假寐。購《不移報》，五仙，《時報》，十五仙，言張勳入京係總統所招，因彼爲亂首，然欲得不戰之利，並未宣告獨立云。到棣寓作雅格之戲，歸晚餐。到呂哥桑堡公園。至瑩公處，談前日國事，占得大有之旅——〇————〇，視其爻文，九五曰同人先號咷而後笑，大師克相遇，國事其有轉機乎！聞鐘鳴，以爲十鐘也，然已十一鐘矣，歸寢。

六日，起八鐘已過。到教習處受課一時。出浴，價一佛六十仙。購《郵便報》，十五仙，言北京派一委員會到天津，請其勿進兵北京。購《泰晤士報》，三十仙。遇劉君厚，見示《人道》及《午報》，上有劉、李聖章二君往信，辯明中國議院並未反對宣戰事。歸，鄭女士來，同午餐。女士性過急國事，憔悴，食後嘔吐。少息，陪之以汽車出到布魯尼林林深處草地，少息，到瀑布前加非館一息，出七佛九十五仙。晚《時報》，十五仙，法政府已有承認之意。歸過呂哥桑堡園，遇姜、范諸君。到范君寓談，遇釗。同冠球到中國飯館，請李聖章再作一文，以我國學生名義致函各報，辯明承認現時政府之不利於聯軍，聖公謂以政黨名義爲善。歸晚餐，寫一信與沙宛農同學，將入場二片送於冠球及毅拉夫人寓，遇釗，談歸。拉歐倫君信一封，補作日記，寢十一鐘過矣。

七日，起八鐘。出到聖章寓，聖公稿已成，甚佳，修正數句，聖公作事毅而用心細，跬步不失矩度，未易才也。遇齊夫，同出，購《郵便》及《晨報》，二十仙，皆無中國事。因大學門前我國國旗顏色顛倒，與二君同到法及外國友誼會請其更正，往以汽車，價三佛。《午報》，無中國事，價五仙。到鄭女士處，緣女士約余陪約西夫人故。午餐後同入大演臺，是日班來維君未至，演説者法梅但、伯拉爾、沙瓦納三君，吾國鄭女士、季叔平、謝東發及公使四人。出，歐倫夫人、李爾布拉君及其夫人來談，歐倫君則先去矣。

出遇毅夫，同到吕哥桑堡園，遇雨，未能歸。到中國飯館晚餐，二佛四十五仙。出與瑩、毅、徐海帆君談。歸見瑩一詩。寢十一鐘。

八日，起八鐘，看名學擬詞篇。出到聖寓，購《晨報》及《郵便報》，二十仙，皆無中國事。見《人道報》載馮、段、陸反對總統退位，將以解散議員調停云云。同聖到叔平寓，同尋謝君，來回車價三十仙。太晚，到中國飯館午餐，二佛四十五仙。後見一中國人，爲西僕，來法爲翻譯，自工際來者。歸少息，出到昆吾寓，晤沙瓦納君及其夫人。購《時報》，價十五仙，無中國事。歸晚餐，聖來，同出訪徐海帆、梁君耀霱、劉君厚、范君冠球。歸，十一鐘寢。接留學監督寄來待填名收條。

九日，起八鐘半。出見季叔平，接沙宛農君回信，尋張君、龍君、仲衡，皆不見。《晨報》《郵便報》，二十仙，皆無中國事。到新寓少坐，訪聖及彭君，不遇，到中國飯館見之。購《午報》，價五仙，無國内事。返午餐，出見雲及龍君，歸少眠，發謝君函。新來談，去，出欲往體操，至則無人。出發回監督寄來收條，購《時報》，十五仙，仍無中國事。到棣寓，見《地方報》，拉魯華君有一論説，言中國音樂。歸倦甚，晚餐，少看《詩廣傳》，作日記，寢未十鐘。

十日，昨晚在床上再看《詩廣傳》，寢時將十一鐘。起八鐘，少看名學。出購《晨報》及《郵便報》，二十仙，皆無中國事。桑撒瓦都都城爲地震全毀，並鄰近諸城，慘矣。到瑩寓少談，歸午餐。接毅函，約今日往同出游。棣來，問其能同去否，彼不願，余亦倦，遂不往。棣去，少眠。起，毅來，同出到天文臺前加非店中少息，價一佛。歸購《時報》，十五仙，言中國議院將解散，與前日《人道報》略同，且言日本不干涉中國内亂云云。晚餐，出到聖母禮拜堂後花園一游，到來庭寓談，歸，十一鐘寢。

十一日，昨晚眠時十二鐘已過，今朝在床上少看《大中華雜志》，起九鐘矣。少看古爾耨氏哲學。聖來，言謝君來函問將前稿送登否，現情勢少變，似當斟酌，余亦以爲然。聖去①，少續前讀，出購日報，五仙。到古砂場一游，到棣處少談。歸午餐，少眠，起成一詩。

丁巳之夏，國家多難，瑩公以詩告亂，作均語以廣釋其意，時同留學巴黎。

國立體只一，爲分乃萬千。一人事萬計，相乘始得全。君子道長時將泰，陰盛陽衰國難完。二力相激玄黃戰，盲人夜半臨深淵。斯時固可墜無底，得救亦能出危顛。五雀六燕力正均，銖力相加陷重泉。此力固屬亡因一，斥爲總因見何偏。譬如一點星星火，燎原勢成光燭天。不慎致灾罪難逭，積薪之徒勿乃先。君子知此意，致謹於微愆。恐斯二力正相抵，吾手誤舉，乃使萬鈞重載直走澗底自峰巔。拒惡無深怨，知無積薪，雖執巨燎抑何然。治亂明其故，遠識矚坤乾。無時不樂道妙，無時不憂國瘝。有悲憫，絕憤懣。風雨任晦明，我無變自堅。得則爲聖，失則爲賢。斯人何在，蒹葭連綿。望而不見，我心悁悁。瑩公告我以喪亂，黃竹聲哀淚汍瀾。欲起遺忠於地下，擊斃禍首國祚安。寄語瑩公且自寬，癰潰血流，善療病可痊。天命何常，禍福無端。善識天心，可轉禍而爲福兮，何憂大慝與巨奸。

---

①編者注："去"，原脱，據文意補。

此詩無所則俲，隨意所之而筆之。前解言理，暗晦不佳，亦無如何。出購《時報》，十五仙。晚餐，出，大雨滂沱，遇叔平，同到加非館擊球，價二佛十五仙。到瑩寓談，歸作日記未完，寢十一鐘半。

十二日，起將八鐘，補作昨日日記。出到十三區警廳，請像片帖子。警廳人甚爲粗暴，有一比人，出言少不慎，彼即斥之爲無教育，且曰如不願意，可返本國云云。余欲反斥之，忍氣而止，但問之曰：汝欲比人何返耶？彼無詞，强答曰：可返哈佛爾。似亦自知其屈矣。返十一鐘，復沙宛農君函，未完，海來談。午餐，少眠，發沙宛農君函。購酒精，價一佛七十五仙，燐寸，價十仙。到植物園一游。購櫻桃，價二十五仙，《民報》及《時報》，二十仙，無中國事。到棣寓作雅格之戲。歸晚餐，接《中國新報》三張，看報，作日記，寢十時半。

十三日，昨晚在床續看報，眠時十一鐘已過，今晨起八鐘已過。以自行車出到教習處受課一時。到天文臺前浴堂浴，價一佛七十五仙。歸途過居黎街，有一人倒於地，環圍多人，見余有自行車，呼曰：君不可尋一巡士也。往尋，至第五區警廳，則已有一婦人往尋。返其地，則警士已至，是人已能起，乃一貧人。歸少看班加來氏之科學及擬詞論，午餐，少寢。鄭女士來購烟及麵包，因今日無點心故，費一佛五十仙。冠球亦來，同往到中國飯館，見冠球一詩。晚餐，出同過呂哥桑堡園。女士去，同冠至孟蘇里花一游，歸。今日又接到《中華新報》三張，觀至十一鐘半寢。

十四日，起八鐘，再看報，寫一函與沙正納君，未完。午餐，續前信，出發此函。往布魯尼林一游。訪毅未遇。購《時報》，十五

仙,言天津叛黨要求解散國會,改憲法,赦帝制黨,並禁現國會會
員不得干預國政等事,且言總統將正式承認云云。購乞人一郵
片,與之十仙,歸,車價來回四十仙。晤棣,彼言《午報》有中國
事,出購到,五仙。彼言略同,但言總統知叛軍內意見未融,頗爲
強硬,副總統取中立態度,南省則漸助國會云云。晚餐,接到《中
華新報》多張,商務印書館《圖書彙報》一本,書友社法文書目一
本,看報。鄭女士來談,去,送之到聖米時大街上汽車,歸。看報,
寢十一時半。

十五日,醒七鐘過,看報,八鐘後起,着衣,看報。出購《晨
報》,五仙,有一中國新聞,甚離奇,言江朝宗受臨時政府總理之
任,副署總統解散議院令。購《午報》,無他事。遇叔平,言中華
書局寄余書二本,在彼處,往取歸。係《中國哲學史》《佛學大
綱》,一觀。午餐,再觀,《哲學史》體例未審,因所下界説太含混,
故有屬哲學者而未載,而屬倫理範圍者居其大半。少眠,瑩公來
談,同出。購《時報》,十五仙,中事同《晨報》。訪叔平,未見,歸
晚餐。出到呂哥桑堡園,遇棣、平及一鄭君,王、陳諸君。到叔平
寓,取來《東方雜志》一本。補到前二日日記,看雜志,寢十一時
已過。

十六日,起八鐘,看雜志。棣來,同出購《泰晤士報》,三十
仙,無中國事。到呂哥桑堡園一游,今日天氣甚熱。購鞋帶一付,
價一佛五十仙,《午報》,五仙,言黎總統已令解散議會,且許叛軍
各種要求,南省定將爭議,然至現在北省獲勝,摩利遜勸黎公勿署
此令,然終不敵軍人勢力,中國現無內閣云云。_{轉錄紐約使者報社星期}
_{三日自天津來電}國勢如此,不知何以善其後也。返午餐,少看報,

少眠,在室内浴體,懶於看書,然續觀《中國哲學史》。出購《時報》,十五仙,無中國事。訪棣不見,返再續前讀,得二義。

一、老子言無,並非絶對之詞,老子之絶對無上爲道,道非有非無,即有即無。至無,則與有爲對待詞,故曰"有欲以觀其妙,無欲以觀其徼",又曰"有無相生",又曰"有之以爲利,無之以爲用",未嘗獨言無,故謂老子言虚無殊爲不辭。惟"天下萬物生於有,有生於無"句似偏重無,然有無既相生,則有復歸無,無非過於有也。至道體,則其精甚真,其中有信,不得言無。但在吾人致用一方言之,則以無爲貴。用又分二,一知一爲。老子曰"古之爲道者,非以明民,將以愚之",又曰"絶學無憂",皆以無起義。然又曰"復命曰常","不知常,妄作凶,知常容,容乃公,公乃王,王乃天,天乃道,道乃久,没身不殆",此幾如近世反對科學知識,而尚出形氣學知識之學派矣。則老氏於知,不以無起義,老子之無爲,而曰"我有三寶",則其無爲亦非絶對者,尚須有適當之界説也。

二、老子非個人主義,非爲己主義。老子言萬物皆生於道,定一本萬殊之義,其義在"昔之得一者"章。又曰:"吾所以有大患者,爲吾有身,及吾無身,吾有何患。"此非棄世之義而克己之義,故繼之曰:"故貴以身爲天下,若可寄天下;愛以身爲天下,若可托天下。"此即儒者"浩然與天地同體"之意,其非個人主義,昭然若揭。老子因人有善惡二級,若天則有賞罰而無好惡,賞必於善者,故曰:"天道無親,常與善人。"然老子所謂善者何耶,則老子自言之矣,曰:"和大怨必有餘怨,安可以爲善?"言俟怨之起而和之,不足爲善之至也。故繼曰:"是以聖人執左契而無責於人。"

言聖人防怨所從生而無求於人，乃爲善之至也。反言之，有求於人，則爲"不知常，妄作凶"，非天之所與明矣。蓋老子貴知道，知守一，知"萬殊之一本"，則"與人無怨"，故"以德報怨可也"。如不得已而戰，則與敵人無怨，不惟無怨，而且哀之。哀敵者，天之所與也。故曰："兩軍相交，哀者勝矣。"哀爲對敵人而言，如對吾軍人，其道爲慈，非哀也。安有所謂機變以誘敵者？"將欲弛之，必姑張之"諸句，明張弛之宜而已。執此道者，亦老子所云"安可以爲善"者，天道所不與也。乃後人昧其精誼，擷其糟糠，持機以馭天下，乍得而終失，且受禍愈甚。儒者因之以鬪老，則明老子之全，闢聖人不責人之誼，亦學老者之所亟有事也。

《列子》述夏革曰：有則有極，無則無盡。則以無爲絕對，然此語有病。蓋無之中既有有矣，無之外安見其無有。有因無而有極，則無亦當因有而有盡。故夏革此言，不若老子之精微。

晚餐，出一游，歸作日記未畢，寢十一鐘過矣。

十七日，起七鐘，看拉丁文。出到教習處受課一時，以自行車。購《晨報》，五仙，無中國事。到棣寓作雅格之戲，歸午餐，少眠。起在室中浴，換衣出，帶《佛學大綱》，到吕哥桑堡園聽樂，出五十仙，購冰吉凌，價十仙。到瑩寓不遇，歸晚餐，作昨日未畢日記，寢十一鐘過矣。

十八日，起八鐘，看拉丁文。出購《午報》，五仙，言中國情形未穩，南省爭議國會解散事甚力，民情甚怒，且無立法機關，和議更不易，張勳兵駐豐臺，與英駐兵相距不過四百米，人心更恟懼云云。歸午餐，少眠，看《佛學大綱》。瑩來談，同出，歸少息。鄭女士來，同晚餐，在檻內乘涼。談至十鐘，送女士出，得一汽車，彼去乃歸，寢十一鐘過。

十九日，起八鐘，看《哲學歷史》數十葉。出購《午報》，無中國事。歸午餐，少眠，看《佛學大綱》。出到棣處，棣言昨日《時報》有中國事，言南省六已進攻武昌，未知確否；作雅格之戲。歸晚餐，看《中國哲學史》，闢其訛謬，在檻內乘涼，思哲學諸問題，寢時十一鐘已過，眠已將一鐘。

二十日，起七鐘半，再看《中國哲學史》。以自行車出到教習處受課一時。看米露氏之理論，在室中浴體。午餐，續前讀。棣來，看報，去，續前讀。少理書籍，欲出，天雨，再整書籍。晚餐，《諍議報》言黎總統將解散國會，署總理伍廷芳不肯副署，新選總理李_{譯音若"深海"，恐"經義"之訛}亦不肯副署，伍公已辭職。出購《時報》，十伍仙，轉錄《泰晤士報》，言中國情形堪慮，李仲僎附逆；黎總統迫於軍人，已命解散議院；伍公不副署，且辭職；新選舉已令行，然以軍人所反對之選舉法選舉，則此舉難得效果云云。到棣寓作雅格戲，歸，近日志氣太昏惰，宜自振奮，立自修規則四條：

一、寢不得過十鐘半，起不得過七鐘；

二、此日記必本日作，不得隔日；

三、雖熱，在室內不得裸裎；

四、每日計善念、惡念，善以"·"記之，惡以"+"記之，載於日記後。

作日記，看報，寢十鐘半。

二十一日，起七鐘，昨夜寢不佳。看《中國哲學史》，考核前賢生卒年。以自行車出，到天文臺前浴堂浴，出一佛五十五仙。

天雨,訪瑩、新,皆不見,歸,訪徐海帆,不見。午餐,少看普通歷史
上法沙爾大帝時之文明。出購《午報》,五仙,無中國事。到棣
寓,借得《御批通鑑明紀》二本、新字典一本。歸觀《明紀》,乃知
明中葉後之僞君子,非有浩然之氣,以社稷之安危爲憂樂,不過義
襲而得君子之名耳。當日之艱苦卓厲者,亦自不少,但不雜客氣
者,真如鳳毛麟角,深思竺行之士,未知其有無也。志行薄弱之小
人易知,色厲内荏之僞君子難辨。人徒見其立節炎炎,而不知其
内荏已甚也。今日之假志士,亦其一種耳。抄新字典後之中西紀
年對照表,晚餐,續抄。將書還棣,未遇棣,訪雲,亦不見。歸作日
記,寢十時半,今日身甚倦。

二十二日,醒已八鐘,起。昨書似着凉①,今日身體倦甚。少
息,出購《晨報》,價未付,《午報》,五仙,無中國事。到加非館,呼
穀泥克酒一杯飲之,價七十仙。出到中國飯館午餐,價二佛三十
伍仙,遇瑩、聖、二海諸公談。歸少眠,出購《人道報》,五仙②,有
德社會黨宣布議和條件全文。到植物園一游。購《時報》,十伍
仙,無國事。訪棣,作雅格之戲。歸晚餐,見同食某君《不移報》
有一論說,題爲"支那",出購是報,五仙。觀之,略言法宜親近中
國之意。少息,飲熱茶,寢九句鐘半。今日出高厨購金五佛。此
間學生電國内,言解散議會爲違背憲法,出電費一佛。

二十三日,昨晚在床上靜思將來或能在吾鄉豫南道辦一藏書
樓事,至十二鐘過始眠,夜少出汗,今日略愈,起八鐘已過。少看
林譯《滑鐵盧戰血餘醒記》。出快信與教習,四十仙,信言明日未

①編者注:原稿如此,疑有誤。
②編者注:"仙",原誤作"伍",據本月二十五日日記改。

能往受課。購《午報》，五仙，無中國事。往交考費百五佛廿五
仙。歸午餐，少眠。起，瑩來談。棣來談，言《巴黎時報》云："黎
總統全充張勳所求，全赦帝制黨，諸省取消獨立，舊議員聚於上
海。在南民黨勢力内之六省，宣布政府之違憲，然雙方因財政支
絀，皆不願戰。馮華甫擔裁調停，諒得佳果。"同出，歸晚餐。出
訪海，不遇。購糖食，價廿五仙。到雲寓，遇謝、龍、朱諸君談，歸
已十一鐘，寢。

二十四日，夜夢着衣過薄，爲父親所痛斥，又夢寢於母親肱上
如兒時，餘則不記。起八鐘已過，少息。出將《漁洋精華録》《楊
子法言》還瑩，借來黎洲遺著兩部。歸，接到《教育雜志》一本，沙
瓦納復函一封。午餐，少看黎洲書。新來，接毅快信一封，付郵童
五十仙，與新同到毅寓談，還毅五佛，歸，車價三十五仙，借來《太
平洋》第二卷一本。少觀，晚餐，續觀。欲作日記，來庭來談，去
已十二鐘，寢。

二十五日，起已將九鐘。看黎洲遺著，覺其門户見太重。夏
彝仲於反對東林者，少有恕辭，即曉曉以爭，其所爭者又非某人之
作何事爲非，而在其反對東林。夏氏言東林有小人，黎洲不辨，乃
獨辨反對黨之有君子。夫東林既有小人，則反對之亦當有是處，
且平心論之，君子、小人非絶對之稱而相對之稱。東林君子，身冒
白刃以救君國之難，誠勝於崔、魏之奸回。然精而論之，其犯難獨
行，果無私乎，絶無求名之意乎？似黄氏亦未敢保其無耳。拒惡
太急則反噬，如方從哲者，謂其内主鄭氏以固權位則可，謂其罪至
弑君，不已甚乎！君子而甚小人之罪，則何所異於小人，何以服小
人之心耶？此等自當以船山先生爲正論。因思吾儕論事，日言國

民黨、進步黨，其實二黨早不存在，故今日而爭論二黨，殊爲不詞。且二黨本無一定界限，自後宜避此名。如論個人，則言某人若何，不以概其友。如論二派者，則當曰溫和派、急進派耳。購《人道報》，價五仙。出到植物園一游。歸午餐，少眠。出遇來庭，同到吕哥桑堡園一游。別後到棣寓，作雅格之戲。歸購《時報》，十伍仙，言李仲仙受内閣總理之任，然逆料不能久，將有一與軍人接近者組織内閣云云。晚餐，出一游，歸，寢十鐘。

二十六日，起六鐘。到學校，今日考期，昨日未往看鐘點，故往時太早，無一人。購《晨報》一觀，並前價十仙。八鐘入場，今日考拉丁文，爲西塞龍一文，尚無大錯。歸，出到棣寓，未遇。購《瑞士報》，十仙。歸午餐，少眠，看《哲學歷史》。出到布魯尼林一游，來往車價三十五仙，加非，價一佛五十仙，給乞婦十仙。歸晚餐，出到聖母堂前一游。訪海不遇，歸。寢十鐘已過。

二十七日，起七鐘十五分。到學校，今日爲本義論説，題凡四，余擇其普通哲學題爲"何爲明"，余文甚長，未能抄畢，即以稿與之。余文尚多引據，但眉目不清。歸午餐，少眠，起翻閱《哲學歷史》。瑩來談，同出，別後購杏，價七十五仙。到棣寓，作雅格之戲。歸晚餐，海來談，去十鐘已過，寢。接到五月份《出形氣及道德學雜志》一册。

二十八日，起六鐘餘，少看《哲學歷史》。到學校考場，人甚多，無一相識。問人，則考得業士者。出觀考試日期，則爲廿六、廿七、廿九、三十四日，今日無試，廢然而出。到布魯尼林，車價二十仙。今日新晴，又早晨游人極少，饒有静趣。步行到聖格魯地加非館一息，細思善惡之原，恍若有見，然思力已疲，置之。大約善惡之定義，仍以中不中爲善。且所謂善惡，非一總體 entité，乃一組成多事相合 complexus，吾内心乃一之。吾輩觀人，乃覺其爲總體，故多過情之毀譽。因既視爲一總體，則某人爲善，某人爲惡，涇渭判然，於談論時甚便。如有不可解者，則以其總體爲準，善者，其各事皆以善意解釋之，惡者反是。殊不知人各有偏，其不中於此者，或中於彼。善惡非絕對之辭，乃相對之詞。此語近世人人言之，而意人人殊。智愚、賢不肖皆可有過、不及，吾輩既視爲總體，則善惡判然，然無以服細人之心。細人意謂："汝儕自譽而斥吾，乃若某事某事，汝所爲何異於吾？且吾儕某事某事，固勝於君等，君之斥我，猶我之斥君，一彼一此，以力爲勝負耳。"此意深言之固非，然固細人信心之言，謂其非可也，然當斥其所以非，謂爲飾辭，則細人之所不受也。因善惡之爲組成，非一總體，故吾人對己，則個個觀之，謂此小有過、不及耳，何傷。責人嚴而求己恕，遂以是己非人，而大亂起矣。以此推之，則吾前持之善惡同量、善惡俱進説皆非，異日當將通常善惡之定義逐一評核之，或能有見，亦未可知。加非及點心，價一佛九十仙，歸，車價廿五仙。午餐，接到父親四月廿一日手示一封，華法教育會、實業銀行、塞納克信各一封。復塞納克函一封，少眠。出到天文臺前浴堂浴，價一佛六十仙。出，心頗不適。購《瑞士報》，十仙，購桃，價八十仙。遇棣，到彼寓作雅格之戲。歸晚餐，核計上月所出賬目，少看黎洲書，寢十鐘已過。

廿九日，起七鐘。到學校，今日考哲學歷史論説，題爲"柏拉圖及斯畢挪沙之錯誤論"，余知柏氏較詳，余文平常。出到中國飯館午餐，遇二海、聖、瑩、昆、新諸人。見《午報》言中國南省宣布無論何人爲總理，皆不受命，惟總統有命，尚願服從，且海軍亦不受中央命令，駛往廣東云云。歸，接到《中華新報》多張及人托代轉毅信二封。看報，看接來人抄古爾農先生之哲學。晚餐，續前讀，字多難辨，寢十鐘已過。

三十日，起七鐘，再復閱古爾農氏哲學。出將八鐘，疾趨至學校。今日考校中一教習所授之課，余所擇者爲米由先生，題爲"古爾農氏對偶遇之意見"，余文亦平常。出購皮鞋一對，兼將舊鞋換底，價共二十六佛七十五仙。到實業銀行取下月學費，遇秦、梁二君，來回車價七十五仙。午餐，接到《教育雜志》一本，少息。出理髮，價一佛九十仙。訪雲未見，到釗寓少談，訪棣未見。今日精神頹唐，不能自振。見聰，同作臺球戲一時，價七十仙。見平，借來《甲寅日刊》多張一觀。晚餐，再觀報。棣來談，去，十鐘半寢。今日天氣甚寒，外邊只十五度。

七　月

一日，起大約九鐘，整理舊報，作前四日日記。余自此後不忙，當日日無曠此日記也。欲出到教習處，天雨，乃到棣處作雅格戲。歸購《午報》，五仙。午餐，接到《哲學雜志》七月份一本，有馬宋吳爾塞先生《中國之辨學》一篇，少觀。聰、平來邀同出，到加非館作臺球戲，同到呂哥桑堡園一游。與叔平靜議，余言凡大思想家多愛靜趣，靜趣以深林內爲佳，平言不然，靜趣到處可得，如獨處斗室亦是；余言在巴黎在室內空氣不佳，不如林中，平亦不以爲然。後又爭思想家與博學者之辨，平意辨乃余所臆造云云。歸晚餐，查字典，則此二字辨極明白。欲往告平，乃以昨借報及

《東方雜志》一本，出到呂哥桑堡園一游，遇收地謀同學談，十鐘到平寓，彼尚未歸。歸寫一信與平，申前意，作日記，寢十一鐘。接張君來函一封。

二日，昨晚眠時十二鐘已過，亂夢重叠，忽而驚駭噪咷，忽而對泣。醒，起九鐘，洗耳。出遇平，到彼寓取《東方雜志》四月份一冊。到大學，問考試何時可揭曉，答言六日五鐘前。購般哈底將軍《德國及將來戰爭》一冊，價五佛。看《東方雜志》。歸午餐，續前讀。眠，起已三時半。出到來寓，與來同出到布魯尼林，步行至聖格魯，到加非館少息，歸，同到中國飯館晚餐，共出六佛四十仙。出遇海，立談片時。再到來寓，借來《新青年》三冊，歸一觀。此雜志爲倫理文學之激進派，意多常，而言激足致返動，而無益大體。寢十一時已過。

三日，起八鐘已過，再看《新青年》。平來，約以自行車出游，並言今日報言中國宣統帝復辟，甚爲駭異。出到布魯尼林，到宿來斯納加非館一息，六十仙。購《小巴黎》及《晨報》，十仙，言據二日自天津來電，張勳已推宣統復辟。歸購《午報》，五仙，言倫敦來電言據中國人在彼間者謂張勳兵力甚盛，中國可無亂事云云，更堪駭異。午餐，眠片時。出到法科大學，遇同學多人，將代轉毅信交與毅。同毅來，遇鄭女士於梯上，鄭待余已久，不見欲歸者，復入。少談，同出到呂德西旅館，見唐在禮夫婦，據言新軍決不助張勳，如能推舉馮華甫爲總統，斯事當速畢云云。購《時報》，十五仙，言《晨郵報》社自津來電，中國無論南北，皆不喜清室之復興云云。到中國飯館晚餐，二佛三十五仙，遇多同學，同海、瑩同到呂哥桑堡園一游。今晚《不移報》言總統不肯退位，亂黨許封之爲北京公云云。別海後,再同瑩至天文臺前一坐,談至十鐘半始返,寢十一時。

四日,八鐘起。出購《郵便報》,十五仙,無國事;《人道報》,五仙,有羅犗德君論中國事;尚購有他報,忘其名。遇棣及聖談,至海寓少談,昆、毅亦至。出歸午餐,是否購《午報》,亦忘之。接華法實業銀行信一封。新來,毅來;冠來,先去。同出,獨到冠寓,未見。往華法教育會,車價廿五仙。購《時報》,十五,初以爲無中國事。至會,六時開會,報告各事,聖言《時報》有中國事,則言張勳自爲內閣總理,梁敦彥掌外交,張鎮芳掌財政,尚有陸軍內務,不知何人云云。與聖約星期五日上午八時到穆岱先生處。歸到中國飯館晚餐,二佛三十五仙,遇譯校同學沈君汝秩。與聖、汝同出,二君來寓談,去,作昨日日記,寢十一鐘。

五日,起八鐘已過。出購日報,五仙,無國事。到平寓取《東方雜志》,欲將日人之放論譯其要處,以示穆岱君。冠球至,言將於下午二時在中國飯店開會,討論國事,請代約同學。乃到棣、海、衡、釗、雲及雲南劉、姜、秦君寓相約,棣、雲、衡、釗及秦君未見,留一字。在姜君處見《晨報》言張勳所組內閣有陳寶琛、梁鼎棻、袁大化諸人,姜君言內務總長約朱啟鈐[1]也。還午餐,出購《午報》,言清政府任命徐世昌爲弼德院院長,康有爲副之,張勳爲北洋大臣、直隸總督,馮國璋爲南洋大臣、兩江總督云云。遇聖,同到龍君處,未見。至中國飯館,遇唐在禮夫婦,彼去後開會。議定電致馮副總統,段前總理,各省督軍、省長,請其速組織政府,

---

① 編者注:"鈐",原誤作"鈴"。

召集國會,討伐叛黨,並速與德宣戰;另一電言速與德宣戰之理由,且以英文電致留英、美同學,請其一致進行云云。余捐電費二十佛,同學捐廿佛、十佛、五佛不等,借與來庭十佛。同聖、平、冠到使館,請其代電國內,至則無人。出同到唐在禮寓,倩其在西報作一宣言。同往張杏生寓,車價六十仙。今晚《時報》有一使館宣言,托張君與公使言代電事,約明日上午十一鐘半往取回信。歸到中國飯館晚餐,二佛三十仙。今午後忘《東方雜志》於中國飯館,遍尋不見,昆吾言彼家有此一冊,乃與毅同到昆寓,三人共譯其要旨。歸重抄,寢十一時已過。接父親手示一封。

六日,七鐘起。出購《晨報》《地方報》,十仙,言段芝泉反對復辟,已召集重兵,將進北京,得副總統及山東張懷芝之助,北京外交團告張勳不得侵害總統之生命,張勳殺九人,一爲溥倫。同聖到穆岱先生寓,遇謝東發君。出往浴,價一佛八十五仙。到使館,張君言電已發,可轉告諸君,且君此間已接到滿清上諭,當置之不理云。歸,車價十仙,購糖,價三十仙,午餐。購《午報》,五仙,言自天津五日來電言昨晚總統潛出,到日本使館,令馮暫攝總統,段仍爲總理,進討逆賊,曹錕與張逆哀的美頓書,限其於四十八小時退出北都,否則進攻云云;且言清帝號令不出北京。出到聖寓,告以電已發,聖言此舉爲德人簧鼓,緣今晨《地方報》言德外相濟梅爾曼在議院宣言中國消息甚佳云云。歸少眠,毅、瑩來談,出同到學堂觀榜,余未取,心甚不快。到呂哥桑堡園一游,購冰吉凌,價四十仙。歸晚餐,少息,寢九時。《時報》十五仙,言馮華甫得清詔,大怒擲之,言當速平亂事。

七日,五時即醒,六時餘復睡,起八鐘已過。出購《晨報》及

《地方報》,十仙,言兩軍相遇於郎坊,並言民黨大會於上海,有孫文、程璧光、薩鎮冰、孫洪伊諸人,定移都城於上海,電致黎總統,請其來上海,如總統果來,形勢必增劇云云。後新聞甚離奇,遇聖及梁、劉二君,問之,三君亦不能解。到大學秘書廳問何時得看落第卷之分數,答以下星期一及星期二二日。到棣寓,遇衡出。到海寓,未遇。到學堂街東頭小園少坐,購十五仙郵票十,《午報》五仙,言北省軍人不信將有戰事,緣張勳兵如知民軍實力,將棄之而逃,謠傳其留徐州府之兵已潰散,並言將有新政府成立於南北云云。歸午餐,少眠,看《新青年》。瑩來談,同出購《時報》,十五仙,言有日美兵將往北京,至廊房,未能進,因京津路爲張勳兵所斷,曹錕兵至琉璃河,張勳兵三千,駐於離城六粁半處,並言宋國章_{譯音}得命爲江蘇督軍,大約馮氏受總統之職云云。歸晚餐,少息,補作前三日日記,寢十一鐘。

八日,昨夜寢後雷雨大作,電光不絕者移時。今早醒八鐘,看《新青年》,起九鐘。毅來,約出到鄉間一游,同出,購《地方》及《晨報》,十仙,言北京人懼叛兵敗時大肆劫掠,逃者甚衆,張勳或挾清帝遠遁,亦未可知。購票,登火車,至巴來叟 Palaiseau 下車,午餐,出游。此地林木娟秀,地勢頗饒起伏,爲時伏老司谷之初起處。是谷爲誼衛特河之冲積地,見有流水潺湲,廣不逾尋者,疑即誼衛特河也。大雨如注,入一室中避雨,室中多積木屑。雨止而出,未見一人。至道旁小園中,各留加非一杯。出見一寄宿舍,問價,則每日十佛。此室位置尚佳,但過貴。出遂返,今日二人共費八佛七十五仙,余只出十五仙,尚欠毅四佛二十五仙外,出紅十字會收金十五仙。購《時報》,十五仙,民軍在京奉路綫上,離京師六十粁弱,在京漢路線上,離北京十九粁,兩軍相接,戰機已逼。又言廊坊爲民軍據,張逆在王莊譯音。又言張逆之毀鐵路,實違條約,因一九〇〇年條約言京津交通不得侵犯云云。又言有英、美、日、安南兵開往廊坊,保護修理鐵路工人,日、美兵並將入北京,以防叛軍之擾亂云云。歸晚餐,接來庭信一封,還洋十佛。秦君、昆吾來,留片。少息,補作昨日及作今日日記,寢十鐘半。

九日,起八鐘。出購《人道》《地方》及《晨報》,十五仙,言叛軍敗退,民軍逼京。到大學問分數,彼言太早。出到聖寓少談。購《郵便報》,十五仙,尋《藍雜志》,前數期不得。訪海不遇,歸少息,購《午報》,五仙。午餐,看《午報》。棣來談,去,少眠。出再到大學問分數,彼言須再遲數日,今日及明日皆不可出。購櫻桃,價十仙。到棣寓少坐,天雨,出到聖寓少談。購《時報》,十五,報言民軍入京,清帝退位,事可望和平了結。《不移報》五仙,言黎總統命段芝泉爲總理,以總統印與之,馮副總統將爲總統云云。購一剪,價二佛,紙本一,膠一瓶,價一佛二十五仙。歸將報上關中國事剪下,粘於紙本上,以備遺失。晚餐,再粘報。出訪秦、沈諸君,不遇,到呂哥桑堡園一游,遇陳君,少談,到徐海帆寓談,十鐘半歸。作日記,寢十一鐘已過。

十日,起八鐘已過,洗耳,少看《哲學雜志》,未能理解。出購《地方》《晨》《人道》《至上》四報,廿五仙。今日天甚寒。到棣寓,未見,出遇之於梯間。購《午報》,五仙,據言則日人野心動矣。午餐,眠一時,讀來維布魯氏之《道德學》,洗耳。海來談,同出購《時報》,十五仙,言張勳請日公使作調和人,尚冀講和,至可怪駭。遇雲等於吾戲球房,約十二日早譯校同人照像,以作紀念,

九鐘聚於雲寓。到棣寓，作雅格之戲。歸則見冠留字，約公請使
館張君，飯後當到聖寓，同往請客云云。速飯，出晤聖、冠，同出到
使館金君寓少談。訪段厨，問其可否幫忙，彼允，乃約以六十佛爲
度，由冠先代交，約明日九時半到聖寓，同到張杏蓀寓相約。返看
報，寢十一時已過。

十一日，起八鐘，作昨日日記。出購《地方》及《晨報》，十仙。
同聖到張杏蓀寓，車價三十仙。張君今晚不能至，改於十三日。
歸尋段厨，則言材料已備辦，乃訪冠，不見，留一字，請其二三鐘到
董君處，將菜作成自食云云。購《午報》，五仙，歸。再以自行車
出到新寓，不見，留一字，歸午餐。叔平來，同出到聰、衡寓，皆不
見，留字，約其明日照像。遇汝玖，同到聖寓，聖言已仍請段厨今
晚往備辦。同出到搜萌峰一游，余止出車價四十五仙。加非店少
息，出購《不移報》，五仙，言清帝尚未退位，張逆請徐菊人作仲裁
人，又言據北支那_{英文}新聞，張逆實受德輔助云云。同到董君寓，
來者金、范，今日余及聖、冠爲主，沈、金、董爲客，共六人。金君言
此次清帝命瞿洪機升允爲内閣大學士，朱家寶長民政，勞乃宣長
法部，沈曾植長學部，詹天祐長郵傳，薩鎮冰長海軍，李盛鐸長農
工商，雷震春長陸軍，梁敦彥長外務，張鎮芳長財政，部長仍尚書
名云云。歸，寢十一鐘已過。

十二日，八鐘起。出購《地方》及《晨報》。到毅、棣寓，同到
雲寓，同學尚有衡、聰未至。與雲同出尋之，遇聰，同訪衡，不遇。
同到黎無里街一照像館照像，余另照一半身像六張，價十佛。出
同新、海、毅、雲到杜爾里花園耿伯達像前，新爲吾四人撮一像。
購《午報》，五仙，歸午餐。平來，同出，以自行車到宛塞納林一

游，直至瑪爾納河畔，到加非館一息，價一佛。歸，余車橡皮内輪壞，送往修理，價六佛。購《時報》，十五仙，言張勳未降。到毅寓，借來《石頭記》一本。晚餐，觀《石頭記》，寢十一鐘已過。

十三日，醒七鐘半，看《石頭記》，起續看。午餐，再看。出到大學問分數，彼言三時半始可。《午報》，價五仙。出到毅寓，遇釗，再到大學，彼言四時半始可。出到聖寓少坐，未四鐘半到大校，彼言已太晚。余大怒，言："汝言四時半，何云太晚？且此已第三四次矣。"彼乃放進。余分數爲十四、十五、十、十，四數合計尚不及五十。然余計暑假如能用功，假後當可考過也。在學校内大解，給守廁婦二十仙。購《時報》，十五仙。在聖寓遇劉君，彼托借《東方雜志》余前所譯本。同聖至董君寓，車價三十仙。董君言沙杜膽街有一俄茶商，掛一龍旗，甚爲非理，宜告之令換。余與聖往告之，彼言："吾非主人，無權易換，君等亦無權强余換也。"余等知難理喻，返董君處。今晚張、金、董三人爲客，余、聖、平、冠及謝君爲主，談笑甚歡。歸，寢十一時已過。

十四日，七時半醒，看《石頭記》。出遇毅，同到聖寓。今日爲法國慶日，軍容甚盛，游行巴黎，在吕君檻外可望見之。乃同觀，畢，出到毅寓，還毅四佛五十仙，與毅作雅格之戲。歸午餐，聖來，言《午報》言民軍已入禁城，叛軍盡降，張逆逃入荷蘭使館云云。冠、雲、聰陸續來，議定電黎、馮、段三公，請其速召集國會，以奠邦基，嚴懲禍首，以伸國法，以旅法學、商、工三界全體名義，並告旅英、旅美同學諸君。聰後去，借羅蘭歌及蘭宋氏《法國文學史》去。同出購《時報》，十五仙，到吕哥桑堡園一游。歸晚餐，粘報，補作前三日及今日日記，寢十一時已過。聖言前公同請客，每人應出三十五佛八十仙,交與五十佛。

十五日,起八鐘,少看《石頭記》。出,以自行車訪瑩、新及秦君,皆不見。購《晨報》及《地方報》,十仙。到棣寓少談;到釗寓少談,約明日同往華法教育會。出到海寓,則海已出巴黎。欲往取考試費,入門,門者言今日禮拜日,局不辦事。歸午餐,少眠。毅、瑩來談,同出購《時報》,十五仙。歸晚餐,餐後何作忘之,大約看《石頭記》,寢時十一時已過。今晨曾訪昆吾,取來《東方雜志》一本交與聖章。達叟布盧君借去布爾熱氏之《門人》一本。

十六日,起八時,看《石頭記》。冠來,待聖章不至,去,約下午再往使館。午餐,少息。聖來,言:"今晨晚歸,故未能來。直往使館,君二人未至,乃歸。若下午,則余未能往,尚乞偏勞。"忽憶昨日曾與釗約二鐘到彼寓,乃同出。別後到貼現銀行,問余之國防儲金票可貼現否,彼言期前三月始能貼現,現尚未能。到釗寓,遇鄭女士,與釗同出,然未能往教育會。訪毅不遇,同來,來、冠、毅亦至,來許先借四百佛。同出,與冠同到使館,車價三十仙,晤程、金、張及胡公使,請其代電,得允,使館托代轉一信與聖章,係馮副總統復電公使及學界者。購《時報》,價十五仙。到毅寓,遇昆、棣,作雅格之戲。出,雨,歸晚餐。再至毅寓,同到聖寓,則聞聖來訪余,入其室內少待,聖歸,少議驅逐駐英施公使事,因其反對民國也。返毅寓,則新、釗皆在,談至十一時半始歸寢。聖還十四佛二十仙。

十七日,起八時,抄前所譯《東方雜志》數節。未完,冠、來陸續至,來借余一四百佛匯票,余當將下月學費還之,請冠獨往電英、美同學。二人去,續抄函致謝君。出到貼現銀行,因昨欲取出國防儲金票，今則不需故也。遇聰，同到觳斯特書局，請其代購梅業爾遜之《同及實論》、古爾農氏之《認識論》。購信紙、信封，價一佛七十仙。獨往取考試費六十佛，出郵費二十五仙，歸，出車價十仙。午餐，寫一信與塞納克先生，並寄與上月學費二十八佛，郵費五十仙。到巡警局請放行照，大雨如注者移時。往實業銀行取出四百佛，遇陳君，車價六十仙。到照像館選片，出欲入浴，然今日浴堂全關門。購《不移報》，十仙。歸倦甚，少眠。衡來，少談出，購《時報》，十五仙，到雲寓未遇，到毅寓，遇昆、釗、棣等，作雅格之戲。歸晚餐，接到《中華新報》多份，《民氣周報》一份，看報，寢已十一時。購荊條箱一件，價四十四佛。

十八日，起八時，少看報，在室中以冷水浴體。出到車站，問開車時間，彼言一上午七點三十分，一下午八點二十分。到價廉店購旅行提箱一件，價四十八佛，自攜歸，來往車價四十仙。到雲寓，遇汝玖，取回法來哥斯之《法國地理》、拉宛當之《加得理納》、盧斯當之《鷹雛》各一卷，戴子高之《顏氏學記》二本。到毅寓，遇衡、棣，作雅格之戲。歸午餐，毅、棣、昆、釗、冠來談。出到體操教習處，欲取還衣物，未遇。出購桃，價七十仙。到釗寓少談，歸購《時報》，十五仙。晚餐，收拾行裝，補作前三日日記，未畢，寢十一時，甚倦。

十九日，起八時，補作昨日日記，檢點什物。出到毅寓，遇棣，作雅格之戲。取前日所問書，價二十佛七十仙。歸午餐，再檢點行裝。出浴，價一佛八十仙。到瑩寓談，將黎洲遺著送還，並將《顏氏學記》借與一觀。歸，電車價二十仙。借與毅八十佛，此月房、飯及零費百二十三佛餘，與以百二十五佛，給婢子二十佛。晚餐,再收拾行裝,將所借毅、釗、雲書送還。以汽車同棣送行李到火車站,價五佛,以電車歸,價二十仙。棣來談,去,寢十一時半。

二十日,起六時。毅、來、棣來送行,同到車站,購票,上車,價毅先付。途中出食物錢一佛五十仙。下午四時半到琅巴爾一客店內,問有車到愛爾磯否,答今晚無有,明晨六時始行。小餐,同毅出游,返晚餐,再游,返,寢十鐘半。

二十一日,三時即醒,五時復寢,五時半起。車上不能載自行車,余乃以自行車行,出自行車油,錢廿五仙。尋得海瀕旅館,每月二百佛,以二月為期。午餐,少眠,入海浴,以自行車出游,歸晚餐。與毅同出觀日入,甚偉麗。歸,寢十時。

廿二日,起將八時,讀古爾農之《認識論》。午餐,與毅作雅格之戲。寄信與雲、棣、衡、瑩及巴黎房主人,信與中法實業銀行,請其將下月學費撥與來庭。入海浴,作前三日日記。晚餐,出游,歸,寢十時。

廿三日,起七時已過,續昨讀。午餐,與毅同出,遇一石工,訴言苦甚,與之五十仙。尋一松林,久乃得之,今日甚倦。入一田家,飲其蘋果酒,毅與以一佛。歸失途,猿攀而上,松針刺足,然得上後,頗有"振衣千仞岡"之勢。歸,入海浴,寄片與平、海徐、釗、鄭女士及□①。晚餐,作雅格之戲,飲布列顛酒一杯,寢十鐘。今日心甚亂。

廿四日,起八時,續昨讀。午餐,寄片與聰、玖、冠,函與競及塞納克先生,出郵票費一佛半。入海浴,少息,晚餐,飲布列顛酒

①編者注:原於"及"後空闕一字。

一杯，寢十時。

廿五日，起七時半，續昨讀，接塞納克先生信一，海自聖布列來片一。午餐，作雅格之戲。出購石油、麻刷、糖食等物，價一佛五十仙。到自治局，請其於允許狀簽字。歸，洗自行車，稟函與長兄，未完。入海浴，以自行車出到布呂連鄉。歸晚餐，少游，遇一格魯君談，寢十時已過。

廿六日，起八時，少看英文，作網球之戲，以自行車少出游，歸午餐。接謝君及棣信各一封，並棣代定《郵便報》一份，中言中國北部已靖，至南部則激烈派甚爲騷動，因段內閣皆以溫和派組之云云。作網球戲，飲 Fraise 一杯，入海學游泳，出少息，晚餐。到格魯君家談，彼往購魚肉，同往，則見一大魚，重一二百斤，一老漁捕魚五十年，此爲其第二次所得大魚，此地各家購一塊，津溉全邑矣。歸，以爲九時半也。飲啤酒一杯，至外間少坐，月色甚佳，然余錶實已停，寢將十一時。

西游日记(一九二七——一九二九年)

叙　言

　　我於民國十六年初夏，同瑞典的赫定博士率領着西北科學考查團到中國西北部作科學的調查。十七年冬，因爲本團在新疆工作時有困難，並且合作契約已經將屆期滿而工作却全正在中途，也有請求國民政府允許延長合作期限的必要，乃將團長事務托給袁希淵先生，同赫定博士先回北平，報告本團的理事會，然後同到南京，請求允許延期。統計我離北平共有二十個月之久，這一年多的工作，也總算成一小小段落。我個人對於科學有很高的興趣，但是對於科學自身却根本是門外漢。旅行時候的常識，比方説，照相、畫路綫圖一類的事情，我也完全不曉得，所以我這二十個月的旅行，個人毫無成績的可説。可是因爲各團員的勇猛精進，全團①的成績非常的好。我在新疆的時候，曾寫較長的報告書一篇，因本團采集人莊永成等回內地的方便，托他帶回來。不

①編者注："團"，原誤作"國"。

幸那時候南北初統一，東三省對於從新疆來的人頗有猜疑，該采集人等被捉處獄中數月，所以這篇報告書也遺失了。東歸以後，《東方雜志》的編輯曾由我的朋友周魯迅先生轉請我將本團二十個月的經過及工作大略寫出來，我當時答應了，可是遷延復遷延，直延到一年多，這篇東西還沒有寫出來；這是我十二分抱歉的。現在因我印行日記的方便，把這些東西補寫出來，權當作日記的敘言，并且向魯迅先生同《東方雜志》的編輯表示歉衷。

一、西北科學考查團的由來

我國學術界的同人從很長的時候，就感覺到：知識、科學是國際的，無國界的，而研究科學、增進人類知識的榮譽，則當歸之於各國的個人。我國從前對於科學方法不甚講求，所以對於科學，尤其是對於自然科學的貢獻，非常減色。近來從各國留學返國的人很多，已經有了自行研究的能力，而内憂外患頻至迭來，不惟不能獎勵研究，並且阻礙研究。至外人一方面，則利用其優越的財力，對於我國的科學材料，"予取予求"，毫無限制，而對於珍貴不可多得的材料，則巧取豪奪，潛運境外！如果這一類的情形，不能有所挽救，則我國學術前途，要受到無從計算的損失。因爲深切感覺到上面所説底危險，所以大家總想把國内的重要學術團體聯絡起來，組織起來：自己出發到各地搜集材料，以爲精深研究的預備。至對於外人，則懷抱友誼，能與吾人合作者固所歡迎，至若企圖文化侵略，想攫奪科學上珍貴材料者，則設法拒絶，不使再涸吾土。民國十六年春中國學術團體協會就是因爲想達到這種目的而組織的。這個時候，恰好有瑞典地理學大家斯文赫定博士想到我國西北部繼續他從前數次所作底考查，來商議合作辦法；我們的協會就派人同他交涉。折衝最多者爲劉復博士。協商十餘次，乃於四月二十六日訂立合作辦法十九條。協會接受赫定博士的補助，組織西北科學考查團。本團成立的經過，大約如此。

二、西北科學考查團的團員

我國團員共十人；歐洲團員共十七人。我國團員：一袁復禮，字希淵，研究地質、考古及畫圖；一黃文弼，字仲良，研究考古學；一丁道衡，亦字仲良，研究地質及古生物；一詹蕃勳，字省耕，研究地圖學；一崔鶴峰，字皋九；一馬叶謙，字益占；一李憲之，字達三；一劉衍淮，字春舫；四人均爲本團氣象學生；一龔元忠，字獅醒，爲本團照像員。我此時，住在北京甚悶，也想跟着出去玩玩，大家就以團長相推，原因大約：第一因爲我比他們全大兩歲；第二也或者因爲我對於科學毫無所長，使我招呼團裏的行政，也是使我容易藏拙的意思。歐洲則除赫定博士以地理學大家任團長外，瑞典團員四人：一蘭理訓（Larson）此人來中國已二十餘年，自用此名。日記中則取其譯音，名之曰拉爾生。爲隊長，指揮旅行中一切事宜；一郝默爾（Hummel），爲本團醫生，兼作人類測量；一那林（Norin），研究地質並作圖；一貝格滿（Bergmen），研究考古學。丹馬一人：哈士綸（Haslund），爲副隊長。德國十一人：一郝德博士（Haude），爲本團氣象主任；一米綸威（Mulenweg），爲本團會計；一李伯冷（Lieberenz），爲本團照像並作電影員；一錢默滿（Zimmerman），一海德（Heyder），一韓普爾（Hempel），一馬學爾（Marschall），一華志

（Walz），一狄德滿（Dettman），一馬森伯（Massenbach），一馮考爾
（Von Kaull）。外尚有瑞典人生瑞恒（Soderbom），隨本團照料事
務，然名不列團員中。出發時的團員如上述。到新疆後，德國團
員多歸國。瑞典又增研究地磁學并作大地測量的安博爾（Am-
boldt）。團中又用新疆的氣象試習生張廣福、趙玉春、翟紹武、趙
克勤等數人。至團中所用的聽差、厨役、采集人、牽駱駝人則隨時
雇用，多寡不同。

三、到額濟納河前分隊的工作

我們於民國十六年五月初九日自北平出發，二十六日抵茂明
安旗的ㄏㄚㄋㄚ河。因爲駱駝還没有買好，在那裏逗遛兩月。
在此兩月中，那林、貝格滿、丁仲良向東方屬喀爾喀右旗之白靈
廟附近，考查地質、作地圖并考古。黄仲良到白靈廟東的
ㄅㄠㄌㄨㄣㄙㄨㄇ尋找古城。袁希淵、詹省耕則於ㄏㄚㄋㄚ河附
近考查地質、作圖並考古。李伯冷、哈士綸等到白靈廟照了不少
的電影片。以後陸續回ㄏㄚㄋㄚ河，大隊終於七月二十二日向西
出發。此時團中所買得之應用駱駝三百一二十匹，爲從來科學考
查所未曾有之大隊。因工作的方便，分三隊前進：那林、貝格滿、
馬森伯、海德、生瑞恒、丁仲良率北分隊；袁希淵、詹省耕、龔獅醒
率南分隊；餘隨大隊工作。南北二分隊在大路南北三五十里内工
作，與大隊仍保相當的聯絡。到三德廟後，因赫定博士病，未能前
行，在此數日内，曾派韓普爾、錢默滿、馬益占、劉春舫到東南二百
里許的三道橋，作普通的調查。劉春舫即於此次作畫路綫圖的嘗
試。因爲要向前趕路，南北分隊所作詳細地圖，至三德廟後停止，

以後止作路綫圖並考查地質及考古。過三德廟後，水草漸乏，駱駝亦疲。劉春舫所試作底路綫圖，大得赫定博士的贊許，以後李達三馬益占等亦皆漸漸學會作路綫圖。大隊於九月二十八日到額濟納河，北分隊續到；至南分隊則因繞到鎮番附近工作，於十一月大隊西行後數日才到額濟納河。

四、額濟納河附近及西面大戈壁中的分隊工作及其困難

我們在額濟納河的ㄙㄥㄉㄨㄦ休息了四十天。這時候的工作的分兩路：一爲額濟納河下游及索果淖爾附近；二爲額濟納河上游，直到毛目縣。到額濟納河下游工作人很多而以赫定博士之畫河圖及測湖深爲最重要。劉春舫同馬學爾沿額濟納河上游至毛目縣送信購物，春舫並畫沿路地圖。黃仲良則從河下游繞至上游，尋找古城。此一段工作止有作地圖、考古、氣象觀測等，至地質則無人作。在此設一氣象測候所，留錢默滿、馬益占、生瑞恒同數僕人繼續觀測。又擬設一氣象測候所於包頭，乃派崔皋九率數僕人運沿路采集品東歸，并籌設包頭的測候所。然以後因爲經費支絀，此測候所終未設立。從額濟納河到新疆哈密，共分五起三路。在額濟納河時，團中所帶錢已快用完，因派華志先率數僕人到迪化去取，轉迎大隊於哈密。其所走路爲近來商人避重徵向北所繞路，南望ㄅㄚㄏㄢㄅㄡㄅㄡㄨㄉㄚ（白神山）。後又派郝德、韓普爾、狄德滿、馮考爾、李達三率一隊先到哈密，籌設那裏的測候所。他們所走路爲商家所通行路，偏南，近馬騌山，就是通常所叫"連三旱""連四旱"的路。以後袁希淵所率之南分隊西行時

也走此路。大隊於十一月八①日動身,初意另走一中路,歸結走到華志所走路上。至那林、貝格滿、馬學爾則取較大隊偏南路,傍白神山根走。後米綸威前行購糧迷路錯至星星峽,赫定博士因病後行,不經大石頭,徑至廟兒溝,則又途中之歧出者。我們在額濟納河時預備不到四十日可到哈密,所以止帶四十五日的糧,歸結走了六十二天!并且走了四十八天不見人烟的地方!冒大風雪仍須前行!幾乎可以説已經陷到"糧盡援絶"的窘境!幸止損失駱駝:至於人雖忍飢,却并未損失一個,不可謂非不幸中之大幸。我們從ㄏㄚㄋㄚ河出發的時候,從歸綏購買的糧食很豐富。據説如果管理得宜,走到哈密,可以饒有餘裕。可是因爲管理的不得宜,任便的浪費,到額濟納河上的時候,已經感覺到不敷用。以後又派人到毛目縣補充了一部分;出發三五天後,又覺到將來萬不能敷用,一方面立即減食,一方面派米綸威帶幾個僕人及輕便的駱駝,趕到前途,購買糧食。不料米綸威走錯了路,走到星星峽;又因不認識那邊的官兵,誤認爲土匪,新疆官兵當楊增新時全無制服。甩下駱駝,冒數日夜不飲食的危險,才逃到廟兒溝。以後到哈密,經那邊官吏的幫忙,才購得糧食。等到他迎着大隊時,我們遇着人家已經兩日了。沿途困難已詳日記中,不再述。此節除路綫圖、氣象觀測照舊進行外,考古及地質工作的結果殊嫌貧乏。一因爲此地荒古時即如今日,居民殊不多見;二因爲後半節團員飢寒交迫,冰雪遍地,也就不大能工作了。雖然如此,我們因此得到旅行上極有趣的經驗,並且少破前後單調奮勵工作的沈悶,這一

①編者注:原於"八"前衍一"十"字。

節苦寒的旅行，也算自有它的價值了。

五、入新疆後的困難及其工作之分配

我們天然的困難剛過，人爲的困難又起。治理新疆十七年之楊增新對於內地人士本多猜疑，加之此時時局緊張，謠言甚多。隨便詼諧的"打手"，李達三有一表弟給他寫信，戲稱他爲團中打手，新疆檢查信件得此函，大爲驚疑。我們第一次見楊將軍時，他還拿出來這封信讓我們看。隨便取名的"團長"，道路傳言中外合組兵一團，帶各種最近世的利器往打新疆。謠言之興，團長一詞很有關係。新疆軍界，營長以上均稱統領。哈密阿副將見我時，稱我爲統領，他一定仍以我爲軍界的團長哩！全成了謠諑的起點。楊將軍疑惑本團爲馮玉祥將軍所派遣破壞新疆秩序者，乃調兵遣將，抵禦本團於境上！華志至迪化後，不准送款至哈密；郝德等至哈密後，不准設立測侯所，送至迪化。境上新調到的兵力有數千之多！及至十七年一月二十三日全團到哈密，他們看見來者不過是些風塵憔悴的書呆子，疑團始漸減少。二月二十七日我們到迪化。以後見楊將軍，說明來意，他對於我們的疑惑，雖未完全消釋，可是很承他的優待，對於工作，亦准儘量發展，不加限制。新疆方面的困難始行告一段落。新疆開頭覺得我們爲馮將軍所派遣，攻打新疆，至甘肅方面則因我們從北京出發，而北京當時仍屬奉天的勢力，所以疑惑我們爲張作霖先生所派遣，攻打甘肅！道路傳言又謂本團有飛機，有大炮，然則我們額濟納河上所留底團員，必有軍事作用，自屬毫無疑義！並且本團的飛機雖屬"查無實據"，而大炮則殊屬"事出有因"！本團因爲要放輕氣球，探查高層的風向，所以帶了不少長五六尺、徑六七寸的大鐵管子！這樣的"大炮"，留了十幾架在額濟納河上,當然不能使甘肅省政府安心! 他們開頭派員檢查,以後又強迫團員馬叶謙、生瑞恒到蘭州,解釋一切,生君到蘭州後,並且真正坐了兩天的牢獄! 直至我們電達國民政府的蔡孑民先生,得蔡先生向馮將軍解釋,始被允許繼續工作。且此事尚有一節頗可慰藉:即馬、生二君雖到蘭州,錢默滿君却仍留ㄙㄥㄉㄨㄦ的測侯所,測侯工作並無間斷是。——新疆工作得允許後,赫定博士即與我斟酌分配:除了哈密的氣象測侯所終未得允許外,在新疆境内,設氣象測侯所三處:一迪化,一婼羌,一庫車。又於三處附近山上設副測侯所各一處。迪化的副測侯所,在迪化東百里之博克達山中,由韓普爾、翟紹武、趙克勤輪流在兩處觀測。婼羌副測侯所在南七十里山中,由狄德滿、李達三、趙玉春輪流在兩處觀測。庫車副測侯所在西北離庫車八十公里之喀拉庫爾,由華志、劉春舫、張廣福輪流在兩處作觀測。郝德博士則周流各處;等到十七年冬我們將回北平時,他並且得允許,將到吐魯番作數月觀測。那林到羅布淖爾附近各處考查地質;貝格滿同哈士綸也到羅布淖爾附近考古。黄仲良先到吐魯番後順大路附近西行到天山西端;丁仲良亦起於吐魯番,後循天山根西行至天山西端。袁希淵則在天山北路各處工作。當日工作計畫大略如此,至次年考查期延長後,工作區域均有擴大。工作計畫既定,外部困難減少而内部的困難又起。緣赫定博士原定考查計畫,本想利用新式飛機航行天山南路大沙漠,畫地圖並探尋古迹,他因同德国国家航空總公司 Luft-hansa 訂立契約,該公司供給考查用費,用該公司飛機以爲該公司作宣傳。此項計畫曾在北京提出,因當日的航空署反對,遂暫擱置。可是赫定博士總還想到新疆後從楊將軍處設法挽回，然終無成功。以後 Luft-hansa 不願繼續契約，以致德國團員紛紛歸國。本團中國方面本無固定經費，此事既起，全團經費根本成了問題。赫定博士不得已，乃於是年五月六日回國，另外籌募經費。經他努力的結果，經費不成問題，而新疆方面的困難又起！起初還覺得是無意中的誤會，以後才知道是有意的妨害。赫定先生同我本來計畫十七年冬穿天山南路大沙漠，乃竟毫無理由地被阻止，止好留團員在那邊工作，暫返北平，再往首都訴之於國民政府。此事經過，日記之末已經摘要述說，不再贅。

六、此二十月中工作的成績

我們東歸以後，大家見着常問我們有什麼新發現，好像疑惑我們是否有新發現，他們把新發現看得異常名貴，其實發現又何嘗是那樣希奇難能的事情？我們在那邊旅行，可以説没有一天没有新發現。因爲我們所走底路，除了新疆的一部分及額濟納河附近，從來没有科學家到過那裏。隨便畫一點路綫圖，檢幾個石刀石斧，把它記載起來，何一非新發現者？最重要的發現，則爲袁希淵在新疆阜康縣三台附近所得之恐龍化石。此化石在下侏儸紀地層中，在亞洲尚屬第一次發現，並可以推倒從前地質學家天山東段無動物化石的斷定。瑞典有一地質學家對赫定博士説：“你們費巨款，作考查，即使止得此一件大發現，已屬不虚此行。”其言洵非無理。外如丁仲良在茂明安旗内ㄅㄞㄌㄢㄅㄡㄎㄞㄡ（富神）山所發現之巨大鐵礦，或將爲中國北部之漢冶萍。黄仲良亦發現若干古城，工作甚好。郝德博士的氣象觀測亦爲從前無人作過之工作。羅布淖爾位置問題，久爲學者所聚訟。赫定博士既證明今之羅布淖爾係南移，並非中國古圖的錯誤，如 Prshevalskiy 所説，這一次那林到那邊，看見羅布淖爾又復北移，南邊的湖又將乾枯，更足證明赫定博士辯正的無誤，且中國西部最大的湖位置變遷，我國及世界學者尚全未及知，此發現更有關係。至於我們全團對於赫定博士全表感謝，他在經濟上對我們一部分的幫助還是小事，他的工作精神，老而益壯，實足使全團得一種興奮劑。全團工作良好，他實應居首功。在這一切成績以外，還有兩件很好的結果，深應注意：第一，這一次的考查足以證明中國科學家對於工作的强固意志及豐富能力，并不像歐洲近視眼的外交家所説："中國的人那裏知道大沙漠是什麼！他們將來走出包頭不遠，即將全體轉回北京！"第二，這一次的考查足以證明我國人並無盲目排外的意思，如爲誇大狂所蒙蔽之歐美人所宣傳。這兩件證明實已足在精神界中開一種一紀元。至於我東歸以後，本團團員繼續作很重要的工作，得優美的成績，因爲不屬於我所談底一節，並且我現時知道的也不詳細，暫且不談。

我對於我們此次考查所要説底話，略如上述。至於現在所印底《西游日記》，不過是每天所隨便紀録，無大可説。我東歸以後，總想把它整理一番，再行問世。遷延一年，終於沒有整理，聊草的把它印出來，實在是我很抱歉的。不過我所記底事情全經過一次考核，像謝彬那樣大段抄録成書並且采道聽塗説的話引他族人的反感，則還不至於。謝彬《新疆游記》載纏頭幼女至若干歲即請回教中阿訇開窟窿。我覺得這種初夜權的遺留，頗有興趣，所以就在各方面打聽，結果是確知並沒有這一類的事情。並且聽說懂得漢文的纏頭，因爲謝君這樣的瞎説，對於漢人頗抱遺恨云。雖然如此，這是否足以贖我懶惰的過失呢？

徐炳昶。民國十九年八月十八日北平。

第一卷　自北平至額濟納河

中華民國十六年五月九日，因爲要到中國西北方，作科學的調查，受中國學術團體協會的委托，用西北科學考查團團長的名義，率領團員自北京西直門上火車。團員同行者八人：黄文弼仲良，丁道衡仲良，詹蕃勳省耕，龔元忠獅醒，崔鶴峰皋九，李憲之達三，馬叶謙益占，劉衍淮春舫；還有瑞典團長赫定博士，郝默爾醫生；從行僕人一；王殿臣；赫定所雇采集人三。同車者有李仲揆先生率地質系學生五，日本地質學生一。共二十三人。火車原應十一點五十分開，然實在開車時，已經過午。下午兩點過昌平，風起，時有黄塵如柱。麥止有尺許高。兩點二十五分至南口，微雨數點，然旋晴。王殿臣同赫定僕人下車買東西，火車已開，大家非常驚惶，以後才知道是倒車，驚惶始止。過青龍橋時，已經四點。山勢漸低，山間有殘餘碉堡頗多，寬廣各一二丈，每邊三門。山根有石河，沿河還有幾個碉堡，河外就没有了。四點半過康莊，已屬平地。五點至懷來。城在車站南邊，極大，半在山上，半在山下。自西邊望去，城內山上並無居民。過懷來，不見麥苗，問人，始知亦有麥田，不過甚少，且皆春麥也。六點過新保安城，城頗大。有稻田，沿大洋河畔。路北有雞鳴峪城。聞山南有煤礦，有高綫鐵路，尚未築成。至宣化時已過七點。過張家口後就寢。

　　十日，早晨醒，已到大同，車停甚久，開時已將六點鐘。天氣甚冷，穿一件毛背心，僅能支持。後過孤山、堡子灣等處，村落很稀。七點鐘過豐鎮，後過紅沙壩子、官村、蘇集。蘇集附近有天主教堂，頗宏大。九點四十分，過平地泉。十點十分過三岔口，地勢甚高。看高度表，已出海面一千五百公尺，宜溫度很低。出長城後過八蘇木、十八台、馬蓋圖、卓資山、福生莊、三道營、旗下營等站。兩點半至綏遠。出塞後，土地大約全已墾闢，但樹木幾屬絕無。再看高度表，又降到出海面一千一百公尺。過綏遠後，樹木復多，乍視若內地。過畢克齊、察素齊，至陶思浩。北望陰山，山勢雄奇。後又漸低降。過麥達召、薩拉齊、公積坂、鐙口，南見黃河。七點多鐘到包頭，瑞德團員至車站來迎。雇車入城，至團中所租屋住下。晚飯後，赫定、仲揆同我全有演説。睡時已十二鐘。

　　十一日，五點多鐘起，整理一切。午後到縣公署，見縣長李君。李君名尊青，字少白，年三十餘歲。歸後騎駱駝出游，將出城，但因天晚，恐不能進城，在城內繞個灣子，就回到寓所。寫理事會及家信各一封。晚餐後，赫定因出京時有四箱遲到車站，未能帶來，後接電知爲稅關所阻，請我給半農打一電報，請其到稅關交涉，遂公同擬一法文電報，但因時晚，必等到明早，才能發出。寢時已將十二點。

　　十二日，早起，晨餐後，打起裹腿，背上望遠鏡同水壺，携起手

杖,同仲揆、黃仲良、省耕、丁仲良、地質系學生及赫定所雇采集人
莊永成同出城東北門,探尋古迹。剛出門的時候,忽然感覺到:現
在雖然還沒有求得到知識,然而也像個求知識的人的樣子。從前
多少年的人,想求得知識,却專在斗室故紙堆中繞灣子,那怎麼能
行得了! 人類的使命就在征服自然,並沒有其他的話說! 想征服
自然,却不到自然界裏面去找,那豈不是南轅北轍! 出城六七里,
有一地名二道壩子,泉出涓涓,至爲宜人。道右有小阜,仲揆説那
邊或有古物,可以去看看。大家分頭找尋,黃仲良得一石斧,大
喜。又前行五六里,道左有一大村,名開周窯子;右有一小村名老
包,後知爲鄂博的轉音。老包村後爲昨日仲揆所找得底有古器物
的地方。仲揆引我們至此,即分路率領學生往北山找尋地質材
料。丁仲良隨之前往。我同黃仲良、詹省耕、莊永成往老包村後。
途中,我也得了一件石斧。以後跑了一兩里,分途尋找,很找到幾
件東西。回到老包村大道左,見一老人正在種豆。問他,知道他
姓楊,住此村已經七世。現因土匪_{又稱獨立隊,全是戰敗的軍隊,楊老人則}
_{稱之日歹人。}不靖,他們全不敢在家住,搬到城裏;老包已成空村。
我們因爲他們房子已空,就要求進去看,希望或者能得一點風俗
的材料。他的房子雖不潔净,却還整齊。室中供有福禄壽三星神
像。包頭睡土炕。楊老炕上一尺多高,先用紙糊好,後繪兒童於
上,頗整肅可觀。畫後用油油一過,故頗堅固不易破損。後知本
地便家皆如此。出老包折回,途中見左旁有一大墳,圍以周墙,往
視,則題"前國會議員綏遠中學校長王烈士亞平之墓"。叉路,到
劉保窯子,天已過午,我們還想到前面尋找古器物,見一大門,叩
門乞茶,一婦人引入室中,主人年五十許,王姓。問王烈士是否即

其本家，據言即其弟，因在綏遠辦報，得罪了人，潘都統時被害，後經昭雪，乃立墳作紀念云云。飲茶後乞食，彼命婦人烙餅，得飽食，情意殷渥可感。飯時聞雷聲，恐天雨；飯後出，則無雨而風大起。目的地即在村南，地方甚大，陶片石器頗多，惜風太大，止尋找一周，遂返。今天我們第一次作工，成績頗佳，得石器陶器數十件，心中非常痛快。歸少息。晚餐後因仲揆明日將返薩拉齊附近，考察地質，談頗久。向仲揆商借高度表，仲揆慨捐本團，至爲可感。寢時十二鐘。

十三日，六點起，與仲揆及地質系學生作別。天氣頗寒，加衣不暖。午後少睡，騎駱駝到城外。歸後補作前幾天日記。晚餐後與赫定先生及黃仲良談論考古，見赫定先生在古樓蘭所發現之書札古物照片。寢時十一點多鐘。

十四日，昨晚剛睡下，袁希淵到，復起，談論至一點鐘寢。晨起將七點。早飯後同黃仲良，及采集人白萬玉、靳士貴同到西門外里許西腦包，_{包頭土語來泥二母混淆難分。腦包仍即鄂博的轉音，蒙古分界處置石堆，名曰鄂博。}尋找多時無所得。西北行，至一廟，內附設小學校，未見學生及教員，止有一守廟老人。學校扁上題地名爲井坪，問人則稱爲井兒平梁。_{梁字念的極輕，廟內令規牌亦如此寫。}廟內供馬王、牛王、騾王、龍王、財神等。廟宇甚新。白君請守廟老人烹一點茶，答言出門找一個人就來，遂一去不復返，時有兒童探頭而已。後始知此地爲"獨立隊"所擾害，已成驚弓之鳥，我們異言異服，老人嚇極，安敢再來！又往西北行二三里許，折而南，至一村，村名尖坪。後有一小廟，廟旁有大樹二。廟中神像，三鬐長鬚，帶道士冠，頗端嚴，不知何神。前有一神牌，取出一看，上題"供好蚜_{俸虮蚁}

之神位"。外有一八楞兩端細中粗之一小軸,上寫上上、中平、下下等類的字,知爲卜卦所用,遂竊携歸。南至黃河岸,想看看從甘肅來的牛皮筏子。問人,則今年尚未到。用遠鏡隔岸望見鄂爾多斯境内的蒙古廟。到村茶館裏面吃了兩碗麵。左鄰即爲一鴉片烟館。聽説綏遠境内鴉片全是公買公賣,回寓已經七點,今天所走,大約有四五十里路。

十五日,晨起七點多鐘,早飯後出買布靴一對。又至中學校,遇校長陳君國英,係中國大學畢業學生。學生五十餘人,共兩班。至教育局,遇一王君。返寓時兩點多鐘,大雨雹,大者如棗。雨止時,外國人可用以相投爲戲,足知其多。

十六、十七、十八、十九四日,没有作什麽事,净給税關打麻煩。起初是塞北關藉口財政部的訓令,一定要收税,後來是統捐局也要收税,我們因爲以前絶無此種惡例,堅持不許;以後因爲要攢趕路程①,一面暫允納税,一面分函理事會,請其力争。因爲這些麻煩,起程耽誤兩天。十八日始全移至城外,十九日仍未能起行。十八日下午到澡堂沐浴。

二十日,早五點起,收拾上路,然出發時已八點一刻矣。此行先雇駱駝到白靈廟,赫定先生自購的駱駝在那裏等候,到那裏换駱駝後,再往西行。過井兒平梁、二道沙河、大仙廟。此時曠野荒荒,始有出塞之感。朗誦摩詰《老將行》,倍覺壯美。又覺今日炮火發明,至殺風景。曼衍游思,亦極可笑。復前,過毛鬼神窰子,土人讀若包鬼生窰子。公忽同,到崑都崙口子,也叫作七爺口子。地

---

①編者注:"程",原誤作"裎"。

依烏拉山根,離崑都俞河約一里,過此即將入山,故亦名前口子。至此地時約兩點鐘,即行止宿。帳篷搭好後,即同黃、龔、崔、馬、劉、李諸君,往觀崑都俞招。招去住地約八九里,署名法喜寺,爲烏喇特旗東公家廟。墙全白,上有紅邊,遠望似洋式樓房。招內記名喇嘛,聞有千餘,但現因時局不靖,富者多往後山或家內居住,現在招者不過百餘人。聞爲康熙年中建。每年自陰曆六月十五起至十九止,爲誦經大會,遠近來的人甚多。其正殿初不肯開,藉口於道人把鑰匙帶往後山,知其託辭,堅請乃許開。正殿前外面繪四大天王像。手中所執法器與內地所塑同,但面頗醜惡。天王東有一圓輪圖,似六道輪迴圖。西旁有一大方格若圍棋盤,每格內有一藏字。問喇嘛,則亦但識其音,不識其義。殿內初觀略如雍和宮大殿,前掛一阿彌陀佛像。中爲大喇嘛法坐。再後有佛像五尊。中一爲釋迦像,右一爲多羅菩薩像,左一爲宗喀巴像。餘二尊不知何名。周圍皆畫壁,甚佳,惜光甚暗,不能照像。上仍有一層,樓梯在外,大體略如香山之招廟式。既登,又不肯開,强而後可。前正面有二銅獸如羊,中有一銅輪。龔①君照像一。聞廟中一喇嘛,新自後山請來,年十八歲,但其分位與大喇嘛等。蓋蒙古招內大喇嘛皆與四活佛相類,依轉生説選定。廟前有一小林,或楊或柳,非常繁茂。可知此地氣候土宜尚宜樹,但無人經營,致樹木極少,殊堪惋惜。返甚困乏。崑都俞河寬約五六尺,上有一獨木橋,過時頗競競。今日出行第一日,即將水壺打破,心甚不適。晚餐後少息即寢。

---

①編者注:"龔",原誤作"襲"。

二十一日，四點半起，啟行時已七鐘。入山，循崑都崙河谷北行。谷中村落甚稀。山勢頗佳，然聞偏西四五十里，有哈德門口子，風景更勝。二十里至沙壩子，路旁有三炮彈直立，聞爲國民軍退卻時所遺，原在道旁小山上，共有七枚，有人戲移置三枚於此。彈尚未炸裂過，置此殊覺危險。再前有國民軍遺棄破汽車二，亦無人取。尚有死馬骨一，亦當時所遺。山過沙壩子以後，巖石頗少，大約爲沙土所積。迤邐二十餘里，過崑都崙後口子，山勢始完。又得一小平原，沿河村落較多。二點鐘至王營塔五分子即止宿。今日天氣頗暖。此地當日領蒙田時，分田受土，地名五分子、六分子、七分子等類者甚多，必須冠別字，才能分別。五分子高度出海面一千二百五十公尺。

二十二日，起及出發時略同前日。過榆樹塔子、ㄊㄞㄒㄢㄍㄩ七分子、公義明、二滯泥溝、六分子萬利號等地，至腦包店止宿。今日上午有風，天氣頗寒。下午風愈大，搭帳篷時頗爲繁難。今日所行地逐漸增高，頗有陵阜。腦包店四圍離山不遠，聞"獨立隊"駐地離此地不過二十里，兼天大風，是晚特別警戒，軍士八、學生四、歐人二，分兩班，披老羊皮襖，輪流守夜。夜中如獨立隊果來，戰鬥員與非戰鬥員宜如何動作，皆分撥明白後始寢。寢時至爲警備。腦包店出海面千四百公尺。

二十三日，風止，天朗氣清，然甚寒。昨晚風狂心驚，頗像中國的現狀，希望明日的中國得如今日，雖尚嚴寒而已天朗氣清也。啟行三四里即入山；土人名腦包山。過六叉灣溝、架竿兒旗溝、察罕音格，問土人音似如此。至紅瓦地公宗止宿。尚未到六叉灣溝時，見山上有一石堆長城，上山一看，見有數丈尚齊整，似年代尚不甚遠。南北綿延頗長，不知何所起止。疑爲明代築，但尚未得歷史證據，留以俟考。山勢至架竿兒旗溝已畢，然仍有岡①阜。山中所種以鴉片爲多。今日風甚微。四五點鐘時最低溫度爲三度。紅瓦地公宗高度出海面千六百二十公尺。然聞郝德博士説，此地實出海面高度當爲千六百八十公尺。

二十四日，今日所行地無山，止有陂陀起伏。過ㄒㄥㄙㄨㄥㄒ；再前，道右爲巴顔腦包；再前，道左有大村叫作同興公，道右有村，叫作四誠公；再前道左爲ㄙㄖㄐㄡㄕㄍㄍㄚ；再前爲公衆塔；再前爲二極土；再前爲ㄏㄝㄐㄜㄧㄢㄊㄤ；再前到ㄅㄞㄅㄣㄘㄉㄍㄣ，或作ㄅㄞㄅㄣㄘㄉㄚ，止宿。ㄏㄝㄐㄜ爲從前村名，ㄧㄢㄊㄤ爲洋堂的轉音。因爲那個地方有一個天主教堂，所以那樣叫。搭帳篷後，少息，聽説教堂内有郵局可以寄信，遂寫家信一封，同黄仲良、皋九再到ㄏㄝㄐㄜㄧㄢㄊㄤ寄信並參觀。教堂外有一土寨，四角有炮樓，頗整齊可觀。内有居民約百家，有一教堂，一小學。教堂建於一千九百零四年。一千九百二十三年曾爲土匪所破，一神父被殺。據神父言，自建教堂至今日，與土匪衝突，至少也有二十次。現内有民團，自爲守望。教堂爲土建，<small>此地無製磚窰</small>。窗則以繪聖迹的玻璃作成，這一定是從外國運來的。内中布置楚楚可觀。堂南側有一小榆林，聞已六七年，粗才盈把。小學共三班，四十餘人，共一教室，一教員。教員李姓，年約二十，着一短布襖，人頗質樸。黑板上寫《百家姓》數句，大約即其教材。寨外土坡上有一小聖母堂，則用磚建築。固陽縣城内亦有一教堂，外尚有二分堂，

---

①編者注："岡"，原誤作"罔"。

信教徒約千餘人。現神父二西人，一爲比人，一爲荷蘭人。我們往那裏參觀時，他們因爲赫定先生路過拜訪，來ㄅㄞㄣㄅㄉㄍㄣ回拜。回來以後，同他們很談一會子。據説：固陽一縣地，種鴉片者約兩千頃。去年縣知事每畝收洋二十元。每畝中收可得洋百元，上收可倍，所以禁令成爲具文。大約出禁令的商震也並沒有真去禁止的心思。聽拉爾生説，ㄅㄞㄣㄅㄉㄍㄣ當爲蒙古語ㄅㄞㄣㄅㄉㄨㄎ的音變。ㄅㄞㄣ即漢譯的伯顏、巴延等字，其義爲富；ㄅㄉㄨㄎ的意思爲泉；ㄅㄞㄣㄅㄉㄨㄎ就是富泉的意思。今日中午天氣頗熱，然聞井内尚有堅冰。高度出海面一千五百九十餘公尺。聞土人言，天主教神父亦時以槍械供給土匪，未知確否。

二十五日，今日所行路比昨日起伏較大。過ㄨㄝㄦㄊㄨㄏ；再前爲ㄆㄨㄉㄧㄝㄉㄧㄝㄚㄙㄨ，村落頗大。自此以後民居已完，入蒙古草地，無復村落。又四五里，過一地，有水，尚未正午，即止宿。水並無源，不過一小湫，名曰ㄞㄅㄨㄍㄢ河。極困乏，小眠。午餐後天氣頗熱，到湫中小浴。到河東南小村一游。村名崔家灘，居民五六家。居室皆作洞形，上用灣形坯作成長圓頂，外以泥封之。前有門有一小窗。有秦姓老人頗知種樹，但所種樹因天寒不茂。此地食用點燈皆用菜子油，因煤油即在包頭，也得七八元一筒，太貴，故不能用。所用粗布皆自包頭販來；即包頭亦不出布，仍自他處販來，故價值約比關内貴一半。所食菜止有蔓菁、葱等類。

二十六日，今日所行地與昨日起伏大約相等。過ㄍㄨㄧㄚ，初見“蒙古包”，但裏面所住底人却仍是漢人。據他們説：他們是

ㄅㄞㄣㄅㄌㄚ的人，因爲那面没有牧地，所以來這裏租地牧羊，每年出租金約十三四元。又前行，過ㄍㄨㄣ，至一地，據土人言名ㄇㄇㄥㄋㄐㄚㄓㄚ，天尚未十一時，即行止宿。今日止行二十餘里。搭帳篷地依ㄚㄇㄙㄝㄦ河，仍爲一小湫。但河身内掘地不一二尺即可得水。西人乃掘一小井爲食飲之用。天氣甚熱，到上游一小湫内小浴。午餐後見二蒙古人，與之談，他們約我們到他們住的地方，因爲不遠，就同黃仲良及學生同去。他們所住並非蒙古包，却是一個帳篷。據他們説：他們是歸化附近的人，來此地游牧，因爲是夏天，所以不住蒙古包。他們有四百多匹馬，據説，每馬每月出租銀二錢。他們仍購食米穀及猪肉，並無“氊肉酪漿”。猪肉每一元可購五斤。仲良及諸學生争向之學蒙古語。但他們所説底話音頗不準。比方説：偏北小山頭上有一腦包，問他們叫作什麼名字，一個人説叫作ㄚㄇㄙㄝㄦㄚㄝㄞㄚㄝ，後二音如法文的 euveu；又一個人説叫做作ㄚㄇㄙㄝㄦㄏㄜㄌㄠㄅㄠ。再詳細問他們，他們就説兩樣説全可以行。——今天因爲赫定派隨從的蒙古人往前途探問從綏遠及ㄏㄚㄅㄣㄨㄙㄨ來的外國人聚集在什麼地方，所以止宿甚早。晚餐時，蒙古人回來，據説他們在東邊三十里一地方住居，彼處水草很好。赫定先生遂決定明日到那裏會集。——途中夜裏輪流守夜，昨夜應該我守夜，止睡兩點鐘。今日午後睡兩點鐘。

　　廿七日，早，駱駝已經裝好，要動身了，因爲駝夫的首領所騎底一匹白馬跑掉了，他就到處尋找，遂不能動身，復停下。午餐後隨希淵、丁仲良到南二三里小河邊尋找化石，絶無所得。先歸，換衣。與黃仲良、希淵登記前些天所拾得底石陶器殘片。今晚赫定

先生説：在此地西方三里許尋得一好水草地，明日移住彼間，等待
從綏遠各處來的人到那裏會集。

　　廿八日，移於昨晚所説底地方。這裏小山圍抱，止有西北方
平坦。中有清溪一道，爲ㄚㄇㄙㄝㄦ河的上流，在草地中得此，也
可稱勝地了。今日風頗大。睡兩時，午餐後，讀《蒙古源流》，見
內之專名詞漢音下全附有蒙古字，就想從此推求蒙古字母。互相
比較，也認識了十幾個。後悔在北京的時候，没有買幾本學蒙古
文的書。再登録石陶器殘片。今日從綏遠等處來的外國人全會
集此地，但止有六十幾個駱駝，所以還要等待多日。

　　二十九日，早起登ㄚㄇㄙㄝㄦㄏㄜㄌㄠㄅㄠ。蒙古境內鄂博
到處全有，此鄂博則比較完備。最高處有大石堆一，上積松枝。
前東南方有積石一列，中間插鐵叉一，又上帶一鐵環。兩旁有立石
二，再外有立木二，一木已倒。大石堆四隅各有小石堆成列，直走
山下。歸早餐，擬往四周小山上走一遍，先從西北方起。正北方
小山上，有積石三堆。ㄚㄇㄙㄝㄦㄏㄜㄌㄠㄅㄠ之東北有小山，
上有積石柱一，高將及丈，頗爲齊整。此類石堆疑並不爲表界用，
不過淺化人民美術本能之一種表現而已。下山，不欲終游，將歸，
遇黄仲良及馬益占在ㄚㄇㄙㄝㄦㄏㄜㄌㄠㄅㄠ上面照像，遂又上
去一看。午餐後給胡適之寫信一封。晚雨。

　　三十日，雨止，早有微雲頗寒。看郝德博士放小輕氣球，所以
驗輕氣上下各層的風向。午後郝默爾博士給我們中國團員打防
腸熱劑的第二針。晚身略發熱。寫家信一封。因爲決定明天要
到白靈廟一游，乃服ㄚㄙㄆㄧㄌㄋ一枚，早寝。

　　三十一日，早起，然出發時，已經九點多鐘。同行有黄仲良、

丁仲良、龔獅醒、那林、貝格滿、莊永成、靳士貴、楊厨及駝夫三人。路向東北行。途中起伏頗多，但無大山。今日身熱未全退，頗覺惡寒。午後下駝走十數里，頗爲困頓。三點抵一地，叫作ㄅㄞㄇ ㄑㄧㄚㄦㄚ，止宿。搭帳篷，支床後，簡直困的動不得了。略息，喝茶，吃飯，精神恢復。此地有山，不高，但亂石嶙峋，不像西面的沙阜。山根離止宿所，約里許，有一蒙古包，我同黃、龔、莊、靳及一駝夫去看。蒙古包的主人約四五十歲，有一妻，去山上放羊去；二子，也不在家。我們進去，他用酪漿享客，款待殷勤。包內西北隅有一櫃，開視則爲佛龕，上下兩層，供佛七八尊。佛皆係布上彩色繪畫者，幅的大小不一。問他們各家所供的佛，是否相同，答言完全相同。獅醒攝一影，遂出。蒙古人又來送牛奶一盆。早寢，熱仍未全退。

六月一日，早起，熱已全退，登山一望。啟行時，已九點多鐘。登駝後，不知手錶何時失落，行四五里後始覺，派駝夫回尋不得。午後始見一樹，在草地中，這算第一顆了。近白靈廟，又望見四五顆。遇見往西走的駱駝很多，全是往涼州去的商幫。白靈廟不像崑都崙招，一望全是中國式的房子。廟附近，有一河，灘甚大，水不過三四尺寬，但在草地中所見，這總算大河了；也叫作ㄞㄅㄨ ㄍㄢ河，不曉得與崔家灘的河，是否一河。此河即《蒙古游牧記》上之愛布哈河。過河抵廟西南二三里的小山谷中，止宿。晚餐後，到村內購物，這裏有漢人一二十家作各種生意，遂成一小村。櫃上陳列貨品的很少，大約是因爲蒙古人童駿，好亂翻亂看的緣故。室中大約有鴉片烟味，且間有爐炕未息，非常悶熱。

二日，早起往白靈廟。廟前及山間有若干小白屋子，全封閉，

無門窗，全是藏破爛經卷佛像的地方。入門後，尋找喇嘛，找了很
長的時候才找到。他開一大殿旁門，並且説這是中國人才讓進
去；如果是外國人，就不能進去了。喇嘛全説蒙古話，係由一宋姓
畫師翻譯。四壁①所畫佛像就是宋畫師前兩年所畫。據説廟爲
康熙年間所建，但民國二年爲蔡都統兵所燒毀，現始重建。佛像
中有極獰惡者，有紗帽蟒袍者，極攙雜混合之致。問宋畫師，據説
全是照舊抄録，絶無自出心裁的地方。看壁畫訖，内尚有一門未
開，喇嘛説前兩天有外國人來此照像，承認給他們布施，以後一個
錢没有給他們，我知道他想要錢，給他兩塊，並承許看完之後再多
上布施，他遂把門打開。這大約就是廟的正殿，中有三尊佛像，略
如内地。前有宗喀巴像。旁立像八，此八像前另有二像，極獰惡。
壁上嵌佛像千，外皆以玻璃蔽之，這些神佛也可謂受近代文明的
恩惠了！想同他商議照像，他説出去再説，出來以後，才知道這個
喇嘛止管這一坐殿；想看别殿，還需要另外找人，另外給錢。問他
們有多少處，他們好像説有四十處。如此無頭無腦，隨便看看，記
録不成，照像不成，却需要花好幾十塊錢。太覺不值，所以後面各
殿雖開，並未入覽，出來找他們頭目人。主持全廟的大喇嘛不在
廟，其下主事者聞爲大小ㄍㄙㄍㄨㄟ；大ㄍㄙㄍㄨㄟ也不在廟，乃
往尋小ㄍㄙㄍㄨㄟ。到他的住室，他已往村裏去，遂坐室内少待。
少頃，一老喇嘛進來，據説是白靈喇嘛，廟中實權雖在大喇嘛之
手，而學望却是白靈喇嘛最高。又一小會兒，小ㄍㄙㄍㄨㄟ也回
來，遂同他們談。這個時候有一個帶紅纓帽，穿長袍，腰間帶許多

①編者注："壁"，原誤作"璧"。

亂七八糟的東西，手上帶兩個戒指的人進來侍立，我們以爲是伺候白靈喇嘛的人，覺得狠好笑。開頭他們允許我們看，但問我們有別的意思没有，我們告訴他們説想照幾張像，他們堅持不許。説在殿外照幾張房子的像，也不答應。此時帶紅纓帽的人，忽然坐到炕上，大發議論，氣像洶洶，禁止我們參觀，即不照像亦不許入。問別人他是個什麽人，才知道他是貝勒府的一個狗頭差役，就是大喇嘛，也不敢大得罪他。没有法子止好出來。午餐後又同黄仲良到村中買東西，名爲買東西，其實是北京話所謂"撩閑天兒"。談話的結果很好，據説東北方尚有故城故廟的遺址，仲良異常地高幸。同時莊永成又同一個蒙古的駞夫到廟中同喇嘛交涉。他們回來以後，據説小ㄍㄙㄍㄨㄟ答應我們再去參觀，但不准照像，並且參觀以後，須要上點布施。遂決定明日六鐘起到廟參觀，九鐘動身回ㄇㄧㄌㄥㄢㄐㄧㄚㄕㄚ。

　　三日，早起，到白靈廟，進廟門時廟中無人，打發莊永成同蒙古駞夫往尋喇嘛，其左右配殿因工未完畢，故未關門，遂進内一看。遲之又久，一喇嘛出，開一殿門，則仍昨日已參觀過之殿，又走一轉，遂出。找別喇嘛，又找不着。找着小ㄍㄙㄍㄨㄟ，他説另外四廟，他管不到，須我們自己去找。白靈廟大約分五個廟，或四個廟，昨日所説底四十，大約是誤説或誤聽。我們就同他聲明，我們現在不要看了，但是也不能給他布施，因爲他太同我們開玩笑；説罷，遂返。駞夫來説，今日不能動身，須要明天才行。午餐後，登ㄞㄅㄨㄍㄢ河右岸山上一觀。山上大約不過八九十公尺，可是上的時候有一節狠艱難，用手助足，才能上去。山上有一鄂博，上插二松枝，每松枝上纏有一布，上印藏文經句；一布已時久無存，一布尚存殘片,遂將殘片解下帶回。補作前幾天日記,又上河左岸山上一觀。此山比右岸山少低。看高度表,支帳篷處,出海面千四百一十七八公尺,山上則一千五百零二三公尺。

四日,六七鐘時起,東西全整理好,等駝夫不來,往問,則彼等正在殺羊作餐,須吃飯後才能動身。又等了多時,還不來,又往問,則已吃罷,但有三個駱駝跑掉,他們又去找駱駝。此時郝默爾、李伯冷、哈士綸從ㄇㄧㄥㄙㄢㄐㄧㄚㄗㄚ來,少談。又去問駝夫,則彼等受拉爾生的命令,去村中尋買雞蛋,還需要幾點鐘才能走!我非常地生氣,蒙古人似乎全無時間觀念,以致我這半天完全虛擲!少吃一點東西,小眠。醒後,再去問他們,時已下午兩三點鐘,他們才打算起身。乃同獅醒別眾人啟行。黃仲良同莊永成明天要順着ㄞㄅㄨㄍㄢ河下游尋找ㄉㄠㄉㄨㄣㄙㄨㄇㄨ古廟同金净州廢城;丁仲良、貝格滿、那林、靳士貴、楊厨則向西北行,分頭尋找地質材料、古器物及繪圖。到ㄅㄞㄐㄢㄑㄧㄚㄦㄚ時,大約已十一鐘。天甚寒。立時睡着,飯來時,大約要過一點鐘了,吃罷,又立時睡。次日聽説夜中最低溫度爲百度寒暑表之一度半。

五日,七點鐘附近動身,十一點鐘附近,回到ㄇㄧㄥㄙㄢㄐㄧㄚㄗㄚ。今日希淵因爲附近四五十里駐有一蒙古游緝隊隊長派人來問,往同他交涉。希淵同他信口開河講一番,大約可望無事。蒙古人,想欺騙他們,極容易;想給他們説真話,却是很難給他們纏繞清楚;騙他們幾句,也是没有法子的事。給理事會信一封,兼士、叔平信一封,家信一封托人帶到北京。今日最高溫度十九度,夜中最低溫度兩度。

六日,起將帳目整理一番。接到赫定六月助款,發給大家。

下午少息,看《聖武記》關於蒙古各篇。到南邊小山上走一轉。

七日,昨夜很冷,最低溫度降至零下一度八。今朝天氣狠好,十點鐘以後,已經熱得狠厲害;下午最高溫度達到二十四度七;帳篷內達到三十六度,無法存站,外面涼爽的多。早晨到河北岸山溝內一游,想找一點古器物,絕無所得,天已過熱,遂返。翻閱《西域圖志》。午後,到河內一浴。再閱《西域圖志》。到西邊河畔,走了二三里遠。晚餐後閑談;寢時已過十二點鐘。

八日,昨夜最低溫度爲零上的三四度。今日天多雲不熱,然正午附近,在篷帳中也止能單衣。下午起風,並少下數點雨。今日仍翻閱《西域圖志》並《新疆圖志》。

九日,昨夜最低溫度三度,今日天氣狠熱,最高二十七度。早餐後向北漫游五六里返。終日翻閱《新疆圖志》。五六點鐘時浴。

十日,最高最低溫度略如昨日。將午有風頗大,天陰。用赫定先生的地圖與《新疆圖志》對看。下午浴。

十一日,早餐後,同省耕、益占、達三、獅醒諸人騎馬出游。馬走的狠好,但它的後胯上有一摩擦傷,鞍上所懸底水壺一觸接着它的傷,它就驚跑。頭兩次,還沒有要緊,走到五六里後,它第三次驚逸,我一不小心,就摔到地下。因爲摔下時頭碰着地,起來時頭有點暈,仿佛喝醉了一樣。向前步行幾十步,暈仍不止,止好回來,同行諸君也跟着回來。回來時天微雨。少飲酒,休息。午餐如常;餐後大睡一覺,起後,還有一點暈。詢問郝默爾醫生,答言無什麼要緊,遂同他談論多時。晚餐後少談即寢。

十二日,早起,全愈。登小山,用望遠鏡看郝德博士所放測驗風向的氣球。返同赫定先生閑談。赫定狠想曉得我們的身世，約午餐後去同他談。午餐後小眠，起去同他談。再看放氣球。此氣球爲所放之第十七個。第一次以片紙綴於球下，上用鉛筆書寫：請拾得的人將拾得的日期、地址、附近人口的疏密及距離大路的遠近，詳細記下；並將此紙一同寄至北京清華學校，收訖，該校即當寄回報酬十元，無誤。並決定以後每次放氣球，全如此作。我因爲手下沒有新疆地圖，就想借商務印書館所印之袖珍地圖隨便放大一張備用。我覺得放大的時候，用比例尺按着比例放大也就完了。我就同希淵商借繪圖器具及紙張。希淵説不行，因爲按比例的縮小，對付可以適用；至於單按比例地放大，一定鬧得非常地不正確。他就勸我費一點工夫，作一張比較精密的地圖，我也沒有什麼不願意。他就告訴我説："畫經緯度，是一件頗困難的事情。最近各國全是用ㄌㄤㄅㄝㄦ的投射法(Lambert Projection)，於作橫寬的地圖時最爲適用。ㄌㄤㄅㄝㄦ用縱橫坐標(z,y)定經緯的各交點。各交點定後，用直綫將各點連起，即可得略近的經緯綫。用此法時，有作成的表可以備用。"云云。今天有一蒙古軍官，帶領三個人來到這裏。他自己説他是一個營長，名字叫作ㄇㄢㄊㄝㄌ。小帽，帶眼鏡，腰間帶許多亂七八糟的東西，極爲有趣。

　　十三日，因爲ㄌㄤㄅㄝㄦ投射表，單位用一，如果作一萬分、十萬分、百萬分之一的地圖，即可進退其位數，徑直取用；現在我們止能作二十五萬分之一的地圖，必須將各數用二乘五除一次，才能適用，所以今日一天忙着作它。但是僅作了四分之一，必須再用幾天，才可以作完這一步的工作。下午同赫定先生繼續談論。今日下午七八點鐘時微雨，即晴；寢時月明如晝。

十四日，夜又雨，今天全天時晴時雨。最高溫度十七度。聽說京綏路斷、張作霖軍敗種種消息。補作日記。寫家信及寄理事會信各一封。打防腸熱劑的第三針。

十五日，身體有點發熱，不想作事，借得《飛絮》一本，盡一日之力翻閱完，描述心理方面還好。下午同赫定先生談論。

十六日，熱大約已退。借得《冲積的化石》，翻閱一過。此書材料蕪雜，如果寫作日記體，或者能少好一點。信差從黑教堂即ㄏㄜㄐㄧㄠㄉㄤㄊㄨㄞ回，帶來英文《華北明星報》及法文《中國之回聲》多張。翻閱一過，知道奉軍已將黃河南岸退出，並聞將退至正定。山西已實行懸掛青天白日旗。南軍已入徐州，並聞奉軍將放棄山東云云。

十七日，繼續算ㄅㄤㄆㄝㄦ的投射表。天氣甚熱，下午浴。

十八日，仍繼續算投射表。下午黃仲良同莊永成自ㄅㄠㄉㄨㄥㄨㄇㄨ返。據言ㄅㄠㄉㄨㄥㄨㄇㄨ譯意當作多廟。似即净州故城，未知確否。仲良找出中文碑一，蒙古文碑一，全有拓片。總之此地係一故城，城即非净州治，亦必屬净州，似無疑義。又聽說甘肅涼州、甘州各屬地震，山丹、古浪受害最重。浴。

十九日，早醒，起，繼續算投射表，上午算畢。午後雷鳴殷殷，未移時即風雨驟至，帳篷內床上用油布掩蓋，僅濕一點。雨少時即停，將濕物移至外面吹乾。

廿日，今日天陰。開始定地圖上經緯綫交點。黃仲良將復到白靈廟東北王府，謁貝勒王，即喀爾喀右旗札薩克從郡王降封爲貝勒者；土人叫他作貝勒王。請其將ㄅㄠㄉㄨㄥㄨㄇㄨ殘碑，移至白靈廟保存，並同獅醒再到ㄉㄠㄉㄨㄣㄙㄨㄇㄨ一躺,照像畫圖,定於明日起身。丁仲良返。

廿一日,天陰,仲良、獅醒因爲没有駱駝,未能啟行。繼續定經緯度交點。午餐後時雨時止。少眠。繼續工作,但風雨愈大,天甚寒,手足皆冷,不得已遂停止工作。晚餐時帳篷内十三度餘,外面不及九度,大約今夜温度又要降到冰點下了。

廿二日,昨夜最低温度尚在零上五度。今早晴,但風頗大。十點鐘前後,天轉陰,風極大,恐有暴雨,將帳篷周圍用土或氈條掩蔽,但不過滴幾點雨。終日大風,最高温度只有十三度。八點鐘後風始止。因天寒未能作事,睡覺閑談而已。寫寄海帆信一封。

廿三日,昨夜甚寒。今日天晴仍有風。起頗早,到南邊山上走四五里。回來晨餐後,躺在床上看小説,又睡着。醒後翻閱一點赫定先生的游記。午餐後又睡。精神不振,終日昏昏,殊可笑人。寫給兼士、叔平、半農信一封,請其設法派人來到ㄉㄠㄉㄨㄣㄙㄨㄇㄨ作發掘;如不能,即派人來將找出來的漢蒙文殘碑運回北京保存。在瑞典,每年六月二十四日爲夏節,前一晚,全國人到小山上然火,飲酒,歌舞,以賀日長至。今日晚餐後在住處東南小山上舉行。德國人、中國人、蒙古人,有多人與會。登小山時九點多鐘。赫定先生有演説。下山時已十一多鐘。今日本定黄仲良、丁仲良、龔獅醒明日往ㄉㄠㄉㄨㄣㄙㄨㄇㄨ,但在山上時,聽那林説他要於二十六日先同貝格滿慢慢地往西走,沿途考查,大家商議一次,以爲他們這個法子甚好,遂中止ㄉㄠㄉㄨㄣㄙㄨㄇㄨ之行,決定他們走的時候,希淵、兩位仲良、獅醒同他們先走。今日下午四五點鐘後風止，但將十二點時，作日記未完，大風又起，無法然燭，遂寢。

二十四日，早起已八點。因寢衣綻綫頗長，上午的時間，全爲縫補所消費。午餐後眠，浴。少學蒙古話。

廿五日，早餐後，到東邊閑游，來回約八九里。用國音字母將所記之蒙古字抄出。午餐後繼續定經緯綫交點，同赫定先生少談。下午信差自厂せㄐㄎ回，帶回十六七八號《華北明星報》三份，知道張作霖自爲大元帥，命潘復組閣；南軍已入山東南境各種消息。

廿六日，今日天氣甚熱，最高溫度達到三十餘度，夜間最低溫度也還有十二三度。早餐後開始聯經緯綫，但因手術不熟，所聯之綫不甚合適，意興頗爲索然。今日有游行唱戲的人走到這裏，外國人要作電影，就使他們演幾齣。他們只有一旦角，一丑角，所演只有男女調情的事情，詞句頗粗鄙，窮極醜態。黃仲良甚爲生氣，說此種戲南邊現已禁止，不應再令他們出醜。我個人的意思，却以爲這種淫濫、絕無美術觀念的戲曲，將來應該禁止，當然不成問題。但現在既有這種東西，並且在社會上流行頗廣，具有相當的勢力，我們現在就應該把它完全攝照起來，記錄起來，以備風俗學家的研究。晚餐後同丁仲良同看德文，我因爲從前學過一個多月，已經學過的字，現雖已忘掉，但再記頗覺容易，一晚即記百幾十字。寢時頗晚。

二十七日，昨夜甚暖，最低溫度尚有十五度餘。今日研習德文。日中最高溫度比昨日低。午餐後眠浴。

二十八日，今日無事，練習德文，下午眠浴而已。

二十九日，早餐後，希淵、省耕同丁仲良要到ㄏㄨㄥㄏㄨㄚㄋ
ㄠㄅㄠ西測量地圖底綫，約我同去，我因爲近來在帳篷内頗悶，遂
與同去。去時天氣甚熱，忘脱毛背心，走到四五里後太熱，遂將外
褂同背心全脱下，搭在臂上前行。到的時候正午已過，遂午餐。
餐後提外褂一看，才曉得毛背心在路上遺失，就趕緊派一個人沿
來路尋找，找了五六里，終不可得。時天氣驟變，雷聲殷殷，恐怕
他們要回，他們的測量器具已經够繁重，再加上我的東西更不得
了，遂趕緊回測量的地方。到後少息，天大雷雨，看見西方雲少，
且有太陽，遂往西行，雨果小，歸結外衣裳並未全濕。在蒙古草
地，四面無廬舍樹木，無法避雨，止好避雲。希淵、省耕自南三四
里處回來，則衣盡沾濕，且言有雹，打省耕手至腫。雨止，到西北
方三四里處，有一蒙古包、一帳篷，蒙古包内住蒙古人，帳篷内住
五六漢人，全是養馬的。我們到帳篷内，請他炖一壺茶喝。據説
此地養馬，每月每馬應出銀一角。再往東，則每月每馬應出銀二
角。他們全是代縣人，爲一歸綏商號所雇用。他們並且説，他們
常走外蒙古，但今年商幫則非有庫倫政府特别的允許，不得入境。
東口(張家口)的生意在庫倫有分號，全已入境；至於西口(歸綏)
的商幫則未能進去。他們商號的駄子才過去不多時，還未知能進
去否。又返原測量地，省耕、希淵繼續測量，我同仲良先回。沿途
尋找，無所見。"人失""人得"，本無重要，不過我有一個衣箱，前
已釘住，本意非到哈密不開，現在恐怕要多開一次，所不同的止有
這一點。距住地五六里時，天已黄昏，黄雲漫空，飄風驟至，疑將
有大雨，遂順風急走，又走的太偏南，幸省耕對於此方路途頗熟，
不至迷路。快到住所的時候，止落微雨幾點。到帳篷時，已八九

點鐘。今日所到地，叫作ㄨㄌㄢㄏㄨㄊㄨㄥ（ㄨㄌㄢㄏㄨㄊㄨㄣ的音變。ㄨㄌㄢ蒙古語謂紅；ㄏㄨㄊㄨㄣ謂井；ㄨㄌㄢㄏㄨㄊㄨㄣ蒙古語謂紅水井也），在ㄏㄨㄥㄏㄨㄚㄢㄠㄅㄠ西，去住所約二十五六里。今天所行路大約有七十里左右。歸晚餐後精神尚好，閑談甚暢。黃仲良説："你們今天走了七八十里，還有這麼大的精神談天！"足見當時的興高彩烈。寢將十一點。

三十日，今日練習德文，無他事。晚信差從ㄏㄜㄐㄊ回，接到理事會來函，言財政部已允許免税並交還所徵税，且言蒙藏院公文大約可以辦到。翻給赫定先生聽，赫定先生甚喜。希淵接到二十一二日的《順天時報》，時局尚無大變化，不過潘復組閣已成，教育總長爲劉哲等事。整理本月賬目。

七月一日，今日那林、貝格滿、海德、馬森伯同丁仲良先行出發。將來繼續在大道之北繪圖研究。同他們作別。派人到南邊民地尋木匠來作植物標本夾子。

二日，昨晚木匠來，今早餐後訪問他此地生活情形，將它記起。下午少看德文。本定希淵同黃仲良明早出發，在大路南面繪圖考古，至於那林、丁仲良等則在大路北繪圖考古，晚餐後希淵同仲良因誤會大爲衝突。無論如何勸解，同行必不可能。寢時已兩點鐘。

三日，仍勸解使二人同行，因爲多分一隊，勢幾有所不能，然仲良甚拘泥，絶無轉意，因定明日希淵同白萬玉、二苦力、二蒙古人先出發，仲良與莊永成再作商議。赫定先生因馮考爾往天津取錢逾預定期已七八日尚不返，心中甚急，決定派一蒙古人到綏遠去問，一蒙古人到北京購物，因寫信一封給半農，請其籌款代付購膠片費。下午同赫定先生談希淵與仲良分路事,赫定先生問拉爾生,拉爾生言無蒙古人辦不到。晚因學生購買工作需用物品事,與希淵及學生研究甚久,歸結決定將錢交與往京之蒙古人,令其購買一部分,餘等斟酌妥協後,再寫信到京購買。又寫信一封與半農,請其印氣象表格,但後又決定緩發。寢時已兩點。

四日,早希淵等出發,起與之作别。頸上生一疙疸,無甚重要;但因在旅行中須格外小心,遂請郝默爾醫生診視。見他帳中有一法文書名 *Chine et chinois d'aujourd'hui*,問之,他説他只看過一篇序文,覺甚荒謬;遂借來掀掀。這本書的大意,總是致慨於洋大人近來尊嚴的墮落,痛恨北京外交團的軟弱,毒駡馮玉祥的僞善和孫文、國民黨及中國青年的瘋狂。其實他不曉得外交團比他聰明的多,因爲他們明白他們自己絶没有再引起世界大戰的能力,除了竭力幫助賣國的軍閥,絶無他法,他們就盡力去作。他們的方法比此書著作人所想到的方法(外交團全體退出)毒的多。他們因我們的努力,還不見得能成功,然則洋大人的威風,也止好收收了。看他這本書,好像中國的兵只有張作霖的,還少像點樣子(!!),下餘的全是土匪,舉一斑,就可以看見全體了。下午因爲要寫一篇《赫定先生略傳》,但我知道不清,須要先去問他,隨時記録,畢後再行整理,就到他帳内去問。晚餐後仲良説聽説白靈廟南五十里,有秦長城遺址,想要騎馬去看,我就請他探詢明白後再作決定。寢時十點多鐘。

五日,接丁仲良信,報告發現ㄅㄞㄧㄣㄅㄡㄎㄉㄡ山ㄅㄡㄎㄉㄡ,蒙古謂神;ㄅㄞㄧㄣㄅㄡㄎㄉㄡ譯言富神。爲巨大鐵礦。據説:"礦質雖未分析,就其外形而論,成分必高。且礦量甚大,全山皆爲鐵礦所成。此礦爲交換作用所成，前爲石灰岩，後經潛水中含有鐵質者所交換而成。又經岩漿衝出，其他雜質皆氣化而去，故其質體極純。以衡推測，成分必在八九十分以上。……全量皆現露於外，開采極易。"然則此地將來要成中國一個狠大的富源。他又言彼間古石器亦甚多，云云。復他信一封。決定黃仲良明日到白靈廟南探詢長城遺址。下午繼續詢問赫定先生。晚餐後德國人組織一文學集會，請全體團員與會。開始合唱些慷慨悲壯的歌詞，念些文學哲學的名著，以後就本地風光作出許多恢諧嘲笑的詩詞，集會極歡。我同赫定先生全有謝詞。畢，寢時已將兩點鐘。

六日，黃仲良因聞白靈廟南長城，已南入民地數十里，隨行蒙古人亦不願去，且此長城在住所西南五六十里也能看見，遂轉向西行，省耕同去。定於今日晚回來後，再定以後行止。下午仍接續詢問赫定先生。晚寢時仲良、省耕尚未歸。

七日，昨晚寢後，大約已經一兩點鐘，仲良、省耕始歸。前幾天天氣頗熱，今日則有風多雲，天氣涼爽。下午仍同赫定先生談論。

八日，黃仲良復同莊永成及一苦力往探尋秦長城。希淵有信來，要馬鞍、鐵掀等事，復信一封。今天把《今日之中國及中國人》翻完，最末《治外法權租界及會審公堂》一章比較略好一點，因爲剩下的全是謾罵，這一章還少有點實際。但是他一定主張治外法權根據於一千七百七十八年魯意十六王的上諭，足見他的自知理屈，無理取鬧。魯意十六王對於中國絕無條約的關係，他上諭不上諭，與我們中國何與！他這本書最後主張各國同意分據中國鐵路及增加揚子江炮艦。這本書是去年出板的，但據他的序文,寫成大約在前年年底。他第一種主張不易實行,所以未見采用;萬縣的炮擊,大約就是這一派人主張的實現了。這種辦法止能得到兩敗俱傷的結果,世界上渾蛋人的主張大抵若是。下午同省耕閑談論而已。上午赫定先生所派出買駱駝的蒙古人回來,他們聽從綏遠來的商幫説,馮考爾等還在綏遠買駱駝,大家心中爲之一寬,因爲遲十餘日不返,大家疑惑他們或遇土匪的緣故。

九日,因赫定先生囑在《漢書》《後漢書》中尋找關於居延海的事情,就尋找一次,得到關於居延海的事情十餘件。下午天陰,雷聲殷殷,止落雨數點。晚餐後馮考爾等從綏遠到,大家全非常的高幸。接到周養庵信一封,研究所寄來《德英英德字典》一本。寫寄丁仲良信一封。

十日,馮考爾交來錶二個,内有家信一封,《大公報》一張,甚喜。家信言北京《益世報》被封,故改定《大公報》。《益世報》素不作激昂之論,乃亦被封!聽説天津外國兵甚多,想據中國鐵路,防止内亂;奉天禁止反對日本出兵的表示,帝國主義者及軍閥的末路能倒行逆施若此!但此正足見其日暮途窮,紙老虎已被搗穿,並沒有什麼可怕的地方。全日整理《赫定先生小傳》,未完。

十一日,早餐後到北邊走了十幾里,蝗蟲甚多,此蟲第二層翅,白秒黑根,或有紅根者,飛起甚可觀覽。歸,盡全日之力完《赫定先生小傳》。接黃仲良信一封,言將到南六七十里ㄐㄧㄚㄏㄚㄇ丨ㄠ探詢一古城,請展期五日,回信請他十五日回。接希淵信一封。

十二日,接丁仲良信一封。寫信給半農,請他籌辦各事。與赫定先生約定,言信差走後,要開頭學習德文,米綸威自願教授,甚喜。赫定先生想再從瑞典請來一個天文學家、一個言語學家,並多設一氣象測候所於和闐河畔沙漠中，並加增中國學生二人，我覺得他的意思可行，遂預備一公函，與之聯名請求理事會早日開會決定。

十三日，繼續與半農寫信，寫的刺刺不能自休，殊堪笑人。又與潤章、玄伯、子昇信一封，雲山、子美、中定、玉汝、弼剛信一封；寫家信未完。

十四日，今日精神不振，未大作事。省耕、獅醒起身西行，同希淵一路前進。下午讀《聖武記》關於新疆各節。接到袁希淵信一封，言白萬玉在ㄏㄚㄦㄚㄊㄚㄔ附近尋得一銅箭頭，則此地或一古戰場也。晚月色極佳，獨登東南小山頭上望月，繼續寫家信，告訴季芳説老杜"閨中只獨看"之句不如大蘇"但願人長久，千里共嬋娟"之有趣。

十五日，再與理事會寫信一封，將寄理事會各物全檢好。今日天氣甚熱。將午黃仲良回來，言在ㄐㄧㄚㄏㄚㄇㄧㄠ南一里得漢古城。城周十里許，南北西三面臨河，並有二河貫城，規模宏大。所拾瓦片中一片有字，但未能辨其爲何字。我疑或是漢的受降城，仲良則疑爲漢稛陽舊城，考《漢書》，此方舊城尚多，未獲明證，尚未能臆指其爲何城。天氣甚熱，浴。

十六日，明日信差將到ㄏㄝㄐㄛ，作最末次的送信，十九或二十日，即將西行，因將信件整理好，並將第一本日記令蒙古人掛號寄與季芳。寄理事會信亦掛號。讀《漢書西域傳注》及《新疆圖志》。天氣甚熱，浴。五六點鐘後，大雨數陣。晚赫定先生來談，去後再讀書一點鐘，寢時約十二點。接希淵信一封。

十七日，昨日左腿肚上不曉得被何小蟲咬一口，今日癢腫，乃請醫生將它用繃帶纏起，幺魔小物，乃有毒如是！近兩天同赫定先生談及影片事，始知本團影片爲李伯冷私人營業，其與本團之關係則將來贏利百分之二十歸李伯冷個人，百分之八十歸團中。且此間不能洗片，他們頗想寄到柏林去洗。詳細考慮，乃知協定中第十五條第五項關於電影片所規定太不完備。此種片應該拿到各處演奏以開民智，以廣宣傳，理事會止存一份，何能到處演奏？他們所最感不便，則爲審查問題。因爲電影片愈早出，愈能受人歡迎，審查稽延時日，則影片過時，營業上一定受很大的損失。籌慮再三，乃於昨日向赫定先生提變通辦法數條：一、片可寄往柏林洗；二、片洗成後，即寄交北京理事會二份；三、理事會須於接到後五日內審查完畢，即時致電柏林，聲明何允何删；四、柏林接到回電後，始得照電示演奏；五、在中國及日本演奏之入款歸理事會管理，輔助本團事業，不得移作他用。今天赫定先生同李伯冷商議，並詢問洗片一份之價值。據李伯冷説：洗片每公尺價洋三角，一全份約需洋五千餘元。每次所作像樣的影片，即德國一國亦需一二百份，因演奏時毀損頗易故。又言中國有七份大約可敷用。且言不願放棄日本云云。最後由赫定先生決定：他自願捐助我們演奏的影片，多少隨我們的意思；在中國的收入完全歸理事會；至在日本的收入則百分之二十仍歸李伯冷個人，餘亦歸理事會。審查則由此間同人合組一會審查登記，將登記簿送交理事會覆查。商定後即當將情形稟明理事會，請其討論決定。今日甚熱，午後見箱上薄荷錠盒側有液體，頗爲詫異，開盒一看，才知道盒在日光下，盒內薄荷錠已全融化了。寫給達爾漢貝勒王辭行信一封。繼續讀《新疆圖志》及《漢西域傳注》。並細讀《後漢書·

班超傳》。

十八日，讀《後漢書·西域傳》及《南匈奴傳》。寫給理事會信。寫信時，團中一小白羊徑來帳內，逐之不去，其母鳴聲不絶，彼亦不顧。未幾，没有看着，它徑上床酣睡，頗可笑人。信差自厂せㄐ古回，接到家信一封。赫定先生接到《華北明星報》六七張，最後者至本月十一日。借來翻閲一過，無何大事，惟有徐州會議，南京派對於武漢主張用武力解決，馮派不贊成，主張左右聯合云云。

十九日，晨，補作前數日日記，寫家信一封。整理箱件。午後雨。天轉寒。記厂丫ㄋ丫河畔的概略情形。少眠。翻閲萬里《西行日記》一過，萬里頗有藝術天才，叙述風景處極佳，其餘部分亦好。覺足寒，遂擁被以臥。晚餐前雨少止，然餐未畢仍雨。此時西方甚亮，頗有晴意；東方有虹，因雲不一層，遂有斷續。以爲到西邊小山頭上望虹，必更有可觀，遂冒雨往登，然登未至頂，回頭一望則虹已無有。至巔西望，日落處有雲兩層：下層濃黑，上層則爲鮮艷的晚霞。初覺黑雲北行頗速，細視，殊謬不然。晚霞中有一層上紅下灰，橫列若河流，北行極速。下層黑雲則漸向南移。再細視則黑雲上更有一層淡薄黑雲，南行甚速；紅雲上更有一層淡薄紅雲，北行頗遲。同時同方，有四種方向速度不同的雲，可稱奇觀。紅上黑下，層次顯然；至紅中何上何下，黑中何上何下，則不易明指。疑淡紅雲最高，薄黑雲最低，然亦未敢確定。回帳時外衣及鞋襪盡爲沾濕。因氣象家要在此地作滿兩月成績，今日決定留錢默滿、馬學爾及春舫留在此地，作滿成績，等八月一日後再前行追大隊。作日記後早寢。今日嗽時，覺右脅微痛。

二十日,今早忽夢大壯死,同季芳談其生平,不禁涕泣,醒時猶有餘痛,噯!這是什麼樣的噩夢呢!頗想寫信告訴他説,後又不能自決。起尚未七點鐘。中夜雨已止,有風,至十一點鐘光景,天遂晴。少眠。送信給達爾漢貝勒王的人回來,王回贈點心一匣、哈噠一幅、椅氈一件,並有一回信,問有北京、漢口、上海的風景片否,甚懊悔出京時未帶此類蒙古人最歡迎的東西。午餐後與一切團員及蒙古兵二人在赫定先生帳前合照一像。又少眠;終日惰睡,自覺可耻。將《漢書》《後漢書》內所載關於居延海事,譯與赫定先生聽。今日因駝鞍皆濕,必須曬乾後始能啟行,所以必須待至後日。

二十一日,早起,檢點什物。駝夫把駝鞍全上起來,才知道今天之不能走,并不是因爲昨天鞍子曬不乾,是因爲昨天没有工夫上鞍子;鞍子必須頭一天上起,第二天才能早行。隨便看一點英文報。午餐後少眠,翻閲《聖武記》。浴。寫大壯和信孫信一封。晚餐時聽説明天五點起,六點起行。

二十二日,五點鐘起。今天將分三隊起行:第一隊一百五六十駱駝,大宗食物行李全在此隊;第二隊四五十駱駝,厨房器具、隨身行李、大部分團員、科學儀器在此隊;第三隊一二十駱駝,爲輕氣鐵管等物。第一隊於六點多鐘由拉爾生、韓普爾、米綸威帥之起行。第二隊至九點多鐘,快收拾好的時候,忽見一群亂七八糟的駱駝,有的馱着箱子,有的没有馱,向東亂跑,知道第一隊駱駝驚了,蒙古人全騎上馬,很快的出去捉駱駝,遂不能起行。登西邊小山頭上一望,看見些駱駝三三五五地走,有的已被捉住,然預計今天已無起身的可能,乃重將帳篷支起,少眠。午餐後隨便看一點書，七點鐘出到駱駝驚處，知離住所約八九里；至則赫定、拉爾生、米綸威、馮考爾諸人皆在。箱件散亂一二里中，然損壞者尚少。未來時聽說赫定先生的裝銀錢的箱子，有兩個尚未找到，頗爲焦急；至則聞已找到；找到的地方離住所約十四五里。駱駝差不多全找到。少談片時，同馮考爾同歸，至拉爾生、赫定、郝默爾、米綸威、韓普爾則於驚駝處止宿，其餘團員留原處，約明天早晨全移於ㄏㄨㄐㄝㄦㄊㄨㄍㄡㄌ（即驚駝處）。至原住所，已九點半鐘，餐後少談論即寢。——駝身體偉大而膽子極小；加之第一隊駱駝中有很多二三年中并沒有工作的，身健力足。前幾天，拉爾生同引駱駝的蒙古人已經有點發愁，恐怕頭幾天要出亂子。赫定先生則覺得就出亂子，也好玩的很，常常拿着説笑。並且説：“如果駱駝驚走，則李伯冷可以作幾張很好的電影片子。”然則今天所遇，並不是意外的事情。可是事情過後，赫定先生一方面固然又得到寫文章的材料，並没有什麼大不高幸；可是另外一方面，因此偶遇，要耽誤三兩天的路程，並且駱駝箱件是否能完全找到，重要物品是否能完全無損失，全有點成問題，所以他也不能不有一點發急。拉爾生今日提議多雇幾個引駱駝的漢人，使他們分開牽引，一個人牽十數個，少分開一點走，有一群驚，他群還能牽住，不至全團驚走。其實這個意思前幾天就有人獻議，如果開頭就這樣作，今天很可以不出亂子，這一點就不能不歸咎於拉爾生的大意了。並且今天拉爾生邀李伯冷同第一隊走，李伯冷不肯，失了極好的作電影的機會，實在是一件很大的損失。

二十三日，今天早起聽説還是要分三小隊走：第一隊李伯冷主僕及厨房一切；第二隊，我們中國人的帳篷行李同科學器具；第三隊輕氣鐵管。第一隊出發時已十一點鐘,我同皋九、益占、達三步行引哈密團裏養的一個蒙古狗的名字。先第一隊往新住所。途中哈密忽向小土堆上用蹄爬土,細看,才知道土堆上有一個洞,它大約嗅到了什麼氣味,所以去爬。叫它走,它一定不肯走。它爬爬聞聞,爬到好幾分鐘的時候,果然爬出來一個田鼠,把它咬死,才安心地往前走。走到後,問駱駝,則尚差六個,東西大約已找全。第二隊僅我們的帳篷行李,至於科學儀器則改成第三隊。輕氣鐵管止好等明天再來。晚晌又找回一匹駱駝。3,988;N. 76. 30W.。此第一數目爲本日所走公里數。第二數目爲本日行路方向,N,北;S,南;E,東;W,西。前 N. 後 W. 爲從正北向西數。譬如今日所行爲西偏北十四度許,故從北向西數得七十六度餘,又小數點後並非秒數,乃度的百分數。後仿此。又此數目皆據赫定先生的計算。

　　二十四日,今日開始學德文,教習一人:米綸威;學生五人:我同黃仲良、皋九、益占、達三。米綸威自願教我們説德國語,甚爲可感,不過我的耳音不靈,學語言時頗增一點困難。午餐後少眠,醒則西北方濃雲如墨,恐怕下雨,大家趕緊把箱件蓋好,但並沒有下。浴。寫給希淵信一封。此地水甚少,走了二里多路,才找着一點可浴的水。抄德文單字。晚餐後少談,念德文單字。寢時十一點鐘,微雨數點。今日最高溫度三十一度,昨夜最低溫度十六度,爲此地今年夏天夜裏的最高溫度。今天因爲近來雖無病,身上小不適宜的地方頗多,擬自今日起,作一衛生備考,把身體的變態全記起來,以備稽查,乃一留神而不合適的地方到處發現,這樣的身體怎麼樣能作事!年已四十,學業無成,而身體又若此!會當竭力謹慎,並作練習,使得壯健。

二十五日，天將明時，大雨一陣。早起，天較涼爽。習德文。下午少眠，接續習德文。同赫定先生閑談，他的意思以爲我們到新疆時，可勸楊增新立一大學。他說是一個大學，其實是一種我們近來所叫作學院或研究院的東西。有學生固可教授，沒有學生，也可以作種種的研究和計畫。新疆的氣候何若，地質何若，植物動物的分配何若，民族的變化何若……固可以精詳地研究，其他實用的問題，如道路應如何修築，森林應如何培植，河流應如何利用，礦產應如何取出……也可以精密地計畫。如果此種大學能夠成立，五年以後，即見成效；十年以後，新疆即可大爲改觀。他這種意思，我非常地贊成。並且我覺得這種百年的大計，在純粹學術的和實用的效果以外，還可以有一種政治的意義。看《新疆圖志》所載，就可以看出辦學的困難：一說讀經，回民就說，我們自有《哥蘭經》可讀；一說習歷史，回民就說我們自有回教和阿拉伯的歷史須習……而最大的阻力就是入學校時的必須拜孔子。這件事情，回民以爲叛教，以爲大恥，寧願出錢，而不願入學"習牌牌子"；歸結，天山北路有學生而無款項，南路則有款項而無學生：這雖是清末的情形，恐怕現在同當時，也不見得有什麽大差別。實在入學時強拜孔子，是一件最荒謬不過的事情：孔子並不是一個宗教家，我們硬把他奉成宗教家，以抵抗回教的謨罕默德，已經有點不通；並且如果真是想拿中國古代的道理，改變回民舊有的學問，那回民所說，確是太有理由了。阿拉伯直接承受希臘的文化，開歐洲近代學術的先河：他們的哲學、文學，絕不在中國下；真正的科學卻遠在中國前：郭守敬的曆法，李冶、朱世傑的數學，皆受回人很大的影響，已足證明阿拉伯文化的優長。像有這

樣悠久超勝歷史的民族,我們就想用若干陳腐的道理,借國家的
勢力强他們舍己從我;俄國不能成功於波蘭,英國不能成功於愛
爾蘭,我國國力不及二國,而欲成功於新疆,“緣木求魚”,不足以
喻其拙了! 我們現在止有一方面多設學校,教授近代精確的學
術;另外一方面,在大學中精研阿拉伯及其他古國的文化。告訴
回民説:“你們自有宗教,自有歷史,我們全承認,並且不願干涉。
但是你們固有的文化,是古代的陳迹,並不是現代精確的學問。
你們如果不想在現在的時代生活則已,如果還想生活,那你們對
於現代的學術就不能置之不問。可是我們所設底學校,就是供給
你們近代學術的地方,就是供給你們真正生活方法的地方,與你
們的宗教並無衝突,你們儘可安心求學了。至於你們對於阿拉伯
的文化尊重、驕傲,固然不錯,但是你們對於它是否真正知道? 如
果不想真正知道則已,如果想真正知道,那除了就近上我們的大
學去研究,沒有另外的方法。”除了這條辦法,我確信並沒有第二
條另外的道路。所以大學的設立,實在是百年的大計;可是楊督
是否能有這樣的眼光,那却是無從預計,止好走着再説。——昨
晚睡時大雨一陣,今晨五六點鐘又大雨,所以今日天氣涼爽。

　二十六日,起習德文。以後照例習者略不載。下午赫定先生想知
道中國“大皇帝”(Les Grands Empereurs)的大略,用筆記起,我就
舉秦皇、漢武,唐太宗、玄宗,明太祖、成祖、宣宗,清康熙、雍正、乾
隆事迹的大略告訴他。接希淵信一封,説他們已經找到石器六七
千件。現在住的地方,叫作 Gechik。“新火山石類極夥。石器時
代之人即在此製造石器。故昨日一日即得二千餘件,今日仍源源
而來,或可得萬餘件。”這實在是一件很重要的發現。他並且求

赫定先生再給他一部分的伙食;同赫定先生説後,即命學生幫助外國人收拾此部分伙食,並寫回信給希淵。——今天聽説後天行李大隊先走,至於人則大後天再走。睡時頗暖,然起風即凉爽。今日寫家信一封。

二十七日,起時天尚熱,後風起,且天陰,漸漸凉爽。下午風頗大,天冷。寫給范蓮青、袁國珍信一封。塞拉特(團中所用一蒙古人)從北京回,將他買來的紙本墨水等物分給各學生用。看見人家給赫定先生的報,上載美人 Andrews 自辯護的文章。他開頭説我們當時反對 Expedition 一字的不當;以後説中國人從 Anderson 工作以後,才曉得歷史以前古物的可貴;如果不然,恐怕再遲一百年,還不曉得,那些東西要腐爛於地上地下;以後又説他所拿往美國的東西,並沒有商業上的價值,止有學術上的價值,云云。他所説底第一段,或者有點道理。至於中國人跟着 Anderson 才曉得歷史以前古物的可貴,那完全是錯誤的。——他或者很知道,却故意這樣錯誤。——因爲學術界的人,誰也曉得 Anderson 開頭並不是一個考古家。他因爲中國古物多,才去考古,開頭還鬧了許多的笑話。中國人因財力不足,不能尋求,何嘗是跟着他才知道考古?他所運往美國底古生物,既有學術上很高的價值,無論何國全不能讓它隨便出境,也是當然的辦法。他這樣的辯護,真是强詞奪理。——因眼皮頗澀癢,乃點一點眼藥,早睡。睡時正下一種小霧絲雨。

二十八日,起時仍下霧絲雨。聽説夜中較大,整下一夜;我則夜中少醒,並不知道。天氣甚寒。行李隊因雨未能起行。下午天漸晴。補作前三日日記。借來《華北明星報》數份,最晚者至本月十九日，翻閱一過，知奉軍退至順德，馮軍進至彰德；山東方面則南軍退至山東江蘇界上；南京、山西、奉天正在談和，主要的條件，爲各守防地，三方合力對付武漢的共產黨，奉天承認三民主義，並允許國民黨在境內設立等類。並有十七號的露透電，言何健於昨日占據漢陽，本日占據漢口，驅除共產黨，未知確否。大約武漢政府勢力日漸縮小，俄人已全解職，蔣介石意欲先解決武漢，後圖大局，是爲事實。寢時已過十二點鐘。

二十九日，六點多鐘起，則行李大隊已出發，共一百四五十駱駝，拉爾生、米綸威、李伯冷及一厨子、一僕人、十餘蒙古人、七漢人帥之以行。隨便看德文。下午少眠。浴。拉爾生派二蒙古人歸，言今日安行二十五公里。決定明早動身。晚檢點東西，寢時約十一點。

三十日，昨晚寢後多時始眠，今早三點多鐘即醒，將五點起。起時天色清朗，雖有微雲，似無雨意。至八點，全隊將完全起身時，天已濃陰。八點半起身時，已微雨。本意走兩點鐘後再騎駱駝，但雨愈大，故走五六里後即上駱駝。所過地皆平坦，略有沙嶺起伏。十二點時雨略停一二十分鐘，復下。兩點略過，到ㄑㄧㄣㄉㄚㄇ爲大隊駐地，即止。ㄑㄧㄣㄉㄚㄇ，蒙古語三環也。因西有三小山相連，故名。下身略沾濕，到蒙古人帳中向火取暖。雨止。今日雨時爲西南或南風，後轉西北風，雨遂停止。午餐時已將四點。少眠，起已七點。天已晴。聞拉爾生說西北方有一種古墓，仲良已往看一次，我同他又去看。西北將二里許有一小石山。山東坡上有石塊堆積一片，明爲人積；周圍約一丈五尺許，南六七尺外有立石一行，皆高尺許。山根又有一片，北立石二。仲良所見共五，然此次我們並未去找。繼續向北，有一小河，無水，後聞仍爲丫几厶せ儿河。過河北，有一小山，上有鄂博。從東方下，則見有此種石墳十餘。西北隅有一石塊，出地尺餘，上已由人工磨去稜角，疑爲碑碣之屬。歸已九點。晚餐後少談即寢。24.660；S.76.04W.。

三十一日，今日天氣甚好，因晾濕物，故未能起身。起借三苦力到昨晚所見的石墳處作發掘。未出發前，先一人獨到北邊原上，見一大石墳，向東七八步許，有一小墳。返途中過一蒙古包前，只見有一赤足婦人及一小女，將去，後有一人馬褂長袍赤足出來招呼，乃隨之進去。此人能說山西話，爲茂明安旗的蒙古兵，出獻奶子茶及餑餑，以麵爲之。據言用油炸，然無多油味。意甚殷勤。歸同仲良、達三、莊永成及苦力四人往作發掘。先掘若碑碣之石塊，約二三尺，即完，並無字迹及花紋。外掘墳二：一爲長方形，長方形者，所見惟此一個。在東北方；一爲橢圓形，在西。長方形者，上去土石一層，下有石灰質，大家以爲大有希望。歸午餐後，少息。聽哈士綸説：ㄅㄚㄗㄌㄜㄈ掘七公尺後始見物。預計今日頂多能作七八尺，明天大隊又必須啟行，想留仲良同莊永成留此地繼續作幾天。正在商議間，有一人持片來，名爲登的圪，頭銜爲烏蘭察布茂明案旗二品頂戴。據言即住在西邊鄂博下的蒙古包中，來問候，並請不要"掘他的地勢"。以爲他要干涉，乃請仲良同塞拉特去同他交涉。到山上去看發掘，地性甚緊，不像從前曾經動過，已有舍棄的意思。仲良等回，據說他非常客氣：他説："如果你們一定要發掘，再比我們勢力大的人也不能阻止你們。但是我們在這裏住已經多少輩，前幾天幾個外國人指那林一隊説。在這裏過，取了鄂博上幾塊石頭，我們的羊死了三個，人病了一個。所以請諸位給上頭説,多加好言才好。……"聽罷,心中頗爲悽慘,他們的迷信無知識固屬可憐,然而因我們這點研究,攪擾人家安平的生活,總覺得有點過意不去。天色已晚,發掘無希望,乃決意舍去。本意想到鄂博上看一看,然終不去。歸接到希淵信一封,知道他們在這南邊一二十里的地方。

八月一日,夜睡不佳,五點多鐘起,聞達三聽郝德博士説因經度偏西,鐘點應往後錯一點。此後所記皆按新鐘點。六點半鐘啟行。今天所走無大山,然地勢漸高。山石如臥羊,如伏虎,疏疏落落,極饒興趣。駱駝驚四五個。過ㄚㄚㄏㄚㄏㄚㄅㄚ,其地有一蒙古包。沿途甚多石砌方池,内有亂石,四角不合,亦未能盛水,不知何用。地名ㄏㄚㄋ丨ㄗㄚㄏㄚㄗㄌㄠ。ㄏㄚㄋ丨蒙古語謂羊;ㄗㄚㄏㄚ即漢譯之察罕,意謂白;ㄗㄌㄠ即漢譯之齊老,意謂石。因山多白石似羊,故名。又前進至ㄏㄚㄋ丨河,十點二十分即止宿。今日行將三十里,步行十五六里。駐地前有小河,河身石頗多,水極少,然甚清。水向南流,聞南入黄河。蒙古地見流水,以此次爲第一;水中小魚頗多,心中暢然。午餐後少眠。起到河邊一游,河邊有土房三坐,蒙古包一。蒙古包中所住爲歸化派來收駱駝税者。至土房中則皆爲山西人,在此賣米麵草料等物。因此地爲一大道口,所以生意還好。此地屬烏喇特"東公旗"管,地從前年起,已開放。前兩個月每元可買麵二十斤,現因天旱,每元止能買七八斤,且不容易找到。這一切全是一個代州作生意姓安的告訴我説。晚餐後駱駝又驚,走失兩個,派蒙古人往找,不知明日能起行否。接丁仲良信一封,言因苦力事,與那林頗有困難。16.200;S.66.04W.。

二日,今晨蒙古人未返,未能起行。派人到希淵處,告以將速行。出沿河向南行,河下游仍無水。見有一井,並有莊户耕田。所種爲麻子、番薯、穀、稷等物。聞種已第三年,或因旱,或因匪警,現尚未收到糧食。耕作者七八人,多正定藁城縣人,租地兩頃,期限二十年,價洋共二十元。有一老人,吸鴉片烟,大約爲地主,並無婦孺。歸又同皋九、益占、達三等同往觀。此田作人爲達三鄰縣人,情意頗殷勤。午餐後少眠。接希淵信一封,言得陶器正在發掘,並言今天想來一躺,不曉得能找着馬否。整理上月帳目。到南邊走四五里,見開墾地頗多;種有菽麥、油菜等穀類。歸則耽誤了德文功課。郝默爾醫生來談,言明早想到田家田地去看,請一學生陪他去,乃請皋九同他一塊去。今早黄仲良到西邊四五十里處尋一古城,返時十點多鐘。據言城墙除西面少低外,餘三面皆尚高丈餘。城門何處尚可看出。有一河貫城内,現已無水。城西里許有一河,尚有水。所可異底,是城留如是之高,而城内房屋街市的遺迹一概無存。現此地有人墾種。仲良等小作發掘,得陶片若干。仲良據此陶片,猜想爲北魏或唐的古城云。寢時天陰。

三日,晨四五點鐘時微雨,旋晴。六點半後起身。地有坡陀起伏。將十里許地名ㄍㄜㄡㄦㄏㄨㄉㄨㄎ。ㄍㄜㄡㄦ蒙古語謂窪地,ㄍㄜㄡㄦㄏㄨㄉㄨㄎ,謂窪地中有井。地有包頭人在此賣米麵草料者。到此地時前隊駱駝又驚走幾個,蒙古人往尋駱駝,餘駝亦均將行李卸下。又前行十里許,地名大石頭,蒙古人則名ㄕㄌㄚㄅㄌㄚㄎ。ㄕㄌㄚ即漢譯之西拉,意謂黄;ㄕㄌㄚㄅㄌㄚㄎ可譯黄水泉。亦有包頭人買料。此二地皆有婦女。再前行,郝默爾醫生從後至,言後隊全好。因驚駱駝前隊已改成後隊。再前有地名二搭股、四搭股、六搭股，皆合股在此地作生意者，因股份的多寡以爲地名。六搭股蒙古名ㄊㄚㄅㄨㄇㄨㄡㄊ，ㄊㄨㄅㄨ意謂五，ㄇㄊㄡ意謂樹，譯言五顆樹。再前入山，不高峻而屈折甚多。ㄕㄨㄏㄨㄥㄊㄞ河非蒙古名，或漢語"硃紅帶"的訛音，亦未可知。縈迴其間，有水，過來過去，次數甚多，疑爲數河并流。内有一人家賣料。過此則不復見人家。出山爲ㄇㄝㄌㄥ河。此時已下午三點鐘，大家覺得可止宿，然前隊已行，止好跟隨前進。五點多鐘濃雲如墨，霹靂怒吼，電光火流，黑雲似破。不多時雨。乃下駱駝，穿上雨衣，用油布將行李蓋好，自己牽着兩個駱駝，慢慢地前進。此時飢煩全忘，意氣橫發。當此等壯美的天氣，有幾個行人在此廣莫遼闊的黄沙碧草的上邊，引着幾個忠實的伴侣，——駱駝——向着暫時的目的地前進，——人類何種目的地，不是暫時的呢？——而此目的地却仍在前途蒼蒼茫茫之中，這是何等的景象！雨不甚大。六七點鐘至一地，止宿。此地平闊，但得水頗有困難。餐後九點鐘即寢。今日步行將及半。拉爾生等壓行李，天晚不能及大隊，宿於ㄇㄝㄌㄥ河。40.660；S.76.3W.。

四日，昨夜一覺睡去，無夢；醒來天已六點鐘。問地名知爲ㄚㄅㄨㄉㄦ，或名ㄚㄅㄨㄉㄥㄊㄞ。ㄚㄅㄨㄉㄦ，蒙古語謂箱，ㄊㄞ意謂稱，因住地西方三四里處，有岩石突起如二箱，故名。住地北山下有一廟，蒙古名ㄅㄡㄉㄏㄣㄉㄌㄙㄨㄇㄨ，漢名佛爺廟。昨日郝默爾往觀，則廟門全鎖，無居人。聞北分隊的住地離我們住地不過二十里，乃定於九鐘啟行，擬與分隊相合。行李收拾完畢，先步行往箱石處，至則黄仲良先在上。登高四望，二石丘孤立，周圍爲略有起伏的平原，遠山如屏，極暢心目。仲良下爲我照一像。下,同至大路,又少走二三里,乃停下等駱駝。駱駝動身時實爲十一點。時已十二點,少食餅乾及水,繼續前行。乃走至四點光景尚未到,後隊駱駝七十餘又全驚走。下駱駝力牽,我們所騎,幸得不驚,然不能前進。過一時許,生瑞恒騎馬來過,據說他們的駐地離這裏止三四里地。昨日大雨雹,雹子大逾核桃,帳中物盡濕。井被沙淤,故大隊過此,不能駐,已繼續前行。聞十里外有水,但也許在二十里外。如天太晚,可到彼住處住,因三四里外尚有井能取水。又等一時,太陽將落,乃命王殿臣留此,看守大隊箱件,苦力引駱駝先行。到北分隊時,天已定黑,遂止宿。地名ㄙㄐㄌㄊㄨ,ㄙㄐㄌㄐ蒙古語謂山梁,ㄊㄨ謂土。地北倚山根。今日所行地北有連山,不高峻,時有斷續。寢時頗晚。今日我國學生已隨前隊至哈柳圖河,所以駱駝驚時無多中國人招呼,馬森伯因自己太忙,精神激動,疑中國人懶惰,對我話頗無理,嚴辭斥之。他不久也知道,自己道歉,自然也就沒事了。

五日,早起,有人到大隊去,乃寫一信請學生等查考大隊中中國團員的箱件號數以便核計有無損失。十點多鐘向大隊啟行。一點多鐘過一大河,大隊即在河右岸高岡上止宿。河名ㄏㄝㄌㄐㄡㄨㄊㄞㄍㄡㄌ,即舊圖中之哈柳圖河。河水量頗多,亦因雨後。與赫定先生談論團中事宜。團中厨役僕夫在住地拾得瓦片甚多,按花紋,當爲漢代無疑。又發掘得一鹿角及餘物。在地面拾得五銖錢二,輪廓字迹皆完整;尚有半個。河邊有兩蒙古包,一帳篷。晚餐後往視,則住者亦爲漢人賣草料者。據言彼等是很老的生意,在此賣草料已有七八十年。前些時有墾務局委員來與"東大公"商議,將其屬地開放,東大公不許,現正在相持中。哈柳圖河上流甚遠,彼等所知尚有百餘里。至源出何所,彼亦不能知。下游過烏蘭腦包,入民地。至是否入黃河,彼亦不知。……自ㄚㄆㄨㄉㄦ至此,共38.595;N.80.7W.。

　　六日,夜中睡醒,聞那林來到。今早北分隊全來。因昨日受赫定先生命令前來,晚不能至,遂駐隊露宿,夜中甚熱。故今晨甚早即到。借得數苦力在住所附近作發掘。黃仲良則同皋九、益占轉回到來路二十里處觀古烽火臺。寫一信與東大公官名ㄉㄞㄊㄞㄉㄚ,不知何意。請其派一熟悉地理及水草之人來引路,並請其代雇幾個熟悉駱駝的人。到那林帳篷,則赫定、郝默爾及北分隊隊員全在那裏會議將來工作事宜。商議許久,決定那林和海德的三角測繪(La triangulation)將來至三德廟爲止:因照原來計畫,製至噶順諾爾,則需時太多,時間不敷;如至此即止,則又太不成段落,所以取此折中辦法。又決定派人至希淵處,請其一人獨來,會議工作事宜。因寫一信與希淵。午餐後少息。發掘結果得一坯築小臺。初疑爲磚製屋前小土階,後細察,始知非磚,乃係一種黑土所製坯,其質甚堅。或爲兩層,但上層因不小心,疑爲經火燒之焦土棄去許多,止剩一兩塊。下層則甚整齊,共十餘坯,兩列。周圍有ㄱ形瓦甚多,高寸餘,一側長三四寸,一側略短,四塊對起,可成方形。發現之初,不甚留意,隨便取出。後注意其原來位置,特留三四組,審慎掃出,則亦似對非對,未知何用。內時見黑灰,疑爲爐屬,但找不出顯明證據。外發現銅箭頭、銅筈、小兒泥製獸各物頗不少。仲良等返,言春舫等後隊已至ㄙㄩㄌㄧㄊㄨ住宿,明日可到。

　　七日,昨夜夢游一園,內惟有重重石山,出園後門則巨樹黃葉,秋光宜人。門上有一四字扁額,爲一潦倒終身之一小名家所

書。扁爲紙製，已有破裂，醒時尚記三字，現在止記第一字爲
"而"字。夢中若謂此園新開放，風景佳勝，回頭當興季芳同來一
游云云。早起送拉爾生率行李大隊出發，天微雨。今日仍繼續發
掘，又得銅箭頭及鹿角若干事。將午，接春舫來信，言彼地石器陶
器甚多，請派人去采集，並送來舊瓦數件。赫定先生亦接馬學爾
信，請求在彼地再住兩日。赫定因此等瓦片係最近時物，無大價
值，回信命其明日早來。黃仲良正在監視發掘，無人往采集石器，
問學生中是否有人願往，終亦無人去。今日因後隊及希淵皆尚未
到，故又將行期展緩一天。全日時雨時止，然皆不大。借得《華
北明星報》一觀，最晚者至上月二十四日。無甚要事。大約南北
京和議不成，南京並宣言議和係謠傳，絶無其事。何健在武漢驅
逐共産黨事似真，然又有人謂共産黨與俄人全聚在張發奎軍中，
係一種策略，謀與蔣介石血戰云云。

　　八日，今早起時太陽剛出，遂携一本德文文法，向北出游。看
見北山不遠，想不過五六里，又見山根有廟，遂欲到廟内一游及登
山一望。然山根實距住所十二三里，走了兩點多鐘的光景，才走
到廟前。到時想到腰中一個錢没有，且時候已晚，遂不入。看見
偏東山上有樹，遂向東行。過一乾河身，看見一個帳篷，有一蒙古
僕人，一漢人僕人，一蒙古人，一蒙古喇嘛。問他們，知道他們是
從阿拉善來將朝五台者。此蒙古人帶兩僕人，携有槍械、望遠鏡
等物，衣飾鮮明，當係富翁。入彼帳中少息，進酪漿、點心，意甚殷
渥。辭出登小山，石路險峻，石中間生樹三十餘株，皆係榆樹，大
者可三四把，高不逾三四公尺，皆在山陽，足徵蒙古林業，如果有
人經營，很有可望。歸途過一蒙古包前，一犬極凶惡，幸有手杖，

不致爲所咬。今日仍繼續發掘,結果與昨日相似。將午後隊到。春舫拾得石器頗多,佳者不少,並有一石酒杯。但此杯底坐純爲近時式,恐年代不久。下午少眠,希淵來,言其南分隊明日可到此地。決定明日起身,南北分隊少留,仍繼續以前工作;並留黃仲良、莊永成等繼續發掘兩三天,再追大隊。晚餐後與赫定先生、黃仲良、希淵繼續談論,寢時已兩點鐘。

九日,五點鐘起,八點半鐘啟行。途中遇蒙古包甚少,左右皆有小山。下午一點多鐘至一小河邊,止宿。地名ㄏㄥㄍㄦㄙㄍㄡㄌ,水鹹。晚月色頗佳。補作前兩日日記,未完,風起,遂寢,時將十一點。今日,步行五六公里。甚困乏,午餐前後睡兩次,約兩點多鐘。18.900;N.71.W.。

十日,晨微雨。起時六鐘。未幾雨止,八點一刻啟行。今日道右坡陀起伏,道左小山連綿。道左有一廟,名ㄉㄝㄐㄧㄙㄇㄨㄇㄨ。四點鐘至一地,南北皆有小山,中爲一乾河道,止宿。地名ㄍㄜㄕㄚㄊㄨ。今日步行十公里許。晚月光極明。有二商幫從外蒙札薩克圖汗返,亦宿此地。問之,據言去的商幫簡直不能進,即回來的商幫,萬元的貨幾須出稅金萬元,生意無法做云云。睡時十一點。32.070;N.78.4W.。

十一日,起六點鐘。商人中有一莊姓患腿疼,請郝默爾醫生診視,診視時,郝默爾請我作翻譯。療治畢,郝默爾想知道這種病與天時、食物的關係,久之,不能得要領。因爲這種病與普通的痿痹(Le Rhumatisme)不同,病徵爲牙疼,至於普通的痿痹則與牙疼無關。郝默爾確信此種病由於食物中缺乏生命素(La Vitamine)所致,所以總想設法問出此病與食物及天氣的特別關係。至於商人雖也知道牙疼的不同,然而總是與痿痹相混,他們有一種成見,説它由於濕氣或寒氣。他們不説他們所親眼看見的,却説他們所相信的,所以終於不得要領。八點鐘起身,路兩邊全爲坡陀起伏。先向西行,後向西北行,此爲向外蒙的大路。良久,始分出向西南行。一點半鐘進一山口,左岸峭峻,右岸少平;中有一小河,河上緑草如茵,風景頗佳,遂止宿。地名ㄇㄨㄦㄏㄜㄑㄧㄎ。然此地如遇暴雨,當危險不小。今日步行約十一公里。用茶後眠。起,登道右山上一觀。山谷甚短,東南除對面一嶺外,山勢已盡,至西北則爲連山。對面峰比我所上底山略高。我上的時候,達三同郝德博士在對面山上,隔谷聲可相聞。據郝德揣想,對面山高處約七十公尺,則我所登處當有六十餘公尺。晚餐後少談,少看德文,作日記,寢時已十點半。今日天氣甚好,但晨起時已有秋意。21.435;N.87.06W.。

十二日,天明時聞雷聲,即趕緊起。雨大至,催王殿臣及學生趕快收拾行李,因如果行李收拾好,即山水至,尚可將行李移至高坡上,或趕緊上駱駝,移出谷中;至谷中則危險頗大。幸雨一陣即止。七點三刻起身。出山後則左右只有坡陀起伏。望見西方山根有一廟頗大,蒙古名ㄅㄥㄅㄣㄙㄨㄇㄨ。聞前些年廟産豐富,喇嘛數百。近四五年連年亢旱,牲畜無牧草,喇嘛只餘三四十云云。又進則道左頗有峰巒。十二時許入山,兩旁怪石巉巖,路漸上漸高。一時許,路漸平,山勢豁開,石亦漸稀。後又略下。山名ㄏㄝㄦㄝㄋㄜㄦㄛ。將三點至一乾河邊,止宿。地名ㄉㄛㄦㄛㄅㄨㄦㄐㄧㄣ。少息。後又到附近山上一看。山無峰巒,無突出,而亂山起伏,勢頗雄偉。六點餘微雨一陣。晚風頗大,月光甚好。

今日步行約十五公里。途中遇幾商幫,皆從寧夏往綏遠販鴉片者。此種病民巨蠹,如果馮玉祥終不能禁,勢必步各軍閥之後塵!如果國民黨不能決意禁止,不久也要爲國人所唾棄! 寢時約十點鐘。28.860;S.83.2W.。

十三日,昨晚聽説行李前隊住地離本隊住地不過六七里。今早八鐘起身。地勢較平衍,然山勢未盡,時有大石突出,點綴風景。十一鐘山勢盡,時見遠山,亦無高峻峰巒。兩點多鐘過一乾河身,有井,地名ㄉㄝㄦㄚㄙㄥㄏㄨㄊㄨㄢ。南山邊有一廟可望見,名ㄕㄉㄠㄉㄝㄙㄇㄨㄇㄨ,譯言石廟。四點半鐘,至ㄏㄚㄦㄚㄊㄡㄦㄡㄍㄚ(譯言黑頭,因北有一小山,石黑,故名)。止宿,與行李前隊合。聞離三德廟,不過百里,後日可到。晚餐後同學生到黑頭小山上一游,回,閑談,寢時約十一點。今日步行約十八公里。黑皮靴底已經摩穿。37.155;S.73.2W.。

十四日,今早尚未五點鐘,即聽見馬學爾在帳外説話,並叫ㄧㄡㄦㄅㄚㄗ(團中所養蒙古犬名),繼聞手槍二響,心頗警戒。細聽,不像有什麼强盜,遂不起,然從此即睡不着。早起後問馬學爾,據説此時有一野犬,入彼帳中,偷喝他爲ㄅㄞㄎ(他所養底一個小麞子)所預備底牛奶,並追咬ㄅㄞㄎ,使它受傷。等到他起來追趕,這個野犬還不肯走,等放了兩槍,才逃去云云。八鐘起身,行十四五里,至一乾河身,西岸有幾個蒙古包,皆爲漢人賣草料者,地名ㄐㄧㄚㄎㄍㄨㄢ。以爲應往西行,後知錯誤,復返東岸。又行十餘里,路兩旁有小山,中有流水,名ㄊㄚㄏㄢㄍㄡㄌ;蒙古語音頗不清,此ㄊㄚㄏㄢ仍爲漢譯之察罕,意謂白。路旁河畔行,風景頗佳。三點多鐘至一地,名ㄐㄧㄚㄇㄧㄣㄏㄨㄊㄨㄢ,止宿。晚餐後同學生等到東邊鄂博上一望，頗有千巖萬壑之趣。歸坐箱上待月出，意趣幽遠。但月出後不久又被雲蔽。昨日將鑰匙遺失，今早派王殿臣同一蒙古人返尋，下午十點多鐘始返隊，並未尋出。今日步行八公里。24.810；S.43.99W.。

　　十五日，八時起身，今日全在山中行，一路上下。下午二時半至一地，名ㄏㄚㄦㄚㄡㄅㄡ，止宿。少休息茶點後，因前見此地不遠有樹，想去看看，遂出。同行者皋九、益占、達三。然所往看之樹，又非前所見之樹。前所遠望者爲一株，往看者爲三株，在一枯河身中。樹爲榆，粗可四五把，益占照兩片像，望見一鄂博不遠，遂往前進。然層叠甚多，至頂時天已六鐘。一望氣象甚偉，東北層山，西南平原，望見平原上有樹二三十株。因天晚路遠，急下。至住所時正七點。鄂博高，以余度之，約有二百餘公尺。然皋九斷言不及百公尺。擬明日請狄德滿用儀器一測。今日兩次雨，然皆止數點即止。步行八公里。上鄂博往返約十二三公里。22.005；S.52.53W.。

　　十六日，今晨狄德滿的儀器已裝起，無從測量，但郝德博士臆測爲百四十公尺許，或有理由也。起身時將九點。地勢與昨日相似。道左有鄂博，名ㄅㄚㄏㄢㄡㄅㄡ。正午剛過抵一大乾河身，旁有蒙古包頗多，皆爲漢人經商於此地者。又前登高阜，行一二里，則大隊已止宿，遂止。此時風頗大，方幸到早，然帳竿在後不至，不能搭帳篷。等到兩點多鐘，後隊始全到，搭帳篷少息。前隊到時，已派蒙古人帶駱駝去馱水，久候不至，雖欲洗臉亦不可能。過四點鐘，負水者始返，才能洗臉喝茶。此時風愈大，黃沙滿目，視綫不能出十數丈以外。學生的帳篷同我的帳篷相鄰，我從他們的帳篷回時，沙石擊面作奇痛；從前在書上見"飛沙走石"一詞，總以爲石何能走？今日乃眞見到！晚餐時，風力少減，沙石已止，天氣甚寒。九點鐘即就寢。今日步行一公里半。住地前距三德廟，尚有二公里餘，隔山未能望見。數歐人曾冒風往游，興趣眞可欽服。三德廟也寫作"善丹廟"，蒙古名ㄅㄞˊㄧㄣㄙㄢㄉㄢㄙㄨㄇㄨ。ㄙㄢㄉㄢ，蒙古意謂大泉或小河。ㄅㄞˊㄧㄣㄙㄢㄉㄢㄙㄨㄇㄨ可譯爲富泉廟。14.960；S.57.76W.。

十七日，睡一二時後醒，覺身畏寒，已有傷風意；時鋪蓋頗厚，且帳中溫度非甚低。且風入帳內，吹頭覺冷，悔來時未帶睡帽，乃蒙頭捲身而睡。又醒則身上非常難過，乃叫王殿臣起，去請郝默爾醫生。此時欲嘔，復止，身上出汗甚多。未幾，醫生提燈來，則汗後苦痛已大減。醫生問病源，我告訴他説近因大約係睡時少受一點寒，然近幾天內，胃力消化不良，與受寒想有密切的關係。測驗溫度則三八·四；脉搏逾八十。醫生乃命服麻子油二小匙，十五分後，又服藥二片。時已四點多鐘，未幾即又沈睡。醒時已八點，覺身子好的多。風已全息，天氣極佳。將九時起，往洩一次。到郝默爾處診視，則溫度已底至三①七·八，但脉搏尚在八十以上，醫生謂此因才出恭後疲乏，囑服藥後臥床靜養。酣寢數時，醒後赫定先生來問病。郝默爾來，診察各處，謂肺臟心臟全佳，外感即可全愈。下午又出恭一次，與平時同。晚覺全愈，再試溫度，則已恢復三十七度，早寢。

十八日，今日全愈，恢復平時溫度，不過胃力覺弱。上德文

①編者注："三"，原誤作"二"。

課。然自前晚起，左脚大指内潰爛流水，今日學德文時，頗疼，故
精神極不聚。午餐時赫定先生不在，問人，始知他也病了。往問，
知道他昨夜嘔洩數次，今日雖止而胃極不舒，絶不思食。返少息，
同益占出到北邊一二里處蒙古包内。將出時，見西北方有大颶風
將至，且恐有大雨，急回帳篷，將東西蓋好。風忽南忽北，雨不過
有數點，移時風止始出。包中住代縣的銅匠銀匠六七人。作佛
像、供器、佩飾各物，然亦兼作駝毛及其他買賣。二包相通，外尚
有極卑之土室，爲夏日作飯之所，因本地不許蓋房，即此卑室，建
築時也尚有困難。——閑談許久，始出。到附近小鄂博上一望。
歸後，達三等約往游廟，我因天晚不去，他們也不至而回。晚餐時
聽説明天仍前隊先行，大隊再休息一兩天。

十九日，昨天夜裏，又走失了兩個駱駝，所以前隊仍不能出
發。脚總不好，止好請醫生看一下。他給一種藥粉，敷上，螫的甚
疼。少寝，晚餐時疼始止，故終日不出。駱駝找回一個。今日因
黄仲良未到，再給他留十天飲食，並寫信一封，請他趕緊追大隊；
交給此地商號，請他代交。

二十日，上午將十一點同春舫同出到東北一二里處有蒙古包
處一游。此地有蒙古包一二十坐，皆爲漢人經商於此地者。三德
廟附近雖尚有商鋪散處，而此地則爲其最重要的商場。我們進去
兩家。第一家號名同心西，爲此地最殷實商家之一，已在此地經
商四十餘年。他們的生意以放款爲大宗，年利三分。至其商貨似
不甚多。第二家號名忘記，爲從同心西分出之新生意。貨品皆在
包内陳列，不似同心西的不見貨品。所陳列大約爲蒙古人衣飾所
需。中間烟具横陳，帶烟色坐在旁邊的，大約是他們的掌櫃了。

此間最殷實的商家爲同心西、天義長、永盛厚三家。據學生們説：
“在這三家全没有看見烟具，其他各家則多有烟具。”據此也可以
看出鴉片與國民生計的關係了。午餐後在赫定先生帳内聽話匣
子内歐西音樂歌唱。我對於音樂一點不懂而極愛聽。現在在此
蒙古遼闊無邊的草地上面，忽然聽到各種優美的音樂，不禁令人
神往，也不能知其所以然。與學生四人、能説蒙古話的拉駱駝者
一人同出，到三德廟一觀。廟在一山坡上，高下錯綜，遠景甚佳。
房屋多於崑都崙招而少於白靈廟，純爲西藏式。前二廟門上皆有
滿漢蒙藏文合璧的扁額，此廟扁額上只有藏文，中間尚有數字，是
滿文，抑爲蒙文，我却分不清楚；但似一種文字，或專系蒙文亦未
可知。正殿内畫壁中間爲一釋迦牟尼之大佛像正坐；左右下有各
種手印及坐像不同之小佛像環列。左右壁十數幅皆大同，不過大
佛像手中法器略有不同。共參觀二殿，出遇一蒙古婦人，頭上帶
一紅纓帽，頗有意趣。益占想給她照一像，叫會説蒙古話的拉駱
駝人給她説，她也願意。及照時，她却伸舌，爬眼睛，裝鬼臉；後又
奪得一旱烟袋，銜到口中，兩手插腰，作種種怪像，極可笑人。到
廟前里許之鄂博上一觀。此鄂博下有圓坐，圓坐上周圍可行人，
中有一半圓頂，上有各種樹枝，有一枝上，懸有一徑八九寸之小白
傘。下四隅列小石堆四行，極爲整齊。樹枝上掛哈達及印藏文之
布塊甚多。春舫將印藏文的布取下兩塊，皋九取下一塊，歸備風
俗學者的研究。回住地，則黄仲良已由哈柳圖河來到。他説在那
邊繼續發掘五天，歸結共得銅器七十餘件，鐵器一百七十餘件，牙
器二十餘件。然所發掘地東西南北皆不過數公尺；如有時日得全
體發掘，其成績當更有可觀也。

二十一日,見赫定先生問病,則昨晚增劇。據醫生說是肝病,因爲肝上常有石質小塊墜下,此次墜下者塊較大,存留於通道中,所以昨夜感到非常痛苦。現雖覺愈,然非靜養四五天後,不能起身云云。赫定先生因日内尚不能起身,因派韓普爾同錢默滿到東南方百二三十里處善壩堂(地有比國天主教堂),購食物及新鮮果品,並測量住所離黄河的確實距離。派益占、春舫與之同去,且爲翻譯。決定明天拉爾生同郝德等六人明日先行,到噶順諾爾,籌設氣象測候所。我國團員則黄仲良同達三與之同往。請仲良寫一請關卡放行執照。寝時甚晚。

二十二日,今早六點起,看前隊啓行。外國團員除拉爾生、郝德外,尚有米綸威、狄德滿、李伯冷、馮考爾、華志五人,我國團員則黄、李二人。留此地者除我同赫定博士外,尚餘外國團員三人,我國團員一人。赫定先生亦起看啓行,問我是否要再睡,我答以俟午餐後再睡;可是他們走了以後,我回到帳篷裏面,一點事情不想作,躺到床上,一覺睡去,差不多睡了兩點鐘才醒。午餐後將《漢書》《後漢書》《晋書》《隋書》《舊唐書》中的《地理志》及《西域傳》檢出,翻閱。天氣甚熱。茶點後,在赫定先生帳内聽音樂歌唱。晚餐時天氣極佳。此時四周同住所一切寂静,始感到廣莫草地的,從前人多時從未感到的真趣。我有一點怪想:以爲如果有一個大音樂家,對此情景,一定能寫出很好的音樂。其實此地除了風雨,還有何聲? 流水聲? 没有! 鳥聲? 没有! 蟲聲? 除了蝗蟲的䖵䖵,别無他聲,並且連此聲現在也没有! 然而我此時的感覺,確是如此,也可謂奇異了!

二十三日,今日天陰,天氣頗寒。隨便翻閱各史的《西域傳》。茶點後,仍聽音樂於赫定先生帳中。是時天已漸晴,由帳門中望見東南方小山上的天尚陰沉,而山色鮮明,景物頗佳。不久又有一人藍衣,一喇嘛紅衣;二人所騎,驢耶馬耶? 遠莫能辨;然二人約距丈餘,款段前行,遠趁山色天光,居然一幅極美麗的畫圖。未幾天色轉青,似當更美,然行人過去,意趣似失;此意我能知之而不能言其所以然,可謂笨材。雖然,美麗是直接感受的東西,並不是能講解的或可以推理得來的東西,我或者可用這樣的話解嘲麼? 早寢;終夜風聲甚厲。

二十四日,終日翻閱《西域傳》,無別事。晚借赫定先生的《通報》一册,翻閱一遍。内容係伯希和博士對於ㄏㄩㄎ(Pere Huc)《拉薩游記》的批評。ㄏㄩㄎ雖然真到過拉薩一次,不像ㄆㄦㄕㄝㄎㄚㄉㄙㄐㄋ所説完全臆造,然而他文學的本領大,真實的興味低,並且以耳爲目,説些不可能的事情。——比方説,電子有磨盤大! ——伯希和此篇據極可靠的史料,層層批駁,實在是一件很有價值的文字。寢時十一點。

二十五日,今日天氣甚好,正午甚熱,仍隨便翻閱《漢書》數卷。赫定先生已全愈,明天將移住所於廟前,等韓普爾諸人回來,同時西行。

二十六日,今日十點鐘午餐,然行李整理甚慢,起身時已一點多鐘。到廟前止宿。所行路 3.270;S. 38. 45W.。廟前山上風景較佳,爲移住重要原因之一,然到廟前時,據説廟四周之山皆係聖地,不能在上搭帳篷,止好在廟前很狹隘的低地止宿。住所離廟近,喇嘛成群來到帳裏,看東看西,大家全有點厭煩;趕他們呢?則此地風俗,客來不問識與不識,均可茶飯住宿,我們雖不能留人居住，然亦不好太無禮也。飲茶後，同赫定先生、哈士綸同到廟裏拜訪大喇嘛。通報進見，彼坐一小室中炕上，並不起坐，且現迫懼的狀態，我們也止好出來。哈士綸説另外管事的喇嘛<small>大喇嘛下有ㄅ一ㄟㄇㄨㄕ一，再下有ㄅㄨㄍㄨㄟ。</small>頗懂事；去找他們，他們一個説到鄉下去，明天才能回來；另外一個説在前面作佛事，必至日入始完。我們在殿前階上少息，殿門緊關，内有喇嘛念經，殿外爐中<small>狀如平常所用手爐。</small>焚一種草末，臭頗難聞。據隨從的蒙古人説，這或者是因爲我們來，特別被除不祥，亦未可知。但他的經念畢，允許我們進殿，内止有一少年喇嘛，即午後曾到我的帳中，頗能漢語，我給他兩塊外國糖，他欣然接食者也。殿中畫壁，每幅除正坐的釋迦外，餘人衣飾面孔全像中國人。<small>廟各殿皆作西藏式，獨此殿及外院門爲中國式建築。餘尚有一殿上小頂爲中國式建築。</small>出歸。晚餐後與郝默爾醫生閑談，彼對於醫學知識豐富，極饒興趣。九點後韓普爾諸人回來。據春舫説：去時第一天走五十里，第二天走七十里，第三天走五十里，始至三道橋。東南去善壩尚有四十里，去黃河尚有百二十里，故未往。回來時因山路太峭峻，走別路，走三天，約二百十里。後套内人烟稠密，土地膏腴，但土匪肆擾，水利局止知收錢，不知修渠，皆爲人民所患苦！官害及匪害不除，人民能有寧日麼？帶回青菜及西瓜頗多。食西瓜一塊，此爲今夏第一次。寢時十二點鐘已過。

　　二十七日，早起見山坡上有兩三個喇嘛吹一白物，鳴鳴作響。遲一二十分鐘，聚有十八九個喇嘛，皆穿法衣到山上鄂博前作佛事。早餐後上山去看，則彼等佛事已將完，有兩三個喇嘛在鄂博石坐上圓頂周圍旋轉。以後又上到圓頂上面，不知是整理上面樹枝呢，或是隨便鬧着玩的。但是下面的人方在整重的念經，上面的隨便戲笑，無静肅之容。將完時，合唱ㄏㄚㄉㄝ，ㄏㄚㄉㄝ，不知何意。佛事畢後，聚食。我想再往南面隨便看一看，他們叫我，我以爲南邊又是什麽聖地，不許我去，後見他們舉起餅盤，才曉得他們讓我吃東西。我回來吃他們一個油製的餅，喝了一碗奶茶。吃的時候，我才就近看：鄂博的東面，有似神龕者二層，内并無像設；供品却放在上層，也有二盞小油燈，他們散的時候，就把它們熄了。下層放有柏枝。神龕前的石堆，上空，内燃柏枝。吃罷，他們也就散了，我也回來。今天附近的人來看者頗多，男婦小孩皆有。赫定先生忙着給他們畫像，郝默爾醫生忙着量他們的身體，終日忙碌。有一個喇嘛領着他的女人_{不住廟的喇嘛可隨便取妻}。和小孩來看。她的女人在蒙古婦人中，或者可以算美麗了。赫定先生想給她畫一像，她也大半願意，但她的丈夫不願意，我們用的蒙古人來勸駕，就在那裏亂拉，殊可笑人。以後蒙古人許她的丈夫一塊錢，遂得允許畫了兩張像。因爲昨天回來的駱駝太乏，明天還不能走，必須等到後天才能動身。寢時微雨數點。

二十八日，今天因爲大喇嘛禁止廟中喇嘛來帳篷，所以比較清静。午餐有鷄肉，有豆角，有黄瓜，可稱盛饌。在京時不知青菜之可貴，此地遂爲上珍。晚八點多鐘，有一後藏ㄍㄝㄍㄣ_{即知前世的人，漢語也叫他作活佛}。從後藏進京過三德廟，聽説赫定先生在此地，來拜訪他。我在陪坐。這位ㄍㄝㄍㄣ穿中國衣服，樣子也像中國人，頭顱極似鄉人之張中孚先生。從人五六。赫定先生給他奏話匣子音樂，他們似乎很高幸。去時十點已過。

二十九日，起將六點鐘，八點鐘起身。今日路仍向南行，且少偏東，未知何故。今日所行路已少感到大漠的風味。走八九里後彌望沙岡起伏，上有ㄏㄚㄦㄇㄨ小灌木，至高者不過一二尺。ㄏㄚㄦㄇㄨ係蒙古名，漢名ㄙㄥㄠㄍㄣ，也叫作柏茨。積年根。沙被風吹，積於根側，歷年漸高，大者遠望若大墳。叢生，他種植物頗少。較高的地方絕無植物。且前些天所過地多係土間各種一二分大之小石子，今日所行地則幾純爲小沙粒所成。遠望黃間微紅，取視則各種顏色全有。沿途時有小土阜，側旁如河南西部黃土層的斷岸。十一點半鐘抵一地，牧草豐美，亦有水，即行止宿。此地四面沙岡環抱，中間低地自東北而西南，長約二三里，寬將及里，名ㄏㄛㄅㄜㄦㄏㄢㄋㄨㄦ。ㄏㄛㄅㄜㄦㄏㄢ，蒙古語謂小水。此地止有小湫二三，且甚淺，不愧ㄏㄛㄅㄜㄦㄏㄢ之名。馬蓮甚多，蒙古名ㄗㄚㄅㄜㄦㄉㄞㄍ。少眠一點鐘，蠅子頗討人厭。見西邊有小土阜，往看，則爲粘土所成。聽説爲沙土飛去後所露出者，疑沙土内層，尚不少可耕之土也。午餐後，見馬學爾登西南沙嶺，乃與益占同登。至最高處約距平地高二十餘公尺。上層乾燥，但掘深二三寸後，即覺濕潤。馬學爾從高處滑下，又復登上，其興趣可想。我因爲脚未完全好，所以不敢"步武"。下時，ㄌㄍ聽見馬學爾的聲音，直上奔就；野畜熟習，乃能依人若是。晚餐前到小湫側一看。據醫生説："大湫内爲鹹水，小湫内爲淡水。"兩湫甚近而味乃不同。今日所食即爲此湫中之水，内中不免有馬尿也。今日行14.640；S.1.72E.。

三十日，五點多鐘醒，六點起，七點二十八分起行。仍向南略偏東行。地勢頗多起伏。八點十分後，又入草地。草地、沙漠之分爲草地中雖有沙而草甚多，地皮固定，雖有風而地勢不變；沙漠中雖有草，而沙隨風走。植物最多者，爲一種葉似蒿之小灌木，蒙古名ㄨㄦㄨㄙㄍㄨㄅㄌㄩ

ㄨㄅㄨㄙ,至ㄏㄚㄦㄇㄨ雖有,却甚少。再往南,則有一種似柏之小灌木,名却不知。九點三十四分路向偏西轉。今日全日所行路西邊二三里,即爲一望無際的黃沙。噶順諾爾在西北而我們却向南偏東或偏西走,全是靠住沙漠走,並且時時躲避它。將十一點又入山。山勢不高峻。十二點後出山,地勢平衍,完全向西南行。一點十分至一乾河身,中有井,水佳,上有飲馬木槽。過河到西南岸上高處止宿。地名ㄊㄚㄅㄣㄍㄜㄕㄚㄊㄨ。ㄊㄚㄅㄣ,蒙古語謂平地,ㄍㄜㄕㄚㄊㄨ謂上有累石之井。王殿臣剛下駱駝,即看見石器的痕迹,以後大家接着找尋;小石器頗多,馬學爾並在帳篷中找出破爛石斧一件。也有陶片,按花紋似非近世物。尚有一兩片,似屬近世。然則此地曾經居住數次,亦未可知。今日行24.075;S.20.3W.。

三十一日,六點鐘起,七點二十七分啟行。向南偏西行。地勢平衍,略有起伏。九點半鐘許,過一河溝,路左約百餘步,有幾個蒙古包,道旁有一帳篷。下駱駝想到帳篷前問地名,但止見狗,不見人,止好繼續走路。後聞此地叫作ㄚㄇㄚㄨㄙㄨ。ㄚㄇㄚ謂溝口,ㄚㄇㄚㄨㄙㄨ謂溝口有水。十點多鐘,看見道右遠處一片青色,疑爲衝破沙漠的大河,但因在蒙古地,只敢猜作乾河身之草地。下駱駝,用遠鏡望,也看不清,止看見樹木頗多。十一點半鐘,道急向西轉,少偏南。還有一條向南少偏西的路,是爲向王爺府和西寧等處的大道。此時面前有一小山,山上有一鄂博。路從鄂博北過,此後即向正西走。聞此地爲烏喇特東大公旗與阿拉善旗分界處。山下有一帳篷。地名ㄏㄚㄅㄚㄅㄨㄑㄝ,蒙古語謂門限。地有井。路向所看見的青草地直下,覺得也不過五六里地,歸結又走了三點鐘才到。這一節路南邊離一小沙漠甚近,將至青草地之前一小節路則介於沙漠、草地之間。沙中有微物放光,草根尤多,或即"沙裏淘金"之金,亦未可知。三點二十分止宿。地名ㄅㄛㄌㄥ,蒙古語謂稜角。有人説叫作ㄅㄛㄏㄨㄇㄧㄣㄍㄨㄉ,然據塞拉特説,前面有ㄅㄛㄏㄨㄇㄧㄣㄙㄨㄇㄨ,恐怕那邊才能叫這個名字。地有蒙古包五六,有井,水佳。用茶點後,少休息,出到南邊沙漠邊,距住所三里正。一望盡是馬蓮草。説是沙漠,其實只可説是沙成連山。想到上邊一望,但因天色甚晚,高峰尚遠,遂歸。今日行33.255;S. 54. 3W.,步行二公里。

　　九月一日,六點起,七點二分起身。初行時向西北,後又少偏南,結果差不多正西。偏南一度。初行時,牧草極茂。草名ㄅㄨㄉㄦ,味鹹,駱駝頂喜歡吃。此時路右不見沙漠,路左總是離小沙漠不遠。聽説西南十餘里内有鹽池,出鹽頗多,包頭即食此鹽。七點四十分後,ㄅㄨㄉㄦ漸少,ㄏㄚㄦㄇㄨ漸多。八點十分遇一井,上有木槽,有幾個駱駝,在那裏喝水,我所騎底駱駝也想去喝,等了好幾分鐘,歸結一點没有得;聽説昨天晚晌因爲水少,駱駝全没有飲,看見它一點没有得喝,心中頗覺悽然。八點四十五分至一地,有一坐中國式房子,爲鎮番人在此賣草料者。地名ㄅㄞㄧㄢㄇㄨㄜㄜ,譯爲富樹,因再往西榆樹頗多,所看見底大約有一二百株。故名。此後草不如前茂。道左沙嶺勢漸盡,道右遠山作蒼色,然近處仍時有沙岡斷續。沿途皆有蒙古包和帳篷。此數十里内,在此沙漠中間,大約可爲仙鄉矣。但仙鄉多蠅,頗爲所苦,十一點鐘至一廟前,即止宿。廟即ㄅㄛㄏㄨㄇㄧㄣㄙㄨㄇㄨ。ㄅㄛㄏㄨㄇㄧㄣ意爲低地,亦有念作ㄅㄛㄅㄜㄜㄇ者。廟前有一列房子,爲王爺府

所派來收稅的人所住。少眠。午餐後少看德文。茶點後進廟去
看。廟不甚大，大殿屋頂皆作中國式。正殿內正坐爲文殊師利菩
薩，右手執劍。壁畫亦受中國畫影響。後殿尚未修成，中間掛一
宗喀巴像。尚有一殿，門未開，執鑰匙者不在，遂不能入。廟後有
一鄂博，二層，上插樹枝、木刀、木槍之屬蓬蓬然。後有一唵字磚，
高約二尺，寬尺餘。前方有一泥製神龕，頂仿中國瓦蓋房，此鄂博
也受了中國化了。同游廟人頗多，到鄂博上止有我同皋九、春舫三
人。歸。此地井水頗多，水佳。今日行 16. 155；S. 88. 9W.，步行五
公里强。

　　二日，五點半起，六點四十分起身。地勢有起伏，道右無沙，
左間見沙岡。有一種小蒿名ㄊㄨㄙ儿，一種小灌木名ㄐㄧㄐㄧ
儿，外有ㄏㄚ儿ㄇㄨ，植物以此三種爲最多。八點四十五分至一
窪地，草甚茂盛，地上有鹽鹹之屬。九點四十分，道右有蒙古包。
十點四十分，又入半沙漠的地方，有樹甚多，遠望若松，近視非是，
因其非針狀葉，乃半形葉，且葉上間三四分即有節，即此間重要
然料的ㄐㄧㄚㄍㄠ。此樹蒙古人稱爲樹中之王，然除作然料外，實
無他用。不過此間沙漠有此樹點綴風景，殊覺另有風趣。十一點
半道右有井，前行不遠，即有一所土房子，爲王爺府之漢人商家在
此收賬者。十二點許遇一岐路，前行蒙古人亦不認識，即從偏南
路走，後因問始知錯誤，乃轉回北路。此節路ㄏㄚ儿ㄇㄨ極多，結
實如櫻桃，可食，或即北京市上所賣之山豆子。一點鐘許，沙勢漸
盡。兩點鐘至一地，名ㄕㄢㄋㄜㄨㄙㄨ，即行止宿。ㄕㄢㄋㄜ，意爲
新，大約因地有一新井，故名地爲新水。地爲一大平原，四望不見
沙，山，遠處略有岡巒，顏色蒼翠，至爲宜人。且蠅甚少，比"仙

鄉"似勝多多。地有數蒙古包,一爲代州人在此作買賣者。往與談,據言此地從來無税,自今年春始行徵税,且甚重云云。今日初起身時,路向西北,後又少轉南,結果得正西少北。行 29.029;N. 85. 94W.,步行五公里。今日無風,天氣甚熱,温度至二十六度餘。

三日,五點起,夜中温度頗高,六點時十六度餘。六點動身。一望平原,無大起伏。遠望見樹幾顆。將午雨至,然一小陣後即止。一點多,過一小山頭名ㄏㄠㄐㄌ丫ㄏㄝ儿ㄏㄢ,ㄏㄠㄐㄌㄚ蒙古語謂二,ㄏㄝ儿ㄏㄢ謂土堆。中間分開若門。兩點十分至一地名ㄗㄚㄏㄢㄎㄜㄉㄜㄙ,或念作ㄗㄚㄏㄢㄎㄜㄉㄜㄚㄙㄨ。草地中有一種草,莖細長,可至三四尺,漢人叫作芨芨,或寫作雉鷄草,然其音實作"知幾";蒙人叫作ㄉㄝㄉㄝㄙ,或作ㄊㄥㄍㄢ。ㄗㄚㄏㄢㄉㄝㄉㄝㄙ,即白芨芨草的意思。此地有井,有房子一所。房子爲甘肅鎮番人在此經商者。昨天哈士綸聽人説,阿拉善地自今年春,已改從ㄅㄡㄉㄕㄈㄧㄉㄌㄅ的制度,每物皆有定價,頗爲商人所不便云云。然據此商人説:其本店在王爺府。"每年王爺府於陰曆六月六日,定各物的市價,由來已遠,並不自今日始。……"又説阿拉善境内每一處商號每年應出洋百元。此商人在此經商已六年。室内有屏對、木刻扁額,院内有試種瓜屬、秦椒、蘿蔔各菜;在此曠漠中間,已覺楚楚可觀。有一小孩,年八歲,隨其父來;無婦人,因不允許。此間地太乾燥,駱駝没有草吃,故決定明日四點即起,早動身,聽説明天路程止有四十里,起早全爲駱駝没有草的緣故。聽説大隊大前天才在這裏動身,然則他們不過三天的路。赫定先生要給北分隊寫信,留給此間商人轉交,囑我也給希淵留一信。

因爲風大,燃燭費了半支,一個字也没有寫成,止好息燭睡覺。今天走29.400;N.84.2W.,步行十二公里强。整天未見有蒙古包。

四日,四點鐘起,尚有微風,給希淵寫信一封,囑其從此以後,每天務須帶水兩滿桶,因爲前途的井,不見得靠得住。五點三十四分起身。六點後過一小山頭。七點後遇駱駝十餘,有婦人,有小孩,係鎮番人住後套墾地者。據他們説:我們的大隊又丢了兩個駱駝,留兩個蒙古人在前途數十里内尋找,大隊則繼續前行。路左無山,路右有小山連綿。駱駝甚餓,路中遇見好草,就讓他吃一點,所以走的頗慢。九點三刻入山,然山既不高,路頗開朗,絶不崎嶇。十點十分至一地名ㄞㄞㄙㄨㄏㄨㄞ,即行止宿。搭帳篷地爲一沙灘,因餘地不平的緣故。此地有一井水不佳,絶無居民。草比昨天住地較好。下午風愈大,帳篷刮倒好幾坐,我的帳篷幸未刮倒。今天止走16.875,N.88.2W.,步行八公里弱。六點後想到此邊小山上一望,然因時晚未至而還,來往約六公里。昨天同今天不見蒙古包,不見鄂博,可謂荒凉已極,然樹却時時見着。

五日,四點鐘起,五點半起身。路經平原,左右時見小岡阜。七點二十分,路左見有白色小石積成四大字"身歷紀念";前有"民國十五年"五字,後有"直隸氐立"四字;外以平常石子圍成横扁式;大字每字約二尺,筆勢蒼勁。此亦好事者所爲,然不肯題真名,仍不免中國人習氣。七點三十五分遇一井。此地大約就叫作ㄏㄚㄦㄚㄙㄨㄏㄨㄞ,後來聽説道左有漢商所住房子,然當時實未留神到。八點二十四分道左有蒙古包,少前,右有房子爲鎮番商人所住。據言大隊昨天即在前面ㄚㄦㄍㄚㄉㄣ住。又前行即遇拉爾生所留底蒙古人，才知道並不是走失兩個駱駝，是死了一個，病的要死的一個，另外還有九個，太乏不能前走，所以留兩個蒙古人，等着北分隊來時再一同走。再前行，道旁間見帳篷牧畜房子，已不如前兩天的荒涼。十一點三刻，抵ㄚㄦㄍㄚㄌㄣㄨㄨㄨ，即行住下。地靠一小山下，前臨平原。此地蒙古包很有幾坐。昨晚吃飯少多，故睡眠不安；今日午餐後少息，眠。起登小山頭一望，南方爲極廣闊的平原，近有樹木趁托，_{附近榆樹甚多}。遠有蒼山或黃山圍繞，西北山雖不高峻，而千山萬壑，層疊起伏，惟有博大雄偉四字，始足盡其勝狀。用肉眼觀，形勢或少嫌平散，且遠山層次不清；用遠鏡把光一聚，風景尤覺精奇。下到一商家，則赫定先生、哈士綸、錢默滿、春舫皆前在。商家有蒙古包一坐，房子一坐，另外還正在建築。主人楊姓，爲山西孝義縣人，但夥計們則爲鎮番人。主人前在ㄏㄚㄦㄚㄙㄨㄏㄨㄞ商號作事已十幾年，去年才出來在這裏安新生意。糧食從王爺府或後套運來。舍前有自種青菜一小片。少遠有井。據言井水在地下流動，穿地到處可得。且言此地漢人甚多，給蒙古人作苦，如築羊圈之類。築羊圈爲極簡單的工作，而蒙古人仍不能自作，必有待於漢人！今天赫定先生接到拉爾生留信，據他聽説，前途有三百里没草。問此商人，他説不至於，並且説前兩三站路有很好的草場云云。先聽説大隊住地離此地不過一二十里，以後又聽説他們今早已經動身前進。晚餐時天氣清朗，暮色與樹光掩映，天際遼闊，若在大海中。此情此景，像無法照，畫不易傳，我又没有詩才，又有什麼法子！不過此種極雄極麗的景物，不惟任何都市的人，如不出游，永遠不能夢見，我的游蹤頗遠，這一類的景物，至今尚未幾遇。我國南方風景，麗而不雄;北方頗雄而不麗。今日所見爲此行第一,赫定先生亦同此意也。晚間月色亦好。今日行 22.470;N. 87.9W.,步行十三公里强。

六日,四點鐘起,五點一刻起身。路在山中,然山頗平衍,路亦不崎嶇。六點十四分遇一沙河身,無點水。七點五十分出山,爲一漸向下行的平原。八點二十五分到一商店。商人爲山西汾城縣人,從前在外蒙古經商,此店成立不過三四年。他的房子很特別,中間上頂全仿蒙古包式,上留氣窗。墙上留空格甚多,爲放商品及物品的地方。室中用石灰塗抹,在此草地中,已爲難能可貴。此商人説在阿拉善地,商票整票每年納銀一百二十兩,半票六十兩。大隊昨天從這裏走,因爲駱駝太乏,還在此商店留幾件東西交我們帶。此地名ㄊㄨㄣㄞㄧㄢㄎㄡㄦ。九點一刻又前行。十點二十五分至一地,名ㄨㄌㄢㄊㄠㄦㄏㄞ(譯言紅頭。ㄊㄠㄦㄏㄞ與ㄊㄡㄦㄨㄍㄚ,實係一字音訛)。即行住下。地有井,有鎮番商,住蒙古包中,房子正在建築。草不甚佳。聽説前途一直到額濟納河,草皆不好。此地爲馮玉祥新開庫倫寧夏汽車路經過地。從前用汽車運軍火,現已不運。聞三兩日前有汽車三五輛經過一次。晚餐後遇一大商幫,有駱駝將二百,從新疆來,係許多小商合成。商人有山西的、直隷的、河南的。河南十餘人皆係洛陽及偃師人。今日行 16.590;N. 56.5W.,步行十二公里强。

七日,四點半起,五點四十二分起身。仍行山中,山勢平衍,甚於昨日;昨日谷中時時見樹,今日則無有。八點後得一小平原。八點半路左有房子,院中有一蒙古包。進去看,房子鎖閉;包内住蒙古人,據他説:我們的大隊,昨天就在那裏動身。地方叫作ㄏㄚㄦㄇㄚㄎㄊㄠㄞ。ㄏㄚㄦㄇㄚㄎ即前所記之ㄏㄚㄦㄇㄨ,一字異音。三刻，前行又入山，山較高峻，但路極平坦，谷中樹頗多。快出山時，高處望見谷外駱駝甚多，前行蒙古人以爲大隊仍在其地住。九點五十分出谷，始知非是。十點四十五分到一地，名ㄕㄚㄦㄚㄏㄡㄦㄨㄥ住宿。ㄕㄚㄦㄚ我想應該作ㄕㄚㄦㄚ，亦即漢譯的西拉，蒙古語爲黄，ㄏㄡㄦㄨㄥ譯爲蘆。地名黄蘆，其實無蘆；草極壞，駱駝找吃，頗非容易。有井，水還好。下午有一個俄國人，叫作 Sergeyeff，從新疆來，到赫定先生帳中談。據説是一個俄國白黨，逃在伊犁、迪化等處四五年，現在他的兄弟有在澳洲者，他也要取道天津到澳洲去，遂經過此地。他帶四匹駱駝，從額濟納河五天即到此地，其快可知。然此人説話不甚可靠，如説只帶烟茶，並無糧食，不需要吃飯，這些話實完全不可信。今日行22.590；N. 65.2W.，步行十五公里强。今日天氣甚熱，帳外四點鐘至三十度八，帳内至三十二度。晚晌風頗大，然不冷，仍可單衣。

八日，終夜風聲甚厲，然温度頗高，一被已足。四點半起，五點二十分起行。出發時，步行，與郝默爾醫生同行閑談。團中所養底四隻狗，清晨非常地高興跟隨着我們。少停一時，忽然一個不見，大爲詫異，回頭一看，才知道我們兩個的路走錯，向東北行，狗見大隊從別路走，全已回隊，我們乃也跟着轉回。七點前後過一地，名ㄍㄡㄅㄅㄢㄅㄨㄌㄨㄅ，譯爲三泉，然泉已乾無水。我們這兩天過ㄏㄚㄦㄇㄚㄎㄊㄞ，並没有多少ㄏㄚㄦㄇㄚㄎ；過ㄕㄚㄦㄚㄏㄡㄦㄨㄥ，絶無黄蘆；過ㄍㄡㄅㄅㄢㄅㄨㄌㄨㄅ，並無井泉；風物若何，略可想見。地勢起伏高下，也可以説仍在山中走。九點鐘前，至一小低原，遠望前面山上若有人立，疑爲枯木，然蒙古地即有樹，也未嘗在山上。至近才看出是人立的一塊大石,上横一石,横石上有頂,合成一十字形,不似尋常鄂博;不知何人所立。九點過一嶺,向下行,約低二三十公尺,十點一刻又入山,地勢復漸高。從早晨起身直至正午,不遇一人,不見一牲畜;植物差不多止有一點ㄏㄚㄦㄇㄚㄢ,每株上止有若干綠葉,半死不活。九十點後風愈大,沙粒石子,撲面打來!所看見底,不過是荒山裏面幾個黄沙堆!古人形容荒涼,總説荒烟蔓草。然既有烟,必有人家,草能滋蔓,生物尚多,彼此相比,覺荒烟蔓草的區域,猶是勝地!然直到今日,才真覺到身在蒙古。此種情境,雖不見得想常經歷,然至少一生萬不可不身歷一次;真實地咀嚼苦味,也自有特別的一種情趣也。正午才見到幾個駱駝,牧草少佳,風亦漸小;繼見兩個放駱駝的人,已覺另有世界。兩點後風又大,剛上駱駝即見道右井上立木,道左人居。又少前,即行住下,時兩點一刻。風愈大,少眠,醒時全身已爲沙土所埋。茶點後到民居一問,則爲鎮番商人在此地賣草料者,住此地已五六年。聞前途一百五六十里後,才有好水草,必須三天始能經過。此地名ㄏㄚㄦㄚㄗㄚㄍㄜ。ㄗㄚㄍㄜ即前所記ㄐㄚㄍㄠ之異音。住地附近沙堆甚多,到處皆有ㄗㄚㄍㄜ,有小顆,有大樹。它的葉子,駱駝還喜歡吃,則此地牧草還不能算頂壊。此地有兩井:近處井水鹹,遠四五里井少好一點。我們有從昨晚住地帶來的水,還可飲茶。五六點後風息,然天頗陰。王殿臣到後即在住地東數十步内找出一點石器。晚餐前,錢默滿來説住所附近有一古代石堡,請我去看。往看,則正王殿臣找石器的地方,並且他還正在那裏找。堡形斜方。從東北至西南方較高,大約係趁山勢。他方全係人工積成。内有石欄,即此地商人前在此地住時所積。其餘問他,則云全係長成。然人工顯然,當係古代人

類遺留物。晚寢時絕無點風，然東方陰甚，時聞遠雷。今日行
34.695；N.72.1W.，步行二十一公里强。

九日，因此地牧草尚可對付，故昨日預計今天上午放駱駝，赫
定先生同其他有事的人十一點鐘起身，全體下午一點鐘起身。但
昨天晚晌有一個駱駝没有找着，大家全出去找，歸結駱駝倒是很
快地找着，却是有一個牽駱駝的漢人總没有回來，今日早晨四出
找人，到午餐時還没有找着，大家全非常焦急，因爲此地狼甚多，
雖狼素不吃人，然如果有一群餓狼，遇着一個人，也狠難説。並且
此地往北二三百里幾無人烟，如果迷到那裏邊，也很危險。哈士
綸同一個蒙古人十一點鐘從北方出去，按着足迹去找，歸結轉到
南方一二十里地的地方找着。這個人轉了一夜，呼號無應，哭泣
不靈，找着時，已伏地待斃了。把他引回來後，已經四點鐘；因爲
此地水鹹，聽説前面二十五里有淡水，故決定起身。我同赫定先
生、春舫及三僕人前行，大衆收拾好即走。五點二十分起身。初
動身時地勢頗有起伏。五點四十分鐘後得一平原。回頭一望，看
見我們隊的一個白駱駝跑出來跟着我們走，乃命王殿臣下來把它
捉着送回。我下來引着駱駝走。王殿臣把駱駝交給蒙古人再回
來，乃令春舫等着他，我一個人引着駱駝走。以後他們追上我，乃
將駱駝交給王，因爲天色已晚，命他牽着快走。這個時候，因爲前
面的人走的快，路上止剩我們三個駱駝，三個人。八點前後天黑，
路不甚分明，乃趁月色俯身照着駱駝足迹走，意頗競競。路在平
地，白綫尚容易辨晰①；最易混的，是間有小水道，淤泥白色，與路

---

①編者注："晰"，原誤作"晰"。

綫頗難分辨；且淤泥上駱駝足迹很不容易找出。然因謹慎，幸未失道。又走，前望見火光，以爲赫定先生帳内燭光，至近始知爲厨役魯子明也怕失路，乃然一火柴引人。起身前赫定先生曾約定，到後即當命蒙古人然火高處以引後隊。此時計時當已不遠，到處尋火光不見；路又將入山，左右似有岐途，駝迹難尋，想上一沙嶺上一望，乃足陷半尺不可登。正彳亍間，春舫忽聞呼聲，乃順呼聲向左入山，走一二十步，已見蒙古人所然火光熊熊。距要住地不及半里。赫定先生已到一點鐘，但因帳篷在魯子明的駱駝上面，所以還在星月之下坐待。因地勢頗低，所以雖在高低兩處置火，尚不容易看見。此地名ㄨㄊㄠㄏㄞ，意爲大坑。南面即對沙嶺，上有ㄕㄚㄍㄜ不少，北面山頗高，並有三峰聳峙。住地即在三峰西南足下。三峰前天已看見，昨天已知大路經過山足，今天向山峰走，失路時，已至山足，所以並没有危險，心亦不慌。至後月光皎潔，寒暑適中，回頭一想，得此一番小波折，免却旅行中太單調生活，亦覺大可快意。今日爲舊曆中秋，坐沙上，看月光，意興幽遠，絶非未出塞人所能夢到。吃一點餅乾，喝一點凉茶。後隊十點鐘到。困甚，即寢。今日行 13.275；N. 78.48W.，步行十一公里强。

十日，昨晚剛睡着，王殿臣因茶炖好，來問喝不喝，嚴詞斥去，然因此遂睡不着。直至大家喝畢茶，就寢，聲音静，還睡不着，此時心中煩熱，乃揭被取凉兩三分鐘，始得安寢。一覺睡醒，時已七點，乃起，早餐。餐畢，因今早放駱駝，等到下午才能動身，且身體仍感困乏，乃於九點多鐘又睡。醒時已將正午。午餐後，兩點一刻，仍是我們六個人先動身，大隊收拾好再起行。已起身，後因駱駝尚未飲水，又回頭使它們飲水；真正起身時已兩點半。道左右皆有山，中爲寬約里許之谷。道右山中有沙，然不甚多；道左山爲沙埋，然時露黑頭於沙上。三點二十分路入左邊山中。道初頗狹，且山勢高峻。走一刻鐘以後，山勢又展開，與未入谷前頗相仿佛。路上作石器的石質甚多，然未檢到石器。時見上下立的石片。見道左百步許，有地甚低，疑中有水，乃牽駱駝往看，則水已乾，四圍有蘆草。返回大路，遠望見春舫已下駱駝，兩黃衣人_{春舫亦黃衣}相對説話，心中甚疑。走近，才看出是黃仲良，我們雖已知大隊離不遠，然在此遇着，實屬意外。唔談後，始知大隊駐地在前面十餘里。大隊昨日到那裏，牧草有蘆葦，尚佳；但無水，即擬繼續前行，後牽駱駝的一個漢人掘地得水，乃停下。因牧草還好，所以又多住一天。仲良因在三峰下檢到石器甚多，今天又擬往繼續工作，所以在此遇見。時全入沙漠中，過不少的小沙嶺，七點少過，到大隊駐所。見郝德及狄德滿各團員，聽説達三在此工作很好，甚喜。仲良出視所得石器，係新石器時代物，多可珍貴。然所收尚濫，我因非專家，也不能大挑剔。以示赫定先生，彼亦有同樣的感想。閑談，寢時已十二點。大隊駐地名ㄅㄨㄌㄣㄉㄜㄍㄨㄞ。ㄅㄨㄌㄣ蒙古語謂紫；ㄉㄜㄍㄨㄞ謂輪。ㄕㄚㄦㄚㄏㄡㄦㄡㄙㄊㄞ在此地東北三二里。此地純爲沙漠，帳篷即在沙中支。人多半赤脚，因穿鞋一走一陷，沙時時入鞋中，頗不痛快；至於赤脚行沙中，頗有舒服之感也。今日行 17.040；N.81.3W.，步行十三公里。

十一日，今日拉爾生、米綸威、華志、李伯冷率行李隊先行；餘均留此地，等將來同行。他們動身時，我尚未起。起後，聽説在三德廟所雇底引駱駝的一個漢人，偷了團內兩匹最好的駱駝逃去。

細問乃知爲一四五十歲的人，此人前幾天我也曾同他説過話，貌似老實，乃不誠實如此。聞並偷有食物及蒙古人衣服銀錢等類。此人可爲至愚，因沙中足迹難藏，且蒙古人尋足迹的能力極大，被捉殆非難事。我所躊躇底，不是捉着捉不着的問題，却是捉來後怎樣辦理的問題。因爲此地離官廳甚遠，犯人頗難處置也。哈士綸同四個蒙古人往尋，九點他同兩個蒙古人回來，説找不出足迹。少停一會兒，其他兩個蒙古人回，説在南邊找出，大家遂又往找。下午五點鐘，哈士綸同兩個蒙古人回，仍失足迹。但塞拉特同馬泰還没有回來，則仍有希望。今日天氣甚熱，下午在帳中睡，幾不穿衣服，猶汗如雨下。晚，大雷雨，然少雨即止。

　　十二日，夜中雨數陣，仍不大。早晨天晴，然終日大風，沙積帳中寸餘；我的帳門關閉，還是如此。今日赫定先生出一百五十元的賞格，要另組織一隊，必須將賊捉着，即在此稽留一禮拜，亦所不惜。尚未起身，我正在帳中寫字，達三跑來説："他們回來了，看見駱駝從東南來，大約是捉回來了。"大家差不多全出去看，我也出去，看見他們把他縛回來，心中頗爲惻然。他們把他引過去後，赫定先生告訴我説昨天他們出發的時候，已經命令他們捉得以後，不准打他；現在也不能虐待他；不過爲本團安全計，不能放他。他的話我非常贊成。以後在赫定先生帳中將塞拉特及馬泰叫到，加以獎勵，並詢其詳情。據説：他們兩個向東南尋找，共失足迹三次。失迹後，他們就分開向前尋找，找得再行合追。偷駝的人並屢次旋轉，冀掩蹄迹。然終被尋得。下午四點許，即行捉着。但夜中又行逃脱。逃脱後，竟敢復回偷駱駝，遂又被捉獲云云。似此則此人貌充老實，恐係積賊也。下午借得《古動物

學古生物學通論》隨便翻閱。晚餐前,看見赫定先生蹲在帳前,
靜看沙流。與之談,始知沙流有若干定律,極饒興趣。自然界中
何處不是學問? 但非苦鑽故紙之人所能知耳! 八點多鐘,春舫
來,言外國人給偷駱駝人"箍脚料",恐係虐待,請我去看。往看
則他們是因爲縛手頭不便,給他解開,又恐怕逃脱,不得不給他上
脚料,並無虐待之意,遂返。七點鐘時風止;晚月色甚佳。

　　十三日,今日因駱駝太乏,所以俟明天才能走。一天天氣甚
好,但頗凉爽。下午因菜肉不敷,派韓普爾、錢默滿往追行李隊
去取。

　　十四日,昨日手錶大約受震一次,走得太快,鐘點不準,所以
今日的事,皆不記鐘點,等校正清楚後再記。起及啟行時間略如
前幾日。起時月光甚好。外國人仍命偷駱駝人牽駱駝前行,蓋因
他在前面,如果逃走,駱駝立時停下,後面立時可知道。他裝着呻
吟苦痛,求我放他,如不然,不如死於此地。我告訴他説:我們最
近的時候,萬不能放他,也不能任他逃走;既管他吃飯睡覺,也萬
不能任他坐食;並且他已預支工錢,工作未完,即無偷盗的事迹,
亦應工作;如果不安心工作,亂出主意,不過是自己多加苦痛;我
們很知道他並未衰老,且頗能幹,用不着那樣假裝。説罷未幾時,
他也不呻吟了,完全同平人一樣。路經一山口,未幾即又展開。
日光晴明,斜射細沙"波"上,很像透明。波背日光的方向也差不
多海波的蒼渺。遠望右方沙嶺,突起驟落,形如新月,兩翼前湧,
又疑惑是大潮將至,不急走奔避,就要跟隨巨浪,同歸蒼溟! 返顧
左方,洶湧之勢,不亞於右,又疑惑是身已入旋渦,止好隨運命以
飄浮! 巨浪的上面,桅檣倒斜,好像一葉扁舟,即將飄沈,静神沈

思,才曉得是ㄕㄚㄍㄛ叢生,因風歪斜。並且戈壁坦平,遠鋪嶺外,極像大海的汪洋! 遠望天際,蒼茫斷續,或疑蓬萊仙島,浮沈雲間! 據物理學家説:沙波與海波,除速度不同外,全依同樣的定律進行,然則在沙漠中,能令人生大洋的幻覺,固無足怪。不久路上細沙完而沙石起,平鋪散漫,絶無紋漪,才恍然於美景之不易多得。出山後,又約四五里,至一地,有井,水佳,即行止宿。地名ㄨㄏㄩㄦㄨㄙㄨ,ㄨㄏㄩㄦ蒙古謂牛,譯言牛水。少眠,午餐後,出到東北沙嶺上,眺望東北方的戈壁。今日行 17.250;N. 81.48W.,路甚灣曲。步行約一半。

十五日,昨夜中甚寒,加上一被,得不冷。早晨六點温度四度餘。起身時已將六點。路旁爲略有起伏之大沙石原。路右隔戈壁,東北望見大山,名ㄏㄢㄨㄉㄚ,譯曰汗山,聽説橫絶戈壁,三四天可到;西北遠山名ㄚㄏㄢㄨㄉㄚ,譯曰白山,橫戈壁亦兩三天可到。此二山全在外蒙古境。白山有廟,並有税卡。十點鐘許,面前一山,路急向西北轉。左望山中有紅堆,若帳篷,若蒙古包。南邊山前,又像立有石柱,遂下來牽着駱駝去看。其地離大路約二三里。灰黄山坡上忽有大紅土堆,高四五公尺,上下共三層,層次分明,西南角上似可表明原來爲方形,餘無稜隅。地上周圍約七十二步。登上,土質極爲輕鬆。堆西偏南兩三步,又一小圓堆,高二三公尺,中粗,上下皆細,粗處周圍約三公尺餘。東邊尚有堆,皆扁平,似已頽倒。此數堆初見疑爲建築之喇嘛墳,然地上絶無灰石可證。前所見之石柱形,在堆南偏東山腰,約三四十步許。在堆前看,很像廟前的破門,門洞猶存,即趨往視。物爲灰石質(L'argile),直立若廢墙,下有洞若門;人工呢? 天工呢? 殊未能臆定。再少東，石下有紅土，與堆同色，似可證明土堆有天工的可能性。西北過一山坡，又有一堆更高，上下四層。後西偏南。倚山，前列兩小堆，高一公尺餘，皆如"土饅頭"狀，排列整齊。後山上又有灰石直立若墻；中分，若門已倒。外有沙頗堅，其紋理若北海小西天的泥塑落迦。人爲、天工，終無從斷定。我對於地質，絕無所知；應考古家之名來，而對於考古又非本行；觸處困難，深用自愧。北歸大路，路上止剩我一個人，除南方外，尚爲一廣莫的平原，然極目四望，除了我同我的駱駝以外，並没有一個動物。此時心極躊躇，如果前途有一條歧途，我却很難想出法子了。明知研究氣象的人，八點鐘才起身，大約還在後頭，然我的錶不很準，也許已經過去，所以也不敢等。走了一點多鐘，又入沙山。有一歧路，幸而是上反對方向去的。沙山中左轉右轉，大約不止"九折""十八盤"。風景如何，方向如何，我此時只因心畏歧途，一點不暇賞玩和注意了！幸駱駝足迹尚明。又走一點多鐘，出山，入一低地，蘆草，ㄕㄚㄍㄜ，交緑爭長，路極明，但因地硬，駱駝足迹反不能見。已經看見别人駐帳篷的蹤迹，而我們的帳篷還看不見，心極猶豫。忽然看見駱駝同騎駱駝的人，以爲帳篷不遠了，少近，則見駱駝背上並無鞍子，我們的駱駝，如不常住，夜間並不卸鞍子。才知道不是。然既見人，就是迷了路，夜間總還有法子想。走近去問，猶恐怕他不懂漢話。及一交談，居然是一個代州人在這裏放駱駝的，大喜過望。他説大隊過去一會，前邊一兩里地有水，即當止宿，心才大安。我也很知道這裏的人所説底里最靠不住；他説一兩里很可以有五六里；然心無牽掛，任駱駝隨便的走。走了二三里後，郝德博士從後來，才曉得他們也還在後頭。又走二里，才到。地名 ㄊㄣㄍㄢㄨㄙㄨ，或者 ㄊㄧㄥㄍㄢㄏㄨㄊㄨㄞ。ㄊㄧㄥㄍㄢ意爲燈，譯言燈水或燈泉。有井，水佳；草還好。今日行 31.050；N. 62. 1W.，步行約十六七公里。與希淵信一封，對他説沿途水草大概，托途遇的商幫帶去。

十六日，昨夜少温，故未加被，夜中被不着體處即凉。起身時約五點二十分。地大體平坦；仍北臨戈壁，南間見沙山。步行同黄仲良閑談，路又無大變化，地未所以途間無可紀者①。十點餘即看見前面有一樹林。十一點許，到林間。樹在内曾見過，可以説在楊和柳之間，因爲同在一樹，而嫩葉尖長，似柳；枝少老，葉即如楊。但樹身又不似白楊，頗近榆槐。此處漢人叫它作梧桐，其實即古書上之胡桐。因風景甚好，即行止宿。大家全很高幸，因爲這樣的林木，即在内地已不可多得，况在蒙古數月幾全不見樹木，而忽遇此，則喜出望外，真意中事。林中間有小空地，即環空地相向搭一圈帳篷，風振樹木，雖非松而有濤聲，令人心曠神怡。地略有鹹。四圍一望皆蘆葦。附近有井，水不鹹，但久不掏，初嗅少具糞味。後本團使人掏出淤泥若干，即成好水。地名ㄛㄐㄦㄊㄛㄦㄛㄐㄛㄦㄢ意謂多，ㄊㄛㄦㄛㄐ即此樹名。但在蒙古，地名頗多歧異，有係一音訛轉，有係完全他名；即以此地作例，據我們所聽説底，共有異源的三個名字，上所記者，不過其一。地南方沙嶺橫亘，重叠不斷。晚茶後約六點鐘，益占提議到南邊一最高沙嶺上一望，歸結我同仲良、益占、春舫四人同往。將出發時，郝默爾問我們何往，我對他説我們將深入並將迷蹤於沙嶺間。他指着帳

---

① 編者注：原文如此，疑有誤。

篷中間所積大木_{大隊到後命蒙古人找來的。}説，我們晚晌就要點起大火，即是天黑迷途，也還可以望着火光尋找回來。我當時覺得用不着，然因此心中爲之一壯。南行二三里許，已有小沙嶺起伏，ㄗㄚㄍㄜ叢生，已成大漠風味。時太陽已將落，仲良、春舫不願前進，囑以在此堅待，同益占繼續前行。回首北望，晚霞樹影與廣莫的戈壁相輝映，景甚偉麗，然亦無暇細觀，前行頗急。初以爲翻過三四重沙嶺即可到跟前，然翻過一高嶺，始知尚有若干嶺間隔。歸結越過的不下一二十重才到高嶺足。沙鬆嶺峻，雖行沙中少小心即無危險，而登時極難。爬很長的時候，才到峰尖。南望尚有一較高之嶺，望似甚近，然此時暮色蒼茫，星光滿天，萬不敢再向此絕漠中前進。在峰尖少息，各吸烟一捲，始計畫下山。未下山時火光已見，乃對準極星微右方向，始敢下山，因爲火光到谷中即不能見，星光則無論何時全可以看見，萬不至於迷途故也。下時連滑帶走，極快。翻越半點鐘，火光已近，才曉得所見大火，並非帳篷間大木所然，却是仲良、春舫在那裏點的。下山時看見地平面上有大星，至此才曉得那就是帳篷間的火光。ㄗㄚㄍㄜ木極易然，拱把的枯木，用幾根火柴，就可以展轉然着，真可謂出人意表。將火加足，才開始回轉。途中又然大火兩處，遍山皆樹，皆柴，不過中間距離尚大，並且此時止有微風，萬不至因此即行燒山。途間戲言我們雖不殺人，却是沿途放火。返至帳篷，南望沙山，火光尚熊熊然。至時大家正在圍火演音樂歌唱話片。這樣林木，這樣火光，這樣歌聲，真令人覺得生活於女仙（Les Fees）的團中。後夜已將深，半月已升於林端，雖圍火而覺寒；人已漸散，但赫定先生興猶未闌,自歌數曲,始互祝夜安。此晚興致極爲酣暢;才真自己感覺到,如不能有美術的鼓舞,到處能得到樂趣者,萬不能作大事也。我們沒有鮮肉食,已經十幾天,今天才買到羊,其喜可知。今日行 18.465;N.87.6W.,步行八公里半。

十七日,早晨未走,補作日記,閑談。下午將三點始行動身。前幾天聽說前邊有ㄍㄛㄟㄔㄍㄡㄉ,漢人音訛,念作拐子湖,其地到處有水,有草,以爲真一流水的河,路隨河走。今天才曉得ㄍㄛㄟㄔㄍㄡㄉ即指北臨戈壁、南望沙嶺中間六七里寬,有草有井的一條窄綫。前天下半天出沙山後,已入此河區域,並無什麼河流。路上時見蒙古包,牧草頗佳。過一地,名ㄍㄜㄕㄚㄊㄨ,住有蒙古包。六點半許,抵一地,名ㄚㄦㄕㄢ鄂博,即行住下。韓普爾、錢默滿、到行李隊取菜肉的已經在這裏住着等我們三天。他們並沒有帳篷,夜中露宿,可謂壯士。但是他們打仗多年,這樣生活,却是很習慣的;我們比他們兩個歲數全小,而身體遠不如,深可慚愧。住地不遠有一鄂博,地名即因此鄂博起。鄂博,蒙古極多,但此鄂博則有數異:普通的鄂博全用石頭堆成,此鄂博則用ㄙㄚㄍㄜ木堆成,一異;鄂博爲蒙古風俗,而此鄂博則"有求必應""靈應"等布匾遍掛鄂博上,蒙古人所獻底藏文經幡却甚少,甚且神龕内之神紙牌位,亦係漢文,二異;布匾上有"活潑源頭"字樣,鄂博前即泉水,則此鄂博明爲此泉水立,而所供非龍王,却係"馬王真君",三異。泉水以半人高之短墻圍之,中有蒲草甚多;泉水有數公尺深,極清冽,可與最佳的泉水相比。立飲二杯,甘冷徹肺腑。今日行 12.945;S.84.04W.,步行六公里餘。

十八日,起身時六點已過。步行同郝默爾閑談,不覺走了三點多鐘。八點鐘許過一地,有蒙古包,名ㄨㄦㄊㄨㄋㄚㄇㄚㄎ。風物大約如昨天,但路間遇見泉水多次;一次洗手後,用手掬飲數把,甘冽宜人,在蒙古算第一次遇見了。前幾天在路上詢問額濟納河,即我國地圖上的崑都倫河。幾乎没有人知道,今天遇好幾起人從額濟納河來,並有一起從毛目縣來,覺到前途不遠。此間騎驢者頗多,即蒙古人亦多牧驢騎驢,則爲前此之所無。道兩邊蒙古包不少。一點多鐘,抵一地,春舫看見芨芨草間,有泉水流出,嘗之宜人,即行住下。因爲白天天氣熱,駱駝容易乏,乃決定明早大隊早兩點鐘即動身,我同赫定先生、春舫及二僕人、一蒙古人則天明再走。觀測氣象的,放罷氣球再走。住地名ㄅㄡㄌㄥㄥㄡㄦ,住地不遠,有一蒙古包,則名ㄅㄚㄌㄜㄦㄣㄋㄚㄇㄚㄎ。今日行28.400;S.83.02W.,步行幾一半。

十九日,夜大隊動身時醒,直到他們走後才又睡着。起已六點餘。將七點半駱駝備好,因爲赫定的駱駝較快,所以即一個人牽着駱駝先走。這幾天路不易迷,因爲總是北臨戈壁,南望沙嶺;並且道路極明。十點抵一地,望見東南方一二里有一高崗,下有一洞,似爲穴居人所遺,下被土擁,然蒙古人從來未聞穴居,心頗詫異,遂留駱駝於草較佳處,一人往看。崗係黃土成,約四五公尺高,洞在崗腰偏①下,高約尺許,作⌢形。從門内窺,内甚平,深不易見底,疑爲遠古地底水道所經。登崗一望,則此地離戈壁沙山已較遠,不易見。崗邊幾無草。下崗則駱駝慢慢地來找我。這是

---

①編者注:"偏",原誤作"徧"。

爲什麼呢？我騎它這些天，雖説没有虐待它，却也没有什麼好處給它；雖説間或薅兩把草給它吃，也没有什麼了不起；那邊草好，這邊没草，它却是來找我！它端底是爲什麼呢！今日天氣甚熱，無風，蠅蚊欺人，大爲所苦。手不停揮者一點多鐘，還是被它們咬了許多口！一點鐘，到一小ㄕㄚㄍㄛ樹陰下，吃一點餅乾，喝一點水，又牽着駱駝前行。走了一刻鐘以後，忽然想到手杖忘在樹下，遂又回頭往取。三點半抵一地，名ㄛㄦㄦㄜㄍㄥ，住下。地有井，水能喝。五六點鐘，郝德等三人尚未到，乃又積了許多ㄕㄚㄍㄛ預備夜間然着引導他們，可是他們天還没有全黑，已經到了。然而火仍然着。柴乾風微，焰高丈餘；火雖無用，而赤焰美麗異常，北京既無此柴，亦不能有此大火。賞覽多時，回帳寢，時九點鐘剛過。今天行28.110；N.74.1W.，步行二十一二公里。

二十日，這幾天夜裏全是重被上蓋氈子或蓋衣服；昨天因爲天氣太熱，晚又無風，所以止蓋重被，没有加東西。然夜間覺冷，加上衣服，僅得不冷。因爲前途還有沙漠七十餘里，此地水草尚好，所以決定今日不走，休息駱駝，明日下午才動身。天氣很熱。明日即交秋分節，而盛暑如此，大約是吾鄉所謂“秋老虎”了。然太陽一落，袷衣猶寒，變化迅速若是。今天黄仲良到東北二十里許小山上找石器，無所得。然山前有一乾湖，周圍約四五里。内所積爲鹽爲鹹，尚未能斷定，_{蒙古人説是鹹，然嘗着不帶苦味，故或疑是鹽。}積六七寸厚，亦無人采揀。

二十一日，昨夜最低溫度四度，因蓋的厚得不冷。下午二點二十分我同春舫、王殿臣先動身，路爲高低頗有變化的沙灘。漫山遍野，死的、活的、直的、斜的、立的、卧的，全是ㄕㄚㄍㄛ，如果因此而稱爲沙漠中之王，那却是絶無愧色。並且據赫定先生説：
"沙中一生ㄙㄚㄍㄜ，沙即不流；俄國近幾十年來，在裏海附近沙
漠中大種此樹，成效甚著。"然則如果將來我們能利用它，使曠莫
的戈壁變成葱葱鬱鬱的ㄙㄚㄍㄜ林，那時候天時地利一定全受影
響，則ㄙㄚㄍㄜ對於蒙古前途，固有極大的關係也。四點半後，路
入沙嶺間，左轉右迴；ㄙㄚㄍㄜ亦無，惟低處少有蘆草。六點剛
過，抵一地，名ㄗㄚㄦㄚㄙㄚㄍㄜ，即行住下。地有井，水好；也有
ㄙㄚㄍㄜ，駱駝尚有食料，故決定明日仍下午起身。晚有商幫亦
住此地，爲鎮番人從ㄍㄨㄦㄉㄝ向ㄉㄜㄎㄜㄇ廟販賣駝羊毛者。
ㄍㄨㄦㄉㄝ在此地西南二百餘里。據説我們明天後，有百二三十里的戈
壁灘，中無水，須帶水，兩天可過；過後，去黑城（ㄅㄚㄦㄚㄏㄡㄜ
ㄡ）止餘七十里云云。這些地方，他們曾經走過，所説大約可靠。
七點多，大隊到，據説今天又跑了兩個駱駝，一個立時捉住，另外
一個跑了十數里才捉住。今天行 14.230；N.68.1W.，步行六公里
弱，沙土太軟，步行頗困難。

二十二日，昨夜頗暖，重被已足，最低温度九度三。今日本定
下午起身，走二十里即住，等明天過戈壁；然今早問鎮番商人，據
言二十里處地名海泉（ㄉㄚㄌㄝㄏㄨㄜㄨㄎ）；然四十里處亦有
水，不過少難找一點；過ㄉㄚㄌㄝㄏㄨㄜㄨㄎ後，到處皆有ㄙㄚ
ㄍㄜ，後漸無有，再過一段，又有；當這個重有ㄙㄚㄍㄜ的地方，道
左有三沙嶺，離大道一二里，湖水即在此沙嶺前；過了沙嶺并有一
井，不過更難找云云。回來告訴哈士綸説，請他斟酌，或可住四十
里處，因爲那樣，前面無水的戈壁當可縮短一點。他訊問以後，決
定走四十里。下午赫定先生同兩蒙古人一點起身，我同春舫、王

殿臣動身時，已一點半。今日所走底路大致與昨日相仿佛；第一
點鐘所走底路，可叫作ㄕㄚㄍㄜ路；第二點鐘所走底路，可叫作迴
轉路；第三點鐘又是ㄕㄚㄍㄜ路；第四點鐘起首時，似乎又要變成
迴轉路，然過兩三沙嶺後，却進了一個大ㄕㄚㄍㄜ林，四圍沙嶺，
中間低地，葱葱鬱鬱，極爲可愛。直到第五點鐘，才又入迴轉路。
此時駝背行李歪下，又收拾一番，耽誤半點鐘。又見ㄕㄚㄍㄜ時，
天已將七點，即行止宿。地名ㄕㄠㄅㄦㄧㄋㄋㄡㄦ。初出發時少
偏西北，四點，過ㄅㄚㄅㄝㄏㄨㄊㄨㄅ後路向南南西，後轉向西南
行。他們説四十里，實止 18.300；S. 80. W.，但沙深難走。如果拿
平常的速度計算，或已不止四十里。步行十一公里强，頭兩點鐘
步行時，天氣極熱，將水壺的水喝完，尚未解渴；以後又將春舫的
半壺水喝完，才好一點。此地水鹹。大隊十點後才到，從ㄅㄚㄅ
ㄝㄏㄨㄊㄨㄅ帶來幾筒淡水。茶煮成時，已快十二點。飲茶兩大
杯，吃一小麵包，寢時已過一點。今天路上遇見一大商幫從迪化
來，駱駝一二百，大狗五六條。狗看見我引着一個駱駝走，就一擁
群吠，大有吃了我的神氣。我止好静等着它們；它們離我一兩步
遠，不敢再進，向着我亂吠。適有人喝退。他們的箱上題“合記
藥局”。有一駱駝，背兩邊負兩個——止可以説是兩個廠門的大
箱子，每一個裏面坐一個人。有一個人往外伸頭，我問他帶的什
麼“寶貨”，他説我們什麼也没有！後面少遠一個人告訴我説，他
們帶的貝母。不過我想，他們這一百多駱駝所帶的未必全是貝母
也。晚晌又遇從古城來的一個大商幫，帶的皮毛，駱駝一二百。

　　二十三日，昨日聽説此地的湖頗大，所以早晨就找人一同去
看，歸結同錢默滿一塊去。翻了好幾道沙嶺，最後登到一個很高

的嶺，才看到所謂大湖者，周圍不過百餘步：水深不過兩三寸而已！從嶺上一滑而下，遂歸。天氣甚熱。起身時，已兩點半鐘。今日沙較淺，路較直，亦較易行。路旁ㄕㄚㄍㄜ亦尚多，然有一節彌望平原，遍地沙石，植物極少，這或者就是真正的戈壁罷。不過這樣的路很堅固容易走，且不甚長。六點半鐘後，又入迴轉路，然不久七點即抵住地。附近ㄕㄚㄍㄜ甚茂，地名ㄙㄥㄐㄧㄥㄕㄚㄍㄜ。ㄙㄥㄐㄧㄥ，譯爲低地。至後春舫即在附近ㄕㄚㄍㄜ根旁試着掘井，我也幫助他，二三尺後土甚濕，叫蒙古人來看，他説没有水，也就中止。然而我總覺得掘得太淺，如能掘到三四公尺深，總可得水。此蒙古人並説在附近里許也少掘出一點水，可見此地如果工作一番，一定可以得水也。大隊將十點到。茶點後寢時十二點已過。今晚決定明早大家全不得用水洗臉。晚八點遇一大商幫從古城來，據説西邊没水的地方，止剩二十餘里。今天止行十六公里半强，然則相傳百里上下的戈壁，其實不過五十餘里而已！這邊人言里之不可靠如是。今日行 16.590；S. 85.1W.，步行八公里强。下午兩點的時候，太陽附近一塊雲，邊現虹彩。古人所説，“雲現五彩”與“慶雲”，大約就是這一類的雲彩了。

　　二十四日，起身時兩點少十分。有微風，不很熱。沙漠似已完，路頗平正。道右遠處，時見沙嶺起伏。但沙色白，不與前黃色同。三點半後，又少有沙。未久即出，入一低地，蘆草疏密相間，不很深。四點半時，遇一歧路，我們同行三人全下駝審視許久，兩邊皆有駝迹，不過左邊駝迹似非新，乃決定自右邊走，耽延半點鐘。六點多鐘，又遇歧途，兩邊駝迹皆似非新，因右邊似太偏北，乃自左行。前面望見似帳篷非帳篷的白色物，心甚猶疑。走到則爲塞拉特在此地等我們已經五天。他是前幾天派到行李隊取輕氣管子的。
據他説："這裏是往新疆的大路,赫定先生則在北邊小鄂博邊樹
林内扎帳篷,那邊是往黑城的大路,行李隊已向黑城出發三
天。……"遂向北走里許,抵住所,時已六點。赫定先生係從右
邊路來。地爲一疏散之楊柳林,東有一小鄂博,西有一大鄂博,爲
阿拉善、舊土爾扈特分界處,地名ㄅㄡㄦㄙㄨㄥㄐㄧㄣ。登小鄂博
一望,平原遠鋪,疏林掩映,白沙蒼山,點綴天際,非到蒙古來不能
屢見此類的奇景也。樹葉有現黃色者,真已有了秋色麽! 日中固
單衣揮汗,這樣天氣,能與霜露並行麽! 歸大隊已到,與仲良、春
舫等坐箱上談,談論風景的雄勝,我説明早如能早起登大鄂博上
觀日出,必更有可觀者。談論少久,暮色迷茫,裌衣一件一件地加
上,身得不冷,兩脚已知寒,始知時已深秋,葉黃固自應爾! 晚補
作日記,未完寢,時十鐘。今日行 14.000;N. 61.6W.,步行六公
里餘。

　　二十五日,早醒,從帳篷門裂縫處,望見西方上面爲初臨大地
的紫色曉光,下面爲即將退避的青色夜氣,知太陽將出,即起,疾
趨向西方鄂博。但將至鄂博,太陽已出地平,起晚約半點鐘,已經
没有法子! 鄂博在一高五六丈之一大土臺上。登土臺的最高處,
用遠鏡四望。從西北起,轉到北方,近處疏樹散布,極遠雲山縹
渺。——我説雲山縹渺,因爲遠看一線,不知是雲是山;東端下
缺,的確是雲,然西邊連亘,終疑是山;但山至何處止,雲自何處
起,"既竭目力",莫能識認。——最奇者則爲中層之檉柳冢壘
壘,——沙漠中間生植物,根連土結,不能飛走,時久遂成巨堆,此
類植物以檉柳(ㄏㄚㄦㄇㄨ)爲最多,故戲名之曰檉柳冢。——

遠望若咸陽北原上的古墳;内間有沙嶺横亘,又若功臣從葬,環列帝陵。真耶假耶,色隨目迷。東方平原遠際,白沙起伏。南方則極目天涯,略無片翳;近處則炊烟直上,終亦不見人家。西方略有土阜横亘。總而言之,雖起遲未得見日出前曉光的各種變化,而此種弘偉的景物,自足大暢心懷。鄂博爲土坯築成,大約此地少石,不得不爾。歸途中遇見仲良、益占,也是要上鄂博的。遲一會兒,仲良回來,在上面拾了許多陶片,很有好的。我當時因爲止顧遠望,近者毫不留意,頗可一笑。少息後,同春舫到東北方,尋找作買賣的人,離住所約四五里。共有四家:一家爲山西孝義縣生意,其本號在王爺府。蒙古名ㄧㄚㄇㄨㄗㄤ。此家亦頗成局面,住兩蒙古包;餘三家皆爲包頭商人,有兩家共住一帳篷内;餘一家,獨住一帳篷。他們從前全是在外蒙經商,現因外蒙生意不容易做,才來到這裏。據他們説:這裏離黑城七十里,黑城離噶順淖爾,不過三天路程。又説:阿拉善同舊土爾扈特分界尚在此地西,此地鄂博尚非分界鄂博也。歸,天氣甚熱。赫定先生已出發。昨天本定止走三十五里,然今天聽説必須走五十里始有水能住,乃與春舫匆卒午餐,畢,即起身,時已兩點。預計今晚必八九點鐘,始可到住地,春舫的路綫圖,將不能全畫。初行爲一平原,後過一土陵,過處有缺口如門。未幾即得四周封閉之一低地,中有樹林,緑黄葉相間,風景頗佳。又登一土阜,未幾,又得一同樣之低地,則見赫定先生的帳篷已住下,大爲詫異,時不過五點餘。據引路的蒙古人説:“這裏離黑城還有六十里,前途全没有水,還有一處有水,但不在路旁,未見得能找到。”也明知道他的話全靠不住,然亦無法,止得住下。地名ㄙㄨㄏㄨㄝㄏㄨㄊㄨㄎ,又有人説叫作

ㄔㄚㄇㄧㄠㄏㄨㄊㄨㄢ。地有二井,相距一兩丈:北邊水止三四尺深,不鹹,但味不佳;南邊水深八九尺,水佳。牧草尚好。晚餐時,又聞離黑城二十里處有水,決定明早走,大隊即住彼處。至欲往黑城者,先自行認定,下午少帶幾個駱駝,換替着騎,繼續前往,因爲那裏没有水草的緣故。今日行 13.980;N.52.1W.,未步行。

廿六日,大隊三點鐘起行,起行時,又有一駱駝跑掉,天明後才找回來。我同赫定、春舫、僕人同幾個蒙古人於七點多鐘出發。剛出發,赫定先生所騎底駱駝又腿瘸,換駱駝後,又換量路綫圖的底綫,作路綫圖,以時間定距離,按駱駝步數計算時間。每天出發時,於路旁插四標,共距離一百五十公尺,於駱駝過時計算速度,是謂底綫(Base line)。及真正出發時,八點已過。地勢仍如昨日,低地土阜相間。九點半後,行不過 5.760;N.69.6W.,又已見大隊駐下,這邊講里數不可靠,能到這步田地! 這裏草尚好,有井,水不鹹而味壞。下駱駝,吃點東西,郝德、韓普爾、馮考爾、達三、狄德滿幾個人徒步向黑城去,我吃東西後,也就同黄仲良、益占三個徒步前行。至於駱駝則留下吃幾點鐘草,下午再去。大隊住地不很靠大路;出來時候問塞拉特,據他説前途四五里,有兩個鄂博,路從鄂博中間過,不久即可望見黑城。我們向北走,登高一望,止看見一個鄂博,無法止好向着鄂博走。仲良看見有駱駝足迹向西,就以爲路應向西,然他們幾個剛過去而不見足迹,不很像是正路。以後我們分開:仲良偏西,我同益占偏北,不很遠,相約找着路互相告訴。這樣走了六七里後,低沙地盡,得一平原;用遠鏡探視,則城墻及塔影已隱約可辨,方向在正北。我們以後也不尋路,就一直向前走。所行路大體爲"石子原",頗好走。中間隔以數低地;有一低地,楊樹成林,風景頗佳，然亦無暇停留。天甚熱。到時兩點剛過，所帶底水已經喝完，還是非常的渴。黑城爲一正方土城，東西、南北各半里餘，垣堞大體完整。城外西南角有一廟，建築上爲一大圓頂，前爲一大圓門，門向東南，餘三面亦有小門，不似中土式。內多積土，佛像全無，圓頂已缺一小部分，露天，然餘部分有些地方，石灰尚未脱落，若專就外形觀，時代似非太早。大家全到裏邊休息，但此地蠅子極多，頗令人惱。這個時候大家可以説全没有另外的意思，止有説怎麽樣能找到一點水才好。少休息，到城内從西門進，城止有一門。潦①草一看，城正中爲一土臺，或當年的瞭望樓在其上；北面正中墙未全倒，旁有琉璃瓦片，建築似頗宏壯。土臺前有一佛龕，神像無存，但圓泥佛像頗多。餘還有不少的破墙斷垣。西北隅有一深溝，大約是 Kozlov、Stein、Warner 諸人在此地掏摸古物的遺痕。西北城角上有一塔，大約係和尚墳，遠處所見，即此塔影也。城外西北隅有塔，有破廟，棄擲圓泥佛像甚多。再往西，還有些破墙，大約也是廟的留遺。五點半後，春舫、郝默爾、錢默滿、馬學爾、皋九陸續到，煮成加非，喝了不少；晚餐後又喝不少，才完全解渴。此夜除牽駱駝的人及苦力外，外國團員來此者七人，中國團員六人，止帶兩個帳篷，於是大家全要露宿，歸結，止有仲良同郝德各住一帳篷。完全露宿，我可以算第一次。晚不冷。今日步行約十五六里公里。

　　廿七日，夜中睡的很痛快，但後半夜少有風，幸在三德廟定作一睡帽，得不冷。早餐後，春舫要給黑城作一個略圖，我以爲可以

————————

①編者注："潦"，原誤作"了"。

幫助他量一量,遂同春舫、益占進城。然隨便走一走,還是困的了
不得,就隨便躺在地下,又睡一覺。醒後大隊已全到。前兩天總
以爲今天可到額濟納河了,今天又聽説還有五丨①里,所以決定
下午止走到附近②十餘里處,明天再往。下午一點鐘時,大隊已
走,仲良、春舫還想在那裏工作一會兒,我因爲精神簡直不行,遂
先走。穿過了許多"檉柳冢",得一小平原,道左又有斷垣數條,
此間不鄰大道,並無漢人居住,故臆度其與黑城有關;然此時亦不
願下看。少前,即抵住所。地名ㄙㄚㄦㄚㄏㄨㄉㄩㄝ;無水,但大
隊帶的有水,茶水不致缺乏。天甚熱。午餐後身甚不快。大睡了
一覺,精神才得恢復。時天氣已涼爽,乃往西南斷垣處一觀,往返
約五六里。當年建築似爲方形,但現在則止有東南隅墙尚在。墙
甚厚,墙上有孔穴甚多,皆係當年貫木的地方,木材現存者不少,
且有突出墙外一二尺者,不知何用。周圍甚低,似爲當年濠溝。
濠溝外東西尚有破墙。據引路的蒙古人説黑城北面,有這樣的古
迹五六處。據我推想黑城是當年頂重要的城,這幾處是附近營
壘保護大城者。還有一種證明;莊永成、王殿臣等在黑城及此
地,檢到古錢有十幾個之多,大多數係宋錢,絕無宋以後者,足
證此兩地同時,且黑城毀於元初之説,大約可靠。我們此次到
黑城,因爲不願意在那裏多耽誤工夫,並沒有想大工作,然小工
作如畫圖之類,還想作一部分,歸結因爲天太熱,人太疲乏,雖
人竭力鼓勇而作的非常的少,因此得一旅行經驗,就是:没有寬
裕的時日,不能工作;工作以前萬不可太疲乏。自前晚駐地至

①編者注:"丨",疑爲"十"之誤。
②編者注:"近",原誤作"進"。

此爲 17. 865；N. 327①W.。

二十八日，起時已將七鐘，我起在赫定先生後，此爲第一次。起身時，七點四十分。路頗平坦。路兩旁有土塔四五坐，皆已中空，大約是 Kozlov、Stein、Warner 數人掏摸經卷時所作的事情。有一塔邊，尚架有木棍數條，大約也是他們當日所登。途中頗有楊林。走了兩三點鐘，遇一交叉路，兩邊皆有蹄迹，下駝審視，判定以右者爲是。又聞駱駝叫聲，疑大隊或又已住下，正遲顧間，則大隊的一蒙古人已來迎接。據説大隊尚在前邊，但已住下，並且已到河上。似此則昨日到此，饒有餘力，乃住到無水、草不很佳的ㄕㄙㄚㄦㄚㄏㄨㄌㄩㄝ，豈非巨謬，然已無可奈何。前進未幾步，即見河。——自在包頭看黃河後，此次始見真河，因爲餘河皆斷續，實不能名爲河，哈柳圖河水雖頗大，然正在雨後，我們離那裏的時候，水已經小的多，所以我疑惑它三兩星期以後，或竟斷流。——水甚黃，水流湯湯，對畔林木蔚茂，耳目一新。然聞前面尚有河。過河後不遠，見大河，始爲額濟納河正流，剛所過者爲其支流。已見對河大隊住所，且已與行李隊會合，大喜過望。過河後以爲即到，然河邊不能走，蒙古人牽着駱駝從檉柳冢間轉了大半里纔真到。住地前臨大河，後倚楊林。我選擇搭帳篷地的條件，一爲在樹林中，二爲坐帳内可望大河。帳篷搭成後，坐在帳中，望見對岸雲林掩映，實爲天然極美妙的一幅畫圖。這樣的景物，我國南方或尚不難找出，至於北方，實不多見，況我們在兩月沙漠旅行之後，忽然遇見這樣一個休息的地方，宜乎同人相見，"全欣欣然有

---

①編者注："327"，疑爲"32.7"或"3.27"之誤。

喜色"也。午餐後少眠。起時天氣甚熱,團員很多到河裏洗澡,我不敢下去,不過在帳中用水遍身洗濯而已。晚餐後天氣不冷,在樹下箱上,同仲良坐談良久;夜氣已深,少覺身寒,遂各歸帳寢。今日行 9. 960;N. 36W.,步行五公里弱。

　　計此次七月二十二日從ㄏㄚㄋㄚ河起身,九月二十八日抵額濟納河,共行六十九日。然中間休息共二十七日,實行四十二日。路程爲八百六十四公里,約合一千五百中里。中間缺水者三日。

第二卷　由額濟納河至哈密

　　二十九日，夜中風頗大，但不甚寒。早起天氣甚好。借得皋九《外蒙古近世史》一本，翻閱一過。書從外蒙古民元獨立起至民十陳毅從庫倫恰克圖退出止，史料尚精贍，且不妄加議論，致墜報館鼓吹的惡習，總算像樣一點的著作。不過稱之曰史，殊屬不倫。無組織；且對於外蒙古政治變化與我國內政及世界大戰的關係，一點未能指明，何能稱史？公布一種可靠的史料，以待作史者的采擇，實在是一件極有功績的事。作史是一件極難的事情，且史料不齊，亦無從着手。著作者當自審能力，或專就公布史料方面努力。當自己一定想參加一點意見的時候，即於序中或附錄裏面聲明。如果能這樣組織，雖不作史，自是一種不朽的著作。午餐後與赫定先生談，知道大隊即駐於此，將來即從此地起身往哈密。至設氣象測候所事，則另派專人到索果淖爾和噶順淖爾附近選擇。並決定明天將偷駱駝人釋放，及派皋九將采集品送至北京，派春舫到毛目，留益占在此地各事。回帳，與益占說，他不很願意,極意勉勵,他允暫留,希望以後能同他測候所掉換,我許以竭力設法。茶點後同仲良、春舫到帳篷後小沙嶺上一望。嶺雖小而在此數十里中,即爲至高點,所以眼界甚闊。觀落日後始下。晚餐後,蒙古人撿了許多樹身樹枝在帳前空闊地方點起。同赫定先生及其他團員圍火坐談至九點,始回帳篷。

三十日,後半夜起風頗大,終日有風,至晚餐時始住。同赫定先生將偷駱駝人叫到,把他勸諭一番,送他幾天的乾糧,命二蒙古人將他引至數十里以外釋放。派人到額濟納舊土爾扈特札薩爾送名片并送一點東西,且告以改日即往拜會。茶點後同仲良、春舫到南邊河畔一游,後穿林中,始爲胡桐林,胡桐林盡爲檉柳林。檉柳林雖不高大,而枝葉別具丰姿,自饒美趣。我自法國回來後八九年,並沒有看見一個真正的樹林,此河畔樹林雖不算狠大,然延袤數里,已非開封及北京附近所能有;且不剪不伐,野趣尤能使人起深長之思,不禁徘徊留連。今日天氣甚涼,日中最高溫度止十一度餘。

十月一日,上午翻閱《新疆圖志》關於同治年間回亂的紀載[1]。下午眠一時,翻閱《西夏記》。我對於西夏的知識,異常簡陋,對於內容,不能有什麼意[2]見。不過大體看來,著者對於我國所有關於西夏的材料,搜集的還算不少,並且對於材料的來源他所能找到的,全一一指明;他所找不到,單據張、吳、陳三家采來的,即以三家書標目,這全是很好的。除此以外,則此書用編年體,已不甚合適;頂重要的毛病則爲當史料互相抵觸時,批評太不

①編者注:"載",原誤作"裁"。
②編者注:"意",原誤作"竟"。

精確。總之作史搜集材料不過是一種預備的工作,搜集以後,還有批評、組織兩層,全極重要,並且非常地困難。我國現在的作者,頂多就是做到搜集材料,至於後面兩層,我還不曉得有人能做到一部分否。今日的要務:第一,就是指出搜集材料的重要,使專事搜集的人知道他們自己真正的使命,如無批評、組織的能力,不必妄去亂作;第二,是鼓勵批評的精神,與組織的能力。在這第二點,我以爲宜多有批評的雜志,使作批評的人有交換意見的機關,因爲個人所能想到的端底有限,有多人互相磋磨,始能底於精確也。晚餐後,帳外然火,火光頗雄麗,很多的人圍火坐談。後又命隨來的蒙古人歌唱、吹笛、拉弦子,聲音抑揚婉轉,頗堪娛耳。一調名ㄆㄚㄏㄞㄋㄨㄦ,譯爲白雲。餘調名則未問。春舫及赫定先生全說它頗單調,我個人則聽音的耳不聰,未能指出。九點回帳篷,少看一點《遼史地理志考》。作日記,還没有全作完,時候已經過十二點了,蠟燭也完了,簡直滅了,我也止好睡覺了。今日天氣温和,無風。

二日,早晨同學生等談論籌備慶賀雙十節事宜,此地一切東西全不方便,籌備頗不容易,然也止好盡我們力之所能爲。找門德拉塔同塞拉特,教他們告訴一切蒙古人説明此事理由及大約禮節,並請他們有什麽玩藝也可以加入餘興。説罷,他們全很高幸地去同別人説。看德文,以後當每日練習。午餐前甚困,躺在床上,一覺睡去,忽聞搖鈴聲,以爲下午茶點鈴也,正想不去,看錶,時尚未一點,大詫異,以爲錶已停,一聽,又並未停,定醒移時,始悟爲午餐鈴,殊可笑人。午餐後,郝默爾醫生、哈士綸同塞拉特及一牽駱駝人並五匹駱駝往索果淖爾同噶順淖爾附近,與之作別。

黄仲良要明日出發,往尋居延城,令春舫開一伙食單子,並向外國人領出。昨晚赫定先生許借給我 Von Le Coq 的 *Auf Hellas Spuren in Ostturkistan* 一本,今日下午,馮考爾送來。晚外國人又然火甚大,聽説今天爲德總統興登堡的生日,所以德國人特然大火以資慶祝,興登堡固有可令人敬處,然這裏的外國人可以説全是他的信徒。圍火坐觀,九時回帳。翻閲 Von Le Coq 的書,所懂得底,不過十之一二。寢時十一點鐘已過。

三日,舊土爾扈特札薩克派人來回名片,同赫定先生接見使人,知道札薩克名達什,爵爲郡王,並聞其年已七十,兩目不明云云。前幾日赫定先生命蒙古人鑿一獨木舟,放在河裏,走的不很好;以後又命鑿兩舟,用版並釘,上又用木版釘平,前留兩門,以便水入時可開門潑出。今日下午作成,赫定先生約同坐上去試。時船上除我們兩個外,尚有馮考爾及蒙古人 《ㄨㄥㄅㄨ。人多水淺,船不易行。赫定先生以六十老翁,乃能持槳力撑;至於我則雖嘗划船,然皆在静水中,且船也全不相同,所以至此絶無能爲力,雖能站住,又不便礙他人事,止好坐下。三人撑,一人獨坐,不勝感愧。走不多遠,終究不大能走,遂靠岸。一不小心,船歪水上板,趕緊跳上岸而鞋已半濕!歸少眠。仲良因駱駝不好,又不能出發,與赫定先生商酌辦法,決定明天在二十駱駝中因將來要上哈密的駱駝,此時須休息,不能用。止有將來要留此地的駱駝才能出去,所以止有二十五匹乏駱駝。昨天醫生又帶去五匹,止剩二十匹。挑選一次,如能挑够更好,如挑不够,止好設法另雇。晚晌又因牽駱駝的人不會説蒙古話,往給赫定先生説,請其更换。因談及歐洲現在飛行狀况。此時的歐洲已與我在那裏的時候大不相同,空中旅行已完全成了極普通的事情。回顧我國的交通現狀，不覺神傷。

　　四日，仲良因替換駱駝，至將午始能起身。下午少眠，寫家信。晚餐後仍在帳外圍火閑談。狄德滿彈 mandoline，清醒娛耳，然我意不存，所彈大半並未聽見，可爲辜負！歸帳九點，略讀 *Auf Hellas Spuren*（《希臘之迹象》），寢時十一點已過。

　　五日，續讀《希臘之迹象》。書記德人四次到吐魯番，共運去古物四百三十三箱！披讀之下，中心邑邑。我固一非國家主義者，且素主張科學—知識，爲人類的公産，然吾家舊物，不能自家保存整理，竟讓外人隨便地攫取，譬如一樹，枝葉剥盡，老幹雖未死，亦凄鬱而無色；對此慘象，亦安能不令人憤悒耶！昨晚赫定先生對我説；此事在科學上並非不幸，因第四次遠征隊去未幾時，即逢地震；如非德人將此等材料運去，即要完全毀滅。我對於國聞太疏略，不曉得他的話真實的程度若何，_{後知並無此事}。即使全如所言，而事出偶然，絶不能使人因此而氣平。及看見著作人説："我們來吐魯番太晚，如果早來，對於此種有名的帶薩薩尼得希臘風味的（Sassanidisch-Hellenistischen）畫可得的更多。"有一人告訴他説：第一次遠征隊到那裏五年以前，他曾得到很多摩尼教的小書，金碧輝煌，但是第一他恐怕這些爲異端的書，第二又恐怕中國官吏借端敲詐，就把這些書籍完全棄諸河中！讀到這裏，又不能不"悁悁以悲"了。頗欲寫兩首詩藉鳴憤慨，然精神不聚，不能得一語，止好出去散步，少遣積悶。下午又少讀。晚餐後仍圍火談。歸八點半，再少讀，寢十一點鐘已過。

　　六日，早同益占出去，循河南走，約四五里，見數蒙古包，一帳篷，並有二漢人即將上駱駝，近則一人面像很熟，但想不起在那裏見過,談次,才知道他爲ㄅㄡㄦㄕㄥㄐㄧㄣ的商人來這邊收賬,他還能認識我。因益占想買氈條,就同進蒙古包,包爲蒙古人住。問他氈是否要賣,他回答不賣。他又進酪漿、奶油、奶皮,情意殷渥,蒙古風俗固大抵若是。帳篷中爲漢人在此作生意的。我們進去,内有一人方在高卧,——更可以説是低卧,因爲在這邊的人當然是睡在地下。——益占叫他兩聲,他還没有醒,我們本没有什麼事,就出來。歸少息。午餐時聽説有蒙古人從東方來,據説他聽人説我們的後隊已經到ㄍㄜㄐㄔㄍㄡㄉ,——他並不知道是那一隊。——然則他們三五天内能到,也在意中。午餐後翻閲《新疆圖志》中左宗棠經營新疆時的奏議。所感覺底是通常總是説左氏從新疆歸朝後,誇張過甚,器量褊淺,實在又怎麼樣能怪他的驕傲!他經營西域時,雖兵尚敷用,而兵餉支絀萬分。加以英俄從中挑撥,朝臣已有閉關之議,如非他力任其難,則西疆糜爛,英俄收漁人之利,且因他們的爭競,早引起世界的戰事,亦未可知。並且他此時六十老翁,而猶曉夜治軍書,以致咯血轉筋,終不肯因此少挫壯志,他的精神也真正有可佩服的地方。晚餐後月光極好而天氣甚寒。在學生帳中少談。歸帳仍翻閲左氏奏議。

　　七日,夜中覺較寒,早起聽説夜中結冰,最低温度地面上爲零下二度,空氣中爲零上一度。今日天氣甚好,無風,日中温度頗高,然太陽西偏,即已感覺寒,深秋氣候,固應爾爾。早晨仍翻閲左氏同其他疆臣奏議。午餐時,決定先派華志直接到迪化取錢並歐人的信件,返到哈密,同大隊相會。天將晚,着外套,登小沙嶺上一望。我們到的時候,林中止有幾株黄葉,我曾問郝默爾,同一林木,何以此黄彼緑?他説大約有幾株下,岩石較高,水分較缺,所以先黄。我又問他同一樹或同一枝，何以此葉黄而彼葉緑，他説木中纖維，老嫩不同，其引水力亦不相等，所以葉同時或黄或緑。曾幾何時而多半已成金色！且黄色鮮朗，光彩若可照人。城内也有黄葉，然因空氣不活潑，葉不純黄，即已枯敗，所以令人不快。我前好幾年，已經感覺到城郊的黄葉大不相同。此地黄葉與北京郊外黄葉之比又幾與城郊黄葉之比相當，所以此地黄葉的美麗，絶非蟄處都市的人所能夢見。並且城市的敗葉，不能令人賞心悦目，也並不是因爲它不純黄。吾帳篷左邊各樹，不過開始微黄，然其顔色腴麗，亦足令人愛玩。要言之，放葉①一觀，葉有濃緑，有微黄，有金黄，各色相間。分開來看，各葉有各葉的輝彩；合起來看，互相趁托，絢爛照耀，燦若雲錦，真足令人起一種無法名言的美感。我常怪吾國詩人，間或贊嘆紅葉，而對於黄葉的美麗，從來無人言及。如一提黄葉，輒使人起一種凋落的悲感。我總疑惑他們總是伏處都市，所看見底不出閭井間的敗葉，所以感覺如此！如果他們能到真正的自然界内睜開眼看一看，能到像額濟納河這樣的地方游一游，他們一定可以恍然大悟，感到秋季的景物比其他各季的全美麗！歸晚餐。月色極佳。立河畔，看見水流汩汩，月光摇摇。對岸林木濃黑，上間白雲，凑成另外一種美麗的畫圖。回頭一看，黄葉却完全看不出，好像一種濃緑的葉子上浮月光。自然界中的美景，如有人能領略，豈有盡藏耶！歸寢時十點餘。

　　八日，夜中最低温度爲零上三度。今日早少談籌備國慶事宜。午餐後眠。借到衛禮賢所著《中國的靈魂》(*Die Seele Chi-*

────────
①編者注："葉"，疑爲"眼"之誤。

nas），翻閱一點。晚茶後登沙嶺一望，黃葉更多，前些天黃的已現橘色。想望遠，乃下取望遠鏡再上，徘徊甚久。聽見晚餐鈴始下。晚餐後仍圍火談。歸翻閱《中國的靈魂》。寢時將十一點。

　　九日，終日風，天氣甚寒。終日忙着籌備國慶。因天寒換着中國衣服。給理事會寫信，開一個頭，又因事擱下。本預備明日十點開會，行禮後餘興約兩點鐘，至十二點後散會午餐，但後因德人皆非常高興，加入了許多玩藝，預計至早也得三四點鐘散會，乃改爲十二點鐘茶點，散會後午餐。赫定先生並命蒙古人拾取很多的柴，預備明晚點起大火，以志慶賀。錢默滿忙着幫助我們預備會場，預料明日當有可觀。晚甚寒，月明如畫。早寢。

　　十日，夜中身上不冷，但因未帶睡帽覺頭寒。早起則帳中皆結冰，問最低溫度，知已達零下八度三！因放輕氣球未完，開會時間改爲十點半。今日天雖寒而天朗氣清，晚晌又逢滿月，實爲意想不到的好天氣。開會向國旗行禮、唱國歌、歡呼後，演說。我的演說約有二段：第一段略解釋大家對於民國的誤會，第二段略舉當日魯國的例子，指明中國的國性，就是發展自有的文化，並且對於攻擊我們的人拚命地①反抗，現在的運動仍是這樣的意思。以後，赫定先生、錢默滿、郝德、春舫皆有演說。餘興分兩段：第一段爲音樂、唱歌等事；第二段爲各種武技、運動等事。第一段有蒙古人音樂和唱歌，及學生等音樂、歌唱、幻術。我既不能唱，又不會音樂，乃念《岳陽樓記》一篇及《敕勒歌》一章。第一段畢，天已正午，乃用茶點。第二段在日程上者共十五種之多。然作出者止有

①編者注："地"，原誤作"他"。

百公尺競走、拳技、摔跤、單足跳遠、三級跳遠、水中競走六事。最
嚴重者爲水中競走,橫涉額濟納河,再轉回來,今日水雖不太涼,
然亦止有十度半,加之以競走,實非容易。此運動爲德人提議,開
頭幾無中國人敢下,歸結德人下去三個:華志、馬學爾、錢默滿;我
國人也下去三個:益占及厨役張、洗衣役魏。結果華志第一,益占
次之,魏又次之,餘又次之。華志最驍①健,百公尺競走、單足躍
遠亦皆第一。摔跤德人及漢人皆未敢真入比賽,差不多全是蒙古
人:ㄇㄅㄉㄜㄌㄚㄊㄜ年富力强,且軀幹偉大,第一;ㄍㄨㄥㄅㄨ
青年佼健,第二;ㄙㄝㄦㄎㄝ摔跤老手,現雖上歲數,而非行家遇
着他,真不值他三拳兩脚,第三。春舫三級跳遠,得第二。張的拳
技②也很可觀。此六事作畢,已經四點多鐘;止好吃飯。飯用中
國作法,雖限於材料,不能作出幾樣,然歐人甚喜,尤其是赫定先
生,因爲我們的厨役,對於歐菜,實在作得不好,至於中菜,則比較
易消化也。餐後,商量給獎品。獎品錢爲團中所出,至於物品則
爲我個人、春舫及外國人所捐助。晚舉大火,火光冲天。時月明
如晝。大家乃又於月光下作袋中跳、拔河、四足競走各戲。最劇
烈者爲拔河。第二次德人一邊,蒙古人一邊,德人失敗,不服,又
開始第三次。歸結繩斷,兩邊皆倒。第四次學生與德人較:學生
方面,益占、皋九、達三三人;德人方面,則爲學生所自選之敵手:
馬學爾、米綸威、狄德滿,皆彼方之健者。歸結,學生雖敗,而益
占、達三的强毅,固極可稱;惟皋九少弱。以後或歌或吹或彈,或
練行軍,唱軍歌,直至十點鐘,始散會。預備之初,惟恐餘興不能

①編者注:"驍",原誤作"饒"。
②編者注:"技",原誤作"枝"。

延長至兩點鐘,至於盡終日之歡,全體皆大歡喜,則始願真不及此!禮場無花無燈彩,然錢默滿幫助學生用各種顏色的鮮葉點綴,真非天安門外的牌樓所能比擬!在此四望少見人居的地方,竟能這樣歡欣鼓舞地祝賀國慶,外國人全謂爲最特殊、最美麗的節氣,洵非虛語。回帳時,皎月中天,黃葉滿地,另是一翻景象!即寢。

十一日,夜中最低溫度八度,然昨日七點鐘零下三度,今日七鐘則爲零下五度。本議今日益占、春舫同馬學爾到毛目取信及購物,然因昨日游戲太疲乏,改於明日;又因赫定先生忘對哈士綸說,駱駝遠出放草,明天回不來,改在後日。上午寫給致理事會信,致甘肅省政府信。下午將此二信並黃仲良前已寫成的致新疆政府信請赫定先生簽字。赫定要把我昨天所演說及朗誦的文字記下來,因將《岳陽樓記》及《敕勒歌》口譯出,並將演說大意複述,請他記下。

十二日,夜中溫度與前幾夜相仿,白天則較暖。早晨同益占、達三到沙嶺上一望,樹葉落的不少,黃葉未落者略現紫色;未黃者略現黑色,疑惑它將來就要那樣落下,不能黃了。河右岸尚有多樹濃綠,中擁若干深橘色之小樹,自有特殊風味。歸完前幾天所未寫成的家信;寫致毛目縣郵政局信一封。下午抄錄赫定先生路綫圖上從ㄏㄚㄋㄚ河到這裏各站的距離方向。郝默爾同哈士綸從噶順淖爾回來。據說來去沿河風景甚好;至兩湖邊則絕無樹木,草類亦少,無可觀覽,云云。晚餐後圍火坐談,歸寫給半農、兼士、叔平信一封,駝群諸友人信一封。寢時十一點已過。

十三日,夜中最低零下四度,全日溫和。早晨春舫等三人預備起身。十點餘尚未啟行，忽聞河東岸有十餘駱駝回來，以爲係希淵或那林後隊來到，及近，才知道是ㄇㄚㄊㄞ等所領在後邊休息的乏駱駝。這一隊駱駝通共十六，死了五個，回到者十一。春舫等動身時已一點鐘。下午因爲華志後日將起程赴迪化，再給新疆楊督軍寫信一封，迪化郵政局信一封，證明書一。晚餐後圍火坐談，郝默爾説："這裏郡王要修新衙門，漢地工人一二十，差不多全患牙疼腿疼，當時因此種缺少生命素證，無藥可醫，止好命他們每天買新鮮牛奶或羊奶吃。現在知道生肉内含生命素頗多，且價較賤……"他請我們拜會郡王的時候，可以順便告訴他們説。如果他們每天能購食生肉一片，兩月後約可全愈。歸帳補寫日記，未完，爛燭完了，滅了，止好出去。外邊月明如畫，群犬怒吠，往看，不曉得哈密同ㄅㄚ儿ㄚㄏㄡㄊㄡ另一犬名。爲什麼在赫定先生帳前大打，幾將他的帳子蹴倒。郝默爾很困難地才把他們拉開，它們兩個全已經滴血涔涔了！時火已無焰，然温和可人，勝有焰者遠甚，遂與郝默爾繼續談生命素問題甚久，歸寢時十一點半。

　　十四日，夜中温度同昨夜差不多，全日温和。隨便掀閲《新疆圖志》。午餐後寢。因天暖，外國人多下河浴。晚餐後圍火坐談，大家飲酒給華志送行，赫定先生有演説。歸帳欲補作日記，則筆頭膠到筆帽裏邊，無論何法皆不能出，此次不曉得怎麼樣能忘帶其他毛筆，頗以爲恨，止好就寢。

　　十五日，今日天氣頗暖。頗費事才把筆頭取出，收拾若干時候，對付能用，現在所用的還是它。決定後天到索果淖爾附近拜會郡王，後游東西二海子，東海子即索果淖爾，西海子即噶順淖爾。大約一星期當可回來。補作日記。晚茶後，登沙嶺一觀。濃綠者已少，金色黃葉已全無有，林木或蒼鬱，或略現紫色。天色尚早，乃從西方下，向西漫游。遇數樹，葉尚濃綠，近前審視，尚絕無枯敗的意思，餘樹則已枯黃半落，因悟早黃者，大約係嫩的，過老的，早衰的，或缺少水分的，至於正盛年水分不缺的樹，則雖遇見零下七八度的溫度，尚可支持若干時候。並且這樣樹的葉子是漸紫漸枯，並不變黃色。走了三四里，太陽已將入山，遂返。覺得這樣近，萬無迷路的事情，遂隨便走。今晚天色不甚清明，晚景無大可觀，然返顧西方，則天上餘光尚明，樹色已經沈黑，明暗相映，仍成一幅美麗的畫圖。走的頗遠，尚未得舊路，心中頗驚惶，然恃前邊有河，以爲到河邊總可以看出我們的住地在那邊，遂向河直趨。聞左邊林中有犬聲、駱駝聲，想去一問，又覺得無須，仍向前行，未幾即見河。方向不誤，而住所在南在北，仍無把握。時已黃昏，看南邊有高地，疑在南方，然側耳細聽，則北方有犬聲，又有鈴聲，以爲或離住所不遠，是我們晚飯的鈴，也未可知，遂沿河向北走。然走了百幾十步後，覺得萬不是我們住的地方，因爲住所靠河而此犬聲則離河少遠，因疑走的過南，走到前幾天所過蒙古包的南邊，然無論如何，總是以找着人問問爲是。並且也聽見人聲，遂向人聲走去。走近，有數蒙古包，但非前日所過者。先看見一小孩及許多羊、駱駝。小孩不懂漢話，又找見一婦人，正在招呼幼駝吃奶，我即以蒙古話問好，她也回答；但我止會這一句，再同她説漢話，則完全不懂！此時我非常的狼狽，天已定黑，情知離住所不遠，沿河邊總可走到，然惟恐方向走錯，愈走愈遠！止希望找着一個男人，他或者能懂得兩句漢話，如果再能送我幾步則更如天之福！

看見包中有光，遂掀簾一看，中間火光正然，傍有一人正在酣眠，貌似漢人，遂把他叫醒，果爲漢人！他讓我進去，談次據說他姓王，太原人，一人在此作生意；我們住所在南邊二三里云云。以後又進來兩個女人，一個男人，一大群小孩子。女人給我説話；據王翻譯，是說天色已晚，讓我們住她那裏，我辭以不能，即請王姓送我，他慨然允許，遂出。途中詳談，才曉得他本在ㄅㄨㄦㄙㄥㄐㄩㄣ王爺府生意中作事，以後出來，在ㄍㄛㄌㄞㄍㄨㄉ自己作生意，但因夥計不佳，遂致賠累，現生意不做，來此地收賬。他住在我們南邊帳篷内，前幾天經益占叫幾聲高卧不醒的就是他。他今天因爲馬跑找馬，遂走到這裏。這家也是他的債主，家止有婦人，並無男子，云云。没有走幾步，已見我們住所所然的火光。到時約將八點。吃飯後往圍火少談。

十六日，夜中最低温度零下兩度半。早晨翻閱中山的實業計畫。大體看來，此種計畫雖極偉大而實確實可行，嗤此種計畫爲理想空談者，一定是喜歡在泥窩裏滾的髒猪了！午餐後眠。起檢點東西。晚圍火坐談，郝默爾近來檢書，説：“這邊最流行的 Scorbut（證象爲牙床疼爛及腿疼）是因爲缺少 C 種生命素。生命素共有三種。此種生命素是蘿蔔、白菜、青葉者。白薯、番茄、豆角、葱、豆芽裏面含的最多，生肉次之。”然則我們冬天所食，净是些飽含 c 種生命素的菜蔬，驟然缺乏，其患病固宜。此等知識必須廣爲傳播，始可預防。等到迪化後，當設法宣傳，因爲在這邊的漢人大半皆患此證。如能預防或療治，真正功德無量。

十七日，夜中最低温度零上半度。早晨接到黄仲良信一

封。收拾東西，九點三刻動身。赫定先生同哈士綸昨天在船上
往下流走三四里，後登岸步行回住地。今天同騎駱駝先到昨日
登岸地，再上船前行。至拉爾生、達三亦乘駝由陸路走，外帶
王、魯二僕及蒙古人三。韓普爾同錢默滿亦乘駝同出發，但彼
二人爲獨立一隊，不一定給我們同走。初出行時有沙，不久即
完畢。有一兩節戈壁，然亦與林木相間。我在駱駝上面，不曉
得怎麼樣想到平素所不滿意的中小學教育問題。我從很長的
時候，就覺到我們現在北京的中小學校——其實別處也是一
樣。——同我個人理想太不合：壞的不必說，即如師大附中同
孔德學校全是北京比較有名的學校：前者功課較佳而太拘形
式，後者精神頗活潑，而公子小姐氣太重，且太偏文藝，科學同
體育方面，皆不愜人意。可是我雖然覺得他們辦的不好，我理
想中的學校端的應該怎麼樣辦，却還没有一定的意見。今天的
思路愈抽愈長，得到不少具體的計畫。詳細須改日整理，此
地不能詳説。約言之，我是想把身體的鍛鍊、思想的練習、美感
的陶鎔三件不大容易兼顧的事情，設法使它們平均發展，而尤
以前兩項爲最注重。聯絡它們的關鍵就是自然界。對於雅典，
取其美感和清楚的思想；對於近代的科學家，取其實驗的態度；
對於歐洲中世紀武士，取其勇俠的精神。同德國及日本教育大
不同的地方，是他們爲偏狹的國家主義者，我們却仍承襲我們
大同的主義；同現在我國教育大不同的地方，是我們對於書本
非常輕視，最主要的是引着學生練習着觀察自然界，並且從外
面看起，我們的教育是粗野的，非柔靡的。我自信這樣的教育
才是正路，等異日將意見完全整理好後，即當竭力鼓吹以期實

行。我今日因爲想設法使教育轉視綫於自然界，以致自然界在我面前展舒，我幾乎毫無所見，極可笑人。十二點一刻抵我們放駱駝的地方，下駱駝，大家以爲或即在此住，然等兩點多鐘，赫定先生及拉爾生等全不來，我覺得一定要住這裏，遂令他們搭帳蓬。剛收拾好，少休息，ㄅㄢㄍㄝ騎駱駝來，説他們已前行，住地在河彼岸不遠，讓我們跟去，遂又收拾起身。然起身後，則向反對方向回轉，走三四里，渡河，河灘頗寬，尚有軟泥。又前進五六分鐘，即抵住地。住地爲在樹林中一隙地，東鄰河，因爲額濟納河從上流一二公里處分二支：剛才所過者名ㄡㄅㄡㄧㄣㄍㄡㄉ，西入噶順淖爾；現在所看見者名ㄉㄥㄉㄨㄦㄍㄡㄉ，東入索果淖爾。後者河道甚狹，然聞水較深，行船較易。林木較原住所更大，風景頗佳。韓普爾同錢默滿則早已前行，不住此地。

十八日，夜中頗暖，最低温度零上二度八。早餐後看赫定先生同哈士綸上船。赫定先生量船長，量水流速度_{岸上量一個底}綫，擲一物於水中，看它走幾秒鐘，作三四次後始定。後始上船。哈士綸則赤足裸四肢，止着一毛背心，一短褲，儼然一水手，在後持棹管船。此時頗有風；落葉飄飄，黃流滾滾，二人乃乘一葉扁舟沈没於河灣林中，這是什麽樣的境地！並且對於這件事，他們還有很可佩服的地方，就是他們不管到什麽地方，於萬無可設法之中，總要自己設種種法子，去達到目的；一次兩次不成功，能試驗到五次六次；別人不能幫助，就自己親身下去！他們一定要用船游額濟納河的計畫，我們中國人現在還有笑他們的，然後知中外人的局度器識果不易相及也！再者他們這一次的游，在

科學上也有大的關係,因爲從前的人永遠没有在船上作一幅額
濟納河的詳圖,赫定先生此次所作圖,還是一種新東西。大家
總是覺得治科學的人的生活太嫌枯燥,缺乏美感,我從前對於
這一類的意思就不很相信。今天的感覺就是科學家的生活與
美術完全相合,因爲他們的目標全是自然界也。九點剛過,起
身,向北行,總是從楊林或紅檉林穿過來,穿過去,步步引人入
勝。十二點後在河邊少停,等船不到,又上駝行。將二點,抵一
地,蒙古人聽説離郡王府尚有二十里,遂行止宿。住處在一疏
林前,帳門對河,距離丈餘,風景佳勝。樹尚濃綠,無變色的意
思,尤爲特殊。少眠,起,船尚未到,頗疑惑他們已經過去。四
點後,船到。赫定先生的帳篷偏①南,門距河止四五尺,有大樹
數株,頗可繫船,下船即可入帳,詩情畫意,令人嘆賞不止。赫
定先生説:在船上,方向時轉,没有過三分鐘不需要看 Combas
者,所以頗疲乏。然彼下船後見風景絶佳,立時又作簡畫一幅。
餐後趁太陽未落,又趕作簡畫一幅。他作畢後,大家共看他所
作底路綫圖。據他説有一節,河廣不過十二三公尺,兩岸茂林
深密,枝葉相交,若行"碧洞"中,驚美駭奇,不禁狂叫。惜乎我
未乘船,不能飽此眼福! 今日據達三計算,約行十九公里;步行
三公里。

十九日,夜中最低温度三度三。七點三刻,大隊尚未齊備,
先一人沿河先行。對岸林木甚茂,大多數的葉尚綠,或微紅。
昨晚住地,樹葉不變色,有人以爲是離河太近,水分足的緣故,

---

①編者注:"偏",原誤作"徧"。

但從今天看起,一定不對,因爲有一節,近河一層已經全枯黃,而後層河高的地方,倒反綠中微紅。又往前走,河向左曲,河流甚寬。今天順河走的時候,總有一種幻覺,就是:看見前面林木以爲在此岸,走到跟前,則河已左轉,隔在彼岸;此時總以爲轉向西走了,一看太陽,則仍是向北走;屢次如是,至今思之,尚未得其理。林木中時聞鳥聲,頗似鶯囀,但聲較短,未知是何鳥。時見駱駝,就河飲水,近人不驚。此地比原住地較北,而林木較綠,未知何故;或者因爲地面較低,亦未可知。左岸樹林無右岸的蕃茂。九點餘對岸林中有蒙古包,山樹掩映,意態佳絕,頗想涉河一玩,但因水凉,終未敢嘗試。少息,船亦到,遂與船先後向前行。時天頗熱,手携棉袍,頗覺困乏,待駝至,上駝。路離河較遠,地下橫死木頗多,即立者有一半已死,餘者亦枯鬱不茂。十二點餘至一地,下駱駝休息,且待船到。面前數十步,有一土阜,上無草木。登上,望見前三四里許,有一廟,廟後有若干土房,大約就是郡王府了。廟府在一高原上,童然無草木,無風景之可言,而郡王乃卜居於其處,興味之未可强同,至於如此。東北方遠處望見帳篷,大約是韓普爾、錢默滿二人已經到了。船至後,即上駱駝,向帳篷方向走去,兩點半到。他們兩個昨天到ㄡㄅㄨ丨ㄣㄍㄡㄉ,今天從那裏起身,也才到一點鐘。地名ㄙㄝ丨ㄇㄥㄑㄝ,廟名ㄉㄚㄍㄐㄧㄣㄍㄥㄍㄚ。住地前臨ㄑㄨ丨ㄍㄨㄣㄍㄡㄉ,爲ㄉㄥㄉㄨ丨ㄍㄡㄉ的異名。住地四望無樹木,遍地蘆草,現已黃枯。太陽落時,風住雲静,晚霞光彩耀目,似特以補此地風景的不足。時韓普爾、錢默滿脱衣下水,量河寬水深。河此地寬二十公尺,少弱,每一公尺處量一深度,最深者七十五公分。今日河道灣曲頗多,但水較深(最深處以二公尺半的竿下探,尚未能至底),故較易行舟。陸路據達三計算爲十三公里半強。步行約八公里餘。今天赫定先生因路上風景甚好,差ㄅㄢㄘㄝ送信給李伯冷,命其明日前來。

二十日,夜中覺寒,最低溫度零下一度八。終日風。早晨派蒙古人持赫定同我的名片到王府請他定時間相見。回來,據說這幾天不能相見,等到二十七八再派人到我們那裏訂時期。才聽的時候,我同赫定先生全非常的生氣,以後才想到他對於我們因爲莫名其妙,實在有點害怕;他所說底二十七八,大約是派人到毛目或酒泉,詢問應該怎麼樣對付我們,到那個時候,大約可以有回音,才可以決定。並且據哈士綸說他們(他同黃仲良、郝默爾)見這位郡王的長王子,因爲郡王老而盲,不能見人。人頗和氣,他並且老實告訴他們說:他對於我們不很放心,然則他這種過甚的小心實在是很可恕的。我午餐後立時給他寫一封信,把我們見他要說底話全對他說,並說我們完全研究學問,不作任何政治的運動,留此地氣象測候所的團員,也不至於衝突本地固有習慣及損害塔廟等類的舉動;能見固好,如此時不能見,好在錢默滿同益占在這裏隨時可以相見,至於我們則不能再來云云。派人送去後,有一人跟來,說他們那裏無人識漢字,請給他念一念。我給他講一遍,塞拉特翻給他聽。他聽後說我們如果沒有要緊,能再留一天,也可以相見,我回答說我們事情很忙,如果明天上午能相見,也可以等半天,否則無須。他說回去商量後,即來回信。然至現在亦尚未有回信。因爲郝默爾托我給病人所說底方法,給他們的大豆,還沒有給他們,所以明天早晨還未能走。晚餐後圍火坐談。赫定先生明天或後天將用船游索果淖爾，測量水深，但船實太遷就，如有驟風，頗有危險，因勸他不要入湖，或多停幾天，將船收拾好再去。如果用羊皮將船蒙上釘好，使水不能進去，則危險可減許多。他總覺得不要緊，並且仗恃自己會水，總是想就這樣的去。此老翁好名及大膽，固有點太過，然其冒險的精神，也太令人佩服！我雖然比他年紀小的多，而既無經驗，又不習游泳，不能同他一塊去工作，既感且愧。我更感於我理想中略具斯巴達風味的學校，萬不可不辦了。下午三四點鐘時，李伯冷同其僕人宋來到。

二十一日，夜中最低溫度零下半度。早起，王子來，同他相見。談論一切，並請他保護此地的氣象測候所，他全表示好意。王子鬢髮已蒼，大約四十歲上下。如果我的觀察不誤，當係一個誠實人。他去後，我同達三同到廟上，找那一班病人，並將團中所帶底豆子，交給他們一小口袋，使他們泡豆芽吃。先見一個姓梅的，係他們管事的人，他是西寧人，工人全是他從西寧招來，為修新王府的。同他談，知道他們因為冰凍，不能作工，快回家鄉去，等到明春再來。他出獻青稞炒麵和牛奶油，這兩種東西全是放在茶裏吃的，略嘗一碗，味亦頗佳。出觀新修王府，外牆白，上有紅緣，似廟宇。內全係漢式，有走廊，頗楚楚可觀。共三四十間，聽說包工不過一千六百兩銀子，若置北京附近，恐怕不下五六千元。因為木材本地全有，磚瓦石灰全是匠人自己在此地燒的。燒石灰的灰石則取之北方百餘里山上。出看病人，少談即出。廟在附近，頗小，只有一殿一院，無暇進觀。歸途中見大隊已動身，王殿臣壓駱駝迎來。上駱駝，時十一點三刻。前行不久，即見積水，時須繞避，大約此等低地，古代全在湖中也。一點二十分已離湖不遠，遂靠河住下。到湖邊一看，需時七分十五秒。湖邊水淺，無岸，遠望北邊有岸。前聞此湖水淡，略嘗，亦頗含鹹味。歸少息，洗脚後，順河到入湖處。河向東北行，灣曲頗多，將入湖時先分三支，後分支無數，水極淺，船萬不能走。剛才赫定先生乘船來此，船尚置於此地。遂沿岸西行，至一小半島上，則四個外國人全在那裏。對岸近處，有小嶺，上有鄂博，遠有連山。據哈士綸説：鄂博名ㄅㄨㄦㄨㄨㄅㄨ，ㄅㄨㄦㄨ青也；遠山東端兩峰，名ㄋㄛ丨ㄣㄅㄨㄉㄅㄨ，ㄋㄛ丨ㄣ意謂首領，ㄅㄨㄉㄅㄨ神也。再西，名ㄅㄨㄅㄛㄜㄕㄣ；再西，名ㄊㄛㄥㄊㄜ，此二名未知何意。據他説遠山有二三百里遠，皆已屬外蒙古，然據泥水匠言，灰石即在此山中取，仍屬舊土爾扈特旗，二説未知孰是。此時ㄇㄣㄉㄨ在湖邊淘泥，據説河口船萬不能進湖，所以要在此處開一溝，以便船從此入湖。今日駞行六公里九，先到廟上步行二十分鐘。

二十二日，最低溫度零下一度六。本意今天早起，七點半同達三同去游湖一周，乃未起時，七點半已過，趕緊起，又因達三衣破須縫，出時已九點七分。初意盡一日之力，轉一周，當有餘力，所以緊隨湖邊走，任何曲折，全要走到，且走的不快。達三要作湖圖，走的更慢，我走半點鐘，須要等半點多鐘，所以走至一點鐘，才走六七公里；且此尚並各種屈折計之，如不計屈折，尚止四公里强，預度或止得全湖四分之一。少休息吃點東西，商議快點工作，不然，恐天黑時回不到住處。此時拉爾生來，據説，赫定先生船已入湖，全體要搬到湖北岸鄂博下。這樣圖即勉强作完，亦萬回不到北岸，乃令達三留下作圖，作到那裏是那裏，我一個人先行。此時我計算半點鐘可到鄂博下，太陽落時，可回至河口，圍湖之游已終了，此後回時雖天黑，然沿湖走不至迷途，八點鐘當可回到北岸住所。此後走路頗快，然仍不遺曲折，又走一點半鐘才到鄂博下，時已三點鐘，路尚未及半，預計日落時，離河口還有很遠，今天萬沒有法子，且頗疲乏，遂停下。此時西風頗緊，頗悔不强勸赫定勿以此種船游湖。固知浪並不大，他們大約可靠東岸，然乘此笨重易吃水的扁舟，終不能令人安心。少頃，達三、拉爾生皆到。拉爾生説今天風大，赫定先生等今天過不來，當留東岸。我問他們帶皮襖没有，前天晚晌赫定先生告訴我説，他要帶皮襖乘船過湖露宿。他説："没有，但是他們帶有火柴，晚晌可撿柴點火，不要緊。"我説："那要受冷了。"他説："不要緊，這是旅行時常事。"我心中爽然自失；因爲我之不往前進，也有點怕天晚受寒，赫定先生六十五歲老翁，乃以無行李露宿爲常事耶！達三又前行一節，天黑後返。快五點鐘，駱駝全至，派ㄅㄢㄑㄝ給赫定先生送行李，然並未送帳篷。天黑後，看見東南岸有火光，知道他們安抵彼岸，心乃大安。晚寢時九點剛過。湖因與地平無岸，故屈折極多。昨晚望北邊有岸，其實何嘗有？現在又見南邊有岸了。不過南邊湖畔水淺，北邊較深。拉爾生説北邊好的多，南望像北戴河。北戴河我没有去過，未知何如；不過北邊水較深，兼今天有風，頗有波瀾，一望蒼茫，很有大海的神氣。今天走路不過十五六公里，然覺困乏。

二十三日，夜中最低温度零下三度一。早起，九點鐘仍同達三繼續向東北游湖。知東南隅路程較長，故行頗快，我隔半點鐘休息一次,至於達三則除吃東西外,並無休息。我仍隨水曲折走,預計下午三點鐘以前,可至南岸河口,從分叉淺處渡河。今天風平浪靜,天氣極好,風從東南來,大約赫定先生同哈士倫很容易過來,過來後,因爲此地水鹹,或要搬到西面ㄨㄅㄨ ㄅㄍㄨㄌ邊上。我們出行以前,預囑王殿臣,如果要搬,他就帶着三個駱駝,到南岸河口附近接我們;如不搬,就無須接,我們自可步行回來。向東北走一點多鐘,湖轉向東南。據岸勢推測,此地最多之風,當爲西南南,或爲正南,因東北及西北沿岸,沙被水擁,成尺許高的小沙梁,餘岸則無有。因此南岸及較北方此湖尖向東北,故無真正北岸。岸較整齊;至西北及東北方則小半島極多,盡隨水曲折。專就此節言,路要較多一半。東北方距湖一二百步,有高岸約丈餘,古代湖水大約能到其處。又因昨日西風,水向東擁,今日退下,故緊隨東岸更難走。一點鐘吃東西時,遥望東南尚遠,止擬太陽落時,能到河口。東南有兩大灣,內凹,視足迹知赫定等昨晚在北一灣內住。四點許始到東南隅,路轉西行。路較直,以爲再過一點左右,當可至河口。五點十分,太陽入山,河口尚在疑似中。五點半以後不敢再隨曲折,止好抄近路走。五點三刻,達三已看不見畫圖。此時我除了休息時間,已走了六點半鐘,兼之東岸沙泥時陷,已覺困乏。心中自言,此時最不希望者爲北岸火光,因爲如見火光,則大隊未搬,過河後尚有一二十里路走;否則王殿臣來接,過河即有駱駝騎也。乃轉瞬間最不希望之事,竟赫然現於北岸!然亦無可奈何。惟一希望爲早到河口,然"行行復行行",河口尚渺無蹤影!此時有一件事,大出我們意料之外者,則"西岸"又見火光也！我們兩個少想以後，全覺得一定是赫定老翁今天覺得天太好，從東又橫貫到西岸，在那裏露宿。如果那樣，我們也没有什麼不高興，因爲我今天出許多汗，非常的渴，歸途過那裏，或者可以得到點喝的。乃湖邊轉向西北，直至我們到火光正東方，而湖仍向西北行不已，然則這個火光一定不是在湖西岸的。此時火光已不甚遠，我乃決定向火光直趨，兼大呼。漸漸聽見遠方的應聲。又前，已聽見王的聲音，大喜；聽他說，這就是前天住的舊地方，現在錢默滿同韓普爾兩先生在這裏住，我們的帳篷也帶在這裏，更大喜過望。但是，但是……還有一道河在面前，怎麼樣能過去呢？河岸太斗，駱駝不能下；我擬到下游淺處過，隨行的蒙古人說下流的泥更深。達三勇甚，脱衣下探，止過腹，我也就脱衣；達三又過來，將他自己的衣服，取過去，又過來將我的衣服拿過去。錢默滿君怕我嫌水冷，乃大呼剛才量過，水中温度十一度。我跟着達三下水，覺水甚凉，幸止有十幾公尺寬，轉瞬過河。岸上有大火，急走向火，並被上皮外套，少息，一點不覺得冷。錢默滿君乃言水並未量過，他覺得也不過九度。王說赫定先生今天下午兩點鐘到岸後本欲西行，所以他來接我們；但他們向西走三四里尚未離湖，又住下云云。晚餐後九點即寢。湖周圍，據我們預測，不過五十里左右，然實有四十公里。至於我所走，統昨日的計算，大約離百里不遠。

二十四日，最低温度零下四度二。早起，達三因昨晚圖未作完，還要過河續成；王殿臣說舊住處有不少的石器，也還想再去找一找；因決定達三去接續工作，我同王騎駱駝到舊住所，達三工作後，再從西岸轉到那裏，再一同向西行。錢默滿給我一截灌腸,湯料一包。我覺得無用,然彼意殷殷,只好收下。到湖西岸,遇見大隊已動身,因問他們要一部分吃的,繼續前行至鄂博下。王往檢石器,我上鄂博上一觀,來往約五六里。鄂博以石壘成,然無階級。前有一毛繩,橫掛木竿上,上懸紅藍及他色的絲織品,爲他鄂博所無。神桌上有極小泥燈、極小泥筒無底,不知何用。外有泥馬、泥元寶、泥駱駝。一泥元寶上畫字酷似1517,但細審,恐係藏文形式偶合。泥駱駝驟看不似,因下係平底,故無腿,上則駝峰高與平常之腿同長。外粗紙中包有吾鄉之所謂"白點心"者,不知已經幾何年月。下,吃東西,時已兩點,因回到西岸等達三,從三點等到五點,絕無蹤影,心甚焦急,因撿了許多柴,預備住宿點火。太陽已入地,尚未定黑,達三從北方至,蓋彼於十二點半鐘工作完後,覺得由東邊走至鄂博下,雖少遠而無河渡,且覺得很早就可以到,遂從東邊又轉一圈,所以晚至現在。相遇後遂向西出發。我們在ㄙㄝㄦㄙㄥㄑㄝ時,曾向王子借得一車,爲將船從索果淖爾運向噶順淖爾之用,所以我們今天遇着拉爾生,他就對着我們說順着大車轍走,總不會錯。此時我們先向西北行,遇着車轍,則偏向西南,雖覺得不很對,然只好跟着走。未幾天黑,望見西南南,有火光,以爲是大隊點火引我們,對於方向雖懷疑,然因蒙古人絕無在外點火者,遂照着它走。以後轍也看不見了,火光也不見了,以爲地低被遮,仍照原方向走。前行走到紅檉林中,路極不容易走,然經過幾轉,仍照西南南走。駱駝停下,知道前面有下坡,我們以爲無何要緊,催駱駝下,下後始知其險,蓋高約二公尺,頗斗峻,白天到此,萬不敢下者,幸不墜,則大笑。又上又下,共三四次,但後幾次無第一次之險。紅檉少稀，路較好走，但高過丈，叢生如牆。此時知火光萬找不到，則欲走到河邊再説，遂向西西南走，不遠，已見河。想順河向西北走，則沿河林密無路，此地風景又佳絶，遂在楊林隙止宿。大約快九點鐘。地下到處皆柴，遂然着。河中有淡水，但無水壺盛水，乃將餅乾匣子騰出，盛水坐火上，不久即開。吃一點餅乾，喝點開水，真盛饌不啻。寢時十鐘。

　　二十五日，夜中最低温度零上一度。早起仍用餅乾匣子用湯料作湯，味甚鮮美。外每人分得灌腸兩片，餅乾三四塊，雖未能大飽，已可禦飢。外尚餘餅乾十餘，蔻蔻糖三四小塊在腰間，留以備飢。派達三向西北方下游去尋大隊，王向東南上游去尋，約定走一點鐘，無論找着找不着，全回來再商議。二人去後，想補作日記，又怕駱駝跑得太遠，乃在帳外近火寫。風頗大，有一駱駝走得少遠，把它捉回縛住，繼續寫下。未幾，王到東南七八里，遇一廟，問有外國人否，答以未見；問離湖尚有若干遠，答以三十里。達三尋返，言走一點一刻，無所見。據達三意，即欲回至廟旁等待，我決定向西北湖口尋去。起身時，十二點十分。林外有路，向西北走，初爲紅檉林，彌望無際。出後有沙子原，左可望河。時風愈大，路偏向東北北行，恐走錯，又西引向河，河流極曲折。總之我們不大敢離開河走，所以走不少的冤枉路。我們遇着一個趕驢的，我們問他，他一點不懂漢語，但是他以後也知道我們要上噶順淖爾去，就很誠懇地給我們説了許多，我們也不懂，止好謝謝他。以後大車轍時見時否，尋找亦頗不易。快四點鐘，遇見一個蒙古包，我們又去問，他也不懂漢話，但是我們設法使他知道我們同外國人是一起的，他就指手畫脚給我們説了許多，大約是説他們住的不遠，就在那個方向，我們就順着他所指底方向走。在蒙古包附近，看見有一個蒙古人正在織毛氈，看見蒙古人的真正工業，這算是第一次了。前進未幾，又遇見一個蒙古包，那裏的人不惟略懂幾句漢話，並且知道外國人那邊還差三個人。没有走幾步，已經看見帳篷，到時四點十分，共走四點鐘。見赫定先生後説了很多的話，因爲我們別了四天，他第一天作了一個很耽心的航行，我第二、第三、第四三天也有很多好玩的經過。晚餐後圍火坐談，赫定先生想去游湖一周，但湖水不能吃，四周除了離此地西二十五里的ㄇㄝㄉㄨㄟㄍㄡㄉ，並無井，想用餅乾筒子及水壺帶水，止能對付够三人用的，所以止擬同哈士綸及鄉導即剛才所遇略懂漢語的蒙古人。同去。我聽説也想同去，並且如果我去，達三也一定想去。赫定先生因水不易得，不願我們同去，提議或我們去，或他們去，我却是主張同去。但是想不出運水的好法子。歸結想起蒙古人或者有水筒，如果明天能借來，那水就不成問題了。補作日記，未完，寢，時約十點半。

　　二十六日，夜眠不佳，因周噶順淖爾須要四天，我所騎底乏駱駝，是否能支持；如果它馱不動人，我昨晚允許可步行一半或三分之二，但睡醒時腿仍覺乏，是否真能辦到，全成問題。醒時想過來，想過去，有一點多鐘没有睡着。早起天甚冷，最低溫度零下八度七。然精神已復原，不覺困乏，覺到噶順淖爾一定可以去了。又從蒙古人處借到水筒。但據拉爾生説：赫定先生實不能任此疲乏；如果過於勉强，恐怕他的舊病重犯。我如果要決定去，恐怕他老先生一定躍然欲試，所以止好勸他同回，單派達三同ㄅㄢㄑㄝ

及鄉導同去繞湖作路綫圖。住地離噶順淖爾尚遠,因爲湖附近多淤泥地,不易走近。有一個地方能走到,聽説還需要兩點半鐘。登高處望見湖,據赫定先生揣測,如走直路,最多不過二十分鐘。我就想趁着今天未起程前,去試着走到湖邊看看。剛走的時候,有許多積水,時須繞越,以爲繼續如是,即難走到。然不幾分鐘後,地甚乾燥,雖有低陷地,亦無積水,以爲不久可到,乃從"紅檉冢"間,向北直穿了半點鐘,尚不得到。登高一望,則湖並不見近。因不願耽誤回程,遂返。將十二點起身。除達三去繞湖外,李伯冷同哈士綸到來時所過兩岸枝柯交叉處去照電影,我們止剩赫定先生、拉爾生同我,外有王、魯二僕同ㄇㄣㄌㄡ而已。所行路大約與昨日相同,不過少走些寃枉路,望見昨日住地時,將三點鐘。前進,從廟西邊過。未幾,赫定先生去已遠,止有拉爾生留在後面給我們指路。忽有一人騎馬來,漢話也能對付幾句,攔着我們,教我們向回頭西邊走,説我們的帳篷在那裏。我們疑惑是赫定先生派他來叫我們的,遂跟着他回頭走了不少的路,拉爾生不來,他又跑着去叫;回來説,他們還不住,你們還可以從原路走!回到原路,不見一人,也找不出駝迹,只得在檉林中亂穿。正在焦急,聞有呼聲,則ㄇㄣㄌㄡ來找,大喜。問之知大隊已在前邊不遠ㄉㄥㄉㄨㄦㄍㄡㄌ右岸住下。此騎馬人係廟中一喇嘛,至何以鬧出這種誤會,則我遍問,到現在還不明白。時風大起,太陽已落,抵住所,圍火,穿外套,得不冷。晚餐後風愈大,七點即寢,寢時因達三無帳篷,頗以爲念。今日步行約二公里。

二十七日,狂風怒號終夜,因蓋厚得不冷。早起天極冷,因達三將最冷温度表帶走,故不能知最低温度。早晨量水中温度,得零下小數一，但因風大，除沿岸有少冰外，餘均未凍。將水溫寒暑表提出水外，未幾而表下筒中水已成厚冰。起身時，九鐘已過。林木經此次冷風，葉均無存；自然界已呈睡像，等休息後待明年春天再來發華結實。還有幾顆高大的樹木，橫撐空中，或金色照人，或濃綠帶黃，好像垂死的英雄，還要奮它們最後的氣力，與猛烈的冷風鏖戰。時天朗氣清，間有微風。十二點過第二日住地，河邊樹上，葉亦均未黃落。下午四點餘，止宿。住地在ㄅㄥㄉㄨㄦㄍㄡㄅ河畔，然聞離ㄨㄣㄩㄣㄍㄡㄅ止二三里。晚天甚寒，九點鐘至零下七度三。帳中置若干火炭，補作日記，未完，墨已成冰塊。此時赫定先生看他帳中溫度，已至零下五度五，他帳中的火比我的多，然則我的帳中尚不止此數，不得已就寢，時九點半。今日步行四五公里。

　　二十八日，夜中甚寒，蓋的止覺重，不覺暖；被窩少不着體，再觸即覺奇涼。早晨八點許水溫度正在零點，冰凌聚成大塊，隨流而下，形式有若桃者，若盤者，頗規則。赫定先生說：塔里木河中，凌塊亦復如是；凌塊分合聚散，皆有定律，——宇宙間現象何一無定律者！——因其常旋轉，且互相抵觸，故形式常圓。然此河中凌塊旋轉不速，形式不盡圓，大約因水流不速的原故。九點鐘起身，未十點渡ㄨㄣㄩㄣㄍㄡㄅ，有前天騎馬的喇嘛及一少年騎二匹馬給我們引路。過河後向西北至放駱駝處，到蒙古人帳篷中少息數分鐘，帳中間置火鑪，四圈密置氈條，爲他們的臥處；火後置一箱，大約爲他們公衆放銀錢的地方。他們的帳篷雖舊且烟熏，然外有重布，實較暖，但內不免烟熏耳。聽說北分隊已到五六天，但希淵隊尚未到。十點半起行。赫定先生及拉爾生的駱駝較快，一點後已不見。因來時至放駱駝處，止需兩點半鐘，所以至十二點半以後，疑不久將到，即左引至河畔，不敢遠離。乃一點半已過，仍不能到，河流甚屈折，沿岸皆檉林，極難走，然此時簡直不敢離，據魯及王意或已超過，然我於河上流三四里、下流三四里全認識，雖此時對於沿岸尚無認識處，而回計引近河時的鐘點，萬無超過之理①，遂極困難地在林中穿。又許多時，見幾個蒙古包，知道是前幾天迷路處，才放心前行，至時二點已過。此地荒漠，路綫模糊，有疑又苦路無行人可問。今天誤於早引近河，至走了許多困難及冤枉路。這一類的事情，將來還不曉得要若干見！至後據丁仲良説，他在ㄨㄌㄢㄊㄠㄦㄏㄞ親見一商人從王爺府來，説前五天見南分隊從南二百里處經過，然則他們走了南路，南路通常比北路遠七八天，計程他們也該到了，頗爲焦急。晚餐後圍火坐談，聽貝格滿彈唱，忽聞達三已回，大爲詫異，問他，才知道他前天晚晌，西到ㄇㄝㄉㄨㄣㄍㄡㄉ畔住下，晚將睡，忽有人持郡王的命令，叫鄉導回到王府，不知何故。鄉導驚惶無措，然亦無法，止好立時回去。又不能得他鄉導，ㄅㄢㄑㄝ不識路，不願前行，止好回來。與丁仲良閑談，至十鐘，寢。今晨此地最低溫度止零下八度餘，然問達三，則十四度餘，相去不遠，而溫度竟差到這樣多，殊不可解。今日步行二三公里。

　　二十九日，夜中不冷，最低溫度零下四度六。早晨借得仲揆所著《中國地勢變遷小史》，翻閱未完，頗困，遂眠。太陽入帳中，照床上，頗熱。午餐後與赫定先生談，知道郝德等後天將先出發，

_____

①編者注："理"，原誤作"埋"。

直穿沙漠,先到哈密,籌備氣象測侯所事宜。前本議定春舫同去,現因春舫未歸,擬令達三同去,我的意思擬令他們再等三五天,他不甚願意,尚未定議。歸帳未幾,丁仲良、達三、皋九來閑談。晚餐後看貝格滿所找到石器,頗爲精品。與赫定先生談論頗久。歸帳補完日記,寢。

三十日,夜中甚暖,最低溫度零上一度四。今日無甚大事,止有決定郝德、狄德滿、馮考爾、韓普爾、哈士綸及達三明日起身,預備一封公信,給哈密縣長,請他關照。晚餐後,圍火坐談,給他們送行,赫定、郝德、韓普爾、哈士綸皆有演說。

三十一日,夜中最低溫度零下二度六。從今日起至十一月八日止,所記溫度,皆離地二公尺高的溫度。早起送他們起身,他們帶蒙古人一、漢人一。他們未帶厨子,路上就是馮考爾同狄德滿自己做飯,其餘的人,撿駱駝糞①作然料,這樣的生活,同沙漠殊爲調和。歸帳,隨便翻閱《西夏紀》。因希淵隊總不到,派一個人到南邊路口去打聽。少眠。午餐後,同赫定博士問歐人各團員的生世,紀録下來。問了錢默滿、生瑞恒、那林三人。前些時河水略漲,今天忽然大落,二十四點鐘内降十三公分。聽說因爲上游農人於交冬前,還要灌田一次,將河流閘住,所以下流無幾。他們並且說兩三星期後田灌畢,水要大來,比從前更大。

十一月一日,最低溫度零度正。翻閱《遼史》《金史》及《西夏紀》。晚餐後繼續問歐洲團員身世,問貝格滿、郝默爾、李伯冷、馬森伯四人。

---

①編者注:"糞",原誤作"冀"。

二日，最低零下五度一。繼續閱《西夏紀》。下午赫定先生來説聽引路的蒙古人説，於上月十八日曾在此地南六十里廟附近，看見黄仲良一隊，方向毛目對岸的ᠲᠠᠢᠵᠢ去，非常詫異，因爲仲良的原計畫，並没有要上南邊去也。後遂決定明天派一個蒙古人趕緊南去，請他回來，因爲大隊不便久耽誤也。希淵隊總不到，大家全很焦急，人病了？駱駝病了？過了十來天還不到，頗可耽心。赫定先生説："如果多天不到，大家止好起身，好在我們這裏留的有人，留一部分錢，請他們慢慢打聽；俟有消息，即派人送去。"我細想，也止好有這一個法子。晚餐後，生瑞恒新安好過冬的帳篷，大家給他慶賀，頗説了不少的話。寫給黄仲良信一封。

三日，最低温度三度四。今日全天大風，天甚寒。昨天早晨即有人説希淵他們到了，出去用望遠鏡一看，不過是隔河人家放的空駱駝。今天又聽説他們有消息，大約三兩天就到，大家全很高興，詳細去問，是從東來的喇嘛鬧錯了，他把北分隊認作他們這一隊！過一會兒，又有人説，的確是他們要到，因爲喇嘛説只有三個帳篷，十來個駱駝，萬不能是北分隊的誤認。仔細一問，才知道這一幫有外國人，有女人，有小孩子，大約是白俄的一個商人從這近處經過，萬不是他們！上午隨便看點德文。下午買氈子，以便作一長氈靴。少眠。起與賣氈商人少談。拉爾生來，説馬學爾從毛目回到了，黄先生也同他們一塊回來，大喜。出則馬學爾已到，遲一刻多鐘春舫到，仲良同益占則略晚。收到蒙藏院護照，蒙回文各一張，理事會信一封，尚嚴、潤章、海帆、樂夫信各一封，家信一封。希淵收到報數張，我們拆開看，最晚者至八月十八號，政局大略如下：共産黨勢力幾全消滅，蔣介石因各方面反對引退，國民黨中極右派亦因之大敗，寧漢聯合。孫傳芳軍又南至浦口，然奉魯軍頗持重，不願南下。綜括全局講起來，消息總算好的。至於北京學校，則九校合併，改組一京師大學，校長由北京教長劉哲自兼，文科學長胡仁源，理科秦汾，法科林修竹，餘科不明；報上説學生反對甚力，然在此種情形之下，一定不會有大效果。私人經濟方面則大糟特糟：自端午節後，家中一文未見；值改組，欠薪又全付秋風！不勝焦急。談至十鐘，歸寢。

四日，夜展轉不成寐，決定暫隨大隊至迪化，到後再看情形，如果私人經濟無辦法，即當乘西伯利亞火車至海參崴轉上海，或時局已有變化，即至北京。睡着時大約已一兩點鐘。夜中最低温度八度八。今天商議總是將來工作地域怎麼樣分配才能有最大效果的問題。此時因希淵不在，頗有困難，商議到晚晌，才大約規定。那林同貝格滿去研究湖：一羅布淖爾，二騰格里斯湖，三哈喇淖爾。黄仲良、丁仲良同大隊到吐魯番，即留下，一考地質，一考古，俟作完後，丁留天山東段研究地質，黄隨將來大隊到天山南路。並決定皋九七號起身回北京，將來於包頭添設一氣象測侯所，即由皋九往主持。八號大隊起身，那林與貝格滿同大隊分開西行，亦八號動身。晚談至十鐘，錢默滿來説羊肉已備好，請赫定先生同我一塊去嘗，大爲詫異，隨他到生瑞恒帳內，則馬學爾用土耳其法，將生羊肉切成核桃大的塊子，把許多塊穿在一樹枝上，脂肪與筋肉相間，用手拿住在火上烤，脂肪消鎔欲滴時，即急轉之使勿滴，如此烤去，以至全熟，取下加鹽與香料，其味極佳。馬學爾前在又ㄦㄥㄜㄈㄦㄜㄌ，曾經作過一次，但那一次沒有大成功，這一次好的多。另外還有許多麵包、洋芋、茶，居然一頓晚餐。但我因天晚，不敢多吃。十一鐘返，寫一家信。寢時約十二點。

　　五日，夜中甚寒，最低温度九度六。家信托毛目商人帶交毛目郵局。今日精神不聚，什麼也不想作，不過少整理賬目。晚晌與赫定先生談皋九回京及將來到包頭後食住各問題，甚久。

　　六日，最低温度九度七。早晨整理箱件，與理事會、劉半農信各一封，又寫家信一封。正午有一個俄人，來拜會赫定先生，聽説名字叫作 Semkoff，是一個動物學者，從前曾經同 Kozlov 來過蒙古，現在受庫倫博物院的委派，來此采集標本云云。至於曾得我國政府允准與否，有護照與否，我們却不便過問，不過在寫給理事會信中附帶報告而已。商議尋找古物的人賞金辦法。晚晌月明極佳，天氣覺不冷，然寫字時硯水成冰，後帳中拿來火炭，才少好一點。

　　七日，最低温度零下六度五。早起，整理箱件完畢。分給尋找古物役僕役賞金。因皋九今天要起身回北京，大家合照一像。今日照像時，中國六人、瑞典六人、德國六人，適成三六，可謂巧合。回者共二蒙古人、二漢人，及皋九共五人。起身時十二點鐘已過。昨來之俄人今日又同他夫人來，夫婦皆穿中國式的大羊皮襖，在此地實儉樸方便。午餐後少眠。給希淵留信一封。晚圍火坐談甚久。大家飲酒，與留此地的錢默滿、益占、生瑞恒作別，赫定先生有演説。歸帳，已餓，吃點東西，作日記，時須呵凍。我想已後數月，不凍當爲例外，須記，凍爲常事，可不必記了。晚有一商幫從東往西，在此經過，駱駝甚多。派人往問路，他們很願意給我們引路，但是以我們保護他們不納税爲交換條件，以不能却之。

　　八日，夜中甚寒，最低温度零下九度三。起，檢點行李。過午,王子親來,略談。去後起身,時正兩點,共有駱駝一百三十四匹。團員同行者,除我同赫定先生外,共九人。因昨早照像的十八人,皋九已回北京,錢默滿、益占、生瑞恒留此地氣象測候所,至馬學爾則同那林、貝格滿即於今明日取北道向哈密,故現在只剩十一人。路靠河行,半點後出楊林,爲一平沙子原,草已全枯。三點半又入一小林。不久即出。四點即行止宿。住地離額濟納河不遠。東南望見河之一小分支,無水。地無人居,故無地名。晚月有大暈,明天或將起風。寢九點。今日走八公里二〇五;方向爲南轉西四十八度七。今晚頗有浮雲,天氣溫暖;寫日記時居然沒有結冰。

九日,最低溫度零下二度半。起時尚未七點,動身時八點五十分。今日所行路與昨日相仿,但無成林的樹木,不過疏疏落落,間有幾株。沙石遍地,可推想草即未枯時亦非佳牧地。初起身未遠,道左右時見土墩;據黃仲良及春舫說從此地到毛目,額濟納河左岸,每隔二三里皆有,疑即漢遮虜障遺址。頗有風,未大寒。十二點過後,路旁又見枯蘆。十二點三刻止宿,共行十五公里四百三十五公尺;方向爲北轉西八十二度二。少眠。下半天風止,總有浮雲,然氣候頗溫暖。晚餐後,赫定先生想學中國話,我就教他中國話,他教我德國話,如果能天天接續,我的德國話或者能有點進步。寢時九點鐘已過。今天住處沒有水,決定明天早晨大家不洗臉。

十日,最低溫度零下四度。八點十分起身。開頭沙石遍地,間有草根,四望無樹木。九點半後,草復茂,亦間見樹木。十點半後見一群沙鳥西飛,頗有科崙布尋美洲時看見水鳥的感想;以爲既有鳥，當有水，ㄇㄝㄉㄨㄥㄍㄡㄌ當已不遠。十一點後，四望疏林。住時尚未正午。住所緊靠ㄇㄝㄉㄨㄥㄍㄡㄌ的河身，河乾無水。共行十三公里九百九十五公尺，方向爲北轉西六十六度九。午餐時聽說附近有一稅關，望見西邊有一所土房，以爲那邊有漢人，可以問得事情，所以少休息後即同丁仲良、春舫同往，至則門鎖無人。看見北邊有兩個人騎駱駝來，以爲是此地人，走近，則爲我們牽駱駝的蒙古人。問他們，知道西北方有蒙古包，遂同往尋。走未遠，即看見一個騎驢的孩子，問他，知道他是天倉的人，在這裏替蒙古人放羊。繼見一蒙古老翁，騎一駱駝來，即其主人。他讓我們到他家坐，我們遂跟着他們，趕着羊，越過乾河身，他的兩個蒙古包，就在紅檉林中。到則見我們另外幾個牽駱駝的人正在他那裏買羊。進去見一老婦人，外有一剛滿周年的嬰兒，捆睡在一木板上，頭後有一塊氈若笠，或以遮風。老婦人用一角筒，盛乳哺兒，兒已能向人笑，活潑可人。談次知道此老翁爲一武官，年已七十四歲，應帶藍頂，官蒙古名ㄕㄜㄉㄥ，疑即佐領的變音。此老翁有二子二媳，有孫；睡板上者爲其外孫。包中有洋磁食盒等物，固屬此地便家。據他說：ㄇㄝㄉㄨㄥㄍㄡㄌ每年春天有水，夏天因毛目農民灌田，始乾；現在十五大約是指陰曆十五。上流即當放壩，水不久當來。牽駱駝人買了他們七個羊，同歸。晚餐後，據打聽路綫的結果說向西南有一條路，即所謂連三旱和連四旱者，係舊大路，稅關就在那條路上，離這裏四十里，郝德他們也從那裏走。華志所走底路偏北，那林將來大約也要走到那條路上。中間還有一條路，係商人才走出來的，不過一年，沙漠較小，中間無水的地方遠不過一百八十里。赫定先生不願意同他隊走一條路，我們要走中路了。住地名ㄊㄡㄦㄝㄅㄜㄦㄨㄢ。額濟納河畔有一種樹，葉頗似柳，結實若酸棗，可食，漢人叫作山棗，蒙人則叫作ㄊㄡㄦㄝ；ㄅㄜㄦㄨㄢ譯爲馬蹄鐵，二字相合，未知何意。

十一日，夜中甚寒，睡眠不佳。最低温度零下十二度，地面最低温度則爲零下十四度二。早起，結上衣扣，手已凍僵，其寒可知。八點一刻動身，太陽甚好，但有微風。初過ㄇㄝㄉㄨㄣㄍㄡㄉ，一望疏林。九點三刻以後，則林木已完，止間有小灌木。又走一點多鐘，則灌木亦完，草亦不茂，止有沙石原，現戈壁的神氣。將兩點，草木重茂，因今天路太偏北，疑離噶順淖爾不遠，兩點一刻住下。共行二十四公里七百五十公尺，步行約二公里；方向爲北轉西三十九度五七。地名ㄘㄚㄎㄕㄚㄦㄚㄏㄡㄦㄨㄥ，ㄘㄚㄎ意謂界，譯言黄蘆界。<small>地實距住所尚十四五里許，其地有井，駱駝到那裏找水。</small>聽説往正北走四十里，到噶順淖爾西南岸。離住所數十步路旁有木牌，上烙兩手印，不知何所取義。據説這條大路從肅州來，北過噶順淖爾西岸，前進直達庫倫。前些時將開爲汽車道，曾用汽車勘查一次，木牌即當時所立，但終亦未用。我們今天有一個嚮導，他止能引我們到這裏，再往前他也沒有去過。據他説：從這裏往西很遠的地方，不屬於任何人所管；大約因窮漠不毛，渺無人烟，所以成了歐脱地。他又説：噶順淖爾北邊的山叫作ㄊㄡㄥㄊㄡ，上有鄂博，屬外蒙古ㄅㄚㄦㄅㄣㄓㄧㄚㄥㄎ境，離此地有二全日程。西北方所望見山名ㄨㄢㄨㄎㄜㄊㄝㄅㄏㄚㄦㄚㄨㄌㄚ。ㄚㄨㄢㄨㄎㄜㄊㄝ意爲狐，ㄏㄚㄦㄚ意爲黑，譯言黑狐山，内多野駱駝，外蒙古人時來打獵，至土爾扈特則雖有獵者，<small>我們的嚮導即一獵人。</small>而對於此等野畜，恐爲神所不許，絶無獵者。下午翻閲《觀堂集林》,《流沙墜簡序》中説赫定先生在羅布淖爾附近所發現的城,絶非樓蘭,乃漢之居盧倉,徵引閎富。主要的證據,就是按《水經注》,樓蘭故城當在塔里木河入淖爾處,當在湖的西北,此城則在湖東北。我看過後,因爲他的證據確鑿,以爲定論不易,然晚晌同赫定先生説,他又不以爲然。他説:"説樓蘭在羅布淖爾西北,固然不錯,但塔里木舊河當時在北,蒲昌海亦在今羅布淖爾東北,樓蘭故城正在河入海處,與《水經注》合。"他所説極有理由,我們到那裏,要再實地看一下。作日記未完,墨冷不能寫,止好就寢。

十二日,夜間最低溫度零下八度。起身時尚未八點。今天才嘗到"今夜不知何處宿,平沙萬里絶人烟"的趣味,因爲從前雖有荒涼不見人的地方,然止一段,且此段前總有居民,可以問路,至於今天我們雖知道路在這裏,路亦甚明,然我們所見的人無一人曾經走過。從前在ㄏㄚㄦㄚㄕㄚㄍㄜ前一站,大半天不見人,即覺寂寞,可是在那裏以後,一天不見行人,已成常事,不足爲奇。我們此次起身後,已五天,除了ㄇㄝㄉㄨㄥㄍㄡㄉ,實在還没有看見一個人!但今天所走,還不算太荒涼,因爲還有一兩段,楊樹雖不高,總還算有,這些段草也較好。完全沙石,故能成平漠,一望無際。天不甚冷,但風頗大;冷風尋隙,鑽入人裏衣中,使人不痛快。十二點餘,望見前面有大隊駱駝住宿,即爲七號在ㄙㄥㄉㄨㄦ所遇底商人。未一點,我們也停下。共行十九公里五百七十公尺,步行一公里餘;方向爲北轉西六十九度二。住地名ㄔㄡㄉㄥㄘㄢㄐㄧ。聽説前途有一百八十里没有水。晚風不住,早寢。

十三日,夜間風甚大,聽着真如"波濤夜驚"。然溫度頗高,最低零上一度八。七點起則駱駝已放出，旋聞因風大決定不走。終日大風，飛沙走石；方向爲西西北。翻閲《漢西域圖考》。在帳篷内吃飯，沙土仍積飯上若干厚。晚餐後早寢。今日李伯冷想帳篷必有因風倒者，預備照一電影，架子放在帳門口終日，但風雖大，大家全很留心將帳脚壓住，終無倒者！

十四日，七點附近，風略小，以爲可以起身，然未幾又轉大，又不能行。此地草雖不好，總還算有；有井，水不致成問題；所以寧可停在這裏。因爲如果勉强向前走，前途風太大，不能不停下，人畜全没有水，那可更不好了。夜中最低温度零上一度五；如果温度不降至零下數度者，風恐難平息也。仍翻閲《漢西域圖考》。赫定先生來談。下午少眠。翻閲謝彬著的《新疆游記》。外邊喧擾頗甚，出觀，則李伯冷的帳篷爲風吹倒，紙物亂飛，蒙古人正在整理。晚郝默爾來談，始知李伯冷帳篷的倒，並非絶對天然，實有人爲攙雜以爲電影的資料，爲之一笑。並聽説今晚有一商團，逆風而來，在北邊里許止宿。終日大風不止，——方向正西——，故亦無人往問消息者。

十五日，夜中醒，聞風已小。最低温度零下五度六。早起尚未動身，見那林隊中蒙古人來，才知道昨晚他們在北邊住，却因風大，兩邊互不相知，今天他們已動身，蒙古人留後來看，才互相知道。起身時將八點。路上同他們遇見，談次，聽説他們九號從額濟納河動身，動身之前，見一蒙古人從東來到那裏；據他説他在ㄍㄛㄧㄔㄍㄡㄞ遇見袁先生，袁先生並且告訴他説，也是要到額濟納河，到期大約比此蒙古人晚四天。如果此話全真實，則希淵現在當已到額濟納河。但話已經傳過三四人，據我們過去的經驗，尚不能全無保留地相信。今日所走，完全戈壁，地勢無大起伏。低處空氣搖蕩，遠望若水。小山浮出，若樹，若雲，若島。走近，雲樹皆失，島乃生根。此景曠野屢見，未足爲奇。向北邊小山走。一點半鐘後，地勢又有起伏，蓋已將入山。止宿時三點半。共行三十公里六百七十五公尺，步行八九公里；方向爲北轉西八度。今日步行不多，然頗覺困乏。住所附近略有牧草，無水。今日全天有風，至晚始息，然因不大，且溫度不低，故不覺寒。

十六日，起較早。夜中最低溫度八度四。動身時約七鐘，太陽尚未出地平，風靜氣清，望遠山若罩薄霧一層，淡藍帶紫，上趁曉光，色彩鮮艷。昨天住所也可以説已在山北，因爲此地所望見者，並無大山，不過低小岡巒，連綿起伏。昨日下午從山東頭越過。現在四望，除東方外，他三方遠處全有此種連綿的小山。行一點多鐘後，牧草較佳，遂任駱駝隨便走，隨便吃；因爲我所騎駱駝頗爲馴良，且走的不慢，任它吃一點，也還不至於大落後邊。十一點半，到北山根。山有斷處，路從中過。路左有兩井坑，或係過去商隊所新掘。水上有薄冰，我的駱駝同另外幾個到那裏喝水後，仍繼續前行。過山後，戈壁仍展開；地上石塊較大，現黑色。遠望小山，仍如前狀。三點止宿，離北山已不遠。草較昨日爲佳，仍無水。行二十九公里十公尺，步行五六公里；方向爲北轉西四度八。今日天氣甚佳，下午始有微風。在駱駝背上，將《新疆游記》，約略翻完。此書著者有意以多取勝；沿革全抄《新疆圖志》，尚可原諒；然不注明原書，已非著述體裁。至於議論也不少全文抄録，不注書目，遂疑已有，這些地方也太難了！丁仲良今日在路右看見地上壘石成字，且有一圖。他審視後，抄録本上。圖略似人陽具,上帶睪丸。字共有字母十,後四字母頗似1700,未知何種文字。丁仲良疑爲俄文,固屬非是;黄仲良説是藏文,尤爲武斷。現在不知,止好存疑。晚餐後天頗寒。

十七日,夜中不寒,最低温度止零下三度半。天尚未明,風已成聲。起身時七點。路北行入山,左右皆小岡巒,中有平地水道,頗寬。八點後,道旁有ㄚㄍㄜ,但高不過二三尺。九點半出山,又見平原,草還不少。望北山較高,大約也不過三四十里遠。十點後即止宿。住處附近,頗有淺積水。終日風不住,令人不快。據赫定先生言,"走路最令人不快者爲風。即温度降至零下三十度,如衣服穿足,兼無風,並没有什麼難過的地方,因爲雖冷,熱空氣尚可保存於衣服裏面。如有風,温度降至零下,即非常地不痛快,因爲冷空氣鑽入衣中,趕散熱空氣的原故"。據這幾天的經驗看起,他這些話實在是信而有徵。晚餐時水鹹,然聞探得北邊二里許有二井,水頗佳,已往馱水。晚風止。在赫定先生氈幕中談,聽那林説:"從ㄍㄛㄧㄍㄡㄌ來至額濟納河的蒙古人徑到生瑞恒帳中,説他在那裏見着同我們一氣的人,三四天後就到這裏,以後還要到哈密去。"云云。如果這些話傳的不錯,這一次大約一定是希淵他們了。他並且説錢默滿聽見這個消息,立時派ㄇㄝㄌㄣ帶住幾個駱駝和糧食前迎,並分付他如果迎不到,即須各處打聽,總要找着才能回來。今日行十三公里八百公尺;方向爲北轉西六度一二;步行四公里。據赫定先生説:現在住的地方,已比哈密偏北四公里許;據ㄅㄚㄌㄦㄜ向前探路的結果,據説明天的路轉向西北。寢時十點,風雖不大,然又有聲。

十八日,早醒。起無風。最低温度零下五度二。動身時七點八分。走一公里餘,路左有二井甚近,水去地面不過二尺許。再前時有鬆沙,路漸引漸上,頗見坡坨起伏。路旁見二鳥,頗似吾鄉所叫作"灰蠻子",但微帶褐色,在地上走,逐之則飛,亦不能遠。八點時,駱駝所馱行李,因偏斜墜下,等後邊蒙古人到收拾好,才繼續前行,耽誤半點鐘。將九點半,有歧路,左邊的向正西,右邊的仍向西北;大隊行李已從右邊走,我疑惑應從左邊。等二十分鐘,赫定先生後到,他説右邊不錯,遂上駝向前走。以前皆步行,頗熱。此後路爲漸高的平原。住時尚未十二點,住地西北方近山,無水,聞因草較佳,故早住。共行十四公里七百六十公尺,方向爲北轉西二十七度,步行八公里餘。午餐後眠。晚看《新疆游記》。圍火同赫定及海德諸人談飛行航路同鐵路各事。今日那林他們三位又同大隊分路,從南邊山根走。

十九日,夜中醒,聞風已大起;早晨風愈大,不能起行。最低溫度零下一度半。終日狂風怒號。九點鐘許,微雪,群山帶白,已增美麗,西南山上無雪。方望雪能勝風,而歸結適得其反,雪止風怒,未幾雪爲沙壓,全不見。翻閱中山實業計畫。中山原計利用戰後的過剩工業以整理我國的交通組織,故於我國金融事業一字未提及,現事機已過,宜一面利用外資建樹重要的交通幹綫,另外一方面,整理金融以爲漸行自築的準備。又原計畫對於飛行工業一字未提,亦屬缺點,飛行對於將來實有重要的關係,將來計畫實業者萬不可不注意也。四點時溫度已降至零下六度。與赫定先生談,據説此地比額濟納河不過高四五十公尺,昨天氣壓驟低,乃暴風的預兆,并非高度驟升。五點溫度又降一度,預想明天當奇冷無風。餐後加穿一棉襖,又加被窩褥子,畢即寢。

二十日,夜醒聞風已小,早晨風止。最低溫度零下十三度八,然夜中因蓋的好得不冷,且並無在ㄆㄥㄉㄨㄦㄍㄡㄌ夜覺重的毛病。行李上好後始知望遠鏡不見,遍尋不得,心甚不寧。起身時八點已過。八點四十分入山,漸行漸高;十點後又漸低下。下午一時後山勢漸開。三點住。大隊全到後,知望遠鏡爲牽駱駝人高姓所拾得,大約前天沒有結好,快到的時候遺在路旁也。住處有水,草不佳。聞有地名ㄊㄦㄛㄇㄢㄊㄝ,ㄊㄦㄛ意爲楊,ㄇㄢㄊㄝ意爲泉;此地北二三里有楊樹,又水泉甚多,蒙古人找到者六,然聞共有十,疑ㄊㄦㄛㄇㄢㄊㄝ即此地,如此揣想不錯,則前途尚有一百三十里無水。決定明天早起早走,因如此駱駝才有吃草的時候;然寢時又微聞風聲,希望夜中溫度多多降低,因溫度低始可望無風也。今天行二十六公里三百六十公尺,步行四公里;方向爲北轉西六十七度。

二十一日,最低溫度零下九度一。七點半起身。初行沙堆間,但不遠。終日道兩邊皆有小山,有時道右爲沙嶺。十點許,見一飛鳥,形似烏鴉,但鳴聲不同,既有此鳥,疑離此地不遠有水泊之類。下午路皆小碎石子,或石片,頗費力走。兩點過後迎面有山頗高峻,路避山轉向西南,即行住下。附近有不少的ㄚㄍㄜ,駱駝也可以吃,但非佳牧草;無水。行二十六公里四百六十公尺,步行十六公里半;方向爲北轉西七十四度九。頗困乏,少眠。起翻閱《觀堂集林》數篇。

二十二日,最低溫度零下八度九。六點起,七點啟行,路隨一乾河身,略偏西南行。兩旁不遠皆有山。我們從額濟納河畔動身後十餘日,所行皆廣漠,間有不平,亦不過坡坨起伏,風物異常單調。今日所見山雖非偉大，然山勢漸雄奇，或離天山將近，風物將又變化歟？見一群鳥，正向北飛，未辨何鳥。聽說這邊有一河身，叫作ㄞㄐㄧㄣㄍㄡㄌ，路跟着走幾里，皆有水，是否即今日所隨底河身，因既無居民，又無來往的商隊，絕無問處。八點半抵一處，有二井，因要飲駱駝，即行住下。閲《觀堂集林》；借赫定先生的 *Die Chinesischen Handschriften und sonstigen Kleinfunde Sven Hedins in Lou-lan*，檢閲其殘卷及木簡的照片，内含樓蘭字者，殘卷得四，木簡得二，然皆尚未足證明此地之必爲樓蘭。下午少有風，天陰；四點微雪，未幾即止，低處雖積一部分而平處尚未能蓋地皮。風時起時止。住所水微鹹，草與昨日住處相同。今日行六公里七百公尺，完全步行。方向忘記。

二十三日，最低温度零下八度九。七點半起身。昨天住處井中水少，未能飲駱駝，所以今天仍須見水即住。道左山頗平衍，道右則較高峻。初行時雪尚未融完，背風低處尚餘一二寸厚；晶瑩的曉光照在上面，隨程途的前進而作星光閃爍，雖非奇幻而清景自可賞玩。此地山勢頗似居庸、天壽山一帶，所謂“萬馬奔騰，似從天而下”者也。路在廣山谷中，沿河身行，兩邊小山挾抱，疑開又合，自饒風趣。十點後山勢愈開，路離河身，漸行原上。十二點後，則山已遠，又成平原。二點後見西南遠處有高山，蒼鬱崔巍，大約就是ㄕㄚㄏㄢㄅㄡㄎㄉㄡㄨㄌㄚ，譯言白神山。聽說此山北水草較佳，未知確否。兩點半已過，終不得水，仍住下。住處偏西有楊數株。行二十五公里八百公尺，步行十四公里。今日早晨步行時日光晶明，且無風，所以很出點汗，以至覺渴，而水又鹹，又想喝，又不能喝，頗以爲苦。晚覺有瀉肚的光景，也因爲水的緣故，且聞團中患瀉者已非一人。讀《水經注》關於蒲昌海一部分。下午即有微風,寢時聞又有聲。

二十四日,最低溫度零下九度。起身時七點一刻。地勢仍有起伏。道右遠處山不高;路漸至白神山北。又遇一"褐色蠻子",與前幾天所見者同。將十二點,遠望低處有紅檉,且有楊樹,頗似額濟納河畔景物。近則見芨芨草叢生,泉流潺湲,大喜,即行住下。近處畦町顯然,似曾種植;Semkoff 說前有人在這邊偷種鴉片,大約就是這裏了。ㄞㄐㄧㄅㄍㄡㄌ也大約這裏才是。因此地水草佳,決定休息兩日。見有瘦馬隨便吃草,但不見居民,疑爲前行商隊所遺下者,然又聞離此處不遠,即見有頸上掛鈴的二犬,至爲可疑。據拉爾生說:聽說這一帶有強盜,疑不遠有一小商團,見我們來,疑惑是強盜,趕緊避去,遺犬在此,至於強盜未必畜犬,即有犬亦不須帶鈴云云。我却疑惑就是那些種烟的人,恐怕被捉,所以暫避。午餐後少眠。因團中麵粉已將完,且近日駱駝太乏,需要用料,與赫定先生商議,決定派米綸威明日三點起身,每日趕程四十公里,先到大石頭在與南路交叉處,大約在此地與哈密中間,又名二家胡桐,有漢人生意一家。采買後,再迎回來。下午有風。今日行十七公里一百六十公尺,步行六公里強;方向爲北轉西八十八度。

二十五日,最低溫度零下五度,終日有風;天氣陰沈,似有雪意。伏處帳中不敢出,幸此地柴薪不缺,帳中可蓄炭火,溫度或不亞於北京家中!且此地水甚好,昨日因前兩天水壞,瀉肚一次,今日復原。終日讀《觀堂集林》。在此沙漠寒風中間,得圍炭火讀好書,亦一大快事!然看我日記的人或以我爲苦中尋樂也!晚風止,穿上大氈靴,蹣蹣跚跚,走到帳篷北邊數十步處看水,則已成堅冰，然尚有泉流涓涓，欲窮其源，則又轉回帳前十餘步内，但源藏蘆草中，終不可見。今日米綸威動身，帶蒙古人二、漢人一，先往大石頭。晚四五點鐘溫度已降至零下七度，預料明日當嚴寒。夜間星光甚佳。

二十六日，最低溫度零下十八度九，至地面溫度則零下二十二度二！自九日起，所記溫度皆爲空氣中高一公尺半的溫度；至地面上的溫度則較低，差一二三四度不等，其差異則因地面反射的緣故。然因帳中有火，帳外無風，不覺有什麽不痛快。商團所遺馬僵卧不能起，團中蒙古人或推之，或挽之，或扶其脊，或拉其尾，勉强起立，旋復倒下；扶起數次，始能勉强走數步！可憐的畜生，瘦骨嶙峋，果能支此嚴寒耶！赫定先生想知道中文中關於土爾扈特族的歷史，乃將《蒙古游牧記》《聖武記》中此部分摘要翻譯，請他筆録。午後赫定先生接到米綸威一信，説前途仍如過去戈壁的情形；去此十二公里，路傍有一中文木牌，説要小心强盗；所帶蒙古人僧哥所騎底駱駝，雖不見衰弱，而總是不肯好好往前走，只好派他騎着回來云云。據拉爾生及其他蒙古人的意思，這匹駱駝甚好，萬不至於不能走；一定是僧哥聽説有强盗，害怕托辭；果如此，則此僧哥可謂膽小如鼠了。下午讀《王注西游記》。前疑黑城即邱處機所經過的遼城，從前人説他走過克魯倫河陸局河。及和林，後至新疆者，或有誤解，現在檢閲前後文，此疑冰釋，因爲邱氏先東北行至陸局河，次至窩里朵（即和林）。次過西山南下至鼈思馬大城（即別失八里之異音），始循陰山（即天山）西行，記中本文甚明，無可疑者。至黑城乃元太祖所克“黑水諸城”中之一城，與邱處機無干。天終日有雲，晚甚清明。下午五點餘溫度已降至零下十六七度，蓋白天無太陽,既無熱力,晚間清明,少有熱力亦全消散,所以溫度這樣的低。晚整理賬目。因前途草不佳,下午拉爾生來言明天再休息一日。

二十七日,最低溫度零下十九度七,至地面則二十三度。終日陰,少有風。補作日記,繼續讀《西游記》,至晚始畢。今日丁仲良上山回,言西方不遠,似有人家,因見氈幕,非蒙古包。且有犬吠;但天晚未能往視云云。

二十八日,最低溫度零下二十度,地面則止二十二度七。起身時約七點半。路向西南行,起首尚有矮小樹木,並過乾河兩道,半點後又成略有ㄙㄚㄍㄜ的戈壁。道右山近,不高,路向西南行,似係躲避此山。道左有遠山,頗多層叠,近山蒼鬱,遠山迷茫。十二點一刻,見道左地上鋪黑石作大字,往觀,則作扁狀,題曰"同心自佑",上有一"獻"字,後題"魁順永",大約係一生意字號,下列姓名甚多,內有一"雲貴",大約亦係一人名,未必這一班人全爲雲貴人。時期爲民國十六年八月廿一日。後尚題四句説:"此條路徑,乏少人行;蘭疑濫之訛稅逼迫,致使重登。"辭甚質俚,爲過路商人所爲。至米綸威所説"小心强盜"字樣,則並未見。此後道旁略有一岡阜,兩點一刻至山根,住下。草尚可對付,無水。今日天仍有雲,間有微風,甚寒。行二十五公里六百五十公尺,步行十一公里餘;方向爲南轉西五十度二。駱駝倒了三個,晚與赫定先生談,知道駱駝已丢五個,決定明日,除赫定先生外,大家不騎駱駝,至於我個人則騎三分之一。又聞氣壓表驟降,恐不久又要有大風。寢時十點。

二十九日,醒甚早。最低溫度零下十七度。起身時七點已過。不久即入山，山勢不高，中間道路兩邊離山皆尚有數十公尺。石色甚黑。十點山勢變高峻，道亦漸狹。路隨山灣轉，曲折甚多。初行一山谷乾河身中。入谷時，見地下去石作大字："此地没水，行人注意。"不久路離河身，愈不平，谿谷嶄巖，黑石童然。十一點半，路又開展，山勢將盡。十二點到一小山灣中，有一井，即止宿。今日所行，山陰多有積雪，白雪黑石，相映成趣。少息。聽説前路邊有字，往觀，則右有"公和成"三大字，大約爲寫字人所屬之字號；左上題"月明星稀"四大字，下題"明月松間照"一聯，筆勢尚不俗，此商人乃多雅興。但山中雖可有星月，却並無松。下午有風不大，氣壓仍下降；晚晌天氣甚寒，即現在寫日記時，帳中置火而一時不呵凍，即不能寫；如果有人看見此日記的淡墨支絀，即可以想到現在的天氣。像這樣的氣候，又在山中，或望不致大風。住處草仍不佳，井水甚淺。今晚又將《西游記》略翻一遍，因上次止注意上邊所關底地理，行程日期却未留神，此次專考查他的行程。今日行十五公里六百六十公尺，步行十一公里餘，方向爲南轉西四十五度半。

三十日，夜中時聞風聲，未明，拉爾生來説風太大，不能走。起看夜中最低溫度零下十五度。風並不大，然因此地爲山環，聽説離此地不遠山上，風即甚大，故終不能走。地下兼有微雪，有人疑爲霜，無論有風霜不能凝，且霜亦無積於低處的道理。看王靜安著的《韃靼考》及《蒙古考》。郝默爾來談，説蒙古人已全無肉食，只好將不能走的駱駝殺掉充食品！我們即縱談此地的曠漠，計算我們已經走了十六天，除了ㄇㄝㄉㄨㄥㄍㄡㄌ外，一個居民也没有見着，並且前途想看見居民，或者仍需要十六天，這三十幾程大戈壁總算像點樣子了！我又說："邱處機詠沙漠的詩：'盡日不逢人過往，經年惟有馬回還。'然既有馬回還，總去人家不遠，我們離額濟納河二十餘日，除了ㄇㄇㄝㄉㄨㄥㄍㄡㄉ及商人所棄之瘦馬外，何嘗見馬是什麼樣子！"他說："昨日海德到山上，找了半天，何嘗有一點野獸的蹤迹！"然此地終不算大荒涼；因爲還有水哩！不久赫定先生也來，他因爲恐怕我冷，約我到他那蒙古包取暖，盛意可感。然我命王殿臣撿柴在帳中點起，且身上穿的厚，一點不冷。縱談一切，此老不惟讀過《西游記》譯本，且確知邱處機到薩馬爾罕的年月。我新近看兩遍，才開始知道；彼此相形，頗覺愧悚。午餐後繼續前讀，讀畢，翻閱《聖武親征録》。晚餐後少談，早寢。晚無風，五點前已零下十度。

　　十二月一日，夜中最低温度零下二十度四，地面則零下二十四度半。早餐時手捧熱茶碗，内面不冷，而手背已僵。有人把帳前長在地上的蘆草點着，烘然大火，足救嚴寒，可惜爲時不久。將脚置火邊，上截不冷而脚跟冷僵，去火走若干步後，始覺較愈。七點半後起身，天氣甚好。所走路爲山間一略有起伏的平原。低處有積雪，似此地雪較大。道左望山不遠，山亦高峻，大約即ㄗㄚㄏㄢㄅㄡㄎㄉㄡ；道右山較遠，不高，然近處時有岡阜。下午陰。兩點半止宿。住所離南面山甚近，牧草仍不見佳，無水。今日將至時又丟一駱駝！行二十六公里六百一十公尺，步行十八公里餘，方向爲北轉東七十九度七。

　　二日，天將明，雨雪。最低温度零下十二度。七點半鐘起身。時太陽已出，而雪猶未已；八點後漸止。地勢仍如昨日，道左道右山皆少遠，且道右亦無岡阜。道左山略高峻，道右山較平衍。平衍的山略帶皺紋,上蓋層雪,遠望如大理石成,有時又似白浪,頗現美麗;道左則山極峻厲,雪不掩骨,遠望如黑煤蓋白麵,雖然想用瓊瑤等類美麗的字形容它,而感覺中並無此印象,不如不説。又前則山斗峻程度較減,雪不甚露,又轉美觀。十點後走近南山,形似入山,實又上一多横谷的小原,高下升降,駱駝走着不易。又前,始進山,轉一小灣,見前隊又已住下,問拉爾生有水否,答言此地無有,但我們帶的有水。然遲之又久,茶仍未煮好,問人,始知水桶中水已剩不多,且全已堅凍,不易溶出。往看,則四桶内所餘底水共止剩半桶,<small>約有北京挑水夫的一擔。</small>即溶出亦難敷今日用,大家乃決定收雪。七手八脚,頃刻成壺。茶點後,黄仲良又拿出罐頭中的笋,丁仲良又拿出罐頭中的鷄,攙和雪水煮湯,味極鮮美。笋鷄味本清,加以雪水,大家戲呼爲三清湯,亦穿過戈壁中的一段趣話。讀《元秘史》。赫定先生來談,知道肉亦全無,只剩罐頭,海德同馬森伯往獵,則蹤迹全無,失望而歸;昨天曾殺一瘦不能行的駱駝,只好令蒙古人以此充餐。談次郝默爾來,手中執鍋,内有煎駱駝肉兩塊,我嘗了一臠,如果没有人告訴我説,我一定以爲是牛肉了。又聽説前面七八里處即有二井,但那面的牧草已被前面商幫的駱駝吃净,尚遠不及這裏。晚餐時,因爲駱駝不好,恐怕不能刻期到哈密,食物須行節儉,乃將晚晌的麵包黄油減去。餐後,黄仲良因未大能果腹,蓄了一肚子塊壘,我一時不小心,同他言語大行衝突,雖未幾即畢,然"甚矣飢之難也"!晚月色極佳,四面山峰聳峙,雪月交輝,清光照人,天若特給此奇景以補吾等生活中之小不足者!今日行十三公里二百七十五公尺,方向爲南轉西八十九度四;步行八公里餘。

　　三日,夜中最低温度十三度,地面則十八度。七點起身。在山谷中行,兩旁山勢頗峻偉。七點半山勢展開。時太陽尚未出山。從山口向東北四望曉光籠罩的遠山,蔚藍淡紫,静穆美麗;右邊山回望爲雪封,左邊雪極少;四面遠處山勢,皆有千巖①萬壑之趣,博大雄偉,畫圖所不能寫。路先向上,後又大降,至一乾河身,河畔有楊樹多株。另一山口,有井,乃將駱駝所負箱件放下,使它②們喝水,並取水備人用。拉爾生説南邊山上似有古城,我登小峰巓望,也覺得有點仿佛,叫莊永成去看,不過是一種小嶺繼續。十點過後復行,路旁山根向西北走,正西、西南、南方山皆不遠,十一點復入山,時略有微風。十一點住。住所無水,草較前略佳,行十公里九百五十公尺,方向爲北轉西七十三度九,完全步行。少息,讀《元秘史》。午點後赫定先生來談,知道他在井邊路旁接到米綸威的信,上月廿七日寫,據説他已經趕到商隊,據他們説從這裏五天可到大石頭。如果此言不誤,則米綸威昨日當已到彼間。又説明天不知能到ㄙㄚㄦㄚㄏㄡㄦㄡㄙㄣ否,因現在駱駝太乏,明天止能走二十公里;抵彼間後,因聽説水草皆佳,當休息三日,大約米綸威已可回來。否即繼續前行,亦不久即當遇着也。

　　四日,最低温度零下十六度。七點鐘起身,行山谷中,方向隨山谷轉移,有時且向東北行。初覺走三五里後,即將出山入一平原,昨天登山遠望的人大約如此説。然接續着走了許多路,轉了許多灣,而山勢連綿,不見盡處。同郝默爾一同步行,且談且走,幾不知路遠近。九點後得一群山周圍的一小平地,以爲過了前邊的山,大

①編者注:"巖",原誤作"嚴"。
②編者注:"它",原誤作"她"。

約總要到平原了,乃前進不遠,即見紅檉,又進,漸見楊林,大喜,以爲ㄙㄚㄦㄚㄏㄡㄦㄨㄇㄣ或當不遠;走近則有一小河,已經結冰,河畔,蘆草甚多,遂止宿,時九點半。共行十一公里七十五公尺;完全步行;方向爲北轉西四十一度七。住地離山口不遠,北望口外碧澄蒼茫,有若大海。午餐後少息,往北出山口一望,走十六分鐘到山口,口外向東還有平山連綿,向西則如向大海傾斜的海岸。隨此"海岸"又前進五六分鐘,北望真如巨海無涯。歸,看《元秘史》幾頁,往赫定先生蒙古包中閑談。此老多識,問他戈壁何以能現這樣美麗的景色,他也一點不曉得。晚餐後春舫在帳中閑談,寢時約十點鐘。

　　五日,最低温度零下十九度二。今日因駱駝乏,在此休息。終日看《元秘史》。晚春舫來談,説童世亨所編輯的地圖,謬點甚多,最荒謬的爲中小學教科用的《中國簡明地圖》,第一頁中國全圖,竟至於把比例尺畫錯! 按着他的比例尺,每度竟有四百里的距離! 這樣的巨謬,出了很多的版,竟沒有一個人發覺出來,真屬咄咄怪事! 以後我們把他編的《中國新區域圖》過細研究,真是謬不勝舉;比方説,在新疆區域,總圖上所見的地名,除了縣名外,在分圖上能找出來的曾不及十分之三四! 商務印書館能出這樣的地圖,我們中國人能容受這樣的地圖,也真是大可痛心的一件事! 寢時九點餘。決定明天仍休息一天。

　　六日,夜中聽見鈴響,細聽知道是很大的商幫從這裏經過,因叫王殿臣起看他們是否在這裏住;如不在此地住,即請拉爾生趕緊派一個人去問他們,因爲我們對於前途,全不曉得,並且米麵不多,買料的還沒有回,他們在這些地方,或者可以幫助我們。拉爾生派人去看，知道他們已經住下，即可等天明往問。夜中最低温度零下十九度一。早餐後同丁仲良、郝默爾、馬森伯等到他們帳篷去問，回來將所問底情形告訴赫定先生説；午餐後赫定先生來少談，又同他及郝默爾再到商幫詢問，回來，太陽已落，又該晚餐了。他們通共有一千多駱駝，九十餘人，屬於七家，全是給人家馱脚的。至於商貨則由商人於歸化點交給他們，於古城點收，並不派人跟隨。他們所馱底，共屬四五十家的貨物，大約係茶葉布匹等物。他們七家裏面，現在到此地的也止五家，另外兩家，聽説今晚可到。至於路途，他們裏面大約止有三兩個人走過，我們却没有見着這三兩個人，另外的人全是聽説的；我們問他們前途的情形，他們所説底也不完全一樣。可是大約一致的，就是以下數點：這裏還不是ㄗㄚ几ㄚㄏㄡ几ㄨㄙㄣ。ㄗㄚ几ㄚㄏㄡ几ㄨㄙㄣ還在前途三四十里，水草皆好；二架胡桐在大石頭東數十里，並非一地；至於大石頭則離此地比我們所預測的遠，它在哈密東北，上哈密走那裏有點繞灣子，不過到那裏，一切全方便了；這裏走到那裏，大約總得十幾站，牧草較佳云云。至於東西則僕人同蒙古人去多次，共買得麵百幾十斤；團中買氈八條，每條三元。晚晌決定將他們各次所買底麵全收歸團中，以便按日子按人數平均支配。決定明日起身。寢後聽見風又作響，然則明天是否真能動身呢！

　　七日，夜中風止，最低温度零下十六度四。七點動身。前兩天覺得路要出山的北口，旁瀚"海"行，實則不然：路少回南，過河，轉從山間向西北行；至八點，附近，路仍至瀚"海"邊。今天又丟了兩個駱駝，商隊上也丟了一個。十一點半，路轉南進山口，即行住下，此地始爲ㄗㄚ几ㄚㄏㄡ几ㄨㄙㄣ，至於昨天所住地，則

Semkoff 所草圖上東邊有一地名ㄗㄚㄏㄢㄅㄨㄦㄍㄨㄙㄣ,恐怕
是那個地方了。這幾天覺没有睡够,少走路即喘,住下後睡了兩
次,全没有大睡着。商幫内最後到的兩家還没有走,他們有人走
過這條路,晚晌派春舫去詳細問他,用筆記下。大約是離此地七
八十里,始有一湖,有水與否還靠不住;再前進百四十里,始有水;
再前則八十里後始有水;再前又百六十里始有水;再前仍須百六
十里到二架胡桐始有水。二架胡桐也許有商家,然靠不住;再前
四五十里即大石頭矣。他們每天走七八十里,没水的地方八天可
走完,至於我們駱駝疲甚,總得十四五天。頭五天尤爲艱難,因爲
計算程途,這五天走過後,休息時間内,米綸威一定可以回來,駱
駝有料吃,大約可以少好一點。決定明天早走。住地爲一山口,
北臨蔚藍的"大海"——大約爲古代的湖泊,——東西崇嶺聳峙,
中有谷有河;口外西方仍有平山綿延。河邊多蘆,然有幾十畝地
方,完全燒去,一片黑地,此爲有意燒去呢? 抑無意延燒呢? 全未
可知。所可知者,燒過已有不少的時候,因爲黑灰上已積有冰雪
也。幸所餘尚多,牧草不乏。河邊亦有町畦痕迹,高處且有破房
基址,或者仍是偷種鴉片人所留底遺迹。七點鐘即寢。今日行十
五公里九百公尺,步行十一公里餘;方向爲北轉西七十四度七。

　　八日,睡着時大約八點;大約至早晨一兩點後醒,以後又展轉
不能成寐。五點鐘起。最低温度零下十二度四。六點三十五分
起身。時太陽未出,山色迷茫,滿谷黄蘆,遥望如麥浪;河寬三尺,
流水潺湲可聽。七點黄蘆盡。時天已大明,路行谷中,地上石沙,
寬平可行。山石黑,山岩峻,莊嚴沈鬱,美觀中之最上格也。岩石
時玲瓏透露,時嶄巖峭屬,遥望疑有斧鑿痕迹。山轉折頗多,谷窮

疑盡,將合又分。有時大石當谷口若屏,幾疑鬼工。十點後山勢漸平,十一點後將盡,將十二點止宿。行二十公里四百九十公尺,步行十二三公里;方向爲南轉西四十三度九。今日因夜眠不佳,行走覺疲乏。路上舍了四個駱駝,以後又引回三個,前途最近四天,頗爲嚴重,然危險,據現在看起,仍屬絕無,止有鼓勇前進,目的當已不遠!少眠,午點後再眠,醒後精神一振。晚餐後同赫定先生少談,聽見鈴響,郝默爾來説後面商幫來到,赫定先生同我全很高幸地出來看。今夕滿月,夜色如畫。在此廣大的沙漠,軀幹壯偉的駱駝,馱着它們的重擔,頸下懸着聲音雄肆威重的銅鈴,趁着這樣的月光,緩緩地前進!我們此時的情緒好像爲美麗莊嚴所侵襲,有一種不可名言的境况;即使勉强形容,又何能傳達於没有親身經過此情此境的人的心坎裏邊!丁仲良同他們談,他們説可以匀出五個駱駝,將我們的箱子捎到大石頭。然則前途即使再丢幾個駱駝,尚不至發生抛棄行李一類不痛快的事情,更爲可喜。回帳,寢時九點半。今日住處無水,草不很好。

九日,睡尚佳。六點一刻同郝默爾先行。山勢已盡,沿途只有小起伏。七點餘路右有叢木,往尋,則見叢木中有鑿出的兩小坑,下有冰,但難取出。時蒙古人管水桶者亦來,前找,説有水了,往看則有一井,但水中硫黄氣太重,然亦取兩桶以備洗濯杯盤。將九鐘,見昨晚所過的商幫在那裏住,遂同進去,吃了他們兩杯茶冲炒麫,遂出。復行,則地面淤泥甚光滑,想係夏日積水處。將十一點,道右有紅檉,聽説裏邊有井,往尋不見。十一點餘大隊已住下,此地不惟有水,並且够飲駱駝,水味亦佳,實出意料之外。草亦較好。今日與郝默爾醫生談論,全體步行,不覺已到。赫定先生後到，談次，知道他昨晚因看駝隊過，受寒，夜中大吐，今早及現在全不思食，頗爲勞念。歸帳少眠。午點時春舫說同商幫談捎帶行李到大石頭事，他們一個駱駝竟要二十八塊錢，以後讓至二十五塊，他給他們十塊錢一個，他們還不肯。我們計議一番，以爲昨天丟了一個駱駝，今天並沒有丟，這樣走到前邊有水的地方，用不着一定要雇駱駝；到那裏，米綸威總可以回來，他大約要雇幾個駱駝，就用不着再雇，也就算了。今天有幾件可快意的事情：沒有丟駱駝，知道駱駝並沒有昨天所想的那樣壞，一快；前天商幫人說這邊二百二十里地沒有水，一百二十里處雖有井，止够人喝茶，沒有駱駝喝的水，今天不惟遇着很好的並可以供駱駝飲料的水，并且知道我們已經走過他們所說底一百二十里，然則這二百二十里，比例起來，再有兩天，不難走到，二快；昨天起初聽說丟了四個駱駝，後悔不在ㄙㄚㄦㄚㄏㄡㄦㄨㄣ好草的地方多停兩天，等着米綸威回來，但是今天聽到商幫上人說黃蘆爲頂壞的牧草，止能撐肚，不能救飢增力，前天丟四個駱駝，就是因爲過吃黃蘆，然則無論怎麼樣絕沒有可後悔的地方，三快。晚晌赫定先生還不思食，他還想明天繼續走路，勸他休息，因決定明天不走。回與丁仲良、春舫閑談，郝默爾來說有一商幫從西方來，當可問他路途情形及遇見米綸威沒有，往看，則爲一蒙古幫，不懂漢話，叫塞拉特起來問他們，才知道他們爲外蒙古人，現從安西買麵料來，路過馬鬃山，來到此地，止遇見前邊商幫，云云，然則我們所要知道的事情，他們並沒有什麼能告訴我們說。寢時十點。

　　十日，最低溫度零下十六度。團中在ㄙㄚㄏㄢㄅㄨㄦㄍㄨㄙㄣ買了幾條氈子，今天命蒙古人將帳篷放倒，縫在帳篷裏面。

終天在丁仲良、春舫帳篷亂談。天陰無風,天氣不冷,下午三四點鐘溫度升至零上一度。今日赫定先生略愈,決定明天啟行。昨晚在此地止宿的蒙古商人,據説他們也是要到二架胡桐買麵料,因爲那邊買不够,才轉到安西去,所以對於從這裏到二架胡桐一節路,也還明白。他們所説與漢人商幫所説也大同小異,不過里數較少。他們並且知道這一帶的地名,此地據説叫作ㄅㄡㄦㄉㄥㄨㄙㄨ或ㄅㄡㄦㄉㄥㄅㄨㄉㄚㄎ。今天又從路旁接到米綸威信一封,知道他於三十日在這邊過。昨天馬森伯、海德出獵,打到四個黃羊,海德打到一個,今日午飯晚飯皆有肉;我們在ㄏㄚㄋㄚㄍㄡㄌ的時候天天吃黃羊,大家全厭煩了;在多天没有鮮肉吃以後,黃羊肉又成美味!現在在帳篷裏面,没有火,居然不呵凍就可以寫日記,又有一快事。七點半即寢。

　　十一日,昨晚寢後又聽見鈴①響,係一商幫自西來;這兩天屢次遇着行人,令人立時感覺已離新疆不遠。寢前原約今早四點起,五點起身,夜間王殿臣聽見人説話,即起,我看錶,時不過一點,他出去打一個轉,回來又睡。我又醒後聽見很多的人説話,即叫他起,我不久亦起,厨房飯已煮熟,我看錶,才三點二十分,告訴他們説,他們才知道起得太早,等至四點早餐,五鐘起行。今早月有暈,或將起風。起行前聽醫生説:赫定先生夜中仍思嘔吐,頗爲耽念。路左右時有小起伏。八點後路又入崗巒間,但不峻屬。南望小山若屏。路不久又較平坦。十一點許離山不遠,止宿。少眠,起午點。赫定先生尚未到,聽説他在路上歇着,非常困倦,且

①編者注:"鈴",原誤作"鈴"。

有苦痛，醫生給他打一嗎啡針。但他的精神剛覺恢復，即又起看分度器作路圖，他這樣的精神，真人慨嘆不已！但我却後悔昨天不勸他在ㄅㄡㄦㄉㄥㄨㄙㄨ多住一兩天，因爲那邊有草有水，至於今天則無水，草又不好，雖欲停留休息，亦很難設法。他兩點後到，同他談，他精神尚好，他説：病同三德廟所患，完全一樣，仍係肝中結塊入通道中，故肝時覺痛云云。似此則以静養多天爲宜，然明日又有何法！晚郝默爾來談，説大家想給他弄一種床，使他睡上，免致走着振動，他一定不肯；我也彷彿聽拉爾生説想給他作一種拖車，使蒙古人前拖，他不願意，我就想去勸他。及至見他，談次，知道他並不執拗，但實在想不出好法子，因爲他們所想底床，是想用四個駱駝馱着，那樣法子本來不好，無怪他不願意。至於拖車，他倒很願意，但是找不出東西做，擬明早問拉爾生再説。歸帳天已晚，即寢。昨晚所到底商幫，係安西漢人向外蒙古ㄅㄡㄆㄝㄗㄜ販賣米麵者。問他們商買，他們竟要一塊錢三斤，蓋他們本不欲賣也。

　　十二日，早三點半鐘起。想去問拉爾生並早餐，乃走到那裏，忽覺頭暈，遂坐到火邊地下，幾分鐘後暈止，吃粥；起來少走幾步，又暈，乃歪倒地下幾分鐘，覺愈；起問拉爾生是否有作拖車的辦法，他説他昨天的意思，也是用床抬；至於拖車，除了帳竿，就没有東西做；可是帳竿拉幾十里後就要全毁；這樣冷天，萬不能使人没有帳篷住，所以没有法子。又覺暈，回帳休息，將七點出帳，又暈，坐下少息，覺愈，漸漸起走，可以不暈，遂命起行，時將八點。這幾天覺睡的不够，爲眩暈的主要原因；此後與赫定先生談及，他説帳中夜中置火，於衛生不宜，然昨晚今早，帳中不過有一點火炭，火並不大，自然可以有點關係，但必非主要原因。今早月仍有暈。

最低温度零下十六度餘。將啟行時，赫定先生已起，在他的蒙古包前正作簡易畫，同他少談數句，乃行。初上駱駝，喘息甚急促，三四十分後始愈，惟時時呵欠。十點過後路漸入山，我覺得脚凉，乃下步行。山不高，山灣内有紅檉頗多，地頗濕潤，如有人鑿井，當亦不難。不久即出山，過一小乾河溝，我已走一點一刻鐘，遂再上駱駝。路爲略有起伏的平原。十一點後少有風，不大。一點多鐘，遠望大隊已住，但一望即知不像有水的地方；即問，果離水尚遠。那林即在泉上住，聽見我們昨晚派出探水的人説赫定先生有病，即行來此，據他説此間離泉上尚有二十五公里附近。至後眠一點鐘。午點後，那林來談，知道赫定先生已到，據説他在路上前半截精神頗佳，以後起風，頗形委頓，但他仍一路畫圖。那林又説他現在可以替赫定先生畫圖，赫定先生已允以後停止休息矣。他又説他們所走底路，時遇居民，可以買羊、指路，出乎意料之外；有地方聽説有匪人，走到那裏則絶無居人，不過留私種鴉片的町畦及破屋，或係原來匪人所居云云。然此後同醫生談，知道①那林隊有一次八天沒有遇着水！後數日，每人每天止准喝一口水！云云，則彼隊所遇困難，或有過於大隊者，但是那林却没有給我説，或亦俗語所説"只説過五關，不説困麥城"之意歟！晚郝默爾醫生又來，説赫定先生已允許用床抬，他們歐洲四五個團員自己抬；明天大隊走到泉上，至於病人及隨從則暫住到十二三公里處。他們這樣毅然來抬病人，勇毅殊可佩服，然途中如此互相扶助，實亦分内事。擬等到後天再派我國的團員及聽差來接迎他們，因爲那地方無水不能留多人也。寢時七點餘。

———————————

①編者注："道"，原誤作"遺"。

　　十三日，夜中睡佳，將七點起，八點起身。路如昨日，漸漸升高。十二點後入山，山頗峻厲；路屈折甚多，時有狹徑。過山巔漸下，望見山谷中有空駱駝二十許，有三人在上面騎着，疑爲米綸威所雇，乃停下少待；但他們不由正路來往，徑馳入山間。據王殿臣說，他看見他們帶的有槍械；以後聽說這附近有四五個蒙古人帶有槍械，並有駱駝五十許，然鞍韉皆係漢式，疑爲截劫所得，或者就是這一班人了。又前見海德騎一快駱駝從後越過。一點後出山，未幾即見水，見駱駝，然不見帳篷，甚疑，再前始知帳篷爲高地所隱。一點半鐘住下。住地有水，草不佳。午餐後眠一時。起見丁仲良至，他說赫定先生今天要到這裏，海德前來，即係傳此命令，現已有多人往接。天定黑時，他們全到。往看赫定先生，他說肝痛，身外不甚好過，然談次精神尚佳。他們抬的人五分鐘換一次，共換五十一次乃到。赫定先生今日躺下不能作圖，乃命那林看分度表，然仍自行記下，不肯假手他人！晚餐後少談，寢九鐘餘。

　　十四日，起已將九點。早餐後與赫定先生談，他們精神甚佳，很能吃些東西，據說再休息幾天，即可全愈。決定明天派春舫同馬學爾帶幾個輕便的駱駝，先趕到大石頭或ㄊㄚㄕㄜㄅㄨㄉㄚㄎ雇車或馱轎，回到這裏；大隊亦明日動身，每天兩三點鐘即起動身；我同大隊走，但我同丁仲良及王殿臣三人天明始動身，因爲丁仲良要繪圖的緣故；赫定先生則暫同郝默爾、那林、貝格滿留此；大約車或馱轎雇來的時候，赫定先生已經休息全愈，即可起行。天陰少有風，四點鐘許溫度在零下八度二。請郝默爾給我檢查身體，結果他說我心臟肺臟全好，不過有點勞倦，等到哈密後休息幾天就好了。他又給我一瓶 Pil. acid arsenic，讓我按天飯後服食，說可以强壯血脉。晚晌往同赫定先生談，他今天休息一天，精神甚好，談時興趣同平日一樣的軒渠。他因爲不能前行，舉海德爲代表，遇事同我商議辦理。歸帳又同春舫少談，寢時九點餘。

十五日，大隊三四點鐘將起身，外邊甚紛攘，即醒。他們走後，亦不能復眠。郝默爾來，托帶給拉爾生信一封，因爲他們留的人，麵也只敷一星期的用，等到我們遇見米綸威後，必須將麵趕緊送來故也。六點許，一蒙古人來，説春舫叫他來告訴説黃仲良走錯了路。叫他問了幾句，即派他趕緊到錯路上去追。起身時七點三刻。起身後才知道山坡上很明的路，却非正路，仲良即由此路；正路却向西轉過山坡又轉向西南走。想仲良身上平常帶指南針，總不會大錯，不久總可轉回大隊。路頗有起伏，南望皆小岡巒，道右遠處小山綿亘。九點附近路在山頭，似可繞過不入山，然經引入山。山不高峻，再前行，頗有峭屬的岩石，有幾處路頗狹隘，大車通行時恐有困難。不久即出山。遠處彌望皆小岡巒；道左爲大淤積地，想夏日積水不少。蒙古人從後來，問他趕上黃先生否，他説趕了二十里許，没有足迹即返；覺得他或已轉回大隊，殊不以爲意。十二點許蒙古人在前走，王殿臣牽着駱駝跟着他走，我騎在駱駝上並不留意，不一時他們走錯了路，簡直找不出駱駝足迹。蒙古人轉向北山跟，我知道今天路仍向西南行，命他直向南找，不久即得路。將兩點，已抵大隊駐所，拉爾生來迎説黃先生仍未到，頗爲詫異。細問莊、傅二人，知除上所述底路外，中間尚有一路，我想着他或者不遠，一會兒就可以來，如其不然，只有兩個可能性：一在過山時曉得錯路，想轉回來，乃山中曲折極多，東轉西繞，終不得出；二轉回後走到中路，以爲這條一定不錯，竭力向前趕，蒙古人找的東路，所以趕不着。沈思片時，決定派王、傅到附近山上然火；莊往中路去截，到後，不向前趕，亦不轉後迎，止點起火來，天晚即回；火傍畫箭並寫字指示大隊所在，回途中仍逐處置火。又疑惑他或在舊住處附近轉，乃寫信給赫定先生，請他派人尋找，派塞拉特送去，並吩咐他過山時大呼，聽有應聲否；如仍不得，彼至舊住所後，即換駱駝向中路去找，因爲塞拉特頗機警，中路重要，所以派他走，至於他方則派其他蒙古人找。今晚如找到，即乘駝夜來，明天不誤起身；否則明早大隊仍須起身，請赫定先生派兩駱駝來，將仲良的帳篷行李，取歸故處，等將來同留的人一塊兒走，因爲此處無水，——聽說草尚好。——大隊無法等也。午餐後，少眠。丁仲良說黃先生回來了，大喜。不久已到，問他，他說走東路一二十里，久候大隊不至，看指南針，始知錯誤，並知開頭即錯，乃轉回原住所；在那裏飲茶吃飯後，那林派兩個駱駝，一個蒙古引路人送來云云。談次，傅團中所用苦力姓。説在草地走，如果兩條路決擇不定，看足迹以外，也可以看駱駝糞，糞乾者過去已久，一定不是；糞濕者始屬正路。丁仲良又想到看駱駝尿，也可以分別；像近日嚴寒，駝尿至地即冰，尤易檢視。總之此地曠漠，無人可問，然如果人能細心，不愁沒有法子也。晚餐後作日記寢，八點已過。今日行十八公里三百公尺，步行十公里許，方向爲南轉西七十六度。此數目爲丁仲良所算，據海德計算，則有二十二公里之多。

十六日，最低温度零下十五度。自昨日起，此最低數目不甚可靠，因爲測量氣象的海德每日於四點鐘起身，他所記底，不過是早晨三點多鐘的温度，通常温度最低在早晨五六點鐘的時候；此所記温度可看作三點鐘的，要比真正的最低高一點。大隊起身時已醒，後又少眠，六點一刻起，起身時七點三十七分。地勢同前幾天一樣，彌望小岡巒，路在低處，如登兩邊岡巒一望，則可見左右遠處皆尚有連山。九點至一地，有商隊曾在那裏住，有泉流出已全結冰，大約就是他們所説底ㄨㄌㄢㄅㄨㄌㄨㄎ了。過此地，路頗叢雜，駝迹甚亂。我所頂詫異的，是很多最新向我們來的方向的駝迹，<small>駱駝足迹爲兩半圓形，前後大致相同，但其前趾甲處迹較深，頗易辨識。</small>而我們並未遇見一個駱駝，在周圍尋找十來分鐘，得路，再向前，見黃羊兩個；我不能獵，也是它們的幸福。十點許隨一乾溝，路又入岡巒間，雖兩岸無斗岩，然不易走大車處固不止一所。後路又較平。今日天陰，且有風，仿穿西服法將裏衣結到褲內，風不得入，冷得較輕一點。十一點半，路又入小山中，漸漸升高，及降下，則見大隊已住下，至時十二點剛過。今天所行路據丁仲良的計算，不過十二公里七百公尺，然海德説有二十公里。又聞大隊在ㄨㄌㄢㄅㄨㄌㄨㄎ後，曾走錯，來回共費一點多鐘，前所見的駝迹，就是他們回頭時所遺留，海德並未將此節除下；他所説底數目固嫌太多，至於丁仲良的數目，即他自己亦覺得太少；我覺得今天所行，總在十五與十七公里之間，步行當在九與十公里之間。決定明早量一底綫，自計駝步。方向則據仲良説爲南轉西七十六度。全日陰，下午四點温度已將及零下十度。晚七點一刻即寢。今日住處無水，草亦不好。

十七日，早醒，五點半起，起時月有暈。七點二十六分起身。初行路爲岡巒周圍的一小草地——更可以説是一小灌木地。九點一刻路又入岡巒間，一直①到住時，地勢完全單調，頗令人生

---

①編者注：“直”，原誤作“至”。

厭。路漸升漸高，據氣壓表，當有一百十公尺之多。今日天陰，十點後頗有風，並正迎面，溫度雖未見太低而極令人不快。十二點二十五分左右，並飛雪數點，然此時太陽有微光，且天上無多雲，故不久即住。下午風略小，氣候似少溫。我今天每半點鐘記駱駝步數一次，記罷，趕緊抄起，且記時亦帶駝毛半截手套，如此小心，手僅得不僵；然則他們作路圖的人手冷更當何似！預計兩點以前當可住下，然兩點復三點尚未看見帳篷，非常着急。漢商幫説過ㄨㄌㄢㄅㄨㄌㄨㄎ百六十里有水；蒙古人把這一節分兩段，第一段七十里有水，後一段四十里有水。蒙古人所説底兩道水，我想大約靠得住，至於里數，蒙古人所説通常比漢人所説更靠不住。昨晚拉爾生相信蒙古人的話，説再五十里到ㄕㄚㄏㄢㄘㄜㄌㄠ，我就有點疑惑。今天一定是拉爾生總想趕到水，所以走得太遠。三點附近，才看見駱駝，知大隊已住，遠望地勢，即知非有水的地方！然見道旁多白石英，與ㄕㄚㄏㄢㄘㄜㄌㄠ之名頗相合，又冀或能有泉。三點一刻到，問，果無水。拉爾生疑惑走錯了路，走到直往哈密的路上，將不過大石頭。至於ㄕㄚㄏㄢㄘㄜㄌㄠ，亦撇到北方，不在此路上。我以爲不然：我覺得ㄕㄚㄏㄢㄘㄜㄌㄠ或在前面十數里的地方，遠亦不過三十里，後將轉北，仍過大石頭，我之所以這樣推理，一證之漢商幫的話，二證之於道旁的白石英。丁仲良至時，頦下鬚上結大冰塊。「堅冰在鬚」，我們這一二十天內已成常事，然能結成如此大塊却是罕見。同拉爾生在外邊站着説幾句話回帳，覺得非常地冷，以後喝點熱茶，吃點東西，點了點火烤一會才好；往看溫度，不過零下八度。晚寢時八點。今日行二十九公里一百公尺，自計。步行十七公里餘。方向忘記。

十八日，昨晚王殿臣説什麼東西皆發潮，恐將下雪。夜中聞有風聲。今早大隊剛起身，看錶，則六點已過，趕緊起。霧大。有風而仍有霧，頗出意外。且有大霜，群山上小草一望盡成瓊玉，如此大霜，即或非第一次見而亦爲第一次注意到。此時落月一灣，濃霧籠山，景象淡麗，令人興深遠之思。起身時七點四十分。路行山間，即有岡巒而勢亦崔巍，不似昨日之平衍厭人。霜愈厚積，駝裘皆白，欲名之爲雪，而似在空中凝，不自天下。是時天氣不寒，走路時身上覺燥，亦近十數日内所未見。九點後山勢漸盡，又成坡坨。九點半後霧漸成雪，五十六分已到大隊住所。見黄仲良撿柴回，鬚眉皓然，不能自見，想同他一樣也。住下後覺得雪要大下，而風一起，又"杲杲出日"。下午大風怒號，天氣甚寒。七點餘即寢。今日共行八公里八百公尺，步行八公里弱。今日氣壓六百三十五公釐五。

十九日，終夜大風怒吼，天明時見雪吹入帳内，不能起身，起已八點餘。終天雪並不大，不能蓋地皮，帳角留小孔，而一不留神，帳内有地已積雪半尺，足知風勢何似。上午閑談。下午無事，因爲想知道歐洲大事與中國相當的年數，借黄仲良的《四裔年表》一看。這本書也不知道是翻譯什麼人的，我國人翻譯他人的書，多數不著著作人的姓名，非常可怪。實在是太不中用了！它一方面，太老，完全不曉得最新的史料，比方説，現在的歷史家全曉得耶穌不生於西曆紀元的第一年，而此書尚沿從前的訛謬；另外一方面，絕不曉得近世的批評，將許多的神話説成歷史上的事實，並硬給它一種歷史的年月。這一切全不説，因爲是前百幾十年的人著的，這些還不能怪他。最不可恕的，比方説，於法魯意十四王即位的時候(一六四二)記其時方五歲,及他死的年(一七一五)即記"年九十七",自相矛盾。我現在手旁雖無書,然記得魯意十四王即位時,年十餘歲,則此二數皆誤。最怪的,是於一千八百零四年記曰:"拿破崙自稱一統之主,故王魯意十六在俄,聞之不服。"這不曉得是那裏的鬼話!魯意十六王於千七百九十三年被殺,爲歐洲人的常識,就是這本書也曾記"弒王魯意十六,稱民主國",怎麼樣於十一年以後,又跳出一位魯意十六來!其餘詳於君主及攻戰,而略於文化事業,也屬太無識見。就是偶然記載,也是全屬偶然,比方説,Copernic 著《天體變革論》在歐洲思想界有不可比擬的影①響,而此書竟一字不記。外如敘述無法(如應記於希臘格後事,乃記於波斯格後),一事再見(如再記歐林坡大祭,再記發現好望角),種種訛謬,不勝枚舉。當日乃譯這樣荒謬的書,可謂怪事!晚,滿天星斗,雖間有雪,總以爲明天可晴,然氣壓又降低至六百三十一公釐。八點鐘即寢。

　　二十日,仍終日大風雪,不能走。八點後始起,八點即寢,終日吃飯,談天,烤火,無別事。一會兒"杲杲出日";一會雖有太陽光而風雪交加;等到雪大的時候即不見太陽;日並非被雲蔽,却被雪蔽,非常奇怪。晚氣壓又降至六百二十五公釐,明天恐又難望②風止矣!

　　二十一日,天氣生活一如昨日。今日始悟此地似並未降雪,不過氣壓太低,風從西來,天山多雪,乃隨風飄來,並非真有雪降。後覺此理仍太可疑。昨天前天因風大未能出恭,今日不能再忍,然無

---

①編者注:"影",原誤作"形"。
②編者注:"望",原誤作"忘"。

論何處全找不出没有大風的地方！雖出一次恭也須竭力奮鬥！這樣天氣除了絶漠裏邊,恐怕不容易遇見！下午作日記,每次呵凍,僅可寫四五字,困難可知。晚氣壓升至六百二十七公釐八,明天或可望風息。

二十二日,今日風較小,然尚未能起身。早餐後拉爾生來言:"糧食將完,萬不能在這裏再遲延,而駱駝這幾天因風大,不能出外吃草,也不能再負重往前走,止好明日大家帶着隨身行李,趕着空駱駝向前趕路;至於大宗行李暫留此地,我同蒙古人留此地看守;到前途雇來駱駝,再來搬運。"我們仔細思想,也止有這一個辦法,遂將箱件清理一番,風雖少小而手每過一兩分即僵。今日又聽牽駱駝人老高説,他聽商隊説新疆禁糧食出口,想運出來者必須有特許的票子才行,然則米綸威也許是因此就不能在大石頭或ㄊㄚㄕㄜㄅㄨㄌㄚㄎ買糧食或料,乃跑到哈密去辦交涉,所以遲延到現在還未能回來,亦未可知。我們因此更不能不攢程到哈密去了。下午大批行李及拉爾生搬到西邊二里避風處,至明日要起身的人則全留此。氣壓升至六百三十六公釐六。四點鐘後,風全息,並不甚冷。晚餐後與海德、馬森伯、拉爾生、李伯冷等少談,預計赫定先生至快也得明年二月初旬才能到哈密,天下事固難預計也。

二十三日,今日冬至節。最低温度零下十七度。天明起,風平氣静,大霜如雪。東方曉暾鮮赤,西方返光嫩紅,山爲粉裝,草如玉琢,豈嚴重時期已過,天將另闢一倩麗莊嚴的世界以酬償我們呢?抑在飄風駭浪的四圍,偶露出一青草緑岸的沙洲以使我們暫休息呢?八點三刻與拉爾生等作别,起身。山勢可云一如十七日所走。十點以前路少上升，以後漸低，望見前邊山下似有平原，那裏或有泉水也。十點後有風，不大。十二點許道左山上有一小鄂博。一點後至一小低原，乾ㄗㄚㄍㄛ比較豐茂，白石英遍①地，商幫住此，駱駝糞迹宛在，以爲必可得水，然終不得。一點三刻已至西邊小山根，止好住下。今天到處有雪，水本不成問題，不過據商隊說此泉離二架胡桐②百六十里，得泉即可知前途的距離，所以異常盼望。午點後ㄅㄚㄉㄦㄛ來説今天在路上又臥下兩個駱駝；一個太弱，無法救，另外一個，尚好，不過腿瘸不能行，留在離此地十幾里的地方；想派人去把它送至拉爾生處，或可養好。同馬森伯、海德商議，説派一蒙古人送到拉爾生那裏，即不能復追大隊，他那裏又没有糧食；騎駱駝去趕回來，則所騎底駱駝没有吃草的時候，那一個未必能救出，這一個又要死，太覺不值，所以止好棄却！又問他是不是没有肉吃，想要它的肉，並且請他看出那幾個不能再走，即早説明，可以殺掉備用，如果棄置途中，却是無法，ㄅㄚㄉㄦㄛ淚眼汪汪地答言：寧願忍飢飲水，不願再吃駱駝肉！他這樣的慈悲，然亦知在此絶漠中糧食已盡，除了吃駱駝肉，又有什麼其它的法子呢！晚忽念及今日冬節，故園有母，北京有妻有子，一定在家吃餃子，念遠人，然家鄉亂離，北京薪水無着，恐怕皆在愁城中！我又困處於此絶漠中！積思往③復，不能自振。也知道世間事全有兩方面，未可全向黑暗一面想，然思路既滯，廓除實難。寢八點。今日行十九公里三百公尺，走十二公里許；至時非

①編者注：“遍”，原誤作“偏”。
②編者注：“桐”，原誤作“同”，據本月十日日記等改。
③編者注：“往”，原誤作“住”。

常困乏。

　　二十四日，夜半醒，聞風有聲，此時令人愁思者，又什麼東西過於風聲呢！有雪尚可勉行，有風絕無他法！哈密不過三四百里而遠若天涯！再想大隊全到哈密，又有俟河清的感想！有真危險尚能令人奮發，此刻却無危險，止被軟困，真令人悒鬱無歡。又寢。起八點餘，風略小。補作昨日日記，水弄溫，硯臺烤溫，幸得不凍；然到筆上，又有什麼法子使它仍溫呢？現在才知道用鉛筆作日記爲有經驗的辦法，深悔從前要用毛筆寫的錯誤。起身時十二點半，風雖不太大，然正迎面吹來；雪浪撲面，頃刻成冰，然頗感壯美，心中尚無餒志。將一點半到一乾河身內，草尚不惡，即行住下。撿柴然火，枯守取溫，作一詩以紀實：

　　　　天山冬夜西風緊，重衾難暖氈無溫。晨起霧濃霜疑雪，草爲玉琢山鋪銀。朝曦杲杲白日出，輪圓光寒若僵木。密雲未布霰已飛，風推雪走流谿谷。時景雖嚴吾當行，猛進不須愁途窮。資糧將匱難棲止，涸轍能待枯肆中！收書束床手如鐵，繩成矢直未易結。命僕引駝且遄征，緩步可免足凍裂。壯語空言冒雪戰，黃仲良説我們能這樣冒風雪走路，就可以打仗，並且可以必勝。冷風塞鼻冰積面。鬚上、眉上、帽沿、風鏡邊全有積冰。數步止息喘如牛，後隊廿丈何能見！雪愈滂沛徑愈高，駝瘃衣白僕大勞。峰迴又遇草滿川，枯莖敗葉臨風搖。路程匪遥駝正飢，岩足禦風堪止息。支帳又懼冰雪侵，擇地曳竿數徙倚。撿柴不虞革靴穿，ㄕㄚㄍㄜ易折雪凝堅。枝上雪振拂不下。冒烟屢吹火始熾，閉帳又得容膝安。帳初未閉，瞬息雪已蓋床，急關上。我同丁仲良同帳，僅得容膝而已。回憶都門酷寒日，炮羊酌酒對妻子；

亦有瓊島踏雪登,遙望珠玉盈樹枝。苦樂由來任心造,宴安
酖毒豈是寶。男兒生當東西南北游,安能株守田園老!
晚風略小,早寢。今日僅行二公里三百公尺,完全步行。

二十五日,早晨又叫ㄅㄚㄅ儿さ,告訴他说:"現在只能救人,
不能救駱駝! 你願意教殺也得殺,不願意教殺也必須殺! 將來無
論對於神,對於人,對於駱駝,責任全是我負,與你無干!"他没有
法子,就請把昨天卧那兩個駱駝牽來殺,不過那怎麼能行呢? 那
裏離這裏遠,一去今天就不能走路,就告訴他说一定不行。他看
没有法子,才推到晚晌看出那個不能走再殺,遂照他這樣決定。
十一點一刻起身,風雪難行如昨日。我上身穿着皮馬褂,下身内
穿綿褲,外穿皮套褲,前進時冷風刺面堪厭,身上尚不覺;有時背
風休息,即覺髀肉冰冷。我現在才曉得棉衣同皮衣絶不可同日而
語,只好穿上皮外套。十二點一刻至一低地有水,且白石濯濯,才
知道今天才到ㄕㄚㄏㄢㄘさㄌㄠ,從前未免太早計。又前行,道
轉西北。駱駝又卧了三四個,不能多行,未及兩點,即住下。住地
草較佳。今日行六公里三百公尺,步行四公里餘。至後,衣上皆
蓋冰雪,搜打不掉,用手絹慢慢擦掉,仍未免一層濕,用火良久始
能烘乾。帳門未閉,須臾積雪盈寸,這樣風雪,實可駭人。昨日尚
多豪興,今日太感到關山苦趣! 晚同丁仲良計算前途,以爲此間
離二架胡桐大約還有六十公里光景。傍晚時風略止息,乃將寢時
風又鳴鳴作聲,異常焦急。如果全像這兩天走路,即至二架胡桐,
尚不知何日何時,何論哈密!

二十六日,夜醒,聞風略小,大慰。早起東方放晴,並有一斷
虹。昨天到後,因爲衣濕天冷,什麼全没有問,以爲他們没有東西

吃，駱駝已經殺過，今早問ㄙㄚㄌㄤㄎㄦㄐ，才知道還没有殺。他並且說昨天所卧底四個駱駝，後牽回來兩個，有一個今天早晨起來吃草，另外一個現在還不能起，我即請海德去把它用槍打死；乃遲了半天，又問，則言它已出去吃草；我說吃草也須要把它牽回來！催了兩三躺，才承認去牽。時已十一點，快要動身，又問，他們説它又卧下，牽不回來，又説一會兒走的時候，還可以哄着它走。總之推諉稽延，不願意殺，不顧説的自相矛盾。他們這樣的推阻，惹我動了真氣，説此駱駝何時不殺，即何時不走！立逼人把海德引去，及引到，又不肯説是那一個，海德自行尋出，乃行槍斃。時勢所迫，竟逼人爲屠伯！十點鐘後風又作聲，起身時十二點一刻。今天雖有風而無雪，得免"冰積面"的苦處；雖然帽沿鬚上又何嘗不全是冰呢？山勢如前數日。雪堆纍纍，枯樹亭亭，苦寒中自有風趣！駝背無聊，高唱"驅馬天雨雪"之詩，乃唱未數聲，而冷風入喉，嗽逆不止，止好閉口枯坐。將三點，路更轉西，天又陰沈；遥望西方，愁雲瀰漫。衣上積霜皆白。風霧霜同時，日光雪片同時，白日嚴霜，皆爲此地特別風物！剛四點即住。莊永成説前在ㄕㄚㄦㄚㄏㄡㄦㄋㄨㄙㄅ所遇見底商隊剛才從這裏起身，據他們説此地離二架胡桐，不過六七十里，春舫同馬學爾已經過去四天云云。今日，步行六公里餘，共行十餘公里，因被外套身重，走路極感煩難。

二十七日，前幾天全是西南風，所以討厭；今天忽轉東南，我們向西北行，微風送人，尚不爲惡客也。起身時十一點五十分。初行時過一山口，兩岸山匪卑微。後即爲低地小原相間。低地灌木叢生，帶雪摇曳，姿態若濃郁之榆葉梅。小原上則石子殷黑，植物稀少。兩點鐘後望見前有"廣川"，再前又爲小山綿亘，遠有大山矗立，以爲半點鐘即可度此廣川，直達彼岸；然遠望若廣川，走起實有不少的起伏。走至將四點鐘又遇見昨天所見底商隊，他們説二架胡桐離此不過二三十里，即在前邊小山窪中；前面的大山就叫作沁城大山，沁城回名ㄊㄚㄕㄜㄣㄘㄇㄉㄚㄎ。即在那山根前，且至山内即無柴云云。同他們一塊兒走了半點鐘，即行住下。今日步行六公里餘，共行十餘公里。

　　二十八日，晨起天朗氣清，大山中峰高出雲表，曉光映照，紅白調和，恍若靚妝神女，聳身天外。但曇花一現，日出即消。與海德商議請丁仲良帶一蒙古人先到二架胡桐看有商家與否，有羊和麵料可買與否。大隊十一點半起身。仍行此略有起伏的廣川，走到一點半鐘始近山，則商隊仍在那裏住，未起行。在那裏接到丁仲良一字，説那裏没有商家，但遇二蒙古人①，説離此二十里有賣羊的，已同去買，大隊請繼續前進云云。入山口，山勢頗崇峻，乃知昨日視覺的錯誤。下午頗有微雲，無風，天氣温和，積雪消溶，頗有春意。谷中有茇茇草，亦爲從額濟納河來後所未嘗見。將及三點，山勢漸開漸平。未四點，又遇前在ㄕㄚㄏㄢㄅㄣㄨㄦㄍㄨㄥㄣ所見底商隊正將起行。他們説道右三里餘山中，有蒙古人賣羊的。即行住下。少頃丁仲良返，買到五隻羊，七八十斤麵，並有鹽若干，大家皆大歡喜！此時才聽説引駱駝的漢人及蒙古人自昨天晚晌即没有吃飯，如果今日不能買到羊麵等物，他們明天是否能走得動，已成問題，然則大家之歡喜也固宜。有二蒙古人送羊來。

①編者注："人"，原誤作"入"。

我們從上月十一號離了ㄇㄝㄉㄨㄥㄍㄡㄅ,到今日走了四十八天,才算第一次見到居民!問他們,他們說是新疆西邊的土爾扈特人,新從馬騌山移居到這邊,不久也要走,上沁城去云云。晚餐時,放駱駝人狼吞虎咽,轉瞬全羊已完!今日步行二公里餘,共行十幾公里。

二十九日,近數日人飢,早不願起,每日放駱駝全由海德起來叫他們。今日天未明,放駱駝人的帳篷已經喧騰,"士飽而歌",真非虛語。終日天色清朗。昨日丁仲良因來谷口內隨蒙古人走,故未能畫圖,今早再回去畫。作日記,等仲良回來,十一點鐘一刻起身。行山中,山雖不高,而高高下下,積雪初融,景物甚佳,所欠缺者,只有梅花幾點;如果有橫斜數枝,當成極妙畫圖;然天下事固如斯,何能求全責備!十二點三刻後,路入一乾河道中,兩岸頗高,青石嶙峋。路直向北,有時且向東北。一點一刻抵一地,名小石頭,聽說附近有羊場,但未見。地有井,因令駱駝飲水。再前進,路轉西北,路旁有石:臥者,立者,斜而倚者,崎而企者,形形色色,姿態萬千,雖"小石頭"而極可觀覽。山勢漸開,後又緊束。將至四點,見商隊前駐,上有土房,有漢人經商於此,遂駐下。地名大石頭。有一回兵言奉哈密回王命,來此迎接,略問人數,即行辭去,言明日將有回兵來引路。晚命廚房烙餅,得以飽餐。到商家,問此地情形,兼商買麵料等事。商人黃姓,原籍西安,在此設店五六年,沁城亦有鋪子。土炕上烟燈火盆,別有景趣。其人甚老練。此地除商家外,還有幾家放羊的。接到春舫信一封,說二十四日過此,有二回兵迎接,換馬到廟兒溝去,次日可達,駝隊則隔日可達,到那裏即徑直回去云云。又說米綸威走錯路,走到星星峽,疑該處官兵爲匪,棄駱駝逃至廟兒溝,現已往哈密去。今日行十餘公里,步行七公里餘。

三十日,夜中最低溫度零下二十度一,然晨起時已升至十度,不覺冷。天陰,飛雪不大,直至下午兩三點鐘始漸晴霽。一蒙古排長,帶兵十數名從剌梅花泉_{在此地北五十里}來,名爾載台,漢話説的很好。所帶來底兵有蒙古,有纏頭。談次,知道他們並不在一營中。纏兵營住廟兒溝,營長姓堯;蒙古營長姓巴,住哈密;至住沁城營長則姓陳,爲另外一營。留二蒙古兵,二纏頭兵引路,乃去。派兩蒙古人回與拉爾生送糧,寫一信與赫定先生。下午一點起身。初仍向西北行,行山谷中。兩岸青石嶙岣,大石頭之取名,或即以此。以後山勢或狹或開。三點後,聽前邊人説米綸威回來了,未久,就看見他們從道右山谷中過來,時天已將晚,此地草尚佳,即行住下。少頃,米綸威來,神色倉皇,説什麼全完了,郝德等不准在哈密設氣象測侯所,被送到迪化去;什麼全反對國民黨,大約張作霖全勝了……不清不楚、亂七八糟説一大套。知道他神經錯亂,一笑置之。接到春舫信兩封。後又叫隨米綸威的張生材來問,綜括一切,知道情形大略如下:新疆自去年以來,東境與甘肅接界處,即設有若干軍隊,凡略有重要的人物,皆須電迪化請示,如有武裝者,亦須解除武裝,始能放行。米綸威在星星峽逃走時,失去洋三百餘元,到哈密後,幸縣長竭力幫忙,已購得糧食及駝料、應用各物,並雇駱駝十餘,回來。郝德到廟兒溝時,因不識中國情形,頗欲強過,故被羈留十數日,經幾次往返電商,始准卸除武裝後,至哈密。到哈密後,已開始觀察氣象,後又被禁止,並命赴省,止留達三及哈士綸在哈密。華志亦未能取出錢,不知何故。

並聞有蒙古王公不明氣象測候所爲何物，請求楊督電阻本團西來，不過電到北京時，我們出發已久，未能趕及云云，此説不知確否。又有種種不近情理的謡言，只可付之一笑，而米綸威却有點相信，宜乎其神經錯亂。與黃、丁談至十一鐘，始寢。

三十一日，夜眠不見佳。夜中最低温度二十四度半，終日天甚寒。派ㄅㄚㄉㄦㄛ將米綸威所帶來底駝糧，送給後留諸位，再寫一信與赫定先生，告訴他一切。將十二點起身，仍行山中，途中高下甚多。兩三點時，遇見馬學爾雇轎回來，春舫留廟兒溝未回，下駱駝立談數語，即各辭去。四點鐘過後，至一山凹，有井，還有點草，即行住下。聽米綸威説，這裏是從小堡上廟兒溝的路，從這裏必須八點始能到小堡。再行兩點鐘後，即積雪甚深，路極崎嶇難行。過小堡後始較平易。本欲再向前少走一節，不過前邊完全無草，只好住下。明天擬令空駱駝九點鐘先走，大隊十點鐘即當起行，下午六點鐘，或可望到云云。今晚爲除夕，外國團員飲酒過年，頗喧囂，然我甚困，早寢，不久即睡着。今日行十餘公里，步行兩公里半。

十七年

元月一日，天氣甚好。九點半鐘起身。起身時與馬森伯且行且談，不覺走到十公里。馬森伯雖思想陳腐，而頗知道不少的東西，且戰事固所親歷，談次，知道些從前未知的事情：比方説，ㄙㄊㄡㄈㄣ在戰前若干年，即已預計從比利時進兵；ㄈㄚㄉㄎㄣㄏㄞㄣ同興登堡的互相傾軋，皆非常有趣。今日路中雪深將及尺，止有狹路，且行亂山中，路極崎嶇，駝乏人疲，苦不可言；雖山景甚佳，尚有何暇觀覽！四點鐘後，引路兵言不久將到小堡，路將漸平;其實五點鐘後,坂愈長,高下愈多;駱駝臥下,即不能再起:止好將行李卸下,人慢慢負至坂上,再將駱駝引上,再令它馱起,這樣的艱辛[1],即未走過的人也或者可以想見。直走到七點多鐘,下一大坡,才聽見犬吠,知道小堡不遠。過一小河,廣一公尺餘,分成兩支,過後即見村落。又登高處,即在人家屋前住下;遍地皆雪,支帳處頗不易得。始以爲小堡在山外,現始知其爲山中一小村,看氣壓表,高度已過兩千公尺。我們到草地後,已過七月,今日爲第一次復見村落,心神一爽。村中居民多係纏頭,然亦有漢民四五家,且聞有一漢人在此經商。纏民亦頗能操漢語,我們同他們對付可以達意。晚晌山色樹影,雪月爭輝,景物極佳。我在北京,得一雪月交輝的時候,冒寒登瓊島,以爲得未曾有;此時的景物,勝之不啻十倍,然精神已倦,無法振起,"雪滿山中","月明林下",雖非"高士",只好高臥,力疲神衰,無復綺夢,不要説望"美人來"了。今日行二三十公里,步行十四五公里。

二日,今日因駱駝太乏,只好暫休息一天,並且聽説昨天一共丟了六個駱駝!上午雪花亂飛,景物之佳,爲從來所未曾見;直至下午兩三點鐘,雪漸晴霽。到漢人小鋪中少談,主人游姓,直隸武清人,在此經商已十餘年;外有一李姓,前在外蒙經商,現在此閑居。談次,知此地商店,春夏來貨,秋冬止收賬,現鋪中幾全無貨物。歸帳,早餐,時住帳所倚門內纏民,來請飲茶,力辭不獲,止好隨往。前爲一大間屋,後爲一複室,複室中有一大炕,上鋪氈,即在上坐。此家婦女頗多,纏婦及兒童皆極清秀,黃仲良謂纏婦聲音

---

[1] 編者注:"辛",原誤作"幸"。

頗似江浙，其言不虛。並不如漢民之避人。我從前懸想纏婦或蔽臉如土耳其人，今日見之，始知不然。主人名ㄙㄚㄦㄚㄇㄠㄊㄧㄕ，實在ㄙㄚㄦㄚ其名，ㄇㄠㄊㄧㄕ漢語保正之屬。出茶獻麵包。纏民烤的麵包，我從前已聽到赫定先生稱贊，故今日不以爲異。家中所用器具亦頗楚楚可觀。此爲我與纏民交接的第一次，印象總算很好。出來又同丁、黄同到小鋪，詳問地方情形，聞居民說，今年雪特別小，乃仍復如此。王殿臣來說ㄙㄚㄦㄚㄇㄠㄊㄧㄕ又請吃麵，只好又去，麵加羊肉，味亦佳勝。數十日以來，常苦不飽，今日午飯晚飯皆得有鷄，又有很好的麵包，始得大饗。午餐後同黄、丁渡河復登昨晚從來底路左峰上一望。河下流兩岸樹木更多，崖石壁立。雪時没脛。對岸得望見沁城雪山最高峰，此山已望見六七日，總以爲不遠，今日始至根前。我同丁仲良的意見，全以爲離現在駐足地，不過十數里，然以後聽說，這就是ㄅㄚㄦㄉㄚㄎㄊㄚㄎ(雪山)，高達四千四百五十公尺，最高處離此地尚很有幾十里。徘徊頗久，以爲不到此絶域，何能見此奇景。向西南望，地似少平，再遠雲海蒼茫，亦稱巨觀。晚月光更明，山景更幽，惜無詩才畫筆，未能傳達，然我頗疑，即有詩才畫筆，而是否真能傳達，也還成問題也。

　三日，十二點起身。路隨河下。山漸卑下，路漸平坦寬廣，河邊沙棗叢生，紅實纍纍，頗足點綴風景，然聞不可食。楊樹亦多。河頗有支流，路或行河左，或到河右，河邊間有居民。三點鐘後，路轉左，得一山間廣場，有一小村，即行住下。此地有人說叫下河，據居民說則名上河，也叫作三汊河，因有三河於此地交流。此地有一營長，住兵一營。營長爲東土爾扈特人，名色格賽，聽說我們到，即出來請我到他營裏喝茶。到那裏，又看見他的書記長，姓陸，名懷彬，號質齋，安徽壽縣人，在新疆游宦已三十餘年，對於新疆情形很熟悉，後來聽見春舫説，他所見底好幾個營長的幕友，皆尊仰此人，以爲不可及。色營長漢話甚好，人頗忠誠；後聽春舫説，他肚裏記的中國故事甚多；對於土爾扈特由俄來歸的逸聞，也能説得原原本本，則此人固自不俗。歸帳，正吃東西，則色營長又來請吃便飯，與黄、丁同往，一暖鍋，兩個碗，羊鷄稻飯，味頗佳。歸後又來饋一羊，力辭不獲，止好受下。無法還禮，我同黄、丁各撿出數事，勉强送去。今日行十餘公里，步行二公里餘。

四日，十一點鐘起身，色、陸又出親送。走多半點鐘見一村，名下河。途旁山勢更開。又走一點多鐘，見一村，名頭工。再前，有一山突起，中斷若闕，出此山口，山勢已完，遠處雖還能望見山，而近處則只有坡坨起伏。人家疏疏落落，數頗不少，地全名二工。有一高墻，上有堞，似係前日破寨。内住軍隊十餘，全係漢人，爲沁城陳守備所管。又前行，住一軍營前。營長名布彦，爲北土爾扈特人，其部下亦全係蒙古人。布彦聽説我們來，即出來請我同海德到他營内喝茶。辭出後亦送一羊。我們又請他到我們帳裏喝茶。此營長人頗精幹，聽説他纏頭話、俄國話完全能説，漢話説的同我們一樣。談次説家鄉很遠，似有不願久居此土的意思。後見一漢兵，歸化人，但在蒙古營中；問他，知道他係他人雇來的，因爲新疆兵係强派，蒙古人不願離家鄉，雇他代當一年差，他除領應得餉銀外，還得雇金八十兩票銀。現在每一元大約換三兩五錢票銀。以後又有二個漢兵在營前閑談，大約説這邊的兵什麼全不好：衣服襤褸；每月止得七兩票銀的餉；外每天一斤半麵；另外就是過年過節，也是什麼全没有；老幼皆有，老的騎不上馬，幼的擷不動刀！

云云。他們後兩句話，或者有點過火，然也可見新疆軍隊的一斑；對於内争，或者可以扎個紙老虎，嚇嚇别人，一旦有外患，結果可不問而知了！早寢，寢後，王殿臣來説營長派兵二人給我們守夜，我想辭也不能，止好叫他們辛苦了。今日道右有地名石鐘山，莊永成上去，找回石頭兩塊，擊之作金聲。今日行十餘公里，步行四公里半。

　　五日，十一點鐘起身。道旁間有小山，路較平易。二點後，望見小山横亘，上有廟，下有廣原，即爲廟兒溝地。此廟爲回教先賢的墳墓，春舫曾往觀，地或即以此廟名。據春舫説，山下尚有大佛寺，爲道光年間所建，内有道士二人及甘省逃荒窮人數名。兩點半即行住下。帳未搭成，即有兵持二名片來請，一名李成祥，係漢營長，一名堯樂博士，係纏頭營長。往會，後到者尚有北土爾扈特營長巴圖那生，沁城守備陳萬祥，未幾，下河的色營長也到，除我們從二工來的團員外，春舫也在那裏。内以纏頭營長爲最精幹，一望可知。他們要請我們吃抓飯；抓飯的名字我久已聽説，却從來没有吃過，這一次來新疆之先，已有意設法嘗一嘗，不料今天即得吃到。我以爲真要令我們用手抓，實在今天並不如此。開頭上幾盤白煮的羊肉，塊頗大，用手拿起，加鹽撕食，這大約是蒙古的吃法，味頗鮮美。後每人白米飯一大碗，上加羊肉數塊，至飯大約用羊油炒過，味極佳。我想如果有人在北京，請一個纏頭厨子，開一個抓飯館子，或者有不少好奇的人到那裏試嘗異味，亦未可知。餐畢，堯營長説郝德等到廟兒溝的時候，督辦來電，提出三條件；他也没有詳説三條件爲何種，但説武装應該封起，還存到我們那裏，不過他要派人看守，大約係條件的一事了。我們對於此條件，立時承認。辭歸，這幾位營長來帳，又添一南土爾扈特營長，名老棟，少坐即去，往看封閉武裝。今日始見沁城雪山正面，山頂帶積雪，下有薄霧籠罩，意態雄偉蕭逸，有一種不可言喻的美麗，徘徊觀覽良久。春舫説：聽巴營長説，楊督初接本團到新消息，並無成見；後接來信説，本團要在哈密、迪化、羅布淖爾三處設立氣象測候所，亦即知會地方官；此時該處蒙回王公頗懷疑慮，説我們不知氣象測候所爲何物，不曉得是福呢，還是大禍，所以還是阻止不來的好，即以此意陳楊督，楊督即電北京擋駕，但此時我們出發已久，擋駕不及；後又聞要添設一和闐氣象測候所，也還没有什麼；後聞從二力子河即額濟納河的俗名。來的商幫説，我們帶有二百打手，槍械齊全，楊督乃大疑，説既是學術團體，爲什麼又有打手呢？乃派遣偵探，調遣軍隊，申嚴邊禁；後郝德等到，又頗有誤會；後因條件商妥，准到哈密；現看見大家到這裏並没有什麼打手，謡傳誤會，可望消除云云。他這些話前後全近情理，大約離事實不遠了。巴營長又派人送一羊，止好受下。今日行十餘公里，步行二公里。決定明天換駱駝速行到哈密，需駱駝三十，雇洋三十元。又雇駱駝五十，派ㄙㄚㄌㄤㄎㄦ帶着，往迎行李，明天到下河，後天即由下河出發。至於乏駱駝則令牽駱駝的人慢慢往前哄，同前郝德等帶來的駱駝會合。

六日，九點鐘，行李即整理好，但所雇底駱駝，又已遠放出去，趕緊催促，起身時已十點以後。初出發時爲芨芨草原，未久，即又入戈壁，道右望雪山，道左則小山橫亘。走一兩點鐘，道左山盡，成一一望無際的戈壁。駝健行速，令人氣爽。路頗直。兩點後得一泉，未幾即見電桿，爲從哈密至沁城的綫路，去年始行設立。黄昏後,繼續前行;黑夜行戈壁中,幸有皎潔的月光陪伴,得免寂寞。後月下少有浮雲,旁成大暈,然光尚可照見錶針。十點後戈壁已盡;十點半後,抵一回村,漢名大泉灣,護送兵言前至黃蘆岡,止十數里,尚欲前行,但米綸威曾走過此路,知道還尚有二十里許,遂行住下。今日行過十二點鐘,得五十餘公里,爲從包頭出來後從來未有的大站,步行四五公里,飯煮熟,吃畢就寢時已過兩點鐘了。

七日,住地附近有十數家,但頗散漫。皆爲纏民,種地即以坎井灌溉。十二點鐘後乃行起身。初行時田皆墾闢,再前地尚荒蕪。二點後過黃蘆岡,地爲老營長駐地,留一名片。此地有民居數十家,聚居成一街。聞漢民皆有。四點鐘後到一顆樹,有居民五十餘家,村較黃蘆岡爲大。到村中,堯營長在焉,請至室中,頗寬廣整潔。又請吃飯,初進仍爲蒙古式羊肉,繼爲羊肉煮麵條,味美。他說給我們預備了屋子,請我們在他那裏住,辭以我們的駱駝,離這裏不遠,明天八點起行方便。出村十分鐘,即抵住地。郝德等帶來底駱駝也全在那裏放,看見ㄍㄨㄥㄡ等,交來達三信一封,說他們二十九日出發到迪化,及從前沿途的情形,並附有華志英文電報一封,說那邊情形非常困難,聽說兩月以前,檢查人曾檢出一封勸民眾請願的信,以後楊督命一切的信全送到他那裏云云。住地東北望,雲色迷茫,雪峰高聳雲表,如非素知有山,即當疑爲雲幻峰巒。此山奇幻萬千,何時看,何時美,無一時與他時相同,真令人驚嘆無既!今日行一二十公里,步行一公里半。

八日,早起,天氣甚寒,惜海德所帶底最底寒暑表早已爲駱駝踏壞,不知最低溫度。我看曉光照雪山已經多次,而今日仍驚奇美。我在瑞士,曾看見雪山,又看過雪山的照片甚多,何嘗有今日此山的艷麗? 因恨我國工藝不良,不能將此景印下。然佇立片時,瞬息變化,且無一時不奇美,才感覺到這樣的奇景,微特照片不能留,即帶彩色的活動影片,也恐怕極難將它捉住,然則除了靜觀實體實景,心驚神駭以外,豈復能有別法! 八點過後起行。十點半到一村,名新莊子,有人叫作王家新莊子,再前爲蔡湖莊。過新莊子以後,土地墾闢,村落相望,儼然内地。然民居散漫,廬舍到處皆有,不知其爲一村耶,多村耶。我們從廟兒溝出來,即有漢兵四人,蒙兵四人,纏兵四人護送,今天起身未久,即見堯營長帶兵十餘名,國旗前導,怒馬先行。未幾又見老營長亦如之,但無國旗。將到新莊子時,他們還在那裏等我們,看見我們將近,才繼續前行。將抵城時,即接近前導,又有蒙古馬隊十餘人亦在前導,路旁聚觀的人很多。進哈密東門,城爲土築。直到旅部,見着此地的劉旅長:旅長名希曾,字繩三,甘肅靜①寧人,人頗客氣。他説督辦來電與郝德等約三事:一卸除武裝,二檢查行李,據説此事在哈密已行二年。三出入謹慎;現事同一律,請准檢查以完手續,云云。同坐者有朱縣長,名烈,字武之,皋蘭人。多統領,南土爾扈特盟長兼爲胡圖克圖。陳郵務局長,字良材,鄞人。及營長多人。旅長説,原來馮、閻合謀擊張,閻軍大敗;馮軍倒戈入晉,後亦大敗! 重要將領皆被虜! 開封又爲奉軍占領! 蔣介石復歸,唐生智逃往日本,東南大局糜爛! 南方破壞禮教,兄妹嬻亂! 母子聚麀! 云云。檢查畢,

---

①編者注:“靜”,原誤作“晋”。

歸團中所租寓中。寓在新城中，共房一二十間，我住在上房西偏。未安頓好，朱縣長派人邀到飯館裏面吃便飯。館略如北京的二葷館，且並無雅座，光綫頗暗，爲漢回所開，然菜味尚佳。聞哈密此類館子，尚有一家，大約爲此地頂大的館子了。擬一電稿，致楊督，文爲“敝團齊到哈，赫定因病滯途，不日可到。少息即同晉謁，徐炳昶佳”，明日即當拍出。今日行十餘公里。

　　此行於十六年十一月初八日離額濟約河，十七年一月初八日抵哈密，共行六十二日。除休息十六日外，實行四十六日。路程後多日未能詳測，赫定先生後來，所行路較南，故大隊無路程總數。初離額濟納河時，計四十日左右即可到哈密，沿途因風雪及駱駝的疲乏，遷延至六十餘日，中間並有四十八日不見人烟，減食及殺駱駝爲食，始能挨到二架胡桐及大石頭，團員之疲乏與困苦略可想見！幸雖疲困而除我同赫定先生外，並無病者，不可謂非不幸中之大幸也！至駱駝則沿路倒下及殺食者已不下二三十。其餘亦疲病，將來能養好者不知共剩二三十否！每駱駝約值價百元，即此一項，團中損失已不下萬元！實在路程並非遥遠，如非駱駝疲乏，四十餘日準可到哈密，困苦幾可減去一半，這樣的責任，大部分全要由我們的駱駝隊長拉爾生先生（Larson）擔負。拉爾生瑞典人，爲赫定先生的老友。他於民國紀元前二十年來華傳教，庚子年後舍去經商，日往來於外蒙古、張家口及西伯利亞諸地。袁世凱時代，他曾任蒙藏院顧問。他的蒙古話可以説比蒙古人説的還好，漢話也説的不錯。他在張家口曾養過駱駝多年；安得思在内外蒙古考查時，也就是他管理駱駝；他對於駱駝可以算是有極充分的知識，他對於赫定先生又極忠誠，然而他竟作出很大的錯誤！他的大錯誤約有兩端：一、駱駝也同騾馬相似：我們鄉間富人所養底騾馬，常常是很肥的，但用起來，一點疲勞也不能任。一因爲它們沒有工作的習慣，二因爲它們雖然很肥，它們日常的食料却不過草麩之屬。至於終天長途旅行的騾馬，每天吃料，雖瘦骨嶙峋而實能負重致遠。拉爾生所買的駱駝，大多數是在草地游放，有三五年未曾工作者。看起來似乎筋强力壯，其實沒有工作的習慣，所以頭幾天常常驚走，致耽誤了不少的路程。以後不驚走了，却已經疲乏了，不能再任重了。如果他買商家每年往新疆馱貨的瘦駱駝，飽給它們料吃，它們開頭絕不至於常常驚走，以後也絕不至於這樣容易疲乏。二、因爲他在蒙古已將四十年，庫倫、張家口及其他蒙古的道路，他不曉得走過若干次，他自以爲對於蒙古的路程，無所不知，所以也不屑於去問一個人。其實張家口、庫倫中間的路，沒有水草的不過三五天，過去全是很好的水草，駱駝對於這三五天的壞水草，並不算一件什麼要緊的事情。我們走烏蘭察布盟時，全如拉爾生之所預期，毫無問題。及至到了阿拉善旗，過了第一個壞水草的三五天，又有第二個三五天，第三個三五天……已經大出乎他意料之外，使他迷惑不定了。及至過了額濟納河，五六十天中，可以說沒有一處有很好的草場，他遇着這樣"匪夷所思"的地方，還能想出什麼法子！在額濟納河的時候，我一天同赫定先生説：途中既沒有好草，何不買點料給駱駝吃？他隨即問拉爾生，拉爾生説：蒙古的駱駝從來不曉得吃料，那裏能行得了！他這樣回答，對駱駝毫無經驗的我，還能有什麽話説！以後北分隊到了，我問此隊中管駱駝的生瑞恒，他們駱駝的情形何若，他説還好。我問他的緣故，他説覺到駱駝不好，就趕緊給它們買料吃。我問他，不是説蒙古的駱駝從來不曉得吃料麽？他説它們第一天自然不曉得吃，只好强灌它們；它們以後反嚼，知道有很好的味道，第二天或第三天，自己要找着吃了。我問他既是有這樣的好法子，爲什麽不告訴拉爾生説，他説我這樣小孩子（他此時二十三歲，拉爾生則已五十七歲，且老氣橫秋也），不敢告訴人家説。我得了這樣的實例，乃又同赫定先生説，他對於駱駝並非不在行，而對於老友的拉爾生，總不願同他争。我强聒了兩點多鐘，他才答應同拉爾生商議。歸結他們全承認我的話很有道理，決定前途遇見賣料的即行購買。但是……但是……ㄇㄝㄌㄨㄥㄍㄡㄌ河畔既無賣料商人，以後就是四十八天的大曠漠，又能從什麽地方去買草料呢？團内拉駱駝的蒙古人没有一個走到過西二盟，不要説再遠！拉駱駝的漢人也没有人走過額濟納河，可是還有人走過阿拉善旗，覺到拉爾生的辦法不很對，可是他老先生"無所不知"，絶不肯聽别一個人的忠言！歸結鬧出來這樣大的損失！我因此經驗，更感覺到在哲學中由先方法（methode a priori）的靠不住了，噯！

第三卷　自哈密至回北平

　　九日，早起，天頗飛雪，未久即止。堯營長來，謂今日天氣不好，如欲拜會王爺，可於明天上午十一點；又問，我們的錢，支出票銀五千兩，是否敷用。我本欲明天再出去拜客，對於第一點，自然非常贊成；對於第二點，我看他不願我們把錢全取出，勸歐人暫止取一部分，他們不願，乃決定今日即時往拜會回王；回來後，再派人往取錢，並與之講明全取的必要。同海德步行往回城，回城在新城外二三里，入城向左，即爲回王住宅。客廳頗大，陳設美麗，但光綫不明。墻上中堂對聯完全漢式。回王年七十一，白鬚蒼顏，精神矍鑠，身材不高而豐滿，衣飾皆漢式，漢話亦極流麗，不知者恐難斷定爲他族也。人極和靄，説他曾進京，蒙袁大總統的優禮，袁大總統人好，他那時候太平；現在終天自己一家人打架，對外國人很不好看；楊督辦人好，視五族如一家云云，我亦唯唯應之，且以福壽康健、世篤忠貞、爲國藩輔等類話恭維他，他很高幸。辭歸後，才聽説今天回人節氣，剛才堯營長來，即爲擋今天的駕，我們不曉得，竟冒昧的跑去，他接待我們，實爲破例。決定明天再派米綸威和丁仲良往取錢。李營長來，並送哈密瓜二枚。去後一嘗，鮮美絕倫，始知名下無虚。王闓運的嘲哈密瓜，大約因爲在遠未能嘗到真正的哈密瓜，所以妄加嘲弄。如果他真來過新疆，嘗過異味，一定不敢亂說了。朱縣長來，未會着。他又將楊督命，送羊一頭。晚接益占自肅州來電，文爲"甘肅不讓留蒙，馬來肅交涉，尚未見，想辦法，祈匯三百元來，馬冬"，此事全出意外，可爲一波未平，一波又起！止好擬一電致理事會，文爲"接馬叶謙電，'甘省不讓留蒙'，哈密臺尚未得允許，速設法，新生緩來，昶"。現在也只能這樣作，將來能成功與否，實在未可知之數。希淵有一英文電致赫定先生，略謂二十八號到 Santal，三十日起身，一切全好。發電地爲肅州，未知何月，疑爲十二月，頗望他到肅州，能見到益占，可以幫助他。補作日記。

　　十日，今早又接希淵電一封，文爲"（銜略）昨到，請送一百念元，速乞復至二公，袁、詹、龔"。電爲昨日下午自沁城發者，然則他們已經快到，昨天所接肅州電，一定不是上月發的，雖不能再望他替益占交涉，然近日團中，已多困難，得他們多人來商議，很有方便，所以不禁大喜。丁仲良同米綸威、李伯冷到回王府交涉款項及照像，我同海德出來拜客，到劉旅長、阿副將、_{名道德，號石梅，甘}_{肅碾伯人}。朱縣長各處，止見着朱縣長。在他那裏又見着巴營長，據他說多統領已經不在哈密，本意出來後即往拜多統領，現在不好再去，止好請他致意道歉。歸，丁仲良回說見着回王，回王許撥全款。回王派人送羊數頭，茶葉兩匣。午餐後復獨出繼續拜堯營長及色營長，回來，堯營長將票銀全送來，聽說色營長明天回去，托他帶洋給希淵，他允許晚晌來取。出去，拜吳商會會長、李營長、色營長、堯營長、巴營長、陳郵務局長、田電報局長，只見着堯營長一人，其客廳在樓上，建築爽廠，式合漢纏，當在哈密城稱巨擘了。多統領處，亦留一片。歸與希淵等寫信一封，囑其款到速來。晚接楊督辦復電一封，辭極客氣，末言與赫定同進省事，自可照辦。色營長尚未來，派春舫將信及票銀四百兩送去。補作日記，未完一日，馬森伯又截住閑談。内及團中各事，外及中德將來外交，無不儘量傾吐。要之對於團中，他總疑惑我們近來所遇見底困難，全因爲我們屬國民黨的緣故。他幻想我們回去後他們還可以在這裏考查，可謂不通中國情形已極。至於關係中德邦交前途，他的論點總是張大美俄兩國的野心，謂德國爲中國可能的友邦，究之他所垂涎底爲新疆的煤油礦；所想建築底爲從迪化到斜米運煤油的鐵道；他所希望底還是若干年讓渡；其言雖巧，其野心昭然若揭，我也沒有大折他，不過隨便告訴他那樣不很行而[1]已。一看錶已經一點多鐘，趕緊回室，洗脚，寢。

十一日，今早陳郵務局長來，略談。陳人頗爽快，他説我們衣服不易洗者，可拿去讓他的聽差漿洗，誠意可感。去後又送二羔。下午拉爾生將到迪化的團員行李送來，兵士欲檢驗，此間海德諸人拒不令檢驗。一天什麼也沒有作，同春舫閑談天。春舫意志不很堅定，頗有改圖的意思，極力詡勵他，告以科學生活的可貴，淵淵以陳，頗想教士的傳教，極爲可笑。我們的人生對象固爲科學，而態度却極像宗教。春舫思想清楚，爲科學中不易多得的人才，

---

[1]編者注："而"，原誤作"兩"。

我安能不有熱望耶？後春舫告訴我他的身世，亦饒興趣；他的讀書環境，困難頗多，他竟能苦學自振，開端既佳，故令人對於將來，不能不有厚望也。

十二日，無事，同丁仲良等隨便作幾條燈謎以資消遣。燈謎雖小技，然固有別才：渾籠大意、高華精警者爲上；別解妙生、巧切不鑿者次之；堆砌典故者爲下。我既無別才，所想出底，除幾條外，盡下乘也。收到赫定去年九月助款，發給團員。此間盡用票銀，破爛者居十分之九，此三幾百塊的出入，如有現洋，一刻鐘可完，現在此種爛紙，計數非常困難，如果將ㄍㄨㄥㄅㄨ點查和各團員的點查的工夫合計起來，當不下四五點鐘，時間的不經濟，竟能到這步田地！馬團副同二軍官來查昨到的行李，請丁仲良招呼着點查，歸結查一部分，另外的箱子，據説鑰匙不在，貼上封條，等將來檢查。

十三日，午前馬團副同二軍官來，傳劉旅長的意思，説昨天未點查的箱件，總須檢驗一番，才算公務完畢，尤其是那一箱子彈，必須將數目點查明白，才與楊督辦的命令相合云云。我告訴他説，現在鑰匙已被他人帶到省城，如果能設法配到鑰匙，或得一Passe-partout 者，那也無妨檢查。隨即與海德商議，他總是推着没有鑰匙、恐怕壞鎖等類的話頭，非常困難。海德回室，馬森伯過來，氣勢洶洶，讓我給馬團副説，這是私人的東西，萬不能檢查，理由幼稚，極可怪笑。我告訴他説：我萬不能給他翻譯這樣無理由的話。他没有法子，就叫米綸威及ㄍㄨㄥㄅㄨ來給他作翻譯，當然没有效果。我這個時候，非常生氣，就告訴他説這是勢之所不能，理之所不許，因爲我萬不能承認外國人在我國享有特權，並且告訴他説我已經承許檢查，一切的責任我全擔負。回頭告訴馬團副説，以不損害鎖箱爲條件，允許他檢查。馬去後，他們非常不高幸，就要同我們分席而食，這樣小孩子脾氣的瞎鬧，我也止好任他們。下午馬團副等來檢查幾個箱子，剩下的等明天配鑰匙後再行檢查。仍繼續作燈謎。

十四日，馬團副等來繼續檢查，聽他説，希淵等昨天已到一顆樹，然則不久即可進城，非常高幸。以爲午後即到，但等了好久，終未至。兩位仲良同春舫到城外接他們，也没有接着。檢點燈謎，我所作底將及五十，因將它們補足，另紙抄起。昨晚今早並作對聯幾付，也抄起。晚餐時行人尚未到，以爲他們又不進城，頗爲詫異。餐後未久，省耕同獅醒先來，希淵後至，半年積愫，一切傾吐，快當何如！前幾天所接電報 Santal 一字，百思不得其地，或疑爲山丹，今天談次，才知道爲 Sontol 的電誤；Sontol 即我們氣象測侯所所在之ムムカメ儿，不禁失笑。他們去年十二月一日從那邊起身，通共走了四十五天，罐頭先完，白麵在抵二工前一天亦完，所以一天走了一百二十里趕到二工，可謂辛苦！然比較大隊已經好的多了！談至一點多鐘，始寢。

十五日，早晨微雪。午時，我們先來的人給後來的三人接風，到鳴盛館小酌。此館後面有半截樓，亦無雅坐，然樓上光綫較前幾天所去底館子爲佳。坐前貼有"莫談軍政"字樣。吃了不少的東西，價止七兩多銀子，若比北京，可謂價廉。歸後牽駱駝人二楊姓者來，説當時拉爾生雇他們的時候，允許把他們帶回去，現在被開除，又不另給盤費，想等拉爾生來後再問問他，而這裏既不許住，外面也不許住，來請設點法子。希淵的意思以爲他們既被開除,允許他們在這裏住,既屬不便,而他們當日與拉爾生有何成約,我們也無從懸揣,或有冤枉,我們也未便坐視,止好請此間守衛的排長給馬團副説允許他們在外邊住兩天,等拉爾生再作商議;我亦以爲然。但排長回來説,今天暫許他們在門內留一夜,明早馬團副來,再作決定,因命即照此辦理。晚與希淵談工作事,頗得了若干的新知識,然寢時又已一點餘。

十六日,早晨微雪,比昨日較大,下午止。午餐時馬團副來,把事情問明,即照昨日所擬辦理。終日無事,閑談而已。

十七日,近些天日記欠記多日,最多時至八九天之多,後雖漸補,終未能畢,今日早晨趕行補完,宿債全清,爲之一快。下午因要隨舊俗寫對子,請店主人來商借一硯臺,談次,知店主人吳君爲回教阿訇,頗知教中典故。他以後將回教漢文書籍《天方性理》及《天方大化歷史》借給我看。

十八日,終日無事,見着獅醒的《年大將軍平西》,隨便拿來一看,翻閱一半,隨即棄置,此書可謂劣極:作時在民國成立以後,到了這個時候,還有這樣不清楚的思想,可謂恥辱。著者也少知一點世界,一點科學,但是他一點也不懂,他覺得這些同原來的迷信爲同樣的東西;他又非常勢利,因爲天主教盛行,就尊羅馬教皇爲教宗,但是他又不曉得天主教是什麽東西,就東扯西拉,把教皇説成一個妖道的首領。其餘描寫技術、文章結搆的等於零更不必説。外國不成功的小説,我也看過若干,像這樣卑劣的東西,在社會上萬無流行的可能性,而在中國竟能得一部分的勢力,我國人看書能力的低下,竟至於如是!

十九日,翻閱《天方性理》,盡一日之力,勉强讀完。此書爲金陵人劉智字介廉所編譯。書中最早的序在康熙四十三年,則劉君固康熙年間人。彼自謂"泛覽群書",故其爲文明白曉暢,無佶屈難通的毛病。阿剌伯的哲學,導源希臘,本頗精深,此書所陳之義半見於希臘哲學,一定是承襲的一部分,其餘一部分當爲阿剌伯哲學家的意思;或有一極小部分,爲劉君的創作,亦未可知。此書言天人、言理氣、言陰陽、言心、言性,與宋儒學説頗有形似。然希臘哲學,條理本極清楚,又加以阿剌伯學者的補苴,其精密的程度已高出宋儒學説多多,乃這一二百年内,我國的學者,竟没有大留神到這部書,實堪惋惜。我從前看見章太炎先生的演説,説張横渠的學説似與回教有關係,不知道他的話從何處説起,現在我却疑惑他曾看過這本書,所以這樣説。如果我所猜想的不錯,那可就前後倒置了。因爲張横渠如果真看見希臘系的哲學,他的學説要更精密許多。不惟張先生没有受這一本書的影響,這本書却很受宋儒的影響:比方説,它那上面所作底圖,一定是仿效宋儒所作,絶無疑義。晚寫對聯。

　　二十、二十一、二十二三日,隨俗忙年節,作燈謎,貼對聯,給賞錢,以外無可稱述。二十、二十一兩日翻閲《天方大化歷史》,書爲遷安李廷相所譯,民國八年出版,譯筆不佳,如譯名不盡畫一,年月仍承"隋開皇中"之誤,皆其顯著者。内容爲宗教的傳説,除末數章外,與《舊約》所傳大同小異。二十二日,並且借到了一付麻雀牌,也是一種無聊的消遣。並限制各團員及僕人,如果年下賭錢,止限陰曆初一、二、三三天,且一不准耽誤正事,二不准喧嘩,三不准輸贏過大:團員以五元爲限,僕人以兩元爲限。聽説後隊已到黄蘆崗,明日可進城。因大隊將到,飯廳不敷用,移至西院,與希淵等同住。

二十三日,今日爲陰曆戊辰年元旦,此地因纏民居大部分,故不大覺熱鬧。上午打麻雀。陳局長、朱縣長來賀年,少談即去。沙親王、阿統領亦來,一概擋駕。下午聽説後隊已進城,到東院少候,赫定先生亦到,他的病已全愈,契闊月餘,得一快聚,大家全很高幸。赫定先生問檢查行李及分席食事,對於馬森伯諸人頗有申斥。前數日中歐團員間之塵霧一掃。行李因進城已晚,不及檢驗。

二十四日,赫定先生又病寒熱。我乘車出去隨俗賀春喜,止見着陳局長,他説明天要給我們送兩桌菜,固辭不獲。這幾天没有看見天山,今天賀喜出郊,又得瞻仰,積雪加多,大約此數日中山中又雪。情景與前數日不同而美麗猶昔,不禁低迴流連。今天檢驗行李前,米綸威因急需打字機,想趕緊取回,因言語不通,同旅部排長少有衝突。晚馬團副、任參謀長及二軍官檢查行李畢,同來,少談去。爲燈謎事趕緊設燈備采,雖也有些人來打,但無人有打雅謎的本領,我們的謎有以“泰山”打一字,他們不是猜高,便是猜重,略舉已見一斑。歸結到十點,謎只打去兩個而已!

二十五日,赫定先生病愈。同決定請希淵到旅部向劉旅長道歉,并托他打電給楊督請他趕緊寄來現洋兩千、五千塊銀的票子以便早日遣歸蒙古人及開消雜費。午間陳局長送來菜兩桌,做的很好。餐時,劉旅長來,擋駕不見。晚將“看燈謎”及“普通謎”全撤,止留“炮謎”,結果比昨天好一點,然打去者終不及十條。

二十六日,本日無大事。燈謎本定昨日已完,然今日燈未撤,日間同晚晌還有人來打,我們也間加幫助,比方説,地名指定何省，四子句指定在《論語》或《孟子》，他們乃又打去四五條，九點鐘已無人，乃撤燈。此次謎戲可爲大失敗：三天中打去者不過十幾條，較我們原來三百條的計畫，相去天淵。然我們的炮謎，比方説，"唾面自乾"打"犯而不校"，"歲月不居"打"時遷"，指明何書，全打不出，我們還能有什麽法子！

二十七日，同赫定先生出拜客，見沙親王、劉旅長、阿副將、朱縣長、陳局長諸人。在沙、劉處談甚久，聞劉言，始知他誤聽希淵的話，以五千元的票子，誤會爲五千票子，他從寬處計算，請寄來三千現洋、七千兩票子，然只合洋五千，尚差一千。他説他同沙親王、朱縣長要於三十日在堯樓請我們吃飯。歸已五點餘。

二十八日，今日帳房已一文莫名，柴煤皆賒賬，乃寫信給劉旅長借票銀一千兩。昨日在沙親王處看見他的獵鷹，他説可以讓它們獵兔，如果團員想看，可以告訴他説。今日全體團員皆想看，乃寫信給沙親王，請他刻期。晚赫定先生接華志電一封，説迪化氣象測侯所已得允許。他又接錢默滿信一封，説甘肅並没有强趕他們，現在還可繼續工作，不過自益占起身後，測侯所中止剩洋十五元云云。

二十九日，早，沙親王派人送鷹來看，但如欲觀其出獵，則必須到西邊十里内外戈壁上始可，因派人到堯營長處借馬，他又出去轉借，歸結十一點鐘始出發。去者我同丁仲良、春舫、獅醒、海德、郝默爾、馬學爾七人。此爲我平生第一次看打獵，亦爲第一次嘗到打獵的趣味。此時日暖風和，天山矗矗，曠野荒荒，飛馬馳驟，已令人起一種不可名言的快感。已而走兔疾躍，健鷹驃怒，捷下一擊，頃刻已獲其三。走馬馳觀，見鷹以兩爪抱兔頭，目光如炬，奮啄兔腦；飼鷹者乃代之破兔腦，便彼熱飲，蓋不如是，則彼以後見兔，即不下擊。又向前行，未幾又得一兔。時天已兩點餘，乃旋歸。飢馬戀槽，奮迅異常，此爲我在秦皇陵馳馬後第一次走馬，至爲痛快。到寓後，劉旅長來，談頗久。

三十日，今日下午赴宴，主人爲沙親王、多統領、劉旅長、朱縣長；但多統領因牙疼未到，命巴營長代作主人。就坐時繁文縟節，赫定先生同我一概不懂，頗令人手足無措。劉旅長與我同桌，他很能談，總算這邊不多得的才具，然隱君子又何能作事！畢宴歸時，天已定黑。

三十一日，今日我們還請哈密官紳，坐仍假堯樓。因額濟納河氣象測候所事，赫定先生想把從北京帶來張廣建給甘州鎮守使馬騏的介紹信寄去，但不得本地官吏的特許，又要轉到迪化，因席上同劉旅長商議，將信給他看，並且允許把信底抄給他，請他電請楊督放行。並且今早計算省款即寄來，亦尚不敷千元，因前幾天劉有可暫借之說，所以同他商借。歸結他兩事全不敢作主，推之省城。今日多統領到席。

二月一日，多統領來，談次問赫定先生，聽說外國有帶望遠鏡的槍，我們是否帶的有，答言團員自已帶的有；他就要看，即找出望遠鏡讓他看，他心中很喜歡，就想要，不過槍枝已被封，止餘遠鏡無用，乃暫置下。他去後同赫定先生坐車出游，共到左文襄公祠堂、伯錫爾祠堂、將軍廟、回王陵寢、九龍樹各處。今日十六營長還席，坐仍設堯樓。劉旅長來到，聽說病了。談次，赫定先生問沙親王喜歡什麼東西，他可以送他，他說聽說歐洲有一種鏡子，從山上這面可以看到山那面，答言現在世界上並無此種東西，他簡直不信,給他解説半天,他才置下。今天聽説七千兩票子,已由沙親王處兌來。

二日,早,巴營長及老營長同來,奉多統領命,送我同赫定先生熊皮各一張。並説多統領看過槍後,回去喜歡地一夜没睡好覺,請我們無論怎麽樣或賣給他,或送給他。問他槍現在封閉,怎麽樣辦,他想種種法子,大有不顧一切、不得不休的氣概。請他同劉旅長商議,晚半天來,説同劉旅長商議好,等到迪化檢驗時取出再説;然終恐此槍入人手,先將望遠鏡索去,始爲放心。此位活佛,乃爾"見獵心喜"若是! 早晨堯營長來,談及車輛,決定後日大隊全走,止留拉爾生同米綸威留此待款,處理善後。

三日,今日改變計畫:明日我同赫定、丁仲良、郝默爾、那林、貝格滿、海德、李伯冷先行,其餘遲一兩天即全啟行;至拉爾生同米綸威仍照前議辦理後事。同赫定先生出辭行。見沙親王,他仍執説穿山的望遠鏡,無論怎樣解,他全不信。

四日,早將起時,拉爾生送來半農電一封,大意謂由二月起,另籌款項交給季芳,請勿歸;氣象測侯所事正設法;私人購物件須匯款;團員薪水請赫定先生電德華五月後續付云云。與赫定先生説過,即擬一復電。沙親王、朱縣長、李營長等皆親來送行。至十一點,箱件上齊,車夫又去喂馬,只好等着。劉旅長派人來送食品。堯營長來,説四點鐘可以起身。四點果能出店,但過官車局前,車夫又裝料要錢;馬不合適,又要改套,忙個不了;真動身時,太陽已經入山,六點鐘已過。月色甚佳,天氣頗寒,九點已至零下十二度。八九點時,路左有回村,名二十里圪墏,車夫往喝茶,耽誤頗久。月下車夫(皆纏民)行歌相答,可破沈寂,然腔甚直,不能成調。十二點前後,途中尚有行人,足徵居民尚繁庶。車中頗可以睡,但因天冷,不敢大睡,到頭鋪時已至**五日**三時,老營長接入營中,茶點麵包羅列案上,時大家已甚飢,即吃到將飽,以爲畢已可就寢,然彼已預備有飯,立時即開,始爲蒙古式煮肉,加以漢式小菜多種,後又爲粉條煮肉捲,味甚美,並有酒,五點鐘許酒醉飯飽,乃就寢。八點鐘他們已起,來往頻數,睡不着,即起。晨餐與老營長談,我雖說同他已見過多次,然因爲他不大說話,疑惑他不會說漢話,其實他的漢話已全能達意。餐後郝默爾要診視一病人,請我翻譯。病人爲一蒙古兵士,年幼力壯,然患肺癰,延及腹部,至腹漲大,雖尚可治,然必須開肺取膿,在此地已無法下手,而病已深,不能到迪化去,遂成絕望,郝默爾止好給他幾片止病藥,使他死前少受苦痛而已。午餐,初仍爲蒙古漢式糅合之肉菜,後爲餛飩,亦有酒。此地飯甚清潔可口,且老營長親執僕從之役,尤爲可感。起身時十二點已過。車中少睡,至二鋪時已三點半,因馬有病者,換馬耽誤半點鐘。頭鋪纏名ㄙㄨㄙㄍㄚㄦㄚ。二鋪纏名ㄚㄙㄉㄝㄖㄝ。二鋪居民八九十家,纏民爲多,漢人不過十數家。又睡。六點鐘後,路頗有起伏。至三鋪時八點已過。希淵派人送帳篷竿子,並帶來兩電、幾封信,一電爲韓普爾寄赫定先生的,說接到益占一月十五日信,說他將被送至蘭州,錢默滿也許需要至蘭州;一電是益占昨日下午自涼州發的,文爲"巧電悉,叶被送至蘭,乞速設法,叶支"。復一信與希淵,交來人帶回。旅店中土室內有土炕,炕前有高土墩,上置火。屋上留洞爲天窗,我住的屋子,除天窗外,無他窗。寢時十二點已過。

　　六日,八點鐘起。三鋪纏名ㄉㄛㄍㄨㄑㄧ,居民四五十家,漢民只數家,大約皆經商。昨晚聽王殿臣説及"南陽府北關"數字不知所謂,也没有問他。今天才曉得一店中伙計吴姓爲南陽府北關人,固吾近鄰。他已來此地六七年,他從前曾在燉煌種鴉片二年,他來時曾在燉煌失路,不能得水,同行九人,渴死者七。我告訴他説我是桐河人,他説在哈密還有一宋姓銀匠,即爲桐河人,此間止有他們兩個南陽人云云。昨天本説今天十點動身,然至九點除我同仲良,尚無一人起,十點早餐尚未作成,十一點始早餐。車夫又遲遲未肯套車,急催,起身時已將一點。村外有白骨塔二,爲光緒十年所建,大約爲西征戰死將士埋骨之所。出村路升高原上。兩點半道右見人家,村名ㄏㄨㄦㄐㄧㄚㄅㄧ。將三點路旁見坎井,纏名坎井曰ㄅㄚㄦㄞㄙ。三點半,路兩旁有人家,仍屬ㄏㄨㄦㄐㄧㄚㄅㄧ,漢名柳樹泉。過此則爲戈壁。將八點,抵三道嶺,止宿。三道嶺纏名ㄊㄚㄦㄤㄑㄧ,有纏人一家、漢民二家、漢回兩家。

　　七日,八點起,出到村中一游,西邊高處有一關帝廟,土房三間,外環小院,門加鎖,外觀尚整齊。此地漢民只兩家,而關羽之威靈已到! 轉下,水寬盈尺,流聲潺湲,水上頗有樹林,曠漠中亦稱勝地。歸問店家,知前些年人家較多。九點早餐,以爲十點前可出發,乃車夫又推有二馬太疲,終夜不吃草,現在開始吃草,不如等一等,只好聽之。起身時已十二點。今日天少有風,氣候頗寒。出村向西北行,仍爲戈壁。少眠。兩點一刻道左有一回村,名ㄊㄛㄅㄞ,止纏民一家,但男婦甚多,皆新衣,詢爲娶新婦者,惜無暇不能下往觀禮,看倨郎跳舞。過七點鐘,抵梯子泉,纏名ㄜㄦㄅㄝㄅ,破屋頗多,然止有漢人一家,廟一坐,閒内供各種神靈。有泉,居民種田兩石餘,聞水僅敷用。然從前居民頗多,恐經疏濬,定可養不少人民。他們無以解於居民遷去,則稱破屋間有鬼,我說原來並不見得有鬼,現在倒有幾個,就是洋鬼子;又說你們如果看見,可以告訴我說,我可以捉幾個來讓你們看,他們亦爲之莞爾。車夫卸車喂馬,耽誤兩點多鐘。車夫首領ㄚㄅㄌㄚㄏㄥ説堯營長每天每馬給十斤料,數量太少,所以馬乏,赫定先生初信爲真,允許他們加料,其實每馬每天料七八斤已經敷用,他們不好好買料喂,任意欺騙,其情可憐,亦殊可恨。及赫定先生問他現在每馬要喂幾斤,他說要喂五斤:命他將五斤拿來看,他乃一去不肯回,其他車夫亦全去,半天回來,乃推言此地没有料買! 決定明日起,請那林嚴行監視。九點半後起身時,明月已上,夜色甚佳。在車中眠。十二點醒,則道右岡巒頗多,車似行山足。後即半眠不寐。抵瞭墩時,已過八日兩點。煮茶少餐即寢,大約已將四點。店外尚有一人高唱入雲,後爲人所呵止,然未幾在遠處又引吭高歌,但因道遠僅可聽聞。月下高唱,本多雅興,無怪斯人之不甘暗默也。不久即睡着。早八點醒,起時九點。少吃東西,出到村外一游。店鄰即爲一鳌卡,因哈密可繞越,故又設分卡於此。對門一家門前掛方燈一對,雖無甚奇特,而四周貼采紙剪花,楚楚可觀。村外西頭高處有廟,門封半截,跨牆始得入内,未知何故。中供紙寫馬王神位,貼牆上,無龕。右龕内有木牌,供城隍神;左龕内爲紙印土神像。村西北爲墳墓。村東北高處有坎井,下有大池,現已結冰。池上有龍王小龕。聽説此坎井爲前幾年一纏民所穿,但因此地多石,穀能生不能長,遂爾廢置。再東有關帝廟三楹,外有一大院,規模較三道嶺子的廟爲大。内供關帝外,尚有財神馬王及其他各神。内有一修廟時捐款木牌,廟爲光緒拾此字不明。年所修。哈密各官員皆有捐款，多者八兩。外有一木刻楹聯，爲長沙一王姓直隸州所題。他説廟前水可療病，然問店主人，他説現在並無此説。廟後有一土墩，高兩丈餘，中置一木梯，登上可以望遠，大約即爲瞭墩自身。墩前廟後，廢屋極多，疑爲當年營房一部分。再東又有一房子，亦似廟宇，但内空無神像。此地店家三、郵差住家二，連鑾卡不過六家，神幾與人同多，可爲一笑。轉南爲舊營房，聽説前清時駐兵一營，民國後撤廢，現有兵二人看守。歸午餐，車夫因馬乏，請遲至太陽落時再動身，但如此則大家全不能好好睡覺，因決定明早日出時起身。餐後叫店主人來問，據説從此間，如果從十三間房走到鄯善，不過三百里光景，並且那邊雖號風戈壁，而近幾年來並無大風，草亦比大路好，現在纏民兵士大約走那邊云云。我問他我們漢人何以不走那樣近路，他説那邊緊的很，但並非人患，却是鬼患，我們到那裏，常常向東反西，迷路喝死，迷信莫破。又説此地只有田二三斗，屬於看廟一老漢，外並無田。今日又得吃西瓜，色不佳而甚甜。

　　九日，七鐘起，起身時八點半。今日路皆矮山坡，時上時下，馬行頗艱困。一望沙石，不見居民。車中時眠時醒，醒時[1]繼續看東土耳其文法，看了三天，字母勉强可以分别出來，至於真同字母熟悉，恐怕非等一兩月後不行。然在此地，耳朵天天聽到，先記字，後識字母，亦一巧法。五點半，抵一碗泉，止宿。"窮八站"從瞭墩起，故此地荒凉特甚，無樹木，止有旅店兩家。我們所住爲一大店，正房土屋三間，厢房數間，一概無門。水聽説不很好，然味

---

[1] 編者注："時眠時醒，醒時"，原誤作"時眠醒醒，時時"。

不鹹。昨日海德接到華志、韓普爾信各一封,據說楊督允許我們在吐魯番、古城、伊犁一帶作氣象觀測云云。

十日,七點起,到村外一轉。東邊路旁有五石墩,未知何用。轉西有乾河溝,溝底有二井。昨晚因厨子催水,吸鴉片的店主人即推說離井四五里遠,其實尚不及半里!溝西岸坡上有一廟,廟內神牌漆黑,未知何神,看新年對聯,當係關帝,然下層對聯却係普通神對,並且今天晚晌所住店,大門上即貼"志在春秋功在漢"的對聯,然則僅此對聯,尚不足證明何神。起身時九點一刻。未幾即起風,雖不甚大而寒氣逼人,聽說十三間房南離此地不過六七十里,豈風戈壁仍將示威歟。今日路似行山中,不過山雖有石而不高,路比昨日平夷。兩點半即抵車軲轆泉,地已屬鄯善。地在山谷中,有店三家,中間爲官店,上房尚與前幾天的相仿,但中間已喂馬,馬糞遍地。我們所住爲偏西一家,極爲卑陋。店後山上有廟三,雖小尚整齊,少息即往觀。山腰廟二,各一間,東邊供關聖文昌龍王馬王,兩邊供天地君親師,山神土地。山頂小龕內神木像已殘,未知何神。東廟前有字紙爐。此數廟皆爲民國十五年所重修,提倡者爲錫姓,聞爲駐七角井子之一武官。廟外有一鉛印招貼,仍係此錫姓所出,因彼供奉湖南周必達家竈君有效,特出此帖以爲竈君廣招徠者。外店中墙上尚有關聖帝君感應文各種招貼,亦鉛印。此地文化至低,比方說,春聯貼得亂七八糟。而迷信乃發達如此。聽說此地每年自陰曆二月到五月,平均每十天總有一次大風,三四天小風。自六月到九月,風仍有,但較少。其餘各月無甚特別云云。

十一日,九點起身,路在山中,山谷頗狹,但皆向下行,馬頗省力。車中少眠，醒時十一點，聞已出山半點，前望爲一平原，但路左亦有山。一點半後又見樹木；兩點半抵七角井子，止宿。此地四面遠處皆有山，爲向古城分路處，故有電報局、郵政局及縣佐一員。居民有人説七家，有人説十二家，大約因地貧薄，房子雖有十幾所，實在並無十家。纏民二家，皆開店，我們所住即一纏頭店，房子與車轱轆泉相上下。外官店上房中亦遍集馬糞。據店主人説，他們來此地挖坎井，但不得水，遂棄置不用。接到希淵電一封，文爲"省款全到，全體文日離哈"。縣佐來談，即奉養湖南湘鄉三十六都周必達家竈君有效的錫鈞，在此地已四年。

十二日，因今天站頗大，俗稱一百六十里，然據 Stein 圖，不過五十公里左右。且路難行，故兩點半鐘即起。然因昨晚雇好六七個騾子分運箱件至鄯善，而行李昨晚並未整理分配好，故今日出店門，已五點一刻。今日走天山谷中，小平原，南北皆有大山，開始路尚平坦。八點一刻後，至東鹽池，纏名ㄍㄨㄅㄦㄜ。有泉，周圍尚有樹木，有官運分局一。聽局員説，鹽池在此地南十餘里，每年出鹽百餘石，由官運哈密；至西鹽池則止出硝云云。外無居民。有阿訇墳一，後有塔，前有室有院，尚新整。車夫纏民跪在墓前祈禱，頗虔誠。入內則滿壁布扁，全是我們漢人所掛！無非"有求必應"等字樣！最古有至光緒二十二年者！外有店一所，房屋頗整齊，但杳無居人。停半點鐘復行。自此後轉向西南行。十一點後，路上皆大石子，且漸上，極難行。此時除東面不見山，其餘三方皆層峰叠嶂，雄偉渾厚，前對蒼山，疑無路可通。我從民國四年游 Pyrenees 山後，雖頗好游，實未見大山；今年始得見天山！四點鐘至山根。入山百餘步，有廢村，名胡井子，纏名ㄧㄡㄅㄢㄕ。有井，車夫計算到這裏飲馬,然井已乾! 此時口頗渴[1],不能煮茶吃,頗已絕望,然未幾厨夫王從遠處山根尋得積雪一鍋,大喜。飲湯飲茶,喜出望外。過六鐘始啟行,由谷中上坡,兩旁山峻屬,景似佳絕,惜無月光,不能縱觀。七點許谷驟束,一夫雖尚不足當關,而一車已可塞谷,幾無餘地。八點許已至路最高處,以後即爲下坡路,比較容易。車中眠。醒已到西鹽池,看錶已十二點半。

　　十三日,待至兩點,茶尚未炖好,遂先睡,茶炖好,飲茶一杯,即眠。八點醒,九點起。此地止有店一家,然院子頗寬大,房子比前幾站亦較整齊。外有廟一間,内供“馬王”“土地公公婆婆”二神牌,有人在牌位上用鉛筆寫個亂七八糟,我國人的信仰,固止如是! 下一站據説有一百八十里之遠,按 Stein 圖,不過五十四五公里。所以必須午後把馬喂好,才能起身;出店門時已下午四點三刻。立時進山,初行時,且有極短一段向東南走,後轉西南。狹途逶迤上升,兩岸有時如削成,如果少加一點幻想者,定可説看見斧鑿痕也。六點鐘已出山南,但道左仍時見小山,路仍有起伏。又走一點餘,則山已全完,路全向下,頗易行。車中暗思幼年經過,頗想確定年份,然大體雖可知,而果在何年,簡直無法確知,己身的歷史已不易知如此! 凝思頗久,睡着時,大約已十點鐘以後。

　　十四日,三點左右醒,枯坐車中,曉月淡淡,微風冷冷,自有特殊風趣。五點左右,又睡去,醒六點剛過,抵土墩子,有店一家,外棄房一所,聞爲舊日官店。廟一間,因天早未往觀供何神。有樹木,無耕地。人馬皆早餐。八點又起身,路皆小沙子,尚少有上

---

①編者注:“渴”,原誤作“喝”。

下。十點半道右有破房一所。未幾戈壁盡而黄土始;黄土爲耕地所必須,固所切望,然立時塵土飛揚,如烟如霧,極惹人厭。前見一土寨,寨下有大村,至時十一點一刻。村纏名七克達木,漢人則叫作七個墩,不知漢語爲纏語訛變耶,抑或正反。漢田約二三十家,無漢人。纏民聞有一二百家,然皆散處附近。所住爲一纏頭店,房頂用樹枝加土,枝並不去葉,頗覺特別。少睡。起,往村東頭觀土寨。寨在土岡上,爲舊日營壘,已廢不居。大門在西北,入内,共有三層高垣,中有望臺,外破屋櫛比,聽説前十幾年尚駐兵。望見南邊土岡上似有廢堡,即往觀。距離不及一里。上東西有高墙二,相過不過二十步,且甚厚;西墙並有許多孔穴,中間有如廢竈。外尚有廢矮墙多處,終不知何用。地上亦有極普通的陶片。少息即歸。途中見寨内有屋甚整齊,又從南面缺處進,往觀。進時見泉水頗大,自墙下流出,然則此寨固屬舊時營壘極善地。屋外有小院,中有龕,坐,但已無神像。梁雖未雕而固有畫,爲光緒二十五年所重修。今日天氣甚暖,溫度爲零上七度四。出時穿衣太多,出了不少的汗。據 Stein 的圖,前晚路最高處,爲四千八百英尺,此村止餘一千五百英尺,比較如在穴中,則氣候的溫暖固宜。寢未八點。

十五日,因昨晚定今早三點鐘起身,我們睡覺的屋子又同厨房隔壁,他們起來作飯,話説個不了,我簡直睡不着,以後聲音少静,才又睡着,起來時倒反在他人以後。車出店門時,則已六點三刻。八點許過一小水溝,前兩車幸平安過去,我的車陷於溝中,不能出來,乃卸下前車的馬,套到上面,才勉强拉出。共陷五車,輾轉卸套,耽誤將一點鐘。九點一刻,過一回村。十點半前後,又過一村,在路旁有一家,聞係漢人。兩點半,又過一村,名三十里大墩。三點半後,則水泉、樹木、人家,連亘不斷。道左遠處望見沙山,晚聽赫定先生説,大約下有山嶺,上被沙蓋,理或當然。四點半入八栅,八栅即 Bazar 的譯音,土耳其文原意爲陳列多物的商場,引申爲回人經商之所。此八栅屋宇頗巍矣,聞居者漢回爲多。出八栅不遠,即抵鄯善縣北關止宿。本意想明天仍接續走路,但車夫及護送蒙古兵皆言馬太乏,明天非至太陽落時不能動身,乃決定後天早走。

十六日,九點起。昨日本預定今早出游,訪縣長及巴營長後,至館子午餐,叫纏婦跳舞作電影,然今早因赫定先生晚起,李伯冷説作電影宜趁天早光强時,乃令店主人將跳舞纏女叫到店中,店主人始以爲可以,乃來以後並無女郎,問他們,他們説女郎不肯來店中,止有男子代舞。起初三人合唱,一人跳舞;唱者手中各執樂器,一鼓,但不用桴,以手轉之作響,内有多環,轉時可以助響;一用弦,與胡琴大同小異,共弦四,一邊三,他邊一;一用山羊角,他端鑲鐵,上套鐵環二,上又有小環無數,震之作響;外又有大海螺一,吹之作響。唱聲與跳舞相和,聲調頗類道情。此人跳舞畢,後有二人合舞,大約有一個是表現女人的。跳舞美麗的動作,雖有亦不甚多,至肉麻的運動,則觸處皆是。聽説女子跳舞亦完全如是。畢後午餐。出拜訪縣長,縣長徐君,接印才五日。拜巴營長,未遇。歸晚餐。縣長來回拜。餘時因求醫者甚多,總給郝默爾作翻譯。

十七日,起身時將七點半。未起身時,又有很多的病人來請診,但郝默爾無暇,止好作罷論。將一點路右見一大村,名ㄏㄢㄉㄥ,聽説共有三十户,却有千家之多,漢人二三十家,漢回二三十家。再前又有一村名二工,共四十户,止有二百五十家,皆纏民。四點鐘抵連木沁,止宿,此地六十户,共三百五十家。這些數目全是店主人所說,皆兼附近人家而言。漢人十四家,漢回二十三家。今日路右離山頗遠,兼之天色不清爽,不能見大山,只見道旁黃土坡坨起伏。路左離沙山較昨日近,且似較高。

十八日,早起,到街上一看。十字口墙上有告示數張。其有關係者:一係禁止纏民携帶小刀鬥毆傷人並"央哥結群慰郎";一係禁止吸食麻烟。街上生意尚不少。街東頭路南室内有群兒呷唔,似係學校。歸問店主人,據云原係官學,近來没有辦①,今年有人在内收一私塾;至麻烟雖已禁止,然吸者自吸。我問他有没有,他立時拿出來,我試吸了半袋,也没有覺到什麽。據郝默爾説,這大約就是 Hachich,是用麻稈内所出一種膠質熬成,名字與麻烟亦相符。他們吸時,仍用平常用的旱烟袋,攙以烟草,然後吸食。據説没吸過的人,吸食可以暈醉,如繼續月許,即可上癮,上癮後不吸,就要好發脾氣、打架鬥毆云云。九點半鐘起身,路如昨日而水泉頗多,路左沙山更近更高,路右烟霧中時見帶雪的高山。十點二十分,路左有一廢堡,高約三丈餘,長寬皆三丈許,東西有門;内分兩層;墙上炮眼甚多,時代當不甚久。一點半鐘至蘇巴什,爲一纏頭村,據昨晚店主人所説,則此地附近共有十户,一百五十家。過蘇巴什則大樹流泉相望,到處坎井,地皆墾闢,農人已開始灌地碎土,風景甚佳。聞附近有鄯善吐魯番分界牌,然因時

①編者注:"辦",原誤作"辨"。

假寐車中,故未見。聞有一村叫作勝金,但人家相望,不知何時蘇巴什止而勝金起也。四點路轉入山,山闕處有河,路隨河行。河上流水不大,下流漸增,潺湲有聲;有一處且有一小瀑布。山為板狀泥沙岩,不甚高。五點路左岩中間有佛洞三四處,未下看。五點半抵勝金口。村有十數家,皆纏民;駐兵數人。因ㄅㄚㄦㄚㄏㄡㄔㄚ及ㄅㄝㄕㄝㄎㄌㄧㄎ離此不遠,商議許久,決定明早早起,除赫定先生及那林外,餘皆騎馬到ㄅㄝㄕㄝㄎㄌㄧㄎ觀佛洞;歸來後,大隊先走,我同丁仲良、郝默爾、貝格滿同到ㄅㄚㄦㄚㄏㄡㄔㄚ觀古城,晚仍回此地;後日早起往吐魯番。

十九日,早起,同仲良、郝默爾、貝格滿騎馬到ㄅㄝㄕㄝㄎㄌㄧㄎ,至於海德同李伯冷則步行前往。去時馬行奮迅,間以跳躍,騎着頗為費力。順河流上溯,過一橋,向西入山谷中,谷中有小河。不及一點鐘即到。佛洞在河右岸土山腰。初到所見數洞,采色猶新,佛像間有存者;畫筆工細,儀態萬方,可惜完整者全被 Von Le Coq 切去——或可云竊去——運往柏林,餘者皆被回民將眼睛或面孔打壞。上多有漢字,或述經典數語,或標佛名。再南各洞,佛像較質樸,與前數洞當非一時所繪;佛名上前數洞作“南謨”,南邊則概作“南无”,亦足備一證。南邊諸洞,下截大佛像皆已為 Von Le Coq 切去,但圓頂上小佛像則完整者尚多,惟面孔幾全被泥封。泥迹甚新,疑切取者有意再來,恐被土人殘毀,或被他人切去,故遍用泥封之。有一洞内,原來佛位後有複室,室後壁有門,然被土坯封閉,但有一孔,由此孔可看見内尚有複洞和壁畫。再南則泥岩塌下,洞止存半。總之此古迹雖被殘毀,然留遺尚多,有保存的價值。洞下臨河;山上雖無樹木,而北望雪山,南望亦層巒叠嶂，風景甚佳。歸換一馬，間走間小跑，不作跳躍，比較省力。
到店十一點半。午餐後大隊預備起身；我同他們三位又換馬到
ㄅㄚㄦㄚㄏㄡㄔㄚ。出山口，循河下去，人家不斷，我們因爲不曉
得路，所以到村內繞灣甚多。歸結找到，則城頗大，據說城正方，
長寬皆一公里，然依目睹，東南缺角，實非正方。城①墻無黑城的
完整，内敗屋壞墻，到處皆是；也有新居民，地皆墾種，且見居民除
墙爲糞！屋頂存者皆圓。東南方有土塔，前有屋，佛像尚存，有切
斷痕迹，完整者已無有。但就殘餘，可推斷此處繪象丰味，大異
ㄅㄝㄕㄝㄘㄉㄅㄣ。東方中間有土塔，餘三層，周圍有佛龕，但已
無佛，只存剥落的繪畫。就剥落的痕迹看起，可斷定有人成心毀
壞。此類古城，實極可寶貴，早應妥爲保存，然第一由於宗教的瘋
狂，第二由於我國人知識欲的昏惰，第三由於帝國主義的考古家
的盜竊，遂致殘毀若此，實可痛心！出頗渴，尋到三埔，始得一瓜。
歸天尚未定黑。

　　二十日，起身時八點一刻。騎馬。今日馬雖不神駿，然如它
馬奔馳，它也還不至於大"瞠乎其後"；我騎了一天，也少得若干
熟習，所以省力的多。沿路彌望皆坎井，足徵田功之勤。十點半，
道左有一家纏民賣物者，地名大東。將十二點，已入吐魯番城近
郊。道右有一所大屋，門前有扁，曰"真一不二"，或爲一回教堂。
院東南隅有一塔，高約十丈許，雖土築，且外不見層次，然花紋玲
瓏，頗爲美觀。止最高處有一周門，下則除數長縫外，不見門窗，
疑内當暗黑。鄯善徐縣長告訴我説吐魯番城外有蘇公塔，或就是

――――――――――

①編者注："城"，原誤作"域"。

指此塔。十二點半到店，店尚在東門外，甚迫狹。午餐後同赫定先生進城拜訪本縣王縣長、雲南人，名大同，號保和。黃游擊。湖南人，名遠鵬，號炳森。據王縣長説吐魯番舊城内居民約六七十戶，新城内約六百餘戶，漢民甚少。歸，因昨日爲赫定先生生日，今日給他補壽，即在店門上小樓請大家吃飯。本預先告訴館子説，令他兩點後不要再賣坐，然當我們五點鐘上樓時，他桌上尚有若干公人在那裏五魁八馬，鬧個不了，也只好置之。席間，赫定先生接到電報三封：一係在迪化團員給他賀壽的，一係轉抄益占從甘州致韓普爾電，一係拉爾生從哈密來電報告十一日蒙古人已東返，十二日團員及駱駝皆動身西來。未幾，王縣長來，即請他上樓同坐，他坐公人聽説，逃個乾乾净净；以後聽説，他們全是巡警，内還有一什長；跟隨縣長的徐大爺，就是管巡警的首領，他看見什長在那裏，敬他一"熊掌"，所以他們逃的那樣快！王縣長人極忠實。談及他曾購得二殉葬瓦罐，即派人取來，看後，即贈與本團，盛意可感。散席後已九點餘，少談，即寢。

　　二十一日，昨夜天氣甚熱，我把從前所蓋，撤去一半，才能睡覺，真不愧火州之名。昨晚車夫的什長同蒙古的什長，——尤其是後一人，——用盡種種法子，想多在吐魯番城内多住一天，赫定先生不許。今早黃游擊派人送一羊。起身時十一點。穿過舊城，舊城西二三里爲新城，城爲安集延酋阿古柏官書上或名之曰帕夏，然帕夏乃職名，非人名也。所築，城甚大，市廛繁盛，遠勝舊城。離新城時將十二點半，在車中少眠。途中多石，故車行震動的很利害。三點後道右沿谷有一回村，名ㄧㄚㄇㄕㄕ。谷中有河，過河上坡，坡長道險，馬行艱難。登後少息，三點半前行，路較平易。車前已見一種小蠅，成群亂飛，時復刺人。節侯剛過雨水，而蠅已出，足徵天氣。一望荒荒，不見有坎井。五點多鐘聽車夫説蒙古什長在吐魯番逃掉，大爲詫異。八點抵一地，名ㄅㄥㄅㄥ，止宿。後聽赫定先生説：蒙古什長並未逃掉，乃係喝醉，在馬上墜下，槍也掉了，馬也跑了，他乃蹣跚到一民家，大怪其居民，以後兩個蒙古兵來，用鞭子把他重打一頓，才把他打醒，至爲可笑。未幾一個蒙古兵來説他們的什長馬已經找着，又回吐魯番去，路上尚未知死活，請允許他去找尋，赫定先生即命他去找尋。

二十二日，此地止有一纏頭店家，並無其他民居，然係官店，房屋比較寬廠，出外一看，墻垣一切整齊，大約主人尚爲勤奮。谷中水流潺湲，樹木葱鬱；上有耕田，風景頗佳。據主人説：此地有田四五石；全是他家種，他家有二十六口之多云云。十一點起身，一望戈壁。車中眠一時。將兩點，道左有一家，地名鹽山口。有一纏頭居此賣茶飯與行人，據他説他去年才來到此地建屋，從前止有破屋，并無居人；水在南邊山內五里許。休息半點鐘復行，仍屬戈壁，又復睡去。醒，靜坐車中，一望戈壁荒荒，石子壘壘，似毫無足觀，然遠山蒼蒼，層叠頗多，令人起深遠之思。五點半，抵一村，名頭道河子，有店兩三家，小河一道，無耕地。仍繼續前行。六點後略有風，八點抵三道河子，止宿。此地纏頭名ㄍㄡㄎㄦㄜㄍㄚ，有店兩家，漢回一家，纏頭一家，無耕地。

二十三日，早起出店門一望，門前有水泉，且有草場，據一告示，此地乃屬一官家牧場。村右有風伯廟一間，尚整潔。廟中鐵鉢爲光緒甲辰年所鑄，餘扁對年月皆在後，或即是年所修，此地無漢民居住則廟當屬官家建築。據店家説此地多風，每年從九十月起，至二三月，十天中平均有三天大風,夏日風略少,頭幾天已經連着刮了五天云云。起身時十一點一刻。出店門未遠,即上山坡,坡雖不斗峻,然已甚艱困,車五步一停,十步一歇,慢慢地向上挨。走了一點鐘後,路始少平易,然仍漸向上。從前在蒙古地,以爲極荒凉的了,然那邊植物尚多;至於昨日及今日所行底路,除了很少幾處外,幾全不見植物的痕迹,不過每天尚能見幾次居民爲略愈耳。三點後在車中眠一時,醒則路又下降,略見枯草。五點道右有吐魯番和迪化交界牌。下坡即白楊河。地有漢回店家一,纏頭家一,無耕地,河亦乾無水。少息仍前進,路頗有升降,但尚易行。八點三刻至後溝止宿。地有耕田三石餘,止漢回一家,開店,兼種地。

　　二十四日,昨晚即聽見流水奔騰之聲,儼如風雨驟至。今早出店一觀,四面皆高山,中有河流,雖寬不過丈餘,而水流頗急,故汹湧砯湃,聲擬巨流。谷上樹木茂密,如逢春夏,風景一定佳絶。十點剛過,即起身,開初路隨河行,面前高峰刺天,疑無路可通;叢木枝柯交横,時礙道路;路雖崎嶇,而景物幽静,實飽眼福。十一點路離河右轉,登達坂,達坂者纏頭語,聲爲ㄉㄚㄅㄢ,意爲山徑。此後坡已峻厲過昨日,除赫定先生外,大家全下步行,路險馬瘏,困不可言。但回望山徑,則意態絶勝;剛才刺天的高峰,轉瞬已與目光成水平綫,山外有山,帶雪高聳,有俯視一切的氣概。再向前行,則回觀高峰,已成培塿。一點十分至山頂,少息即下,此時出杪的馬全行卸下,止一馬駕轅,下時頗爲兢兢。一點五十分下畢,因須再上更斗峻的大坡,休息至兩點十五分,八馬合曳一車,先上四輛;每一車二人合御,呼號鞭策;坡並不甚長,而需時四十分,四輛始全至頂! 又將馬卸下,曳另外四輛,至三點三刻,始全到! 再下，則路較平易。四點四十分，又遇河，因天暖雪融，汹湧過下流。聽説沿河有小路，人馬可行，近便的多，但不能通大車。出山得一小平原，草木豐茂，流泉灌注，屋宇相望。出哈密後，雖時在天山中行，然雪山不多見；且空氣濃厚，少遠即不能看清楚。今日天朗氣清，遠觀平原外雪山連亘，夕陽將下，色彩分分秒秒，變幻無窮，坐車門外，目不轉瞬，猶恐勝景有失。此時神無旁注，可謂"心疑形釋"，與美麗自身，融合無間。事後追思，覺昔人想用不可靠的詩詞圖畫等物，描寫萬不能描寫的奇景，殊屬多事。六點半抵達坂城，止宿。今日兩次上坡皆步行，餘則坐車。

二十五日，此地及附近人民二三百家；漢民二十餘家，纏民數十家，其餘皆漢回也。駐守備一員，兼有省城派來收糧者。漢此地多糧，故有一倉。街上生意不甚多，糧店却有好幾家。今天因爲在吐魯番所要底八匹馬要回去，要另外找鄉約要八匹，我們急催若星火，他們却遲之又久，直到快下午一點，始全找來，又需要喂，出店門時，已兩點二十分。車中眠一時許。將六點，過破城子，有居民二家，一纏一漢回，耕地十餘石。未幾，路上頗有幾處小池沼，車行費時。七點四十分抵土墩子，漢回一家，無可耕地。車夫叩門進去，要什麼吃的全没有，止命煮茶一鍋，喝畢即行。車中温理幼年舊事，不能成寐，十二點後始少眠。車止復醒，問故則因赫定先生的車夫貪睡，致馬拉出道外十餘步，陷入小坎中，看錶，則已**二十六日**一點四十分。遲之又久，始行拉出，乃走不數分鐘又復錯路，且此時前邊尚有一車，載了許多婦人小孩，牙牙笑語，何人眷屬乃爾亦冒夜長征！抵柴窩鋪，已兩點一刻。至郝默爾同貝格滿已先騎馬到迪化。店中上房四間，寬廠整潔，爲出哈密後所僅見。餐後寢時已三點半。起九點半,風起頗大。此地及附近共有五十餘家,全屬漢回;耕地只有二十餘石。西南有一湖,頗大,聽說周圍有四十里,土人叫作海子,無他名;水鹹,內無出產。東北望見巴克達山,玄裳縞衣,聳身天外。十二點半起身,路尚平正,路旁爲有植物的戈壁。車中眠一時許。四點左右,道左頗有廢屋,但無居民。七點二十分,抵芨芨槽子,止宿。止有一家,外有一運銷分局。店門前地形如槽,芨芨草遍地,但無耕田。全日有風,灰塵障天。

　　二十七日,中夜仍有風,頗熱,將衣服掀去,然遂不寐,夜起,見已下雪。早雨雪交加,但無風,且不大。八點三刻動身,路頗不平。十點許入山,車行欹側,至爲不適。十二點後,出山,道旁有廢屋。未幾,遇韓普爾、華志、哈士綸及他一德人用二車來接,赫定先生同我及李伯冷乘車先走。雪已早止,路中泥濘頗多。過一村,有一房出賃,入觀,赫定先生覺不甚合適。路中聽說郝德到巴克達山二千六百公尺高處,觀測氣象。入南關,即爲舊俄租界,未幾抵寓,爲道勝銀行舊地,楊督撥給團員居住,氣象測候所暫設院中。午餐,督署所派招待員鮑爾漢來,鮑爲韃靼人,前屬俄籍,現入中國籍。因銀行裏房屋不敷用,督辦給我們另外一所房子居住,鮑去後,將往,有一德國、一荷蘭二傳教師來談,去後,始歸寓。安置畢,到澡堂洗澡。路不遠,但泥大難走,且有霧。聽說迪化近來天氣甚好,今日偶爾有霧。澡堂爲老戛夷人開,爲迪化最好的澡堂,一屋外有坐可脱衣,內小間有木坐位兩層,有冷熱水管,澡盆甚小,取水自洗。室內甚熱。僕役爲一哈薩克人,然頗能漢話。洗澡者男婦皆有。歸則有督署所派的招待員吳兆熊君號雲龍。前來，未遇，留一片。吳君並送來益占自肅州來信一封，家信一封。到時達三已拿出益占陸續來信四封，綜此五信，則甘省深恨持帝國主義的外國人，因我們從北京出，故頗有疑慮。且開始亦有謠言，說我們有快槍，有大炮，有飛機，有無綫電，所以省政府初電頗嚴厲，後經解釋，地方官對於我團事業頗表同情，但因省政府命令，不得不往蘭州解釋，或需要到鄭州解釋，亦未可知。益占經濟困難，至錢默滿同生瑞恒仍在厶乙夂乄儿云云。家信言京寓平安；接母親信，言精神甚好，看畢甚喜。晚餐後赫定先生因聽說德人 Trinkler 及 Fickeler 及他團員二人現在庫車，並擬往羅布淖爾，談次，非常憤慨。我國政令不一，外人可任便混入國境，至於正當地調查學術材料，反有許多困難，也很難怪他的憤慨。睡時十一點鐘已過。

二十八日，全日大霧，但未真正下雨。早晨吳雲龍來談，後鮑爾漢來談，說楊督改日定期接見，樊交涉署長名耀南，字早襄，湖北人。今日下午兩點可見。下午昨日同到的團員，除郝默爾因病未能去外，餘悉同往。街上到處泥深一尺。南關中間有一高樓若別處鼓樓式，聽說上爲財神廟。至城內街上車馬擁擠，頗不易行。至，在主坐者爲樊署長、鮑爾漢及另外一招待員格米爾肯。本屬俄人，現入我國籍，頗能漢語。樊甚客氣，大約說我們初到境時，因一信件頗有誤會，現已完全解除，對我們非常歡迎云云。問他 Trinkler 的事情，他說不知到，并要查一下子。出同訪郵務長英人馬古洛；他已在中國二十年，能漢語。五點因城門快關，出東門歸。城外大霧瀰漫，愈覺路途迢遠。到寓，除格米爾肯與赫定先生同來外，吳雲龍、袁警察署長名廷耀，字小彤，安徽人。同來。吳言楊督星期四、星期五上午十點皆可接見,因定後日上午十時往見。

二十九日,夜中仍雨雪,全日天陰。終日無事。請丁仲良將
Vossische Zeitung 去年十二月四號關於德國中央亞細亞探險隊
(即 Bremen 博物院所派底 Trinkler 及 Fickeler 等)的新聞譯成中
文,托樊交涉署長轉達楊督,請其阻止,并發一致理事會電。仲良
往見樊署長的結果,樊亦同深憤慨,即將請楊督電飭庫車羅布淖
爾一帶地方官,查彼等行蹤,即行扣留,以便要求交回采集品。樊
並言赫定先生昨日所要求底二事———一請允許那林、貝格滿、哈
士綸三人早日起程赴羅布淖爾,二請允許婼羌同和闐河兩氣象測
侯所,——已轉達楊督,楊督業已允許。晚餐時,仲良將消息告訴
那林,他非常高興,就起來向我道謝,其實這全是我們應作的事,
有什麼可謝!

三月一日,因昨日吃飯不合適,故睡眠不佳。九點半同各團
員進城謁楊蓋臣省長。我從前聽說他年已老邁,見後乃知不然,
他雖有六十六歲,而精神仍復煥發;他很喜歡談,評量當代人物亦
多中肯。他開頭的談鋒,很像還疑惑我們是激烈派,以後聽見我
們的話亦殊和平,也就隨便談開了。從城外歸,今日霧不甚重,頗
能見遠,路途的迢遥似減。歸寢二時。與赫定先生談,因他接到
一密碼電報,而密碼電報書却在米綸威手內,因擬一電致吐魯番
王縣長請他轉給米綸威,命他速派人將書送來。今日天陰,時飄
雪花。

二日,夜又雪蓋地皮。全日天氣如昨日。十點同前幾天同來
的幾位團員往拜劉教育廳長,劉爲湖南人,名文龍,號銘三,到新
疆已三十八年,現年六十。歸少息。樊交涉署長來。去後寫家信

一封。

三日，夜仍雪，日中時飄飛絮。劉教育廳長本言今日上午十一點來回拜，但早晨剛起，吳雲龍即來，説今天不曉得爲什麽，城門到現在還未開，劉廳長大約不能來。未幾鮑爾漢、格米爾肯全來，所言大抵相同；並且聽説是獄中跑出來兩個人，急於搜檢，所以城閉未開。下午聽説城門已開。晚餐時有狄德滿、馮考爾及李伯冷在這裏晚餐，暢談盡歡，飲酒甚多，郝默爾及貝格滿皆盡醉，我也少覺到有酒意。寢時十二點。

四日，天氣如昨。早晨李軍械委員名生芳，字桂軒，奇台人，兼教育會會長。來，談次知昨日並非越獄之犯，大約是甘肅所派來底使節，住在——或者更可以説軟禁在督署内書房中，款待甚優；不過他們不願留，即將所住房放火，並且逃走；一人已縋城，向西走四五十里，現全已捕獲云云。今日楊督請客，十一點鐘同赫定先生及各團員同去。談及昨日事，知二人爲舊日陸軍學生；並言失火處離藏軍火處不遠，幸督署建築堅固，墙甚厚，所以没有闖出大亂子來。暢談頗爲盡歡。中餐西吃，味頗佳勝。辭出時，李伯冷照像並作電影，時雪花仍復紛飛。歸少寢。晚餐時赫定先生談及由京向此地兑款事，決定請仲良明日見藎臣省長，問他是否能允許由他的駐京辦公處兑撥。歸寢時有月光而雪仍紛飛。

五日，天氣仍如昨日。擬一致理事會電，請他們派新生速來，並問電影及額濟納河氣象測侯所事，且報告 Trinkler 事。銘三廳長來。仲良兩點多鐘回，説藎臣省長已答應駐京辦公處兑撥，且聞我們的後隊於一號離吐魯番，然則當不日可到。藎臣省長贈團中《補過齋文牘》一部，隨便翻閲一兩本。晚同赫定先生決定由他寄給益占洋二百元,並擬一電給他。外仍請仲良明日仍進城見蓋臣省長給他回信,並問他在復電來前,是否能立時撥一筆款,因爲那林隊擬大後天動身,需款甚急的緣故。外由赫定先生致一電與德華銀行令其撥款,但必須在督署先問清駐京辦公處住址、收款人姓名始能發電。

六日,天晴。下午回拜鮑爾漢及格米爾肯二君。他們住的全不遠。鮑君居室前對雪山,院內并有樹木,夏日風景當佳勝。格米爾肯宅則完全爲歐式。歸晚餐時,赫定先生請鮑爾漢及一德國神父來晚餐。鮑君本一韃靼人,歸化中國,俄文甚好,回族一方面的事迹也還清楚,對於中國文也頗能寫能看,實一未易材。最令我詫異的,是他手下居然有適之的《中國哲學史大綱》。邊境閉塞,居然能有新文化的書籍,不能不令人色喜也!

七日,天晴。今日銘三廳長、早襄署長請客,十一點進城,從外城走,遠望積雪皚皚,凍枝疏疏;近觀則春暖雪融,自饒風趣,但轍中泥深,車行艱難。昨晚聽説後隊已到達坂城,以爲今天可到,然尚未至。晚袁署長來談。

八日,晴。早起未幾,見白、莊二人已先到,未幾春舫亦來,十點以後,大隊全至。終日歡叙契闊而已。晚袁署長來談,頗久。

九日,陰。看《補過齋公牘》。電致理事會報告團員全到。午間吳雲龍來閑談甚久。接益占信一封。

十日,晴。馬古洛請吃飯,進城時泥深數尺。在車中少不小心,污泥濺入眼中,簡直睜不開,慢慢揉搓,十分鐘後才能睜開,然仍有一大沙粒,直至吃畢飯後,才從大眼角流出!此時從郊外走,風景實在佳絶,但因泥大,中心常惴惴,大殺風景。晚擬一電致蔡子民先生，外希淵擬一電致甘肅趙、水二君，皆爲解釋額濟納河氣象測侯所事，擬明日呈藎臣省長閱後，即行發出。今日下午四點那林起身赴吐魯番。

十一日，陰，時時飛雪。下午同赫定先生閑談，知團中經濟困難，未知前途何若。希淵等歸，説電已允發出，且蔡電由無綫電發，因恐被甘省扣留故。晚袁小彤署長來談頗久。

十二日，銘三廳長、早襄署長來，并參觀氣象測侯所。晚接到潤章來信一封。鮑爾漢君來，帶藎臣省長來信一封，約明日到署内談，並吃便飯。

十三日，到藎臣省長署内小酌，未去時以爲他有什麼事待商，其實一點事也没有，不過是東扯西拉地閑談，同坐者爲銘三廳長及楊之堂弟一人。藎臣省長思想雖少舊而極清楚，頗足令人詫異。

十四日，終日無事，看去年的《東方雜志》，因感到歐美列強的縱橫捭闔，汲汲於修軍備，深爲歐洲文化前途捏一把汗。在歐戰的時候，我們雖絶不相信那一次的戰事爲最末一次的戰事，然而總希望人智更開，戰事更少，文化得有暇日以漸漸發展；乃從今日看來，人類不惟不因大戰而得教訓，并且還要變本加厲；各國政權全入於舊派之手，又加以ㄇㄩㄙㄡㄌㄋㄡㄥˊ的大瘋子，他這樣不惟使世界耽心，並且一定要把意大利引到絶境！然而這也並不是他一個人的瘋狂，舉世滔滔，他也不過更瘋一點罷！

十五日，無事，仍讀《東方雜志》。早有一俄國老人偓儴如丐，來找貝格滿，告訴他説已經走了，他拿出他來的名片，才曉得他就是俄國舊領事ㄐㄧㄚㄎㄡㄈ，讓他進客廳坐下。他也能説英國話、中國話，但是正說這國話，忽然又加入彼國字，非常難懂。他對於考古頗爲留意，手裏還有幾件古物，生活艱難，時常也賣幾件。以後聽說他自己不敢回俄國，兩個女兒在莫斯科，已經出了家，他老先生受激刺過深，精神上有點毛病云云。

十六日，同希淵一塊進城，到挹清池洗澡推頭，澡堂爲天津人開，比較尚屬清潔。出到ㄐㄧㄚㄅㄡㄈ家，他住在交涉署對面舊房中，室內架上頗有古物。他見我們去拜訪，似有空谷足音的感想。希淵向他借得《新疆圖》一張，考古書一本。打電與理事會，催問電影辦法及新生來否。出到博達書館，書館爲去年新開，聽說在迪化算頂大的書局，其實裏面並沒有什麼書，買《古今宮闈秘史》一部，也不過是無聊之極思而已①。接到家信一封，潤章信一封。與十二日所接信相同，乃複寫兩份，一寄哈密，一寄迪化者。

十七日，上午同希淵到對門俄領事館一談，鮑壽亭鮑爾漢人甚爲漢化，此二字即其漢字也。作翻譯。今天蓋臣省長又請中國團員吃飯，席中飛花，談笑甚歡。他明言如果今天南軍能取北京，他明天即掛青天白日旗；又言彼不喜入黨，因爲黨起伏無定，云云。飯後往看督署中二古碑，一係寫經，無年月，一係高昌王碑，亦無年月，當係隋唐間物。郝德、春舫由巴克達山歸。

十八日，早十點，蓋臣省長派人來言十一點當來過訪；十一點到。他這樣冒泥濘，出不意而來，頗出意外，故未及擋駕。談次，他說他昨天步行兩點鐘，走到西門，然則此老近日清興尚復不淺。

十九日，昨日爲省耕生日，今天他來請大家進城吃飯，大家頗

①編者注："已"，原誤作"己"。

反對,乃每人出銀一兩,買兩瓶酒,及蘋果梨之類,爲他賀壽。是日天陰。

二十日,天氣頗寒,晴。同赫定先生進城,見早襄廳長,赫定提出飛機航行事,早襄廳長言已請將軍示,本地方頗有特別情形,礙難允准云云。赫定先生又言在京與楊宇霆交涉經過,樊答本省止與北京外交部財政部有關係,與大元帥府並無交涉云云。今日街上左右已有乾路可走。晚餐時忽起大風,與赫定先生談頗久,因飛行不成功,德人除二三人外,恐將歸國,本團經濟頗受影響。

二十一日,早晨仍有風。剛起,郝默爾即來,手執一小紅花,給我們同中國賀喜,我非常詫異,問他,他説蔣介石及馮玉祥已入北京;問他是那裏消息,他説拉爾生早晨來,説昨天晚晌袁小彤在黄仲良他們那裏所傳出。前幾天季芳所來平安電報,當時頗詫異,以爲無足重輕,置之口袋内,現在想起,始恍然於事出有因。且昨日早襄廳長對於楊宇霆的答詞,亦似與此新聞頗有綫索。到老戛夷澡堂洗澡。下午風止,雨雪。出到德商順發洋行買一烟嘴。

二十二日,天晴。聞昨日雪深十一公分。同希淵、丁仲良進城。前兩天路旁剛覺乾燥,今日又復泥濘載途。店夥方將門前雪除去,擲之道中間,故泥更深,且有數處流水潺潺也。見早襄廳長,問他北京消息確否,他説没有聽説;又言石家莊在馮軍手中,張家口在晉軍手中,至於入京似乎尚早。然細察語意,似所言者乃係報上新聞,至於電報新聞,彼似有所諱而不言也。出到一小館中午餐,繼訪閻實業廳長,名毓善,字慶皆,嘉峪關人。其人極和易,不修邊幅;入其室,頗有阿芙蓉味,先生其隱君子歟! 又訪李軍械委員,袁署長;袁留晚餐。袁用一僕,既聾且啞,命令用手勢,頗能指揮如意。歸將九鐘。

廿三日,又雪,午間頗大,後轉晴,然仍時飛霰。因回教今日開齋,派人與鮑爾漢送一羊。午後請丁仲良進城取款,並因駱駝尚未到吐魯番,打一電與哈密劉旅長、鄯善徐縣長、吐魯番崔縣長,請他們派人查尋。歸結,蓋臣省長改爲由他打電命他們查尋。鮑爾漢來,借去《韡考》一本。希淵聽説他有一架 theodolite,向他商借,他慨然允許,即派人取來。

廿四日,天晴,無事,在室內看丁仲良同省耕下棋數盤而已。下午小彤署長來談。

二十五日,因昨日爲回教ㄞㄉㄈㄧㄊㄦㄜ節,上月爲回曆第九月(ㄦㄚㄇㄚㄙㄢ),奉齋一月,昨日開齋,爲回教中的最大的節氣,普通回民誤以爲過年。到房東及鮑壽亭家賀節。俄總領事ㄍㄚㄎㄦㄜ及通事一、書記一來談。談次知俄國現正修從裏海至波羅的海運河,需款一萬萬羅布,已興工二年,至一千九百二十二年[1]可成。他又説現在在莫斯科正修築世界最大的無綫電臺;又説俄國戰前每百人中平均不識字者七十六人,現在只有六人不識字云云。他這些話雖不無誇張之詞,然吾鄰邦政治比較上軌道,乃爲事實;返觀[2]我邦,建設時期尚未知從何日始,不禁黯然。晚小彤署長來談。

二十六日,無事。小彤署長派人送來新到之《東方雜志》一册,終日翻閲。

二十七日,天陰,下午漸晴。今日早襄署長、銘三廳長請團員

---

①編者注:"一千九百二十二年",疑"一千九百三十二年"之誤。
②編者注:"觀",原誤作"現"。

吃飯,進城,先同希淵、丁仲良往拜多盟長,並見其侄應襲爵之小王爺,此小王爺不過十二三歲,象貌頗淳厚,未多談。出到交涉署赴筵,飲酒頗多,歸後眠一點鐘,酒意始退。

二十八日,下午鮑壽亭、袁小彤來談。此地人種複雜,很難爬梳清楚;壽亭比較清楚,談次,始知哈薩克仍有若干分別,有名克列者,有名乃蠻者,這些一定就是《元秘史》中所載被成吉思汗破滅而西走的民族。但此等部落中仍有若干小區別,若説考查清楚,仍當俟諸異日。晚餐同黃仲良仍到壽亭寓談,看見韡靼文書中所載古畏兀兒文字,與蒙古文字體極近。歸時已至二十九日一點多鐘。寢。早起進城見早襄署長,談次,知新疆外雖安靖,而隱患亦多,未知將來若何,深望將來政府當局對於這邊的事,"勿以輕心掉之",則幸矣。他留着午餐,歸時已四點多鐘。今天所坐車,趕車的爲一年十四之童子,我問他是那裏人,他説他是外國人;我問什麼國,他説是厂丫儿丫厂乂せ人,問他這地方在東在西,他也不曉得,我初疑爲哈喇灰人,以後詳細打聽,才知道是處俄境哈喇湖的回民,即前清時大亂陝甘的白彥虎的餘黨,近因俄亂,也有許多恢復中國籍的,甚矣新疆民族之難爬梳也。

三十日,今日閻慶皆廳長來回拜;吳雲龍來談。餘時讀《北史》《周書》《隋書》《舊唐書》中的《突厥傳》。

三十一日,今日接到益占自蘭州來信一封,據其所言,似非有國民政府方面的幫助,額濟納河上的氣象測候所恐難得允許。下午進城訪藎臣省長,他堅留同吃飯。出來已五點多鐘。格米爾肯請晚餐,飲酒不少,希淵歸途,大爲傾吐,我則此時酒力已醒。睡時已過四月一日一點。今日慶皆廳長請客。一點鐘進城,從城外走,城外路乾,城内則仍泥濘甚深。慶皆廳長爲此間詩人,談笑甚歡。

二日,無事。洗澡。鮑壽亭、袁小彤來談。

三日,進城晤早襄廳長,談甚久,在他那裏午餐。

四日,今日赫定先生接其家電一封,謂 Luft-hansa 的總辦須乘飛艇來迪化,同他商量經濟前途,如至五月初不得此間允許,止好令德人歸國云云。因明日要請客,預備酒令。

五日,今日請客,客爲蓋臣省長、銘三廳長、早襄廳長、希神父、鮑壽亭、格米爾肯、李桂軒、吳雲龍、袁小彤、潘季廬、馬古洛,惟小彤署長未到。接理事會電一封。晚寫蔡子民先生信一封。

六日,早起,進城見銘三廳長。出到一小館午餐。到電報局發一電給理事會報告德人來電大意,請示辦法。訪慶皆廳長,同他去參觀紡織工廠。後黃仲良亦到。廠在城外西北隅,過一大橋。廠尚未開工,聽說今年陰曆五月間可以開工。我對於機械絕無所知,且此爲第一次我參觀紡織工廠,所以什麼全不能說,不過這樣較大規模地辦,頗有成功的希望;如果成功,又是百年的大利,所以非常希望它的成功。工廠旁有官水磨,未往參觀。再過來則有同樂公園,園有天然的水流,引成大池,頗足觀覽,但布置尚不甚如法。園内有蓋臣將軍的紀念樓,爲生祠的一種變相;蓋臣將軍在新疆,雖或可云功多於過,然如此類舉動,徒累盛德,殊可不必。樓前有亭兩層,上爲蓋臣將軍銅像,下爲一切歌功頌德文字;銅像戎裝,面貌不似,且面上貼金,殊屬怪事。參觀後,慶皆廳長拉同觀人新婚,遂同入賀;主人殷勤留飯,隨俗攪鬧新房,然自始至終,亦未知主人何姓字,不過知爲一廠中工頭而已。出時五點多鐘，天雨。順河邊走，歸寓；河邊樹木頗多，風景甚佳，且離寓不遠。今日野外草色，已可遙看，且已多日不出，故游的很高興。晚雨頗大，後又變雪。

七日，晴，天氣極佳。騎馬同獅醒到公園一游。到公園内，獅醒往觀工廠，我往觀龍王廟，廟爲光緒年間所建。廟前有多人環踞賭錢，用四小骨節擲出，大聲呼"ㄅㄛ"，且拍其膝，大約亦如擲骰子者之呼五六，但未知以何爲贏。亦有擲骰子者。歸時按轡徐行，任馬所之，遠覽山雪，近挹晨光，世間煩囂，豁然俱清。午間爲蘇聯領事請吃飯，同坐者爲藎臣將軍、銘三廳長、早襄署長、鮑壽亭、趙次蓬、赫定先生、拉爾生、李伯冷諸人。並拍一照。

八日，赫定先生因前接電謂 Luft-hansa 總辦①想乘飛機來議事，約我再往與藎臣將軍一談，乃同往。藎臣將軍答詞，約分三段：一對内有困難，二對外有困難，故不能允行飛機，三因欲特别幫助，例外允許來汽車數輛，最後所能辦到，只到如此。接春舫自巴克達山來信一封。晚風頗大。

九日，今日爲潘季廬及陳諸巖在潘宅招團員飲。去時同赫定先生及鮑壽亭數團員乘汽車同往，從城外繞一大灣進城東門，路雖不甚平，然較民國十二年到陝西時路尚較好。宴時，陳太太在坐，伊似未嫻應酬，而美嬌天生，其未嫻笨拙處，似較擅交際之外交花尤能誘人美感，團員竟爲傾倒者不少！拍一照。騎馬歸。接益占自蘭州來片一；赫定先生接到生瑞恒自肅州來信一，伊亦被迫到蘭，赫定先生頗爲憤慨。晚餐時希淵頗願到蘭州疏解，但歸

①編者注："辦"，原誤作"辨"，據本月四日、十三日日記改。

寝時他又變計,只有明早再作商議。

十日,早團員全集商議決定再發一無綫電與蔡先生,請他疏解,並請他無論成功與否,早日復電;如再不得復,即派春舫前往蘭州接洽。同黃仲良進城,見早襄署長,談論一切。出獨到挹清池浴。又往晤慶皆廳長,少談即歸。晚小彤署長來談。

十一日,因擬十四日在公園請客,下午同希淵騎馬進城,到鴻順園定菜並拜會陳諸巖,少坐,與他同出城,他先至趙次蓬處,我同希淵回來少息後亦往,至則其夫人、馮考爾皆在,談論間,頗飲不少的酒。歸途,過壽亭家略談。寢時聞天微雨。

十二日,早霧絲雨不止,下午略晴。函藎臣將軍,請其扣留Trinkler等四人,並索還采集品。擬一電與蔡先生。下午丁仲良、詹省耕起身南行。

十三日,下午函藎臣將軍,請其給 Luft-hansa 總辦涉德爾放行。晚袁小彤來,談至一點多鐘,始去,寢時兩點已過。

十四日,今日在公園中水榭請客。客爲銘三、早襄、慶皆三廳長,小彤署長,潘季廬、陳諸巖及陳太太,趙次蓬,鮑壽亭,格米爾肯,李桂軒,吳雲龍。談笑甚歡,菜尚好,但因初未小心,酒壺太少,遂致席間①多不合宜,殊屬可惜。

十五日,進城訪銘三廳長,未見;訪早襄廳長,談論二時許。函藎臣將軍,請其給辭退之三僕人放行。今日爲希臘正教之耶穌復活節,同赫定先生、希淵、拉爾生、李伯冷諸人同往格米爾肯寓②賀節。晚與赫定先生規定電影辦法:因在ㄏㄚㄋㄚ河上所請

---

①編者注:"間",原誤作"問"。
②編者注:"寓",原誤作"字"。

求底條件雖得允許，然團中現在經濟狀況非佳，故不能不從權斟酌辦理，商定辦法數條：電影分二部分，一部分約兩千公尺，將來拿到世界上玩，另外一部分約四五千公尺，玩只限於特種社會；赫定先生將第一部分，贈中國三份，第二部分存理事會一份；外李伯冷於合作條件①未簽字以前在北京及蒙古地所作底電影亦贈中國一份；第一部分二份寄理事會，一份由李伯冷再來時帶來新疆，請此地長官組織一審查會，至慢於五日內審查完畢，復電柏林，即可開演，第二部份到北京後亦限於五日審查完畢，復電開演。至所照像片則洗出後寄來一全份，以便帶回審查。鮑壽亭、袁小彤來談。寢時已過一點。

十六日，今日拉爾生動身回張家口，李伯冷、馮考爾動身回德，往與之作別。歸少眠。起有一哈薩克營長巴彥君來訪希淵，希淵不在，即請入一談。巴君漢話說的很好，對於哈薩克歷史亦頗留神，所談頗饒興味。據說屬中國之哈薩克約有六七十萬人，大部分居於阿爾泰；屬俄國者則尚有六百萬人云云。今日蓋臣將軍見黃仲良，請他告訴我說，辭退之三僕人不如由西伯利亞歸；如路費不足，彼願補助。接丁仲良信一封。

十七日，今日早襄廳長為希淵、仲良諸人餞行，並請留此各團員，外在坐者有鮑壽亭、趙次蓬二人。歸，俄領事館招中外各團員往館看演戲，我因對俄文一點不懂，所以沒有去。袁小彤來談，知道新省漢回略分舊教、新教、新新教各系統，新教以馬元章為教主，元章死後，繼之者即其侄現任喀什道尹馬紹武；新新教以現西

---

①編者注："合作條件"，原誤作"合件條作"。

寧鎮守使馬騏爲教主，內中規則頗嚴，然因有一部分念"黑經"者，惑於魔術，故爲此間所禁止，然仍有一禮拜寺；舊教又稱老門ㄏㄨㄢ，信者最衆，然其中又分許多小門ㄏㄨㄢ云云。此中歷史派別，如能過細研究，亦一饒興味事。

十八日，無事。晚袁小彤來談。

十九日，黃仲良同龔獅醒今日出發到南路考查，與之作別。洗澡。晚赫定先生請客，請的有希神父、Dr. Etchis、順發洋行經理等。

二十日，今日希淵動身到古城子，本擬送他走後，進城拜客，兼給奚神父往送行，然他的行李未收拾好，而多盟長來，談很長的時候；他剛去，將軍署內又有一金聯長來，説將軍要派兵送希淵，因爲阿山那邊不安分的哈薩克甚多，然希淵現在並不到阿山去，將軍業已知到，何以有此誤會？希淵必須親往問，時已十二點，昨天我同奚神父約的時間已將過，乃雇車到那裏去。教堂在城外東南隅，雖尚在市中，却還算幽靜。他因爲阿山方面有教友，所以要去看一看。歸則希淵已自將軍署歸，説將軍本派此人送英人Chomberg，他却鬧錯，並且 Chomberg 今天已經起了身，可謂笑話。午餐後，吳雲龍、袁小彤諸人陸續來與希淵送行。吳雲龍帶來和闐馮縣長致將軍、外交署長、和闐道尹一通電底子，報告 Trinkler 等不受約束、擅掘古物情事，殊堪髮指。希淵至四點多鐘才動身。晚鮑壽亭來，交來將軍信一封，仍係關於三僕人由西伯利亞回京事。今日馬學爾從巴克達山回，接到春舫信一封，因爲他必須工作到月底才能回來故。接肅州行政長官覆電一封。

二十一日，晨起進城，訪銘三、早襄兩廳長皆不遇。到公園一游,柳芽及寸,蒲公英花遍地,雖無桃李,春趣自深。下午接到益占自蘭州來信一封,略言聽説那邊已接到蔡先生證明電,但尚未全決定云云。寫家信,未畢,袁小彤來談。

二十二日,進城,見銘三、早襄二廳長,又見藎臣省長。接希淵信,言找得化石。又接匿名信一封。晚袁小彤來談。

二十三日,郝默爾今日往巴克達山,因與春舫信一封。全日無事,翻閲《五代史》。下午陰雨。今日赫定先生接電報兩封,知本月六日往柏林打的電報,到塔城,已損壞不可讀,我國電政不整,至於如此!

二十四日,全日晴霽。無事。下午袁小彤來少談去。赫定先生接柏林二十一日來電,言須要遣回德國團員若干,任此間自由規定;財政事宜請赫定先生同米綸威到柏林商議一次。今日接到丁仲良自吐魯番來信一封,言駱駝不能用,請同赫定先生商議再給六百兩票銀從便購買驢鞍等事。晚赫定先生來商議團中一切事宜,甚久,寢時已二十五日二點餘。下午兩點同赫定先生進城謁藎臣將軍,談及款項及赫定先生赴柏林各事,皆蒙允許。德團員回國者,有海德、馬學爾、馬森伯、米綸威四人。進城時天微雨。接益占蘭州來明信片一紙,言二百元已收到,但氣象測候所事尚在等候。

二十六日,終日陰雨。無事。寫信一封與藎臣將軍,請其發給赫定先生及歸國各團員護照。鮑壽亭來,與之商議星期請客各事。赫定先生來談團中各事宜,頗久,寢時仍已一點餘。

二十七日,發一電報與理事會請其新生緩來,并報告赫定先生回國事。早鮑壽亭來,請他問藎臣將軍星期日合適否。下午雨，晚變雪，頗大，但隨下隨溶。終日翻閱《魏書》。

二十八日，早起，天漸晴，後又轉陰。檐溜淙淙然如大雨。十一點鐘許，又雨一陣，當時未出房門，並不知道，不過以後聽人說如此。下午鮑壽亭、袁小彤來。終日因街上泥大，不能出。所住纏頭平頂房子差不多全漏，我住的屋子還好，只外面小間漏幾點。接黃仲良信一封。終日翻閱《北史》。下午漸晴，晚月色甚佳，可稱得"清夜無塵，月色如銀"。

二十九日，今日同赫定先生在公園請客。晨醒見天尚陰，頗爲躊躇。後漸晴霽，將午日光尚佳。看華志病。到公園，未久，藎臣將軍即到，後客陸續至。所請客爲藎臣將軍、銘三廳長、早襄廳長、ㄍㄚㄈㄦㄛ領事、ㄍㄧㄣㄎㄜ�ㄟ翻譯官、ㄙㄝㄇㄧㄚㄐㄧㄣ秘書、袁小彤、趙次蓬、潘季廬、陳諸巖、格米爾肯、鮑壽亭。除袁小彤因出門時遇人因醉鬥毆，職守所在未能到外，餘悉至，談笑盡歡。席中藎臣將軍、ㄍㄚㄈㄦㄛ領事、赫定先生同我全有小演説。將散時，藎臣將軍請我告訴赫定，他要托他買汽車十輛，將來即以三四輛借歸團用。又銘三廳長告訴我，前幾天我托他給藎臣將軍說新疆自辦氣象測候所事，將軍已允許云云，心中甚喜。ㄙㄝㄇㄧㄚㄐㄧㄣ秘書同馬學爾皆大醉。歸後天又陰，晚餐時大雨滂沛。

三十日，晴。終日無事。鮑壽亭、潘季廬、陳諸巖諸人來談。晚月光如晝，往壽亭家一談，未幾袁小彤亦至，歸時十二點已過。今日接家信一封，替銘三廳長寫給蔡先生介紹信一封。

五月一日，進城，訪銘三、早襄兩廳長全不遇。到潘季廬家，坐談甚久。出訪陳諸巖，不遇。歸午餐後少眠。季廬、諸巖來少談。慶皆廳長來少談。接黃仲良電報一封，言餘駱駝十六匹，全不能用，可賣銀一千六百兩，請問若何辦法。

二日，早六點鐘起，再給易寅村寫替銘三廳長介紹信一封。進城訪銘三廳長，仍不遇。見早襄廳長，聽説 Trinkler 隊，將軍已去電將其地圖及采集品扣留。又聽説此間又要開種烟禁令，實屬荒謬！蓋臣將軍雖未日暮途遠，却已倒行逆施，殊堪長嘆！歸途訪潘季廬，不遇。晚爲赫定先生及德國回國四團員餞行。另外在坐者有 Firthman 神父。今日回黃仲良信一封，令其即賣駱駝。

三日，六點起，進城見銘三廳長。洗澡理髮。今日蓋臣將軍給赫定先生等在公園餞行，我往作陪。返往看華志病，歸則春舫已自巴克達山歸來。

四日，進城見蓋臣將軍，談擴充氣象測候所、用新疆學生辦各事宜。彼答擴充俟時局少定再講，如用學生，即可招用，款項他全幫忙云云。談甚久歸。下午與赫定先生談團中各事。

五日，進城見早襄廳長。返給楊將軍寫信一封，仍係談新疆招生事宜。次日始送去。接到黃仲良信一封。下午接到上海寄來《貢獻》十本，翻閲，知道是孫伏園他們一般人辦的，是一種文藝周刊，間或也談點政治，大體還好。袁小彤晚晌請吃便飯。歸，同赫定先生談。晤鮑壽亭。翻閲《貢獻》。

六日，十點多鐘潘季廬來，少談，坐他的車同到公園，大家在那裏水榭爲赫定先生餞行，一點鐘許赫定先生到。起身時二點多鐘。我乘汽車又送他們一節路，説是送他們，實在也是因爲近來在城裏太悶，借着機會出去玩玩。赫定先生的汽車先走十幾分鐘，我們在後頭追，所以開頭走的很快，簸動頗甚。雖然這一節路要比十二年我在陝西時候乘汽車的路好的多，不過那時候没有走這樣快罷了。沿路樹木不少,風景頗佳。送到狄窩鋪(離城四十五里),與他們作別,返。歸途,壽亭自開,走的甚穩。少息,陳諸巖夫婦來,約後天到直新公司吃便飯。

七日,終日寫《中國西北科學團的緣起、經過及其已得成績》。又接到《貢獻》一本。銘三廳長來辭行。

八日,早到俄領事館,因爲團中三聽差要同銘三廳長同路回北京,路綫少有更易,請領事再簽一個字。進城給銘三廳長送行,未遇。早襄廳長同張少丹科長來請郝默爾治眼睛,請我作翻譯。給理事會、半農寫信。袁小彤來談。將所寫二信同前所寫家信叫莊永成帶回北京。寢時十二點已過。今日天氣已熱。見燕子來入室中。

九日,未明,將起身的三聽差因汽車事,又來打門,起來吩咐幾句話又睡。起到銘三廳長公館,見到則已行色匆匆。出到公園,送行者甚多,大約迪化官場全到。兼有學校學生排隊往送。天氣甚熱。歸後休息,看《貢獻》而已。接到丁仲良信一封,又接到益占同生瑞恒六日自蘭州來電,言"交涉清,發護照,虞還蒙",心中爲之一爽。

十日,早起,省議員李潤田_{名細濤,哈密人}。因其女公子頸上有瘡,眼鼻亦有,領她同來,請郝默爾醫治,他還沒有起,在我室中談論甚久。郝默爾起後,診察,知到她患一種肺結核,瘡全是它的發作;這些瘡還不重要,不過肺已腐爛大半,不過還沒有絕望罷了。李君前天已經同吳雲龍領其女公子來一躺,因爲郝默爾沒有工夫,所以等到今天。那個時候我看情形就疑惑是肺結核,果然是的! 我國人衛生不講,患沙眼同肺結核的異常的多,真可慨嘆!

昨天與銘三廳長送行時看見慶皆廳長，他說農事試驗場有海棠盛開，所以今天我就約郝默爾、春舫同騎馬去看。郝德、狄德滿、達三下午要動身到婼羌，也没有給他們送行。天熱。進城，約潘季廬同往。試驗場在老東門外，規模甚小，門題"説園"二字。有白花盛開，但不似海棠，花近梨而葉又不似，郝默爾説是蘋菓樹，殆爲近似，然以後有人説它結一種酸不可食的小果，終不知爲何樹。聞布穀鳴。後遂在樹下青草上席地坐，出所携野飯大嚼。園中住有蒙古人，看見我們這樣的隨便，異常詫異。有一穿長袍帶馬蹄袖的人，專意走到我們面前看一看就走，我想這一定是他們的王公大人，手下人告訴他説，他不相信，所以特意來看我們了。五點鐘後，騎馬從城外徐行歸。一望菜圃，間有桃花，風景佳勝。歸未幾，達三同袁小彤來，達三形色頗張皇，問他，也説不甚清楚。細問才曉得郝德在此間所雇底兩個人全係俄國籍，無護照，本不准出迪化；並且裏面一個，還有爲領事館作秘密偵探的嫌疑。我説這有什麽要緊，派兩個人把他們叫回來就是。我立時給郝德、狄德滿寫一封信告訴他們，並叫達三帶去，另外去兩個巡警，囑咐到後立時叫他們跟着回來。早寢。

十一日，早起，打發人問小彤署長，回答兩個僕人已經叫回來。終日無事。李桂軒、鮑壽亭、袁小彤及張子亨名培元，甘肅人。來談。寫給黃仲良、丁仲良諸人信一封，給李潤章信一封。接希淵信一封。

十二日，再給劉半農信一封，將團中經濟狀況詳細告訴他，並且請他募款。寫希淵信一封。又給早襄廳長信一封，請他給新找到的僕役出一護照。今日天熱，已成夏令。

十三日，今日本約八點鐘同郝默爾到潘季廬家後同到水磨溝，然起身時已將九點。到季廬家少坐，即騎馬同往。出東門，向東北走，地勢頗有起伏。大約山上只有蒲公英等類的草花，低處則樹木叢茂。絲雲淡淡，微風拂拂，實爲出游理想不過的佳日。季廬馬走的快，漸遠不見；我同郝默爾又不識路，遇一牧人，問他水磨溝何在，他說我們的路少走錯一點，但到前邊有泉處，向左轉，亦不遠可到。前進亦未見泉，從谷左望，樹木青葱，即沿谷尋去。未幾即流水人家交錯阻路，途窮疑盡。向右，下一峻坡，入一菜圃中。圃向街處有一大柵欄門，方閉，郝默爾下，力開，可以過馬。我的馬隨便過去，他的馬無論怎麼樣，牽也不肯過，打也不肯過。我出來走到橋上，看見水磨旁水流汹湧，林木茂美，洗衣婦女頗多，風景宜人。少停兩分鐘，郝默爾仍不來，反視，它仍不出，我們兩個強拉，也不成；有鞭子，不敢到後面打，恐怕①它踶。歸結，有一個農夫從後面一哄，它才過來。至橋上，則陳諸巖騎馬來迎。他恐怕我們走錯，掉下馬來，其實我們全沒有掉；季廬進谷口後，換坐馬車，倒是翻了車，摔一下子！幸不重！橋上有俄人夫婦二人，就同我們攀談，他們別國話全不會說，我們三個人所知道的俄國字，不過百十，亦不知其姓名伊誰，然而他們強拉我們到他們屋子裏面吃茶喝酒。他們就在磨房裏面，賃了兩間小屋子居住，室雖不佳，然一經布置，頗覺整潔。出向左走一里餘，入一家，内水上有一大亭，爲官家所修。水聲砰湃，林木深幽。季廬同陳太太全在那邊，我們即亦休息。亭隅有數粗人踞地飲酒，"五魁""八

---

①編者注："怕"，原誤作"伯"。

馬”的亂猜，極爲高幸。不久又有無綫電報局呂君，還有幾位我不很認識，亦到。他們要打撲克，並且要教我，我却無意學。同諸巖向上游少游一二百步，即已“行到水窮處”。林木亦盡，坡坨童然，有一新墳，占地頗多。轉向下游，不遠，又有亭室，爲清末載瀾等所修，扁額頗多，但已凋敝。過河有一小閘，然水勢急，下又觸石，如雪如沸，頗稱壯觀。回原處同用午餐，剛開始，則前二俄人，及另外俄人二、俄婦一同至。後二俄人，皆爲醫生，能法語。一醫生名ㄅㄝㄉㄚㄕㄣㄍㄡ，老矣，而軀幹短小；俄婦即其夫人，則魁梧奇偉！同餐。畢，又同諸巖夫婦，及各俄人到前俄人家少息，乃返。從城中過，購信紙各物。晚到鮑壽亭家談。

十四日，無事，終日學俄文，以後當日日習之。晚餐後，天尚早，同春舫到街外少散步。

十五日，早，吳雲龍來，帶來楊將軍公函一封，並學生四人，係由軍政兩廳書記中挑選，爲我們氣象測侯所助手。詢問後知道他們數學程度極淺，只好回復等見楊將軍後再作商議。晚餐後仍同春舫出散步，因昨晚天微雨，少有泥。遇袁小彤，歸談。微雨。

十六日，進城見早襄廳長，就在他那裏午餐。進城時天尚陰；後轉晴。下午陳諸巖夫婦來少坐。

十七日，早晴，天氣甚佳，出從“汲水官道”下至河邊，沿河上行。河邊有數水磨，樹木叢翳，水泉交錯。微徑時出水左，時出水右，獨木橫橋，緣渡可怖，然風景極佳。致楊藎臣函一封，言招考氣象測侯所助手事。接省耕信一封。

十八日，吳雲龍來，又帶來學生三人，楊將軍公函一封，略謂前所送四人，三人程度未合，另從電報傳習所挑選學生三名備用，只得收下，叫他們從明早起，來團練習。接希淵信一封。

十九日，早晨學生來，領他們到氣象測侯所看，請醫生給他們檢驗身體。他們的程度很淺，叫他們趕緊買高小理科及算術教科書，自己用功練習。晚訪吳雲龍不遇。

二十日，因新學生中有一張寶鼎，乘除尚不會，只好讓他回校。騎馬到慶皆廳長處談。出，出西門至西大橋附近，望見道右山坡下，有臺，有多人，似演村戲者，往則見廟三坐；偏^①東爲大佛寺，中爲北斗宮，偏西爲地藏院。今日戲爲地藏院所演。我隨便站下看一看，也不曉得演的什麼，只見幾個花面、幾個女人鬧一起，以後一女人出，面蒙紅布，大約是拜了堂，因此也就煞戲。牽馬上小山坡。坡中間有一上帝廟，前亦有戲臺，頂有一小磚塔。遇一道人略談，知道新疆雖有佛寺，却無和尚，完全爲道士^②奉香火。下過同樂公園，歸。張純熙君來談，張，湖北黃安人，省公署、外交署科員。知道濟南已爲馮軍所得。袁小彤來談。他所説相同，但言馮軍得濟南後，日軍上岸者甚多云云。

二十一日，打預防腸熱病針。下午身少發熱，精神困乏。袁小彤請吃晚飯，只好辭謝。接黃仲良信一封。

二十二日，早吳雲龍來，請他將原送來四學生，再叫來，挑選兩個。他允許叫他們明天來。上午精神仍倦，下午愈。陳諸巖請兩點鐘吃飯，往，返已四點多鐘。微雨，途中忽起大風。今日華志同春舫動身到庫車去。因團員已少，將合一處居住，今日厨房先搬過銀行。

―――――――――

①編者注："偏"，原誤作"徧"。
②編者注："士"，原誤作"土"。

二十三日，全日無事。習俄文。晚餐時入銀行門，見博克達山即巴克達山譯名之岐異。蒙古名ㄅㄡㄎㄉㄚㄨㄌㄚ。ㄅㄡㄎㄉㄚ謂神，譯當曰神山，官書上有譯靈山者。在夕陽迴照中，氣象萬千，即登破屋遠眺，光色少黯，不及入門時之鮮麗，然雲雪交映，仍極偉麗。近城低處田疇交錯，烟樹微茫，此種景物何可易得！如此雄奇之山水間閭，竟有人謂不及湫隘囂塵的上海，興趣不同，乃至於斯！晚洗澡。近因天熱，每日在室中，遍身洗濯，然今日入澡堂，大汗滂沛，宿垢盡出，精神爲之一爽。

二十四日，早新學生來三人，略試算術，謝希文較佳。領往驗身體，留兩個學習，餘一令歸。接丁仲良信一封，托克遜縣佐李君信一封，係有病向郝默爾求藥者。晚到鮑壽亭家閑談，壽亭說聽俄人傳說，南軍已入天津，未知確否。如北京之取後於天津，則北京之危險更大，因敗軍歸路斷，不曉得又要鬧出何種花樣，頗爲耽心。

二十五日，今日壽亭、格米理肯、次蓬、饒孜阿吉、哈納斐、阿志同在饒氏花園請客。饒、阿二位，從前未見。二人皆纏頭。饒爲省議長，大腹便便，想亦一富商。阿爲一洋行經理。園在河汊中間，據言前爲石子灘，磽確不毛，後經饒氏修理，現已十年，雖非疏朗，亦復楚楚可觀。接黄仲良信一封。晚到袁小彤處談。

二十六日，無事，盡日忙等搬家。晚請袁小彤來寓談。

二十七日，早五鐘，蠅飛薨薨，不能成寐，起拍得蠅二三百！所餘無幾，乃復少眠；七點起。下午三點，西北風大起，未幾風止雨來，頗爲沾濡。晚到趙次蓬寓談。下午寫上母親稟函，未完。

二十八日，進城見蓋臣將軍，彼在花園看花，芍藥含苞欲開，花雖不大，而在此間已復難得。蓋臣將軍言，今年雨澤多，爲十數年來所無有。後談頗久。出到早襄廳長署，聽説他傷熱，昨夜終夜不寐，現始成眠，不好攪擾他，遂命俟其醒後問病，即歸。潘季盧來談。接希淵電一封。晚餐後往訪鮑壽亭，他的看門人沒有聽清話，説他沒有在家；回，派人請他回來後來這邊商議汽車事。他不久即來，説汽車下月三日到古城。後袁小彤亦來。

二十九日，復希淵一電；發母親稟函；復托克遜李縣佐信一封，將藥寄給他。晚請袁小彤、鮑壽亭、趙次蓬來寓便餐，然次蓬已吃過飯，來清談而已。下午天氣頗寒，九點已降至八度。

三十日，下午哈薩克親王之弟蘇維新來談。接希淵信一封。

三十一日，上午早襄廳長來談，據説此間接齋桑淖爾領事電報，言南軍於四月一日入濟南，五月十二日入天津，十五日晉軍復入涿州，奉軍預備退出北京云云。早襄廳長生活太清苦，郝默爾勸他減事加餐，始能保全健康。

六月一日，無事，晚袁小彤來談。

二日，接益占自蘭州來信一封。午後潘季盧來談。晚袁小彤將赴阿克蘇新任，往給他送行。黄昏後，車馬未齊，他聽説有人在城南等着給他送行，就坐汽車往辭，我同他前往[①]。鮑壽亭自開汽車，約五六里到。時則月光頗明，緑草茸茸，送行的人就在路旁淺草上鋪巨氈，坐下離觴交錯。此時"春草碧色，春水緑波"，月下送別，比公園中更屬別意深長。又同汽車回到他署內，十點半鐘，車尚未全裝好，即辭歸。

---

①編者注："我同他前往"，原誤作"我前他同往"。

三日，晚鮑壽亭來談，言聞南軍離北京七八里，張作霖已去，並聞日軍在山東者現已退軍，又聞張擬放棄奉天，未知確否。

四日，早將進城，出未幾步，即遇希淵自古城回，同歸。晚同到鮑壽亭家談。

五日，今日藎臣將軍請客，先進城訪早襄署長，談論甚歡，然本意要托他給藎臣將軍講派駱駝到額濟納河取遺留行李，及此間學生領薪水各事，且欲對於 Trinkler 事，有所探詢，因閑談遂致忘却，至爲可笑，異日又當多進城一次了。問他時局有什麼消息，他說没有什麼，不過據俄領事館説南軍入天津的消息，的確靠得住云云。藎臣將軍亦言聽説此消息，未知確否。

六日，天氣甚熱。早晨郝默爾動身到博克達山。下午天陰微雨。上次郝默爾往博克達山，來回皆遇雨，此次又適遇雨，未知此公作何感想。接半農信一封。

七日，進城訪早襄廳長，又訪吳雲龍於電燈公司，見其所養仙人掌，開花甚多。據説現已殘敗，原來每邊緣刺間即有一花，每株開花數百朵云云。我見仙人掌花，此爲第一次。看四月初間的《英文導報》，此時南軍雖已進攻，而北軍仍報勝仗，戰綫無大變動，則南軍四月一日入濟南之信不確。晚諸巖夫婦及次蓬來談。次蓬去時已八日一點。希淵言往將軍處辭行時，楊將軍告訴他說，日本又下最後通牒於我國，未俟回報，即行開火，云云！日本固蠻橫，豈能悍然至是！或傳訛未必確耳。早起。送希淵起身往古城。再睡。下午拜第六區丁奮武署長。在他那裏，遇見鮑壽亭及哈那斐。壽亭説天津消息，似尚未確，只屬逼近，尚未取得。又聞日本在濟南開釁，我軍戰死者九千！云云！然據前信則日軍到山東者只有九千,此信似未必的確。晚餐後往訪陳諸巖,借得五月九日的《英文導報》,回看,知五月七日下午四點日統兵官福田,的確交一最後通牒於山東駐軍,要求五條,最重要者,爲膠濟路傍邊,各邊中國退軍二十里!如此則濟南亦應退出!亦不等中國回復,即於八日上午三點五十五分起自由行動!云云!接達三上月二十八日自庫爾勒來信一封,説二十六日至庫爾勒。

　　九日,接黃仲良自焉耆來電一封,説六日抵焉耆,華志同春舫亦到。晚借上月十日的《導報》一看,説日軍在山東者達兩萬六千!兵費達一千二百五十萬!尚有若干炮艦到廈門、楊子江一帶!我國除退讓濟南外,一切承認,但日人仍不滿意!雖尚未攻濟南,然用飛機散布傳單,驚嚇居民!如此則占領濟南的消息又似的確矣!

　　十日,早起頗悶,進城見早襄廳長,他也沒有另外的消息,但亦言取天津之消息未確。他又將他所接得的報告拿出看,是南軍五月一日取濟南,十三日晋軍入涿州,十五日南軍逼天津,云云,他上次所説日期少有錯誤。下午他又來寓談,無聊的很,就用錢占一六爻課,得師之坤。他去後,又對於北伐事,再占,得夬之需。爻辭記不得,然夬需二卦頗有意義,如不幸占中,北伐或有若干時之停留歟。晚借到上月十一日報一看,據説南軍五月一日入濟南,三日將午大變忽起,交涉員蔡君被慘割耳鼻後戕殺!日本領事説,因中國軍士搶掠、拒捕、傷巡警爲肇禍之因,然一面之詞何可盡信!據我想,日人出兵原意,定屬救張宗昌,阻南軍北上,因南軍進兵迅速,未得成功,遂老羞變怒,到處挑釁!他們的野心恐怕不止在濟南也!

十一日，下午丁署長來。雨。晚到次蓬寓一談。

十二日，晚借到上月十一日《導報》，據說濟南附近我軍退出；現歸日人手；日軍攻城時傷居民數百，軍隊被交械者千人。又說奉軍津浦路上退到滄州，京漢路上退到保定，要人紛紛出關，云云。

十三日，吳雲龍來談。ㄐㄧㄚㄍㄡㄈ來談。接郝默爾、袁希淵信各一封。早襄廳長來談，據說北京已由奉軍退出，退出時委托王士珍維持秩序，馮軍已入北京云云。此次國軍不受濟南日軍所牽掣，迅抵北京，以後再以外交方式解決濟南事件，洵屬得策，ㄋㄞㄑㄧㄙ在寓晚餐，同他談及，他蠻不肯信，然彼英人，不願張作霖之敗，固屬意中事。

十四日，無事。接到丁仲良信一封，言到以拉湖墜馬傷腕，休息十日，已全愈云云。有一吐魯番纏生，片上寫郁文彬字尚周，來謁。漢語甚好，漢裝漢式，如不說幾不疑爲纏生也。下午大雨。晚同次蓬談，他聽説張作霖回奉時，火車遇險受傷，生死莫卜。

十五日，四點多鐘醒，睡不着，起出登破屋一觀，雲極低，但不雨。時天頗寒。五點多，又睡，醒將九點矣，起則天已將晴。下午到陳諸巖寓一談。諸巖寓所臨河，外有茂樹牧場，並有一甘泉，風景極好。借報來看。

十六日，進城訪吳雲龍，不遇。訪早襄廳長，辭行。出訪潘季盧，不遇，到澡堂洗澡，則又遇見。洗澡後，見藎臣將軍，他說將於七月一號宣布承認中央。出到順發洋行一坐。晚見趙次蓬，據説張作霖受傷事似頗真實。晚鮑壽亭來談。接希淵信一封。

十七日，早，吳雲龍來談。接北京理事會電一封，乃上月八日所發,今日始到,真不愧"駱駝電報"之名!晚陳諸巖夫婦、趙次篷到寓晚餐。諸巖説聽説北京大火,未知確否?南軍[1]入北京,在本月三四號之間,似屬的確。

十八日,早,早襄廳長來送行,並送路用罐頭,至意可感。接黃仲良信一封。又駝夫老王前已辭退,又來迪化,説外國人給他錢少,其實絶没有少給他,愚昧可憐,勸他回古城結伴同回。晚到鮑壽亭寓一談。

十九日,終日無他事,忙着雇牲口,歸結雇到博克達山廟上馬二,老回回馬姓的馬二,決定明日早六點鐘動身。

二十日,起五點餘,起行時七點。同行者學生翟紹武,聽差二:牛進山,老傅;外尚有招呼馬人二,道士一;共七人。昨日雖止雇老回回馬四,然實來者五匹,同廟上馬共七匹。惟道士步行,餘皆乘馬。過無綫電臺、大教場。一望麥穗將黃,大約三星期後就要熟了。路左遠處有一土墩,俗名一炮成功,大約爲劉錦棠平新疆時的遺迹。再前過水磨河。路右有一小村,名二道灣,居民數家,均爲回回。路向東北行,左望平原烟樹,爲古牧地,亦歷史上軍事重地。所行路爲岡陵起伏,逐漸增高;低地草木叢茂,高處無樹,草亦不盛。十點後升降成長坂。十一點一刻見一村,名六曹溝,野花香濃,風景甚佳。再前高處地皆翻種,但無苗;聞所種鴉片,因天旱未生。亦有麥苗,但因天旱,且蝗蟲極多,收成似還有問題。再前路左有村,名鐵廠溝;一點後至一村,名八家湖。草木豐茂,流水潺湲,聞即爲鐵廠溝河之上游。茂林數里,有土房三五點綴其間,天然畫圖。一點半至一廟,內奉龍馬牛諸神,道士一,為博克達山各廟在此地所設之腰站子,遂在林中支帳篷住下。少息,餐時野蔌雜陳,自饒風趣。餐後登小山一望,高處尚有麥田,雖不及城附近麥之好,然收成有望。聽說附近數十里內所種鴉片,因種子太陳,全沒有出,如果全新皆如此,未始非人民意外之幸,然蓋臣將軍成了"吃不着羊肉染一身羶"了。天將黃昏,即寢,用不着蠟燭了。今日沿路白刺梅甚多。

二十一日,起早餐,動身時將六鐘。開始一人步行。路沿河走,為一深密之樹林,以榆為最多,柳次之,刺梅更多,但多黃色。山花多種,迎風宜人。此時入山漸深,山愈翠綠;山上不惟草盛,且間有樹。路時出河左,時縈河右,步行時覺無路,但沿岩時有細徑,可以攀渡,前行覺無路,只得上馬。行十餘里,樹泉愈幽,蟲鳥和鳴,水聲淙淙,最美麗之和音也。路右上離河,半點鐘後又下沿河行。八點一刻後時見蒙古包,為哈薩克之放牛羊者。九點一刻將大路留於右,緣左首河邊小徑行。林中榆漸少,松漸多,山花愈盛,路石愈奇;此時目不暇給,想"山陰道上",秀美未能過此而奇麗定當遠遜。斯時道士前導,以為彼行山中久,萬不致誤。後行之馬主人馬掌櫃忽馳馬來叫,說路走錯了,心頗以為不然;以為山中路多,道士或引一捷徑;乃走頗遠,始追及道士,問之,彼亦懵懵,只好轉回。回頭時,同行頗有不平,我則因景物太美,頗幸有此一誤也!走一刻許,舍河入左邊谷中。時十一點已過。此谷名倒坡子溝,馬掌櫃曾在此間放馬,據說由此過三達坂,即可望見海子,至第一廟,廟為何名,彼亦不知。入谷無水,無樹,而黃花遍地,燦若雲錦。再進樹又漸多,大約皆松。登一達坂,頗長,看快

到頂，乃下馬步行，然實在距離，比預覺者多愈十倍。氣竭力喘，
數十步一息，數十息始至頂，回頭一望，千岩萬壑若在足下。又
下，坡雖長，但比上時容易走的多了。至谷底，有人在此間住，戶
開，入其室，則有用物而無人，大約主人"只在此山中"了。前望
徑路幽細，高入雲中，馬掌櫃說必須越過此達坂，始可望海子。前
行草深没馬膝，徑時隱時顯，未走過者萬不敢走。登一達坂，較
短；下時岩路斗峻，牽馬徐行。至底有一河名水磨溝河，大約下流
有居民，有水磨，至此間則間有居民之痕迹而未見居民。過河，上
最長之達坂。此達坂雖高而路較平坦，然路因平而愈長！初入
谷，路右有兩土堆，上有尖頂層叠之木架覆之，據言爲哈薩克墳。
谷中稍有樹，草不茂，然未遠，路少轉，即又豐美。路愈引愈高，前
望見小山松林，以爲至林即到頂，乃遲之又久，始得到林。至林則
山峻徑險，人困馬乏，數步一息，不知若干息始得至巔。然景物幽
絶，身雖困而心極快。至巔，下見海子，廟即在海邊，以爲不久即
到，然下山是否有路，可是没有一個人曾經走過。道士同馬掌櫃
下去找，覺得有路，才迤邐下來，然路時上時下，以後看見湖那面
的廟，但無路可通；至於此方的廟仍不知何路可通。此時草木豐
美，雜花滿山，自身已入仙境，何須再修！五點已過，行路不飲食
者已將十二點鐘，睹此勝境，飢渴盡忘。道士因引路而不識路，極
抱歉仄，但我對彼無幾微不平意，因處境太美，如不迷路，或萬走
不到此！以後或松林奇石，塞路難行，或徑路幽邃，引人欲醉。竭
搜索之力始抵由東岳廟下福壽寺的正路。東岳廟在上，福壽寺在
下；聽説郝默爾在東岳廟，頗欲重登，但道士謂寺轉瞬即到，而廟
則頗遠，不願上，止好下來，事後問他，才知道上升下降，路正得

半,他所説遠近,乃路的難易,並非實在的距離。七點抵福壽寺,在廟外支帳止宿,廟中亦有可住的房子,然余固愛野宿。問此間道士知郝默爾已下,宿於廟中,現同王住持坐船,往測海子深淺,大喜。半點後,郝默爾同王住持回,談論甚歡。王爲湖北人,住此山已三十年,現年七十,尚健如少年,招待殷勤。晚天頗寒,棉袍猶未知温。

　　二十二日,最低温度四度一。起進廟瞻仰,廟門東向。正殿供三清,後殿供玉皇,配以無量祖師、關帝;左配殿供呂純陽、文昌、財神;右配殿供邱處機、日月神及火神;門樓上供王靈官及韋馱,揉合攙雜,固應如是。早餐後,王主持送米餕,始悟今日爲舊曆端陽。此地艾不易尋,門上插柳;柳葉甚大,幾如楊。歸帳少眠,帳內頗熱,赤膊始得酣睡,以比夜中,當差二三十度。午餐後,看郝默爾量人。四點後同出,至海子上蕩舟,舟四槳,余搖其二,外一道士搖其二,但彼似未嫻悉。登對岸,山花迎人,固不待言,獨有一種,細花藍紫色,頗引余注意;道士言名星星花;至瑞典,則郝默爾言譯名當作“永勿忘余”,此名正稱此花也。少登有一殿,內供達摩。再登有一閣,內供觀音大士。有道士二人,少飲茶即出。余未蕩舟,現已年餘,今日游賞,心神至爽。所可怪者此地離①迪化不遠,此地此時,湖上游人,止有余輩三四,若移之於歐陸,湖上不將游人如蟻,搶舟難得耶! 然如真如此,余輩游興又當鋭減,則正以此狀爲佳! 登岸北望山口,雲海渺茫,如非大海,豈能有此勝景! 晚餐時再北望,不惟巨海汪洋,并聞潮聲隱約,宇宙

―――――――

①編者注:“離”,原誤作“難”。

間奇景竟能至是！"五岳歸來不看山"，殊爲囈語。華山爲五岳最勝，石態秀麗，固有特出處，而氣象萬千，以比此山，何異培塿！

廿三日，終日無事。晚間同翟紹武北下山二里許一游。是處有一新廟，爲前伊犁鎮守使楊飛霞君所修。工尚未完，名無極觀。正殿供元始天尊、木父元尊、瑤池金母；左配殿供南極天宮青華大帝，右配殿供博岳大帝。無像，皆木主，聞楊氏修廟時頗有出家意，但他現在仍在城內作生意、冶游……大約日子過的很舒服，家也不出了。聽説廟西北尚有一小湖，與上面海子由地下相通，因時已晚，未往觀。昨晚所聞"潮聲"，初以爲"松濤"，現始知仍爲行地下之水石激觸聲。

二十四日，上午無事，下午同郝默爾往測海子深，只測北端兩綫，共十六七處，最深處爲九十餘公尺。晚餐後同郝默爾閑談，聽他説到許多關於胞子學的知識，極饒興味，寢時已二十五日一點。今日無事。上午及午皆微雨，下午且雷聲殷殷，聽差怕大下雨，將帳篷四周掘濠，然終不雨。

二十六日，剛過午，韓普爾即到，談次，知道他昨早起身，起身少晚與行李馬匹相失，一路上並未遇見。晚他的行李始到。韓普爾帶來陳諸巖上月廿日的報一張，上載上月十八日日本交蔣介石、馮玉祥、閻錫山、張作霖諸人 Memorandum 一通，略謂日本不能讓中國內亂，延及滿洲，將以兵力保障和平云云。同日又交各列强外交書一通，指趣略同，但所提及者，不止滿洲，且言及蒙古！言及北京、天津！日本軍閥倒行逆施，竟至如是！日本近幾十年來，對於我國雖最爲橫暴，但我個人對於他，總有許多的原諒，因爲第一他立國本有若干的困難；第二同種之誼，日本雖常拿來騙中國，但我却極不願聯絡白人，攻擊日本。不過，如果日本國民對於他國軍閥的倒行逆施，不能矯正，那我國溫和派——不仇日派——要失了説話的餘地；歸結收漁人利者不過是白種人，日本自身實亦有大不利也。郝默爾明日回迪化，與之作別。

二十七日，這兩天在帳中無事，見翟紹武所携底《綠野仙蹤》，就隨便翻閱，今早翻完。此書我從前聽説作的太壞，所以永没有看過，現在覺得好固然説不上，還壞不到那步田地。它裏面所叙底人事，如溫如玉冶游及周璉重娶各段，尚不遠人情；至於所叙之仙術，固由其根本觀念的錯誤，然單就技術説，尚比《封神》較好一籌。且作者對於道家的知識，也頗知到不少，如果讀者有清楚的思想，固可從此略知道家的短長。總之我覺得此書猶不失爲較好的第三等小説，尚有一看的價值也。下午同韓普爾、翟紹武等到海子内划船，直抵南端，約三四里長。南端有泉有河，河水頗汹湧。歸到對岸亭上一觀。亭後有小屋，内供龐真人，聽説是一個在此坐化的道士；未知確否。下午甚熱。晚餐後天尚早，到破龍王廟一游。内尚有道士一人。

二十八日，夜中甚暖，前幾天最低溫度不過四度左右，昨夜幾將十度。早起預備登山。起身時八點已過。步行，天甚熱。有時行松林中，比較清凉可人。至東岳廟，將十點。少待行李全到，乃續登，至一峰，在此附近爲最高。上有燈竿二，燈籠藏廟中，聞如點起，在迪化可看到。又聞在此峰上，可望見迪化，但我用遠鏡極望，止看見許多烟樹，城郭樓臺既不能辨晰，也不敢定指何處爲迪化。我同韓普爾的帳篷搭在山腰，測候氣象小室即設在帳篷少上。由小室下抵廟，緩步不息，約需十一二分鐘，上則需十六七分。韓普爾因爲需親設置小室，所以帳篷搭在上面，地方甚好，但從廟取水頗不方便。廟正在重修，内有一碑，爲光緒十六年所立。碑言廟工始於光緒十四年，但題爲博克達山神廟碑，並無東岳廟之名。正殿廊下棄置有“敕博克達山神”木主，大約原修本爲博克達山廟，重修乃改爲東岳廟；然正殿供神像五，據説爲五岳之神，我國供神，亂七八糟，固難究詰。

　　二十九日，午餐時，接到陳諸巖一片，并上月三十號《導報》一份，知其夫婦於昨日早到福壽寺，因同韓普爾同下山去看他們。韓普爾騎馬後行。我下時步行，可以説連跑帶走，僅三刻鐘即到。到廟内，聽説他們去游湖，即到湖邊，久候未見影子，乃歸至廟前，則韓普爾已到，問道士①，則他們的確尚在湖上，因議同掉小舟往迎。入湖，見他們的船在達磨庵前靠住，遂往。湖邊原有三船，一船上有小室，然船甚不佳，他們乃坐它出去，二道士划船亦不甚在行，他們去四五鐘，回不來，正在着急，我們到，換到我們船上，始得歸，他們同行的尚有一安君，係直新公司經理。又在廟中晤阜康縣長劉捷三君。劉君係開封縣人，本在此間帶兵，當過征蒙總指揮，現降居縣長，並非得意。六點過後，騎馬還上山；因係上坡路，馬鞍總向後滑，我對於鞍轡，極不在行，時煩韓普爾替我整理，異常慚愧。本議明日同韓普爾一塊兒上游雪山根，馬今日已雇好，但晚餐後登山時，天雨；明日未知能晴霽否，寢時中心頗忐忑也。

　　三十日，昨本議五點鐘起，預備起身，然五點鐘時，天雖已不

<hr />

①編者注：“士”，原誤作“土”。

雨,而陰雲頗濃,遂復寢。七點起,天將放晴,韓普爾因時間迫促,不願往,乃決定一人往。帶馬四,哈薩克鄉導一,韃靼厨子一。因昨日與諸巖夫婦約,後日早下去玩,今日起身過晚,明日恐未能回此間,則後日之約不復能踐,因寫一信告訴他們。十點起身,過氣象小室旁,西南行,漸下,不久,即至來時所過達坂脊。是日至此地時,他們也知道離東嶽廟不遠,但急着要下,所以没有走到廟傍。從此達坂脊,南上,入馬牙山。路在松林中,岩石峋嶙,極崎嶇難行,而有經驗,慣山行的馬竟能馱着我們,一步一步地往上走,實可令人佩服。但因昨夜陰雨,今日泥滑,終於不能再騎,乃下來牽着走。行時時須手足並用,艱困異常,幸不甚遠。至巓,十二點鐘,止有哈薩克人居住,喝他們的酸牛奶一碗,清涼沁肺腑。此地松已漸無,只有柏,但皆係灌木,高不盈尺。對面望大東溝飛瀑直下,垂練萬丈。下,松又漸多。至谷底時已兩點,水勢頗洶湧,地名ㄐㄧㄋㄅㄑㄚ,下流聞入海子。向東入大東溝,松林幽隱,路徑荒僻,時出水左,時出水右。因昨晚雨,水特別大,渡水時,一不小心,水已入皮鞋内。三點後,路引至水左坡上,漸易行,然坡頗斗峻,馬行路寬僅一二尺,如果馬錯走一步,即當滚至澗底,故行時意頗競競。時微雨,然不大。四點道旁有二蒙古包,爲哈薩克牧人所居,聽説上面已無居民,我們作飯還須要借他們的鍋,因即住下,但住後,聽説上面還有一處住民。進他們的蒙古包,向火。他們家婦女甚多,我一句哈薩克話不會説,只可相對無言。他們的女兒,壯健天成:一十歲左右,一十七八,雖無纖麗之度,而姣好多姿,如果道德律能允許我取姨太太者,我一定設法"金屋貯嬌"也!——實在她們終日享山間水畔極美麗的生活,如果真把她們

藏起,豈不令她們悶死! ——帳篷搭好後,大雨傾盆,帳外雲霧飛
跑,跬步不見。水石相激,怒流汹湧;帳中聽起,恍如山水大下,帳
篷將隨洪流以奔去,其實帳在高處搭,固絕無危險也。睡了一覺;
醒後則天已放晴。上山時帶有小襖、棉袍、棉褲,全已上身,只剩
一皮馬褂,尚未需要。日暮時,牛羊將歸,遍山坡全是牛羊;人喚
聲,牛羊互喚聲,錯雜紛喧,趣味盎然。羊夜中全須拴起,而拴時
又有一定的次序;在這數千百頭中,我無論怎麼樣,萬辨不清那個
是那個,而他們隨擇隨拴,絕無一點困難,紛嚷數分鐘後,已全次
第拴畢! 是日早寢。

　　七月一日,起將六點。擬將帳篷行李全留此地,以三馬、三
人、一頓飯上山,晚仍留宿此地。因此地已至松林盡處,山上無
柴,必須帶柴,始可午餐,所以延至八點十分始能動身。路與昨日
末段相似。松盡柏多,然亦不久即盡。八點四十分,看見最後的
蒙古包。再進,已見雪山在面前,並不覺高,暗想所傳極峰不可登
及有六千公尺高度之説似不可靠。九點半後道旁見雪,兩邊皆雪
山,路多泥淖,然草花仍茂。對面雲中,似見高峰,是耶非耶,莫可
方物。此時所最怕底,即爲雲聚不散,終莫窺極峰真像。然天從
人願,不久雲開;日雪照耀,矗立天外,險峻斗極,復絕攀擠,始嘆
世人傳言之果非虛語。南邊一峰,時高處尚有雲烟繚繞,俟雲散
盡後,頗覺比北峰較高,然北峰南北較長,實是一嶺,以後到別處
遠望,始知北峰南端,固與南峰相仿佛,至北端實較南峰爲高,此
時因立身地在南北之間,北端較遠,故不覺其高。斯時地上全屬
亂石,植物已極稀少,馬很小心地行走石間,艱辛異常。十點五十
分下見兩峰間的海子。繞行而下,極爲不易,在上時見海子在眼

前,然走到跟前,又用一點多鐘。下後植物在石間又漸多。兩旁雪上,百道寒流,下即成河成湖。海子甚小。少停即還登高處,想煮 Hypsometre 驗高度,而綫縫墜入酒精壺中,無論如何,不能取出,無法乃將裹肚上帶取下代用。時兩點鐘。風高難然,直至用至最末一根洋火,才將酒精燈點着,煮得結果,爲五〇〇·八。昨晚聽鄉導説雪山附近,有石人石羊,現在問他,他説不在此間,乃在西南另外一谷中。商量結果,決定今晚還宿ㄐㄧㄎㄚ,明早往觀。餐後兩點半,動身回。四點半至昨宿處。休息至五點四十分,行李已收拾好,再下。六點五十分,已至ㄐㄧㄎㄚ。沿路哈薩克人款待優渥,昨晚主人殺羔享客,今晚主人又將殺羔,力辭之。

　　二日,早起,六點三刻起身,帳篷行李皆留在ㄐㄧㄎㄚ。路隨ㄐㄧㄎㄚ河南上。河又名小東溝。谷内松林愈茂,景物愈幽,道路愈險。偶一回頭,則福壽寺前海子儼然在望,始知走了兩天,並没有走多遠。九點前後又遇數蒙古包,松林漸盡。不久又入雪域。過河右岸,轉入山坡上,即至目的地。至後始知並非石人石羊,乃在石上雕畫的人與羊。石外皮黑色,此種類顏色石山中不少。據現在所觀察之多石,此色皆在向陽處,或係太陽光的作用亦未可知。内質略現紅色,用物刮磨,遂成圖畫。共二石,北大南小。畫所能辨識底,有鹿,有羊,有持弓矢的人,餘不甚可識。有極古樸的,亦有雖古樸而極生動的,畫風如漢武梁祠石刻。北石上刻"馬福"二字,字極近世,與畫絶非同時,大約爲不知保存古物的觀者所留遺迹。鄉導言聞一九十餘歲,死去三四年的老回回説:此物約有六十餘年。我雖不敢臆斷此物與漢武梁祠石刻約略同時,但絶不能相信此雕刻止六十餘年;或單指此二字,且此二字即爲此説話的老回回所刻姓名，亦未可知。石邊爲石苔所侵，苔下當尚有畫迹也。十點二十分動身回；十二點三刻到ЦЬㄋㄑㄚ。午餐後三點五十分復動身，不上翻馬牙山，隨谷下行。谷頗寬廣，水時分時合，樹木叢茂，景物頗佳。四點半即到海子邊。湖上無船，必須從湖西林中微徑行。徑高在山上，緊靠湖邊；林箐幽阻，難見天日；路時上時下，然一綫下臨深湖，令人慄慄危懼。時石徑全斷，橫支枯木，僅可緣渡；時二木緊夾，必須推倒朽木，行李始可經過。如非有識途的哈薩克人引路，無論如何，萬不敢走至此間。我走過山路頗多，從未見極幽、極趣、極險、極奇如此一次者。將五點半，下至湖畔，再上升，幽深如故，但離湖岸略遠，心已安舒，似行坦途。六點到福壽寺，則韓普爾也剛從山上下來，鞍尚未卸。問諸巖夫婦，則已於早三點起身回城。我們也想明天回城，但廟中無馬，與馱我們的哈薩克商議，他説他的馬可用者只有兩匹，馱行李擬用三牛，不論牛馬，不論走幾天，每匹銀八兩，明日午時能來，即可起身，因與定妥。決定明日回城。

　　三日，早起，復騎馬到東岳廟，見翟紹武，囑咐一切。歸途中到土人所叫作八卦亭一游。亭爲楊飛霞所新建，八角，兩層；木材，上覆以茅，建築式尚不劣，惟上樓時門甚小，必伏身乃可入，其實放大頗易，不知何以故留此不方便。登上，全湖在望，南邊尚有屋數間，工程未完。歸待至三點後哈薩克的馬牛才到。行李上好，已將五點。加上自己的兩匹馬，共四馬三牛；我同韓普爾外，二僕人，二哈薩克，共六人。我們要走棉長溝、馬圈溝、小東溝及八家湖的大路，但此路除張僕來時走過一次外，無一人走過。北行過無極觀前，左下到河邊。逶邐漸下，路中回顧，瀑布掩映林際。

韓普爾至爲驚嘆,照像數張,然以視大東溝、小東溝之飛瀑萬丈者,頗有"大巫""小巫"之感。再進,則岩石壁立,中夾河路,我常說博克達山雖宏麗雄偉,非他山所能及,但太華之石,自有特色,終非博克達山能比,然如此數百步中,石壁渾削,不亞太華,中有清流,似當更勝,但微短耳。再前,河左山上有路,張僕謂仍應隨河走,六點半後始左引入谷中。谷中無水,少木,草甚茂美,如初進山時遇此,當覺風景甚麗,因前數日奇景太多,今日到此,已覺平淡。再前,見有打廟中印之牛,以爲離棉長溝不遠,然愈走路愈荒蕪,草深没馬;——我所騎之馬,高大如西洋馬,並非我國的小馬也。——又前,小林塞路不易行,張僕謂路已走錯,我們還未深信,再前則谷盡無路,高峰刺天,只得轉回。至前放牛處,南上有路,少上一轉,即見棉長溝莊屋,時已九點,乃止宿。此莊屋仍屬廟上,有道士,有俗人,在此種地。寢時十點已過,約明日早起,或一日可至迪化。

　　四日,醒將四點,天已將明,即起。五點飯畢,韓普爾即一人騎馬先走,說下午五點到迪化了。我等到五點半鐘,行李全上好,才一齊走。谷中有可耕地。翻一達坂,不久至馬圈溝。溝有一莊田,亦屬廟上,只有道士一人,徐姓,年七十六歲,而鬚髮僅有白者。同他談起,知道他是昌吉人,爲乾隆年間遷過來的。妥逆亂時,他全家被害,他逃到阿克蘇各處,亂平後當過兵,出家後住此山已三十餘年。他頗知阿古柏事,據說阿古①柏待漢人甚好,他老年爲其子進毒所弒,則與官書不同。等牛至後同行,又半點,有一龍王廟。過一河,河灘有三四蒙古包,下馬少息,蒙古人漢話頗

---

①編者注:"古",原誤作"克"。

好,他的女人也能漢話,尤爲罕見。據説他們全是從喀喇沙爾來
的,山中蒙古人止有他們幾家,此地名水磨溝云云。過河右引,入
小東溝,中途上一達坂,在達坂脊上仍見行李在後,此後即離開獨
行。溝中亦有可耕田,然我想他們全是種的"花花",土人稱鶯粟爲花
花。未知是否。再前,即入八家湖谷中,回到來時路。此路共逾
三達坂,然皆平易,以比倒坡子溝路之三達坂,不啻天淵之別。十
二點一刻,到廟上,遇一送信兵士,知郝默爾明日復上山。少眠
息,午餐,至一點三刻,行李尚未到,乃復起身。隨大路走到鐵廠
溝。出鐵廠溝,又失正路。看太陽尚能略定方向,但不得大路。馬
見我走的不是路,它也就很不高興走。此時天上雖有雲而甚燥熱,
地下一個一個地小山頭,而有山皆童,無草不枯,加之心内燥急,以
視前幾天山上的清涼世界迥不侔矣。時天微雨數點,乃登山望見
一村,即行直赴,然望着不遠,走着却越過很多的山頭,才能走到。
一問仍是六曹溝,然則路並未走大錯。向西南下山,見一大村,樹
木叢茂,名八道灣。時風頗大,天氣涼爽。再南則爲水磨溝,至東
關時,天尚未黑,至南關後始不辨人面,到寓問韓普爾,則五點半已
到,他未入小東溝,在山中,獨按方向以行,翻山越嶺,路途險甚。

　　五日,早起,問行李則尚未到。進城,見早襄廳長,在他座上
見奇台佟縣長,據説希淵尚在古城,且正在害眼。出洗澡。歸,潘
季廬來寓午餐。郝默爾本定今日同潘季廬、鮑壽亭、王道士同坐
汽車到阜康,然終不能走。下午行李始到。早襄廳長來談,據説
盛臣將軍雖換旗幟,然名爲主席而無委員會,又自言此間行三民
主義已久,想作成一種換湯不換藥的辦法,此間隱憂恐未有艾云
云。見鮑壽亭,他去後少寢,王道士又來糟七八雜地亂談,其實我

此時精神正疲，並不甚知其所語云何。晚餐時，少吃一點，不久即睡。

六日，早起送郝默爾、潘季盧、王道士起身，鮑壽亭終未能往，早半天一睡再睡，始得解乏。午餐後進城謁蓋臣將軍，他説他對於統一甚爲高興，至於個人的出處進退，不成問題云云。又説張作霖於未抵奉天時，的被炸死，吳俊陞也被炸死，似此則東北方面問題或少簡單，亦未可知。返到陳諸巖寓，快談，借得《華北明星報》上月四號、五號兩份。據五號報説張作霖四號上午五點半乘專車將至奉天，有南軍便衣軍隊向車擲放炸彈，二車全毀，多人受傷云云。諸巖①另外看見六號《導報》説醫生給他打了許多嗎啡針，絕無效驗，遂致斃命云云。晚晌韓普爾又同順發洋行經理同往南山，約二日後回來。

七日，上午隨便看一點報。往訪趙次蓬，未遇。午後正睡午覺，次蓬芒芒然來，説城內今天行刺了。問他行刺何人，他説行刺將軍；問他，將軍受傷否，傷勢何如，他説他跑出的時候，楊將軍以手據案，站立不動，似已受傷，兼言閻廳長受傷頗重，被人架出，樊廳長未受傷，形色驚惶云云。他説畢，即匆匆去。我定醒移時，到彼寓詳問，始知今日此間俄文法政專門學校畢業，將軍及各廳道、俄領館人皆在坐，剛上菜，忽有藍布長衫人入，連放手槍，大家即亂逃云云。未幾有該校一俄人教員出，據言蓋臣將軍倒地已死，昨日尚歡談，今日遂成古人耶！蓋臣將軍爲一極精幹的老吏，實屬一不可多得的人才；以人種龐雜、政局不定之新疆，彼竟能隨機

---

① 編者注："巖"，原誤作"嚴"，據前後多處日記改。

應付,使地方安靖,洵屬功多過少。不過其思想極舊,以爲深閉固拒,即可成功;近二三年政治變化,尤在他意料之外,近來因應殊未適宜,故致此變。此間民族紛亂,治安可虞,不知繼起者能使秩序不亂否。後城門即閉,内外不通,謠言頗多。晚不敢多睡,然一倚床,即又睡着。接希淵信一封。

八日,一點許,次蓬來,拿來一封丁署長給他的信,據説將軍無恙回署,未知是姑安人心的新聞否。早起打聽消息,據説早襄廳長今早被害!且言此次暗殺全爲彼所主使,將軍死後,彼即帥衞隊入據將軍署,後又被反對黨奪回,故將彼吊一夜,今早致死云云。早襄廳長思想清楚,且較有新知識,人亦正派[1],在新疆政界中實屬翹楚。此次本團西來得他的幫忙不少。説此次變故係他主謀,似非的確:因他素日太小心謹慎,而昨日舉動却未免鹵莽的緣故。據我所推度,他對於此次事變未必不早有所知,而在昨日起事,或非他所預料。出到街上一走,至第四區前見有一告示,係民政廳長兼臨時主席總司令金樹仁的名義,開頭就説七日有亂黨戕害長官兼占領省政府云云,則藎臣將軍已死,絶無疑義了。至城門,城門未開即歸。本日城門終日未開,謠傳頗多。終日天陰,有風,頗有秋意。

九日,早晨雨,後轉晴。今日城門開數點鐘,城内因此兩天城門不開,麵價竟漲至兩三倍!謠言頗多,所靠住的爲法政學校教務主任張純熙、無綫電報技師吕寶如等被捉,樊廳長的衞隊完全殺掉而已。下午韓普爾歸自南山。

----

①編者注:"派",原誤作"排"。

十日,城門開,但入時搜查仍嚴。聞今日藎臣將軍靈柩將移於上帝廟,早襄廳長的屍身也已竟斂起,想進城先去看看慶皆廳長的傷,再去給他們作吊,後因入城門時,須受搜查,不願進,止寫慶皆廳長信一封,問他安好否。下午僕人從城內歸,據説死屍全都在城外扔着,並無棺斂之説! 接^①黃仲良電報一封,催寄銀一千。

十一日,無事。聞門禁少寬,外邊各道對於現省政府已承認云云。下午郝默爾自博克達山歸。晚同韓普爾、郝默爾,到鮑壽亭家少談。下午天陰,微雨數點。ㄐㄧㄚㄍㄡㄷ來談,説南山中有妥逆亂時藏金,現已知處,問我是否能用考查團名義同他往挖,得後平分,我依違答之。這位先生大約窮急了,發了財迷,所以作這樣的幻想。其實不惟藏金的傳説,在東方民族中,不曉得有多少,如果相信,一定令人迷惑失據;並且我們是爲科學工作的,即使真得着像樣的藏金,對於科學,也並没有若何的重要:所以我只能一笑置之。

十二日,終日無事。同謝希文談,知道前些年伊犁的票子,一兩的票子,分作兩起,每起可作五錢用;分作四塊,每塊可作二錢五分用! 以至收回消毀時,查驗異常麻煩。此話真屬奇談! 在我們老大國度内,真無奇不有也! 晚聽韓普爾説,接到柏林電,知道赫定先生於六月初抵柏林,初十前後回瑞典,擬留三星期,再從柏林來中國;又他同 Luft-hansa 的契約,至本年九月三十日爲止,Luft-hansa 不願再繼續,且擬令德國團員全體回國;但赫定先生的

---

① 編者注:“接”,原誤作“按”。

意思,尚擬與他們將契約少行改訂,用瑞典款及他個人款,使他們能工作到底,他們也還未決定云云。

十三日,寫給黃仲良信一封。下午到陳諸巖寓一談,並借到上月六日、八日、九月三號報一閱。據九日報,張作霖重傷則有之,似尚未死。國民政府命山西軍隊鎮守北京、天津,已於上月八日早十一點入北京,奉天留者爲鮑玉林軍隊,立時退出,秩序甚好。外交部部長換作王正廷云云。近幾天街上謠言甚多,然不像有何種根據。

十四日,早晨有一老戛夷人來,據說是希淵派他來送信,昨晚過北門時,被守兵送省政府,信被扣留,據說得團內證明,始能取出,云云,因即寫一信與金主席,請他檢查後發還;但信未寫完,省政府已派人將信送來,遂止。信上主要的事,還是想暫舍去阿爾泰,先到伊犁、綏定一帶考古。進城想給黃仲良寄銀三千兩,但種種商酌之後僅能寄千兩,且須三天後寄。取北京寄來包裹。聞呂寶如、張純熙昨日下午確被槍斃,並聞槍斃者尚有潘姓一人。往到慶皆廳長處訪問傷勢,他的精神甚好,不過據說轉動時甚痛。他說他真曾九死一生,我說既是九死不死,想後福尚當不薄也。遇韓普爾、潘季廬,亦往問傷。到博達書館,購筆兩枝,《雍正謀皇秘史》一本。返翻閱一過,寫的人筆墨尚未能全通順,但就筆勢揣度,內似含有真正的傳說,則固有一顧的價值。復希淵信一封,告訴他近來各方面情形,並允許他先到伊犁。

十五日,無事。接到達三自婼羌明信片一,黃仲良自焉耆信一封。達三言於上月抵婼羌,郝德於上月二十八日赴婼羌南屈莽山,安設山上氣象測候所云云。仲良言在焉耆附近四十里城市及霍拉山，得古物一二十箱云云。翻閱前所借袁小彤之《河海崑崙錄》。今早接到慶皆廳長端陽咏角黍詩三首、艾虎詩三首、芍藥行一首，頗有寄托。午間潘季盧、陳諸巖來寓少談。

十六日，將黃仲良匯票寄出，並給一電通知他。續閱《河海崑崙錄》。接到丁仲良電一封，問赫定先生及儀器到否。又接他信一封。接春舫自庫車來函，言上月二十八日見喀什噶爾俄領事，據言 Trinkler 曾托他設法將采集品自俄運回，他致電莫斯科請示，未得回電，又言 Trinkler 不信中國官吏能將他的采集品扣留，將硬帶出境，自印度回國云云，心頗憤抑。晚接到陳諸巖送來上月十一至十五之《華北明星報》，翻閱一過，據言聞國民政府將召集國民會議；又謂日内瓦電稱張伯倫及英法日意荷代表要求國民政府遷都北京，但我國反對此誼。至張作霖，據十三日報謂日本官電説他的確死去，而十五日報，又有他給各將領的電報謂他傷勢並不重，命他們努力作戰云云。又天津附①近，敗兵尚多，正議肅清。

十七日，寫給金主席公函一封，請他再嚴令喀什官吏無任 Trinkler 狡展，並請其將此事往中央推，勸 Trinkler 隨采集品前來，將采集品寄存此間交涉署，自到南京，同外部交涉。又致理事會電一封，報告此事。午間潘季盧來談，據説張作霖的確已死，此間省政府已接到其治喪處通告云云。寫家信一封。晚間陳諸巖夫婦②來訪趙次蓬，後來此少談。接黃仲良電一封，催寄款項。

十八日，寫劉半農信一封，同家信一並掛號寄出。下午胃消

---

①編者注：“附”，原誤作“赴”。
②編者注：“夫婦”，原誤作“婦夫”。

化不良,晚飯未敢多吃。

十九日,今日胃略佳,仍未敢多食。進城。訪慶皆廳長,問其傷勢。他説據官電,北京已改名北平,直隸改名河北。又言據説張作霖之死,日人實與其謀,因日人要求張氏各種權利,張氏未允許的緣故;此新聞頗出意外,張氏能强項愛國如是耶?出到吳雲龍寓少談。晚天氣甚熱,寢時已起風。

二十日,夜間微雨,今日天陰,天氣仍燥。吳雲龍來談。接到金主席復函一封,略謂據疏附縣呈報,Trinkler 等已於上月十六日由喀什起程,前往莎車,取道蘇蓋提卡回國去訖,所扣各物,已否起運來省,當電詢喀什馬行政長再行核辦。晚餐前丁署長來談。晚餐時,接到由韓普爾交來赫定先生等自柏林附郊所寫之問候片一。

二十一日,昨晚因開窗,進了幾個蚊子,幾終夜不成寐。五點起,到院内和破屋上轉了幾圈,回,又睡幾點鐘。八點餘起。閲《河海崑崙録》。下午前在哈密之陳材良局長來談,言回迪化已數日,將來永住迪化。聞二十四日楊將軍開吊,團中給他送緞幛一,我個人給他送挽聯一,自己寫起,聯文爲:

　　　書生鎮邊庭,十七年人民乂安,將軍自足千古;
　　　國家初一統,未幾時老成凋謝,我輩能無愴神。

我對於挽聯,素非所長,故文亦未愜意;但自以爲對於楊將軍頗稱身分,尚無溢美。幛文爲"前軍星落"。大字終天不寫,雖對付寫在布上,然終嫌稚氣。丐又厶來,據説《英文導報》,他看到上月二十二日。報上説奉天舉張學良爲新首領,擬降順國民政府,並言張學良將以其父產千萬,捐充教育經費云云。如果此信確實,誠屬國家之福。郝默爾將生瑞恒來的信，翻給我聽，談他獄中二日的經過，甘肅的巡警長官，真有點荒謬，幸挽回尚早。接希淵信一封。

二十二日，今早想把希淵信粘案，遍①尋不見，問牛進山，則昨晚已雜亂紙燒去，不勝恨恨。韓普爾接赫定先生十四日自ㄙㄊㄡㄎㄏㄡㄌㄇ電一通，據説將以四汽車、二司機人來，未提行期，則他行期似尚未定，大約還有幾天，並且他還未知此間藎臣將軍死耗。郝默爾恐怕汽車來後，金主席不承認，請我給鮑壽亭寫一字，請他來寓吃晚飯，因請他向金主席請示，並請他詢問清華學校匯款及額濟納河取物各事。下午有一王君來，言他的老師鄭君與閻廳長有戚誼，他的小姐有病，想請郝默爾給她看，約定明日來。

二十三日，明天藎臣將軍開吊，郝默爾想給他做一個花圈，約我同他一塊兒上公園，選擇何花可用，因同乘車往。先過陳諸巖家，借到上月十五日至二十三日報。未到公園已兩個半月；最末次樹葉嫩綠，花尚未開，池中水甚少；此次則夏已將畢，小園中各花爭芳，池水滿床，又是一番景象。回時，郝默爾沿路采植物標本，我則坐車上看報。車過河時，水入車箱濕脚，蓋山雪正溶，故河水盛漲也。歸知新交涉署長陳君源清名繼善，甘肅導河人。同丁奮武、趙次蓬來訪，未遇。看報，知所謂"京師大學"已改名中華大學，校長名義仍屬蔡先生，但如蔡先生不到任，則由石曾先生擔任，石曾先生已由法歸國；有張學良所向外國新聞記者宣布之政見，大約謂伊父已死，伊將來可與國民政府妥洽；雖有進軍東三省

---

①編者注："遍"，原誤作"編"。

之説，疑屬空氣作用。下午王君同鄭小姐來，年十三歲，男裝，我們初以爲男孩。郝默爾看她除體力弱外，無他病，但現有燒，因命她每天試體温三次，後日下午兩點後，再來診。

二十四日，起，等郝默爾將花圈作成，即同他及韓普爾往上帝廟作吊。幛對不少，花圈則止有我們的同俄領事館的兩個。挽聯幾全體一致，指斥凶手，然此次舉事，的屬革命行動，是非固難論也。還有人有"犁庭剿穴"之語，可謂無的放矢。匆匆未詳看，不知有無佳聯。晤鮑壽亭，知金主席不願購買汽車。下午繼續看報。接黃仲良、丁仲良二人公信一封。

二十五日，全日無事。早半天同謝希文閑談學術大體而已。今日郝默爾有事，差人告訴閻廳長請其告訴王君，或今日一點半以前，或明日上午伴鄭小姐來診。

二十六日，寫給石曾先生信一封。下午寫給希淵信一封，將發，又接到他自孚遠破城子來信一封，即再開信增加後發出。給理事會一電，報告接金主席復函，Trinkler 等已去事。今日鄭太太同鄭小姐下午始來，則郝默爾已出，蓋話經幾轉，不知何人誤傳，因允同郝默爾説請他明天來診。

二十七日，昨日由潘季盧與陳交涉署長約好，今天下午兩點同郝默爾、韓普爾往拜他。今早與吳雲龍寫一信，請其下午在家少待，且其朋友想請郝默爾看病亦可上午或下午六點鐘來。午餐後進城，則陳交涉署長，據門房言已出，然兩個外國人後到一點，則又見到，想是門房鬧錯。洗澡。到吳雲龍處少談。聽説此間當局因總未接到中央回電，頗爲焦急，今日用蒙回王公名義致電南京，請求任命。晚到趙次蓬寓談。據説昨日又槍斃三人，其一是否與謀雖未確定，而的確爲一壞人，餘二則即正審之迪化閻縣長亦覺其冤，但由省政府交下命令，亦無可奈何，只好執行而已，爲之一嘆。明日早郝默爾將到博克達山去，與之作別。

二十八日，早，吳雲龍來，送來領款憑單。下午陳諸巖夫婦同來，並帶來上月二十四至二十七之《華北明星報》及本月一日之《滿洲報》日本人在大連出的漢文報。一張。談至晚，留他們晚飯，堅不肯。晚餐後頗有月光。近幾天不雨而多雲，遮蔽月光，令人悶悶，今日月色雖尚未佳而少有，已覺心中一快。看報。大約七月初旬，各方面軍事長官要在北平開一會議，主要問題爲裁兵事宜，此實爲今日之第一問題；此着成功，則此次國民革命爲成功；否則此次國民革命成了無意識的舉動；自各方面看，似樂觀方面多，"不禁延企以俟"。

二十九日，寫給金主席公函一封，請他發款。下午寫給海帆信一封。團中要雇駱駝到額濟納河取回去年遺留行李，今日同駱駝主人講價，以三千兩票銀定規，約立秋後起身，護照由我們辦。近日覺家信稀少，一查日記，才知道最後接到的家信爲三月十六日。那時候還雨雪塞途，現在不惟單衣揮汗，並且不久就要"一年容易又秋風"了，歷時四五個月，一封信未收到，心中甚爲抑鬱。晚餐時有奚神父、歹く仏在坐。奚神父剛從旅行回來，匹馬走了兩千多公里，可爲壯游，以比我的"悒鬱居此"，可稱快極。月色甚好，在破屋上同學生談至十點半才下。給季芳寫信一封，請她勤來信。

三十日，終日無事。下午趙次蓬來談。接黃仲良信一封，並轉來半農給他信一封，因內頗有關係全團事，需要我來回答的緣故。

三十一日，給半農寫信，談續付團員平薪數目，未寫完，晚問韓普爾，他將德華來信找出，今日適接到信。則五月六月份已在平付過，似無須急付信，遂又中止。到陳諸巖寓談，借來《華北明星報》至本月初二日，又《北京政聞報》一册。晚到趙次蓬家談。歸看報，寢時已八月一日二點多。早寫一字與鮑壽亭，請他見金主席，同他約期會見，並請往額濟納河之駱駝放行護照二事，並請他來晚餐。以後他的手下人來，説他又往南山，並言前日所引來之駱駝主人，不甚靠得住，並因價小不願往，又另外引來一個，頗要求增價，但我們原來出價三千，實已比別人出價大，且我們自己並有駱駝在額濟納河，不過無人送來，因此間駱駝價太大，就暫且辭去，擬派聽差到那邊運來。接丁仲良信一封。看報。《政聞報》中有一篇吳稚暉先生對於汪精衛先生新作各篇的注釋，實足令人感嘆；可惜僻處此間，新聞紙幾一點不見，事實詳情若何？兩方面所持理由若何？全不可見，現在僅能就“一斑”以斷“全豹”，又未免令人悶悶也。晚陳諸巖夫婦及趙次蓬來寓便餐。陳去後到次蓬家找來《東方雜志》數本，翻覽，寢又已二日兩點半。早十點同韓普爾進城見金德庵主席，至則省政府門前，正在登記新兵，新兵固不妨召募，但真能有用才好，今日的兵真能有用麼？大門二門內很多的蒙古包，大堂上縱橫皆兵，先生豈真“守在衙門”耶？聽説無論什麼人，進去全需要搜檢，今天我們進去倒並未被搜檢，不知“以告者過”，或係特別優待。德庵主席爲第一次看着，人約五十歲左右，談鋒甚佳；聽説他的烟癮頗大，然面上並無烟色。出，獨到交涉署，見陳署長、張趙二科長、次蓬及金翻譯等。歸。下午潘季盧來談。

三日，無事，終日看《東方雜志》。有一篇講近來世界政治勢力已爲經濟所奪，一篇翻譯英文雜志，講歐洲列强競争空中勢力的現狀，令我感到無限的興味。晚晌團中從去年八月由柏林寄來的幾個箱子，今天才運到。省政府派人來查驗，陪住他們看一下子，大多數爲儀器，有一箱爲赫定先生應用衣服，一箱爲子彈，共一千二百顆，據説是獵槍上的。查驗後，檢查員取去子彈十個以備報告。

四日，無事，因多日未接家信，心中抑鬱，終日不能自振。省政府派人將昨日來到之子彈取去。看《東方雜志》。衛中博士有兩篇講演稿，很有意思。他主張動的教育，主張使受教育者直接與自然界相接觸，反對從書本起首的教育，是非常有道理。但是他把儀器當作同書本一樣爲障礙教育的東西，那却①是不對的。我們中國人這幾千年的教育，不惟太同自然界隔離，並且太缺乏對於精確的要求。儀器不惟不隔離我們同自然界，並且可以促進對於自然界精確的研究。他説中國自興學以來，花了許多錢，購備儀器，立實驗室，一點没有用處，其實我國曷嘗有像樣的實驗室及儀器；當日北京大學之物理學系，少少添備整理，已可自競爲全國第一，足見實驗室在我國學校中實爲鳳毛麟角。我想如果有人能把我國學校數目，全體預算的數目，及消耗於實驗室同儀器的金錢數目作一精詳的統計，再拿來同歐洲各學校的預算作一比較，一定可以看出我國教育家對於此項的忽視。然則今日如果想

————————————

①編者注："却"，原誤作"郤"。

振興教育,對於儀器同實驗室應當極力擴充,絕無疑義。接益占信一封,知道他於六月十六日回到額濟納河上氣象測候所,已重安心工作。雨。今年夏天雨澤太少,此次雨頗大,令人心爽。

五日,早入城,訪吳雲龍,未遇。到慶皆①廳長家談。晚六七點鐘,雷電交作,但雨只下幾點。到次蓬家談。借《東方雜志》兩本,《世界史綱》兩本。今日接郝默爾信一封。

六日,無事,終日翻閱《世界史綱》。此書科學價值或不甚高,可名之曰歷史文學。我這樣說,絕無看不起它的意思;嚴氣正性死板板的科學著作固然需要,然機趣橫生、引人入勝的具文學興味的著作,又何嘗不是人類極需要的東西?Wells本一大文學家,其見解亦無偏狹的毛病,自是有價值的著作。晚謝希文來言不願意接續幹,請團中另外找人,心甚不悅。

七日,接德庵主席復函,言已通知財政廳發款。王殿臣自焉耆歸,帶來省耕信一封,獅醒信一封。仍終日閱《世界史綱》。晚餐時韓普爾說接到錢默滿的信,說那邊的觀測沒有間斷一天。晚到次蓬家談。

八日,致一電與哈密堯營長,問我們的駱駝是否能有二十可用者。下午馬古洛來談。往陳諸巖家談。借《東方雜志》兩本。

九日,看《東方雜志》。接春舫電一,言華志將歸,彼亦有歸意,云云。終日天陰。

十日,昨夜寢時約將十二點,天雨。後微雨終夜。早起雨止。登破屋望博克達山,玉峰皚皚,蓋高處已落大雪矣。翻閱《世界

①編者注:"慶皆",原誤作"慶丞",據前後多處日記改。

史綱》。接堯營長復電，言駱駝有二十可用者。因謝希文告退，次蓬薦一趙克勤君，係俄文法政學校預科畢業生，問他數學，僅知乘除，分數云已全忘。謝希文尚薦一齊君，當叫來一問，比較取一也。閑居無聊，作一圍棋盤，以消磨時日。

十一日，復春舫電，令其俟明年初同歸。下午進城訪吳雲龍，未遇。到潘季廬家談，聽說我們派駱駝到額濟納河取行李事，又因戒嚴期內被拒絕。與季廬同到陳材良寓談；時韓普爾已先在。歸，今日天氣頗涼，街上人有不少穿棉衣者，然小兒赤身，仍間有之。晚餐後，少教謝希文圍棋而已。

十二日，整理賬目。今日團中請人吃便飯，客到者有吳雲龍、潘季廬、趙次蓬、陳材良、ㄞㄑㄧㄇ諸人。我喝的少覺有酒，客去後，眠少時，醒甚渴，喝茶，渴終未解，晚寢時又喝茶數碗，始得不渴。

十三日，終夜不能成寐，天明後始得少眠。八點過後起。前幾天雖不雨而頗陰，日中最高溫度不及二十度，夜間最低溫度剛過十度，若內地中秋後天氣。今日天晴，氣候仍返初秋。齊君來，問他，則數學全忘，不惟分數不解，即除法亦不能作，乃止好叫趙克勤來學習。始將前些時所收包裹打開，把應帶往婼羌及庫車之物分別出來。接春舫信一封。早寢。下午ㄐㄧㄚㄍㄡㄈ來，這位先生對於藏金已經成了 idee Fixe，我也只好依違應之，並嘲以君所言者非 archeologie，乃 Plouto-archeologie，彼亦莞爾。

十四日，昨晚眠時仍已十一點餘，眠仍不甚佳。接財政廳來公文一封，發來領款通知書，派人將款二千二百四十兩取出。接交涉署公函一封，係言將上次來之子彈，暫行扣下，其餘發還。發交涉署信一封，請他通知庫車及喀什噶爾長官給華志放行。那林從南路返。據他説，他的太太將來這邊，他想到瑞典去接她，現尚未定。下午接到希淵信一封，係他派ㄍㄨㄉㄅㄢ來購物、取錢，并送此信。據説他在破城工作了四十天，很詳確地挖了二十幾個坑，成績頗好。但如此接繼下去，恐怕明年亦完不了，所以暫行結束，並將向東北布爾根河一帶沿路找化石云云。

十五日，進城往訪源清署長，門房説已來我們這邊，趕緊回來，則彼因來此訪人不遇，到趙次蓬寓，遂去談。據他説：我們此次所收子彈，此間因不識品質，頗爲重視，且因俄國及吾國界上皆查考頗嚴，何以竟能運到，殊深疑慮，囑爲查考。此次團中運入子彈，未經預先聲明，且求得允許，殊屬大意，因允嚴查，並先致歉衷。四五點鐘，馬古洛來，去後往陳諸巖寓談。路上接到達三、春舫信各一封。晚向韓普爾詳詢子彈前後經過。

十六日，進城，見源清署長，告訴他子彈始末情形，不過是否獵槍子彈，因我一點不懂，未能妄負責任説話，請他嚴查。回將此次來件時之信頭及東西詳單摘譯一節，寫一信預備明日送給源清署長備查。

十七日，早未醒，吳雲龍來，起談，因學生到婼羌、庫車兩處所帶儀器、紙張等事，恐沿路税局麻煩，前幾天請他給德庵主席説請一憑執，他今天來説已經答應，但須一清單，因翻譯後交給他。午前李桂軒來談，似對於軍火事亦甚注意。給希淵寫回信。晚鮑壽亭來談。將信及銀八百七十七兩交給ㄍㄨㄉㄅㄢ，他明天回三台。接到交涉署公函一封，言華志回國事已知會庫車及喀什官長矣。

十八日，吴雲龍同省署一張君來，言所帶儀器什物，還需要看一次，才能封上，前已包裹停當，因全又拆開檢驗。畢，封上，但憑執須改日送來。接到華裕厚安掌櫃信，因希淵將采集品三箱托他交車户帶來，現已到城内，囑他明日雇車送來。

十九日，接到采集品三箱。今日天氣甚熱，最高温度達三十九度，爲今年所未有。陳材良來談。給春舫、達三寫信。早晨攬往庫車車之店家來，言明天車須要出發，因憑執尚未接到，囑他明天下午走；車價四十兩，付他二十兩。

二十日，今日天氣仍熱，然下午風頗大，且天陰。早晨警察署派人來，查驗采集品箱。打開兩箱，餘一箱因前日在北城門已打開，故未重開。吴雲龍來，憑執尚無，因不甚需要，決定讓張廣福下午起身。張廣福來，説纏頭車夫已套車，並言車價只付十兩，殊堪詫異，因教他去叫店家來問，返言店家人不見，餘人説原説跑腿錢十兩，且車已走掉，殊屬荒謬絶倫！因派人趕緊把店家“抓”來，不然即當知會巡警往抓，乃未幾而人即來，説車也並没有走，且當面問明，車價已交到二十兩，申斥他們幾句，讓他們走。下午郝默爾從博克達山回。

二十一日，昨夜雨。郝默爾同那林鄉人乍逢，談至將三點不息，隔屋不能成寐，乃起告訴他們不要説話。又成眠，約將四點。同那林進城見源清署長。晚聞郝默爾説接赫定先生函，言款項進行順利，計至考查終事，似尚有餘金。那林謂彼意赫定先生必圖繼續，不得於我國，亦必於他地繼續，因款項太多云云。返寫一信告希淵。

二十二日，早趙玉春起身到婼羌。此子直至今日，尚未獨出過門，臨別之際，時有淚痕，爲之惘然。晚到次蓬寓①談。今日天氣甚佳，用遠鏡望博克達山，雲烟之間，似得見瀑布，然從來未見，且雲散後再看已不能再見，未知果是耶非耶。

二十三日，早陳材良來，少談，言病腹痛，請醫生診治，及醫生來視，始知爲盲腸炎，症在輕重之間，或可不須割療，但須守視，而醫生無時一日去三次，且不宜動，不如暫留團中空屋療治。他派人往家取行李，未來前，暫在我床上一躺。下午三四點鐘，陳太太來，因奉侍不便，堅欲其回去，郝默爾出門未歸，乃力止之，謂不與醫生商議，萬不可輕動。等到五點多鐘，醫生仍未歸，怕關城門，她只好回去，日落時，行李始拿來，他才移至別室內。鮑壽亭來，少談。晚餐後，到趙次蓬寓，談。今日接赫定先生信一封，對款項事，話不甚明，但言將設法延長半年。接達三信一封，言狄德滿將歸國，將氣象測候所完全交給他，待雇好車，即動身。

二十四日，早到壽亭家少談。談及久未接家信，此間電報又不靈通，他說他有朋友在葦塘子，可托他從那裏打出，較爲可靠。返擬一電稿，將字碼翻出。午餐後，同郝默爾、那林進城見德庵主席，到上帝廟，因今日爲楊將軍終七之期，此間官場多有應酬，因往，遇源清署長、闔縣長等。據言甘肅亂頗甚。出獨到慶皆廳長寓②，他已能起床出行，但臂尚未全愈。談次，知道他對於德庵主席頗爲不滿。談及此間無報看，頗爲悶人，他說再遲三月，即有報看，未知其意何指，頗覺詫異。歸，壽亭來談。他因爲此間與俄通商，俄係國家貿易，我國商力渙散，同他們對付，種種吃虧，想聯合

①編者注："寓"，原誤作"寓"。
②編者注："寓"，原誤作"寓"。

纏商,組織一公會,禁止私下同他們交易,意見甚是。他已擬有簡章,及上省政府呈文,請我斟酌。我潦草一看,知缺點尚多,因指出請他自行修正。聽郝默爾説他接到他母親的信,説赫定先生於八月初一前後動身,汽車已於七月二十一日動身,然則計算行程,他此時大約已過斜米了。

廿五日,寫致德庵主席、源清署長信各一封。接到希淵及黃仲良信各一封。希淵又要往阿爾泰,往固無傷,但意見何不定乃爾!下午到陳諸巖家少坐。因這兩天郵局中又有一劉君被捉入獄,諸巖對於此種無理由地亂抓人,非常憤懣。

二十六日,早到鮑壽亭家一談。午間潘季廬來談。終日無他事。

二十七日,寫希淵及源清署長信各一封,下午馬古洛來談。晚郝默爾從馬古洛借來《導報》從上月十四至二十日六張,很高幸地披閱。裁兵會議結果尚好;蔣介石對於"巨頭會議"一名詞甚爲反對,尤爲好消息,因"巨頭"之迷夢不消,國家無太平時也。東三省大約可和平解決。閱畢已二十八日早三點,就寢。本日無事。晚鮑壽亭來,將楊將軍舊欠團中款交來八千。聞張幼丹被捉入獄,趙次蓬來,亦言此事,頗自危懼。彼本無嫌疑,但暗探邀功者多,又有什麼人敢保險呢?

二十九日,早晨交涉署李君同趙次蓬來,言交涉署派他們來再查驗運來采集品是否與中國文化有關礙。此間官吏對於本團性質,怎麼樣也鬧不清楚,殊堪一笑。以絕不懂文化意義的人而向對文化負專責的人,查問"與文化是否有關礙",真不可不算一怪事。李君却是一念書人,亦覺此事無何意義。解閱半箱,覺太費事,遂止點此箱中件數歸報。給吳雲龍信一封,問匯款事。下午接海帆信一封,家信一封,春舫信一封,黃仲良電報一封。多日不接家信,忽得平安詳報,喜可知也。不過我正怪季芳不來信,而季芳來信,大怪我不去信,我前兩次信,完全没有接到,亦殊可怪。晚到趙次蓬寓談。陳材良派人送來《文學大綱》一部,將中國各部分略爲翻閲,寢時已三十日上午二時。今天郝默爾、那林、韓普爾要上博克達山,原定五點起身,我七點起,他們還未走;同他們握別的時候已經十一點鐘了!這邊旅行大抵如此!吳雲龍來,將匯庫車及婼羌款三千八百一十兩交他轉交財政廳,請廳轉寄。下午寫家信。陳諸巖夫婦來少談。ㄞㄑㄧㄥ來談。從趙次蓬處借到新到《東方雜志》兩本一翻閲。收省政府公函一封,答請爲赫定先生及其同來人放行事。

三十一日,上午翻閲《東方雜志》。下午進城,剃頭洗澡,畢到慶皆廳長處一談,遇張廳長,他們正在吸鴉片,據説全無癮。正談間,主人之僕人進謂北門已半關,可早出城,乃匆忙出。車夫恐離南門遠,想就近出北門,乃未到而已全關。止好馳驅到南門,幸尚未關,乃得歸。

九月一日,夜中犬吠多時,久不成寐。終日無事,看《東方雜志》。晚同趙次蓬閑談。次蓬好爭辯,持論不堅,而有必勝之心,我決定不再與爭鋒。接黃仲良電一封。

二日,寫給省耕、兩仲良、獅醒、春舫一公信。下午接到希淵信一封,知道他仍在孚遠。因他信中頗有關係測量地心吸力事,而我却想教春舫跟着安博爾去學習,遂再與春舫信一封,將希淵的話告訴他。

三日，源清署長丁其太夫人憂，往爲作吊。出到陳材良寓，其病已大好。借《婦女雜志》數本，《學生雜志》一本。牌樓北路西有一小舊書鋪，聞爲此間最老書店，往觀，則門面一間，主人胡姓，本太原人，光緒四年來此開張，至今年已應作五十年紀念！室内大約多小説戲本；戲本皆從西安運來。與之少談，購《琵琶譜》四本，《説岳》一部。返翻閲《説岳》。

四日，終日無事。翻閲《説岳》畢。此書尚講不到文學意義，然可以看出幾件事情：（一）"莫須有"之獄本是極好引人深省的事件，也就是説它是可以使人對於舊社會組織懷疑的事件，可是它什麼也没有引起！所引起的，不過是些渺茫不過的循環報應觀念！這樣就隨便把莫大的冤獄，——也可以説是我們民族最慘痛的事情，輕輕放過，這是一件怎麼樣奇怪的事情！（二）作者或自以爲受着一種極高尚的——其實是極非人情的——道德理想所鼓舞，實在他們的道德觀念極爲鄙淺，如裏面關於男女的關係地方全可看出；從此也可以推出不近人情的道德教育的失敗；（三）這些全不能怪作者，因爲國人普通是缺少深思和幻想的；小説作者直到十七世紀後半紀，才有自出機軸的作家；前則不管施耐庵、吳承恩輩有怎麼的天才，全不過改作舊日社會間的傳説；《説岳》作者不過缺乏天才，然中間舊日傳説更易看出，這或者也可以説有一些用處。接到交涉署公函一封，言奉省政府訓令稱發掘死人頭骨與我國習慣衝突，請我們"以後勿再挖取死人頭骨以重人道！"云云，此類渾沌迷離的思想不完全打破，我國科學可以説絶無前途！將用何法打破，辦法頗費躊躇也！歸則韓普爾已自博克達山歸。接潘季廬信囑轉寄郝默爾信内言赫定先生於上月十七附近已到斜米矣。

五日，寫希淵信一封。翻閱《學生雜志》。

六日，早狄德滿自婼羌返。同韓普爾到鮑壽亭寓。我們要打電給堯營長，請他派人將留在哈密的駱駝送來迪化，請壽亭先將電稿請示主席一聲。歸寫一信與源清署長爲那林、狄德滿請護照；一信與慶皆廳長，爲韓普爾請狩獵護照。到陳諸巖寓談。出同到一纏頭小園中一游。重陰蔽日，微流潺湲，赤日將午，趣當無窮；此時已陰陰秋意，興昧自覺少差。

七日，終日翻閱《遼史》。下午有一俄入中國籍人聶君來談。

八日，早看《遼史》。看借來的《北京導報》，知美國於七月二十四日知會我國外交部，言願另結平等條約，二十七日，因駐北平美使與財長宋子文簽約，承認關稅自主事宜，雖尚有保留，然總是國交上一大進步。外英國也有簽同類條約的趨勢。至於日本則甚蠻橫，多數日報對於美國此類的讓步，深表不平。又奉天同國民政府的談判，因日本政府對奉天所提的 Advice 又暫停頓。田中此類狂謬政策，Advice 深恐受人攻擊，不敢提出閣議，如此類政策將來無若干改變，不惟非我國所希望，恐亦非日本之福也。裁兵問題現已着手順利進行。接黃仲良信一封。

九日，早接建設廳回函，寄來狩獵護照。繼續看報。見開封通信，說那邊通俗教育，積極進行：現有平民學校四十餘處，露天學校二十餘處，每日收容聽講者一二千人；公衆圖書館三處，通俗圖書館二十四處，尚有二十四處在計畫中，每日觀書者共五百人。馮煥章雖由軍閥轉身，然此等處，真非吳子玉諸人之所能夢見也！午間潘季盧、陳諸巖夫婦、趙次蓬諸人在寓便餐。後有一張文垣統領來談。下午接赫定先生電，言五日抵塔城。天將黑，張君約到他家去玩。韓普爾、狄德滿坐張君的車，我與次蓬同車往。張公館在郊外，久不出城，精神苦悶，郊外一行，形神頓爽。至始知即爲今春我們初來時擬賃之屋，不過爾時尚無東房，東房却爲今年初修。東房後臨草湖，風景甚佳，惜黄昏未能遠望。張君言其尊人曾爲兵官六十四年，十八歲帶兵，至八十二歲去世。曾帶兵至阿富汗、坎竺特各處。然阿富汗並未屬過中國，想其記憶或有少誤。今日飲酒不少。

　　十日，讀《遼史》，偶見《太祖紀》中神册三年有“二月達旦國來聘”，同月中又有“阻卜”“遣使來貢”事，大爲詫異。王静庵主張阻卜即韃旦，從前看他的議論，未檢原書，覺其言甚辯，似成鐵案，他不曉得看見這一條没有；如果没有看見，或看見而無滿意的答復者，他的主張完全要倒也。派人把前借給鮑壽亭的《韃考》取回一對，始知他並没有看見這一條，然則當爲詳校一翻。季廬來函約進城談赫定先生此次來所帶槍枝事，因天已晚，未往，函答之。

　　十一日，全日看《遼史》，始知王静庵的《韃考》很疏略。他作此文時，似只以《屬國表》爲根據，實在帝紀中所記阻卜事，出《屬國表》所記外者尚有數十條，他幾乎全没有看到。最重要的是：《聖宗紀》中統和二十三年上言“六月”“甲午，阻卜酋鐵剌里遣使賀與宋和”，接着就是“己亥達旦國九部遣使來聘”。他看見上一條，竟没有往下看，未免使人詫異。現雖手下書籍缺乏，不能完全檢出，然即此兩條，已足推翻他的全文有餘。王氏治學素稱謹嚴，不知何以疏忽如此。致堯營長電，今日始發出。

十二日，全日讀《金史》。

十三日，早六鐘餘，尚未醒，鮑壽亭來，即起。壽亭言將往塔城，問有事情没有，答無有，遂與之作别。仍終日讀《金史》。關於阻鞨事，在《王考》外，又找出兩條，並校出訛誤年月一條。

十四日，進城，到慶皆廳長寓談，在他那裏遇着一位四川的楊君、甘肅的劉君。劉君言見一報，只存題目，據此題目，則政府已委甘肅省政府查辦[①]此間楊督被殺事。楊君在此地辦中學，大約也還念幾句書，不過二十年前的舊思想，什麽"周秦以後無學術"啦，什麽"聲光電化，在古書中何所不有"啦，亂説一大套；我也就很不客氣地嚴加駁斥，殊可笑人。出到潘季廬寓少談，約後天禮拜日同到陳諸巖寓玩。回則那林從博克達山返，哈士綸也從婼羌來。郁文彬來談。接到赫定先生十日電一封，説他無益地强留塔城五天，今日又有一官人强驗一切行李，還須五日才能動身，非常生氣。其實他的生氣固屬意中事，但他所遇的困難也是意中事，正自無庸生氣也！晚郝默爾也自博克達山回。

十五日，上午無事。翻閱《婦女雜志》，材料雜湊，毫無足取。下午陪郝默爾往看慶皆廳長，出到潘季廬寓談。歸到南門，則門已關，僅未上鎖，幸而能出。今日接翟紹武信一封，決定先讓趙克勤到博克達山。

十六日，午間潘季廬來，同他及郝默爾、哈士綸到陳諸巖寓，坐中尚有一朱君及高君。飯後，談至晚，天雨，諸巖派車送我們回來。車從河邊走，雨柳雲山，風景如畫。借來《慈禧外紀》《乾隆

---

①編者注："辦"，原誤作"辨"。

英使覲見記》各一本。寫希淵信一封。閱《慈禧外紀》。書爲英人濮蘭德著，轉譯來者，選擇材料，尚屬豐富、謹慎，議論亦尚持平。想一氣閱畢，及閱畢時已**十七日**兩點半鐘了。早起即讀《乾隆英使覲見記》。書爲乾隆五十八年（一七九三）英國所特派專使馬戛爾尼所作，極饒興味。下午張一齋廳長來談。張統領同趙次蓬來談。接省耕電一封，言患耳病頗劇，擬回天津治療。韓普爾接赫定先生十四日電一封，言尚需一司機人。計議頗久，歸結以爲壽亭已往，當已有法，不需更設他法。今日精神甚困乏，九點半即寢。

十八日，夜中幾未醒，醒時已將九點鐘了。張統領送來《東方雜志》一本，《小説月報》三本。午前郝默爾説聽説赫定先生昨天自塔城已起身，今晚或能到迪化，大喜。團員忙着收拾屋子，預備歡迎，忙個不了；我則無多事，看《東方雜志》。晚陳諸巖夫婦來談。今日趙克勤動身往博克達山。

十九日，全日看《小説月報》。天陰。赫定先生終未到。

二十日，昨夜終夜雨，今早未已；最低溫度不及四度。聽説夜中有汽車來，派人往看。未幾瑞典司機人拉格爾伯克同鮑壽亭的司機人來，交來赫定先生十六日信一封，言本月初三日即到塔城，十一日那邊李道尹始接到主席電，允許動身；預備十三日起身，而十三日安博爾又病痢，甚劇，生死未卜，他爲負責任人，故未能即來。因郝默爾即當動身到塔城護視，乃同他冒雨進城見德庵主席，請得他的允許；又往見源清署長，請得護照。又因郝默爾要到劉道尹處，告訴他養病時各需要，請我給他翻幾句話，遂與同去。歸下午兩點已過，仍大雨淋漓。天甚寒，最高溫度不及十度，至晚綿鞋已需上脚！三四點鐘後漸晴。東望博克達山，南望天山，已大雪封山。立秋節後雖已有雪，漸降漸低，然即最後一次，仍似在三千公尺上，離城極遠。此次則已至山根，最近處離城當不過三四十里，宜氣候之凛烈如冬。登高一望，瓊峰瑤島，氣象萬千，才覺得從前在北京的瓊島觀雪的胸襟狹迫。又接到赫定先生信一封。晚寫聖章、潤章、玄伯三人長信一封，寢時已**二十一日**上午一點半。早起將信交給郝默爾，七鐘餘送他動身。源清署長來謝吊。今日天氣晴霽，溫度轉高。下午接到希淵信一封，達三信一封，達三轉來皋九信一封。希淵説他十一日一日内得到了兩件重要的發見：一得到一個石器的地址，可以證明他所研究的地方，四五千年内地層上無大變動；二得到三叠紀後始知爲下侏儸紀。爬蟲化石，此種化石，亞洲尚未發現過，在科學上有重要的意義；他心中非常高幸，我也很高幸。

二十二日，終日無事，看《小説月報》而已。

二十三日，午間奚神父、陳材良、ㄤㄅㄨㄋㄡㄈ夫婦在團内午餐。奚神父説，他接到費神父從瑪納斯來的信，説聽説英德意法曾結一對付中國的協定，未知確否。此話頗不近情理，因德與別國意見頗不一致，何能結協定？近日聽見謠言頗多：什麼日本人在山東添兵啦，什麼馮玉祥與國民政府政見不合啦，什麼馮玉祥將駐兵於外蒙古啦，什麼山西兵到甘肅啦……種種不近情理之談！此間報紙幾於無有，而看報的人亦能力極小，無能辨[1]別，又以訛傳訛，幾無一可信，然耳朵裏塞的多，也極悶悶，必須設法找

———————

[1]編者注："辨"，原誤作"辦"。

報看才好。與爲次蓬教書之張君旭初及次蓬談。

二十四日，寫希淵信一封，家信一封。晚餐前張君旭初來談。接到春舫電一，報告張君廣福已到，又接他的信一封。

二十五日，早晨未起，聞白萬玉自三台回。起，接到希淵信一封，他想讓我去同他一起工作，我近來精神懶散，殊未能有所決定。下午檢《轄考》《蒙古考》中所引原書。

二十六日，仍繼續檢原書，但《元秘史》爲一重要著作，手下無此書，至爲悵悵。下午接到半農電，言："款五千，德華電匯，餘續籌，萬勿慮。"心中甚喜。寫信與希淵一封，黃、丁、劉、詹、龔一封，告訴他們，使他們安心工作，並且對他們説，展期半年，大約要成事實，讓他們計策將來。又給達三信一封，益占信一封。狄德滿要走，箱件想請此間省政府查封，免致沿途税局屢查，因給德庵主席寫一信，請他派人檢查。又寫信一封給張文垣統領，歸還并致謝他借來底《東方雜志》及《小説月報》，并請他後天晚晌來過中秋節。

二十七日，終日天陰，微雨。早，同狄德滿、哈士綸到格米理肯家談。約他夫婦明日晚餐，又約諸巖、次蓬夫婦。歸看《小説月報》。下午陳諸巖來，説他正要請我們過節，兩下衝突，怎麼辦好？後決定午飯到他那裏，晚飯來這裏吃。想明天如果天好，將早晨至公園一游。

二十八日，霧絲雨不止，異常悶人。到諸巖寓午餐。餐畢三點多鐘，已有晴意；五點餘歸時，則已大晴。七鐘後則萬里晴空，静洗烟霏；皓月照人，清影更多，真令人低回流連。客來者，爲格米理肯夫婦、諸巖、次蓬、牙ㄑㄥ。客去已十一點。又徘徊月下片時,始寢。

二十九日,無事。讀《金史》。翟紹武自博克達山歸。接省耕信一封。

三十日,仍讀《金史》。晚張君旭初來談。

十月初一日,上午仍讀《金史》。下午出沿河走,過河到公園內一游。遠望普通葉色尚青,高樹則已全金黃,秋光照人。秋日園中無多游人,池水蕩漾,靜趣自深。到池北,左有烈女祠,右有烈士祠,則今日始見。烈女祠內住一道人,管兩廟香火。出園,向西,得一小山坡,上有廟,內供文昌、伏羲、孔子、蕭何、曹參諸神,而伏羲與孔子之神主,則對侍蕭相國之兩旁,此公有知,當自詫奇遇矣!再西小山頭上有磚塔,將往觀,而河流潺湲,非脫鞋襪不能渡,臨流久之,終不渡;然則杯水却也可以令人望洋了!返過西大橋,讀修橋碑。過橋,路左有廟,頗寬廠,但已零落。入內則小犬哮哮,道士一現即去,終未知內供何神。又登斗母宮後小山頭一望。時夕陽已將銜山,遂下。歸途中過城隍行宮,入觀,門聯壁書,皆作威嚇語,令人不快。院中則頗整潔,花木楚楚,使無此種激人反感之威嚇語,頗可令人心曠神怡也。途中牆上有一告示,係禁人強抓人當兵者,即使此告示有效,已可想見前此之騷擾!抵寓,天將黃昏。多日未出一走,今日步行約二三十里,心神至爽。

二日,看《金史》。接丁仲良及春舫信各一封。晚陳諸巖夫婦及順發洋行經理夫婦在園內晚餐。很喝數杯,覺到有酒。

三日,今日順發洋行經理及韓普爾動身往博克達山。寫希淵信一封。下午到陳諸巖寓,借八月廿四、五、六報三份,《批本隨園詩話》兩本。諸巖夫婦又同來，學習洗像片。晚餐時聽説赫定先生於上月廿九日離塔城，醫生同安博爾亦同來，甚喜。報載中國與德國簽訂與美國相似的條約；與比國協商亦有進步；馮玉祥在南京，聞吳新田有在潼關蠢動消息，匆匆回河南云云。晚格米理肯來談。今天聽諸巖説，銘三廳長受宣慰使命，將來新疆，有由郵局寄來布告，全爲金主席扣留，不發表。

四日，白萬玉動身回三台。下午陳諸巖、陳材良皆來寓。問材良，他説看到銘三廳長布告，略謂暫時尚未能來，勸大家遵守秩序云云。德庵主席大約因内有政府止任彼爲臨時主席之語，不大滿意，故即扣留。接到此間官場請帖，明天正午在交涉署請吃飯，主人自金主席至闐縣長共十二人。翻閲《批本隨園詩話》。此批本對於當日情形甚清楚，且對於袁子才作詩話的背景極明白，所以很有價值。五點多鐘赫定先生到。他雖有風塵氣，精神尚好。醫生及安博爾尚留塔城。他動身爲三十日，並非二十九日。少談幾句話，即有檢查員來，對於已拿下之零用物四提箱，還將封起，俟明天再檢查。因不能不用，拒絕加封，請他們立時檢查。各物全翻出後，取去信六封，字紙三件，此全係瑞典文，不曉得拿去又能怎麼樣檢查。晚餐後談甚久。寢時已五日一點餘。九點餘起，聞源清署長已來，因我及赫定先生全未起，因去往奮武署長處。未幾，源清、奮武二署長及牟科長、王科員、韓檢查員來。少談，即開始檢查。不過點點件數、問問内容而已。止打開一箱。源清署長因赫定先生已到，即補帖請他，他不願去。往交涉署，則主人尚未全到。歸結主人到者止九人。在坐者爲俄領事館諸君及一伊犁派來代表、盧秘書等人。今日從城外走時，樹葉金黃，秋色更深。晚與赫定先生談至十一點鐘。

六日,寫給源清署長信一封,爲那林、哈士綸請返工次護照。奮武署長來,交看源清署長函,言奉主席示,行李各件全須開看。下午源清署長來寓公同開看。同赫定先生進城謁德庵主席,未見。同到馬古洛寓,少談。歸時驗行李者尚未去,今日只驗十箱,明日續驗。接希淵信一封。這兩天氣候頗暖,晚晌起風。

七日,終日風,無事,不過招待檢查員、看《金史》、同赫定先生談天而已。赫定先生送我一汽油爐,冬日在帳篷中點着,可以取暖。寫給希淵信一封,告訴他我們要去看他。今日早晨狄德滿動身回國,晚晌韓普爾從博克達山回。

八日,仍終日風;温度未午已升至二十四度。無事,看《金史》。赫定先生傷風,臥床不起。晚陳諸巖來,立談數語,説甘肅路已通,且銘三廳長大約要帶兵來新,事近情理,大約可信。

九日,夜中甚熱,最低尚有十三度。看契訶夫短篇小説數篇。赫定先生尚未能起床,同他談。晚接希淵信一封,他不曉得怎麽樣聽説赫定先生硬帶來一架飛機,就非常的有氣,並且對於那林多所的懷疑。立時復他一信,詳細説明使他知道一切。

十日,今日天陰。國慶日請客,到者奚神父、馬郵務長、順發經理夫婦、ㄞㄑㄧㄙ、ㄤㄉㄡㄋㄡㄈ太太、潘季廬、趙次蓬、陳諸巖夫婦、吴雲龍、陳材良、格米理肯夫婦及本團團員。我席間有演説,略言革命時代的苦痛,乃社會的常態,非變態,次言民國十七年民國乃開始産生,尤可慶賀,末言我國民政思想,發達最早,以後發展頗慢而甚穩實,將來一定可以有良好的結果;互相摧陷的、偏狹的國家主義,一定要逐漸退步;真正的、互相敬重的國家主義定可取而代之云云。後奚神父有答辭。席間不幸因吳雲龍、陳諸巖同趙次蓬鬧着玩，灌他酒，激起次蓬的怒氣，幾將席面鬧翻；我勸他不已，止好請他退席，更使他生氣，雖不久即講開，然亦一小風波。今日赫定先生尚未起床，席散後同他閑談。從他借來意大利前駐中國公使 Sforza 所著《中國之謎》一書翻閱。寢時已十一日一點餘。起九點，仍翻閱《中國之謎》，差不多翻畢。Sforza 在華年數頗多，一切情形全很熟悉。他一方面不贊成太恭維中國的理想家，另外一方面反對上海西人的頑强派，總可以算作一個聰明的外交家。他不肯說出一個普通的公例（la formule generale），是他聰明的地方；他自己承認不懂中國人的心理，是他誠實的地方。但是中國人的心理是否這樣難懂？他很明白地看出中國在政治革命以外，有一個文學的革命，並且很有道理地說這種文學革命比一個朝代的陷落還要重要。但是在文學革命之内還包有一種思想的革命，他却沒有看見。如果看出這一點，他一定可以知道人類的心理總有很多相類的地方，並沒有什麽難解。並且他雖然聰明，總是一個舊式的外交家；他知道歐洲人的特權，因爲歐洲大戰，無法保留，可是他不曉得這是天然的，極應該的，却是對於特權的喪失，有無限惋惜的意思，這也可見他是明察現在的人，並不是一個智及將來的人。總之這本書，比較算是好的，很有一看的價值。那林同哈士綸動身回羅布淖爾，與之作別。接諸巖一函，對於昨日風波，深致歉忱。潘季盧請客，往。赫定今日雖已起床，然未能往。飲酒不少。出到陳材良寓談。借到《江湖奇俠傳》，歸來翻閱。

十二日，翻閱《江湖奇俠傳》。慶皆廳長約往談，下午往談。

歸仍繼續閱《奇俠傳》，畢五本。此書文筆尚通順，比《施公案》等略愈，然絶無文學價值。俠義小説很可以作，但有一要件爲近人情。《三俠五義》近之，然尚不免帶傳奇色彩過重，此書却遠在《三俠五義》下。作者把許多俗傳的拳術、劍術、魔術等不近人情的東西，搜集到一起，加了許多自己的穿插，然終未達到文學的界域。這一類的傳説，如果誠實的載録，倒也很有民俗學上的價值，經他這樣一攬混，可以説毫無足取了。接趙克勤信一封，復他信一封，告訴他好多用聽差爲惡習。接家信一封。

十三日，同赫定先生進城見德庵主席，他對於我們今冬考查沙漠的計畫，頗未諒解。他的理由是説甘肅方面軍隊有在燉煌西舊陽關路上者，爲省防起見，已派遣軍隊到婼羌布防，羅布淖爾、婼羌一帶爲軍事區域，故未便令前往云云。今日進城時遇軍隊南下，派遣軍隊往婼羌自是實情，但我們並不一定到婼羌，告訴他説，他尚無變更意。出訪源清署長，不遇。訪慶皆廳長，談論盡歡。歸寓，則省耕已自南路歸。接希淵信一封，丁仲良信一封，及省耕交來由黄仲良轉交之研究所碑帖拓片一包及信一封。

十四日，無事。看《字林西報周刊》，内載"廣西派"與"蔣派"不久將有争鬥，云云。此類新聞，最令人抑鬱，因今日中國如無内争，外交並不棘手。並且可以進一步説，止要國民黨内部——更可以説原來從廣東廣西出來的國民黨不起内鬨，即有内亂，亦並不難平息。可是繼續着内亂，趕忙自殺，那可就前途茫茫，令人不寒而慄了。幸而載這一類駭人新聞的爲上海頑强英人所辦，素以造謡著的《字林西報》，而所傳底新聞，又屬於從民國十四年以來繼續不絶的濫調，我輩大可安心也。《字林西報》又據北京私人消息言吳子玉在成都被殺,未知確否。李桂軒來談。托他薦一畫圖學生、氣象學生。晚與省耕閑談。

十五日,無事。赫定先生言我所計畫順和闐河到和闐的路,正是法顯一千五百餘年前西行時所由之路。他拿出 Giles 法顯《佛國記》的翻譯本後面附圖讓我看,因借來一翻閱,實在並非譯本,不過是一種靠住原文的敘述。比方説:法顯回時因風波飄到的大島,他就指定爲瓜哇,其實此大島如章太炎先生等指定爲美洲,固屬太過,然確定爲瓜哇,亦屬武斷。惜手下無《佛國記》原文,不能校其失誤也。

十六日,寫德庵主席信一封,一請他電堯樂博士令他派人將好駝十匹送到古城,交給希淵;二請他允許我同赫定先生冬季到庫車、且末中間沙漠考查,但信中避去婼羌、羅布淖爾各地名;三告訴他我們將汽車詳細價目交給請他核查接收。借到赫定先生所著 Southern Tibet 的第八册一讀。此册前半爲赫定先生所寫,對於葱嶺的沿革,歷代經過葱嶺一帶旅行家的事迹,如張騫、法顯、宋雲、玄奘諸人的事迹,搜集的頗詳備。後半爲德人 Hermann 所寫,他對於我國地圖的歷史知道的頗清楚。從極古叙起,直至十九世紀之末,凡我中國最古的地圖,差不多全搜集到,材料豐富,頗可驚人。可惜我的德文程度太淺,對於 Hermann 所寫一部分,不能詳讀。接益占信一封,希淵九日信一封,十二日信一封。發給春舫電一。

十七日,源清署長來説德庵主席對於那林、哈士綸到羅布淖爾附近工作有誤會,命令勿往,他已復文言護照已發,並且是回工次,非初去,似可不必禁止,不過另外一方面,他也來一公函,説明此意,云云。正談間,公函亦到,拆閱後,即請他再向主席解釋。午餐時慶皆廳長來回拜,略談,去。李桂軒領來學生二名,略爲問訊,叫他們明天早晨來,試驗算學。寫給源清署長公函一封,爲到三台去請護照。再閱早晨所接到公函,始知函係致赫定先生一人的,因那林原計畫,想先派行李出發,自己乘汽車到達坂城追上,如此可多在此地同赫定先生談一兩日,因向格米理肯要一汽車司機人,格不敢負責任,稟明主席,遂致此誤會。少一不小心,遂致此失,心甚不安。將公函還赫定先生,同他詳談,決定明日訪源清署長,請他代解釋。晚從赫定先生處取來八月二十八九、三十,九月一二號《導報》一翻閱,可知《字林西報》所造謠,毫無根據。獨日本人皆言國民政府之倒似在眼前,然他們現在已經明言,阻止東三省加入中國是他們的意思! 如果不説中國政府快倒,還有什麼詞可借! 又有一什麼“支那通”的講演,總是説東三省是日本第一道國防綫啦,日本少不了東三省的米豆啦,歸結説中國是一個嬌慣壞的一個小孩子,用不着給他講什麼國際法的廢話! 云云。蠻橫無理,實堪髮指!

十八日,看九月三四日報。大約左右派之爭正在調和中,餘亦無惡消息。但教育界頗多事:清華學校因政府任命羅家倫爲校長,校友會因未經董事通過,反對頗劇;九校學生又反對合併。不過在此次政變後,教育界未易就緒,却在意中。但望執政者勿操切,勿無端退讓,緩而善導之,將自有歸軌道之一日。往訪源清署長,不遇。告門者言明日一點再往。接希淵信一封。晚氣候頗熱,大風。

十九日,陳署長派人來言今日下午一點有事,未能接見,約明日上午十點往。終日無事，風頗大。張君旭初來談。

　　二十日，同赫定先生往見源清署長。將上車接到德庵主席復函。對於所請第一事，已電沙親王、劉旅長照辦；第二事，措辭極客氣，但不允行；第三事，言汽車派格米理肯查收，司機人派源清署長接見。見源清署長，他説那林同哈士綸之行已無問題。因請他再向主席説明我們穿沙漠考查事。因万儿又ㄉㄌㄍㄨㄈ母在塔城病，想明天乘汽車往省視，問源清署長是否能本日給他一張護照，他慨然允許。在他那裏，聽説慶皆廳長前天從我們這裏回去，身體不很好，因去看他，見着後則知已愈。他約明天一點參觀紡紗廠，後天三點約加爾生同往觀造火柴機器。——因此地有一造火柴機器，前清末購來，廢置未用，現慶皆廳長想辦一火柴製造廠，故約人往觀是否能用。歸，少息，接希淵信一封，他於本月十四日又得到恐龍的蛋，爲學術界一重要發明。信詞詭奇汪洋，足徵愉悦。他又有信給赫定先生，我們得到這樣好新聞，全要"距躍三百"。同赫定先生往訪格米理肯。至，其僕人言昨晚鄰居失火，一夜未睡，現正酣睡，是否要叫他起來？我們説不必，遂出，到他錯對門院中看起火場。據他們説燒死羊十、驢一，尚有一馬受傷。又到對門空院中，見此傷馬，後半截毛幾全脱了！出則見ㄆㄝㄉㄚㄕㄣㄍㄨ夫婦往格米理肯寓。同進，不久，格亦起。談至七鐘半返。晚從韓普爾借得九月五日、九日兩號《導報》。據五日報言中央執監會於四日決定蔣介石爲行政會主席，譚延闓爲考試會主席，胡漢民爲立法會主席，汪精衛爲司法會主席，張静江爲監察會主席。如此舉果真，則左右調和，已大成功。接春舫回電一封。

廿一日,早晨,學生一趙君、一潘君來考,二人皆乘除尚清楚,趙君對於比例少有影響,潘君對於分數少有影響而已。叫他們於明日到俄醫ㄆㄝㄎㄚㄕㄣㄍㄡ寓,試驗身體。看錶已一點,趕緊同赫定先生往紡紗廠,實則我的錶殊慢,已將近兩點矣。乘汽車往,至則慶皆廳長已久待。少息即參觀工廠。機器已全安好,能動,大約三兩星期內,即可實行開工,殊爲可喜。技師楊君長沙人,曾在青島日人一紡紗廠內學習五年。慶皆廳長説,機器值洋十一萬元。加爾生説價錢太便宜,似不可能,他因此疑機器少舊,未知確否。外婦女參觀者頗多。慶皆廳長留午餐。出到公園一轉歸。陳諸巖來談,聽説潘季廬將到喀什噶爾。

廿二日,無事。午間,潘季廬來談。張旭初來談。

廿三日,張君旭初引一刁君來,想作學生,考他,他分數知通分、約分、乘除分,而對於加減分則不明白,略知代數。接半農來電一,係七月廿四日電,經三月始到,不知何以遲誤至此。接希淵信一封。回信祝賀他的成功。源清署長派人請明日十一點鐘往談。晚微雨。

廿四日,無事。源清署長派人來言因格米理肯不在城內,約改日再談。終日陰雨,下午兩點溫度六度半。接黃丁公信一封,春舫信一封。

二十五日,夜中起,天尚見星;將明時天愈陰沈;七點後雪。院中隨下隨化,草地少留。三四點時,少停,後復大。終日溫度皆在零下,下午九點風雪中,已將降至五度。終日閑談,無事;晚寫家信一封。

二十六日,天晴。昨夜最低降至八度半。終日溫度未及零度。接到希淵、達三信各一封。復希淵信，叫他來迪化一談。到趙次蓬寓一談，借來《東方雜志》二本，翻閱。寢時已二十七日二點。是日及二十八、二十九兩日皆無事。二十九日接黃仲良、龔獅醒各一封。袁希淵信一封；白萬玉信一封，説他家中被兵搶掠，逃到北平，他想回去，請設法云云。

三十日，因聞潘季廬、李桂軒皆將出省，擬明日爲之餞行，發請信，並請陳諸嚴夫婦、陳材良、馬郵務長、希神父等。接到堯營長復電，言駱駝於二十八日動身。晚張旭初來談。張君喜作詩，因讓他拿來看，程度極幼稚，尚止知詩律，未知詩自身也。因與之談詩自身及詩律之關係。希淵派古爾班來購物並取錢，接信一封，言因雪即當東行到老奇台看石灰窰，希望在那裏得海產化石云云。

三十一日，源清署長派人來言今日一點請到他那裏談汽車事，因與請客時間衝突，告以明日往。接李桂軒信一封，言放嬬羌者，係軍械局另一委員李君健亭，並不是他，故對於餞行辭謝，因轉請他仍來陪客。過午，季廬及桂軒皆來，談次，始知嬬羌任，主席本意委桂軒去，他不願去，乃改委李君健亭，然則訛傳，並非無故。桂軒言此次派軍隊往嬬羌，到處捉兵，鄉民秋禾未收，即被捉去，間閻騷然；受害甚者，以本地及陝甘漢人爲最，因主席對於湖南北及天津人皆不信任，故未被捉。兵竭力添，但無餉無械，晝夜印不兌換之紙幣以發軍餉，械雖少有，而子彈又未盡合槍膛①，實屬廢物。似此則此次添招兵，除擾民外，可謂於己②於人皆無所

①編者注："膛"，原誤作"膛"。
②編者注："己"，原誤作"已"。

利！希神父及陳材良皆未來。陳諸巖飯後始來，他的夫人以後也來。寫信與希淵，叫他來省一商，赫定先生也給他寫一封，叫古爾班明天起身，給他帶去。

十一月一日，同赫定先生及加爾生進城，路中泥甚多。見源清署長。他說：車價無問題，但機務員工價太高，可是加爾生則非每月三百五十元決不肯留。後止好商議送路費遣歸，然亦尚無成議。出往見慶皆廳長。本議今日同往工藝廠觀前清時所購製造火柴機器尚可用否，至則已晚，止好議定明日令加爾生一人往觀。出城，到陳諸巖寓。諸巖今日爲季廬餞行，我們作陪。席中聞郝默爾、安博爾及鮑壽亭等昨日已至綏來，然則今日或可到迪化。歸已十一點鐘，他們尚未到。

二日，下午三點餘，郝默爾及安博爾到。安博爾略愈，但極消瘦，入室時由郝默爾負之。

三日，早起，見白萬玉君等自三台返，帶回采集品七箱。他說希淵還沒有東去；前天晚晌遇着古爾班，今天他可到工次，云云。天陰，晚雪。

四日，下午赫定先生來言接到哈士綸自焉耆來電，說他到焉耆後，汪道尹通知他，奉省政府命令，因婼羌爲軍事區域，不得前進，他同那林皆得返迪化。此事前已得允許，不知何以又變卦，對於本團前途，頗爲焦慮。接到赫定先生六月十六日自瑞典都城發信一封，今日始到，殊可笑人。

五日，天晴，甚寒。進城見慶皆廳長；出往見源清署長，請他對於哈士綸及那林工作區域再向德庵主席交涉，給他說明，可將工作區域限於離婼羌較遠處。歸時鮑壽亭來談。接到家信一封，內有像片三張,糜岐已長大,季芳亦剪了髮,心中甚喜。

六日,又雪終日。與赫定先生談團內事。晚陳諸巖來談,言看到九月三十日以前報,內言馮玉祥到西安,劉郁芬往開會議,現已返蘭州;會議開後,馮即電召馬福祥云云。接到黃仲良自庫車來電一封。

七日,天晴。騎馬進城到郵政局,將從京匯來款撥至南門外一纏頭窩甫阿洪銀錢兌換所內。再進城到慶皆廳長寓少坐。歸,路中泥甚大,襪褲上滿沾泥點。源清署長及牟科長、丁署長、王科員到。後三人係來檢查儀器箱件。源清署長言已與德庵主席言明,限定工作區域,已得允許,囑補一公函。今日從陳諸巖處,借到《庚子使館被圍記》,即為翻閱。翻畢時已**八日**將三鐘矣。夜中最低溫度為零下十三度半。早初起時,天尚晴,然太陽未入,即已飄雪花。初以為係房上雪,因風飛起,天繼續陰雪,始知非房雪也。寫德庵主席信一封,慶皆廳長信一封,源清署長信一封,末封,係韓普爾將返國為請護照者。午餐時,與赫定先生談,知《庚子使館被圍記》,即 *Indiscreet Lettres From Peking* 之譯本;其所署 Putnam Weale 即 Simpson 的假名。借原本來對看,知譯本頗有脫落。惜余英文不佳,看時頗為費力。

九日,夜中溫度降至零下十五度二。天氣似昨日,看報,無他事。

從**十一月十日至十二月十六日**無日記。此三十餘日為團中苦於應付時期。本團自七月七日政變後逐漸困難。以前楊蓋臣雖多疑,而大體感覺到本團無政治的臭味,所以尚肯放手任本團隨便工作。他對於本團止派樊早襄同劉銘三招待,我因為他多疑,不敢廣爲聯絡,除樊、劉、閻三廳長外,政界要人無他往還。樊早襄對於本團極表好感,現在樊"敗爲賊",本團已陷於嫌疑的地方。外國團員又不小心,不預先聲明,冒然寄來數千獵槍子彈!新疆人員對於子彈知識異常有限,以爲鋼子必非用於獵槍,並且通常界上檢查很嚴,而此次箱件能運到迪化,更啟他們的疑竇。其實我們以前是怕照像片子開看後不能再用,所以要求他們運到迪化後,派員會同團員點驗,成案具在,他們並不肯向那一方面想。並且此次箱件頭一天運到團中,第二天才來檢驗,如果有犯私的東西,把它藏換起來,頗非難事,何至於被他們檢出。但是他們全不想這些,疑惑日漸加增。可是他們沒有顯著的證據,對於本團,又不敢即行驅逐,却用種種的方法妨礙本團的工作。起初我們還覺得是有一種誤會,盡力設法解釋,可是他們今天允許,明天變卦,變化無常,莫可捉摸。比方說:那林、哈士綸的回工次,先發護照,後加阻止;經解釋後,又得允許;到工次後,地方官又奉令勸回;又經解釋,並將工作地點加以限制,復得允許;然哈士綸於數日後仍被迫回省! 前後變換意見至五六次之多! 朝令夕改,貽笑外人! 以後又令地方官勸郝德博士回省。龔獅醒告假到烏什看親戚,亦被迫歸省。我也因獅醒到那邊本無工作,即令其早歸。以後丁仲良到阿克蘇,方在工作半途,亦被阻止前進。公函來團,說那邊文武官員通電,阻止前進,邊防所關,請我們格外原諒,電令丁君早歸! 我看過公函以後,異常忿怒,確信他是有意妨害,同他和平交涉,絕無希望,止好嚴詞駁斥,決裂也止好決裂了! 函中指明文武官員的通電是他的受意;他想讓丁君回,就自行負責迫丁君回,至於我們萬無召丁君中途止工作的道理。並且說科學家

對於國防有重要的責任，所以各國政府對於科學家的研尋，無不
竭力幫助，現在新疆對於異國人之游該處者並無任何取締，而對
於本國科學家乃嚴加限制，殊屬聞所未聞；我們止好訴之中央政
府以定中止工作與否云云。這個時候我同赫定先生已經決定中
止穿沙漠的計畫，先回北平到南京辦理延長工作事宜，乃於復函
次日入城，到金德庵主席處辭行，未得見；見王民政廳長，據說主
席收到來函，誤會消除，現已飭阿克蘇地方官，任丁先生繼續工作
了！在這個時候，又有另外的糾紛：前赫定先生回國時，盉臣將軍
托他帶來幾輛美國牌子汽車，並汽車機師二人，機師薪金每月可
自二百至三百。此事我事前並未與聞，乃由鮑壽亭轉達者。赫定
先生對於汽車也不很在行，然爲與楊將軍拉交情起見，一一應命。
他回到瑞典找到機師二人，他們非三百五十元不肯來，赫定先生
以爲相差不遠，他可作主，即叫他們一塊兒來。至於汽車係美國
牌子，瑞典有保護稅，他很費力運來的，反倒比中國直接購買的
貴。這件事情，新疆省政府不高興自然很有理由，而赫定先生忠
於受托，反倒受頗大的損失，也太冤枉。麻煩多次，於我們十二月
十七日動身時，才有結果：赫定先生倒很慷慨，自認損失，而新疆
省政府是日的公函却斥他"毫無信義"！這些話實在是對於本團
極"取瑟而歌"之致，並無他意。這件小事我們中國人對於赫定
先生頗有點對不起。然也無可奈何！總之新疆各政界要人始終
不明科學爲何物，他們始終不相信本團無政治上的企圖。讀書是
作什麼的，是得尊官厚祿的，除了這些，還能有任何另外的目的！
你們現在跑到沙漠中間，説是求學問，求學問有什麼用！這是否
是可能！——這一類的思想總在他們腦子裏轉，想教我們這個學

術團體在那邊順利進行，也真不容易了。比方説：赫定先生和我穿天山南路大沙漠的計畫，金德庵拒絕，可以説毫無理由。他惟一的藉口，就是説羅布淖爾一帶有軍事行動，實在那邊並不能有軍事行動；那邊的軍事，是他們的疑心生暗鬼！就是説那邊真有軍事，而我們所要穿的沙漠去那邊不下千里，而大沙漠中間，又絕没有軍事行動的可能性！説到這裏，又聯想到楊蓋臣。他除了開頭以外，對於本團的工作，總算没有限制，並且很幫助。可是就是一個小小的開頭，能够有多麽大的浪費！他因爲聽説我們帶了一團——因爲我同赫定先生的官銜全叫作團長！——聽説我們帶了一團中國人和歐洲人拼凑起來的兵去打新疆，就趕緊遣兵調將，防禦我們。看這本日記的人，如果留神到我們在哈密附近，遇見多少營長，就可以揣想到這件事有何等的嚴重！據樊早襄告訴我説：——他當時是軍務廳長——楊將軍這一次的動員，報銷了百十萬兩的開拔費，恐怕不見得是故甚其辭的話吧！如①能把這三四十萬的國幣捐給我們團裏，以我們團員的勇敢，在科學上該能有多大的收穫！然而數十萬金錢隨便浪擲，而我們從西方回來後，想募集三五萬塊錢，以求繼續派人工作，亦絕不可得！噯！十九年八月十二日補記。

十二月十七日，本計畫早行，然因行李須先受檢查，下午始將汽車裝好，出城時已兩三點鐘。同行者除我同赫定先生外，有省耕、郝默爾、貝格滿、費神父諸人。路甚好，無雪。十一點鐘至綏來，住費神父教堂中。

---

①編者注：原於"如"後衍一"把"字。

十八日，聽説此地去年稻米每石十八兩，今年則六十兩！去年麥每石十兩，今年三十五兩至三十八兩！今年的收成比去年好，這樣糧價的驟長，全是金德庵先生胡亂抓兵的成績了，出綏來，過瑪納斯河，四十里過石河子；又四十里過烏蘭烏蘇；又四十里過三道河子；又六十里過安集海；又四十里過四十里井子；又四十里過奎通；又四十里至西湖，即行住宿。西湖爲烏蘇縣俗名，亦即庫爾喀喇烏蘇。居民皆漢人。地爲往塔城及伊犁分道處。

十九日，少前過頭台；又八十里過車排子。地駐一守備姓陝，亦導河人。居民爲纏頭及漢回，共七八十户。再前過小草湖，纏名庫爾，亦湖意。再前過漢三台。再前即入山。自此以前，路在山南，途中無雪，很好走。山中有一地名ㄕㄛㄦㄚㄓㄦ，有店一家。再前過廟兒溝，天已昏黑，聞有電局一。再前過ㄝㄍㄝㄦㄇㄝㄙㄨ。ㄝㄍㄝㄦㄇㄝ纏語，意謂酒；ㄙㄨ意謂水。再前過丨ㄚㄇㄚㄊㄨ，過此，山中大雪塞途，異常難行。汽車陷雪中，時須下車後推。

二十日，早八點，才到ㄊㄡㄌㄧ，少息，到一哈薩克飯鋪内早餐。屋内的斷間墙，門高二三尺，且甚狹，過時，不止曲腰，且須側身。_{後此所見哈薩克居室全是如此。}出ㄊㄡㄌㄧ，地名老風口。從此以後，無處不雪。道右爲ㄐ丨ㄚㄦ山，左爲ㄅㄚㄦㄦ丨ㄎ山。再前至河上，今爲縣治，市廛頗盛。縣名似名額敏，蒙古名ㄅㄡㄌㄅㄨㄦㄍ丨ㄣ。又前過二道橋子，蒙古名ㄅㄨㄦㄊㄨ，爲一大村。兩點五十分過ㄚㄎㄙㄨ，纏語，意爲白水。四點餘至塔城，住一俄人 Hochriakof 家中。

二十一日，浴。拜俄領事及李行政長。

二十二日，王縣長、黃巡警長來，言受省政府命，行李須重行檢查。後因出國界過卡時將再檢查，乃擬請李行政長調卡上武官來塔城同驗。

二十三日，進城見克外交局長及李行政長，爲車夫請護照。拜王縣長。後王縣長、黃巡警長及一武官詹君同來，檢查行李。閻慶皆廳長前托帶給蔡子民先生信一封，被他們取去。晚李行政長請吃飯。李善飲，人很爽直。

二十四①日，以冰橇行。十二點四十分動身；兩點十分到界上卡前，因驗護照等事，幾停一點鐘。出界，未四點到ㄅㄚㄏㄊㄛㄧ，宿一韃靼人家。ㄅㄚㄏㄊㄛㄧ即漢名的葦塘子。

二十五日，因獸醫需檢查馬，而今日爲歐人聖誕節，經塔城俄領事催促，良久始至。起身時已十點餘。天甚冷。過一小村。將三點至ㄚㄉㄚㄍㄚ，進一哈薩克村店中少息，喂馬。名曰村店，實止一屋，門高三尺餘。息二點復行。九點至ㄇㄚㄍㄢㄔㄧ爲一大村，有教堂。住一俄農家。家主人把住房讓給我們一間，五人合處。至房主人則與車夫合處一室。室雖小而頗潔，且暖。

二十六日，夜中聞風聲。起身時八點已過。雖間有風數陣而較昨日溫和。ㄇㄚㄍㄢㄔㄧ村中破屋頗多，皆革命時爲ㄚㄅㄧㄣㄅㄨㄈ所燒。過一村名ㄅㄡㄎㄚㄉㄚ。將二點至ㄨㄦㄗㄚ城，入一室息，室中兒童頗多，内無主人，久找始到。五點再起身。同行者畏冷，多將冰橇門用布單封閉，我同郝默爾則嫌有篷的橇妨礙四顧，同坐一無篷的橇。在此冰天雪海中，用快馬拉着冰橇飛跑，一

①編者注："四"，原誤作"五"。

望皓白,萬山皆寂,胸襟豁然,有念盡捐。八點至ㄐㄝㄍㄣㄙㄨ村,又停下喂馬。夜間十一點復行。

二十七日,三點半至ㄊㄝㄦㄙㄇㄅㄚㄎㄣ,入一哈薩克村店中喂馬。起身時將十點。一點餘到ㄅㄚㄦㄚㄍㄡㄌ喂馬,休息於一俄人村店。四點復行,有風,然在車中蓋好,風亦不大,不覺冷。晚略有雪。十一點至ㄅㄧㄝㄙㄩㄝㄑㄧㄊㄚ,入一哈薩克人家,地小,空氣惡濁,復出。郝默爾出尋,得一室,較佳,主人允借住,主婦哭鬧不許,他們强住下,我嚴屬反對,獨宿於冰橇中。

二十八日,將七點起身。十一點過ㄑㄣㄍㄡㄕㄚ村,喂馬休息。將三點復行;五點見鐵路。六點至ㄙㄝㄦㄍㄧㄡㄆㄡㄌ,借宿於轉運公司中,室小人多,令人暈眩。

二十九日,此行最令我感動的,就是:現在所行地爲哈薩克斯坦,有少數俄人與哈薩克人雜居,哈薩克的居室比我國鄉下人少較簡陋,而俄農則比較清潔的多。到城中一游。十一點坐汽車到火車站。聯絡西伯利亞同西土耳其斯坦的大鐵路,現在才修到這裏。這條鐵路差不多是跟着我們的邊界走,將來成後,俄國那邊的武力,無論何點,一星期內全綽有餘裕的達到我們的國界上,"唱空城計"的新疆,楊蓋臣屢次對我說:"我在新疆唱了十七年空城計,現在也快不能再唱下去了。"前途能走到什麼田地,真足令人搔首了。我們所坐車,爲此地第一次所開的客車。五點半車始開。

三十日,下午十點到斜米。車站距旅館四五里而站上無冰橇,只好仍處車上。

三十一日,起乘冰橇過ㄧㄦㄅㄧㄕ河,河上有橋未成。住哈薩克斯坦旅館。小餐後到中國領事館,晤劉領事。劉名長炳,字履安，在此地已三年，人甚勤懇，請晚晌到那裏吃守歲飯，因仍須繼續行路，辭之。參觀博物院，院已成立四十四年，規模雖未弘闊，而秩然可觀。浴。十一點餘上火車。

十八年

一月一日，十二點一刻車開，車上甚熱。是日窗上全爲冰封，無從外望，甚屬悶人。聞斜米人口六萬四千。

二日，五點餘到新西伯利亞城。城原名新尼古拉城，革命後改今名，現爲西伯利亞省城。至時西來車未到，要説趕，也還來得及，不過團中還有些事情要作，所以止好到中央旅館住下。旅館樓下有公衆食堂，無論何人，全到那裏吃飯，價半盧布，頗樸質簡單；但樓上有小吃的地方，比較自由，那恐怕又是平民對於小資産階級的讓步吧。晚見我國人在此間開洗衣局者：一郝君，一呂君。聽他們説：我國人在此地共二千餘人，但無領事；日本人却有領事，並無僑民：也太奇怪了。

三日，下午出外一游，街衢宏闊，地勢高低。出時天已雪，冒雪看高高下下的城池居室，意態佳絶。走了一點半鐘以後，雪愈大，天已將晚，遂歸。

四日，前日洗衣，昨晚寢後始送來，交給郝默爾，今早問他是否已將工錢墊付，他説洗衣人因爲我爲同國人，堅不受酬，厚意可感。五點餘上火車站。六點半開。

此後無特別事，仍無日記。十日至北平。

附録一

楊增新於民國十七年七月七日被殺，爲新疆政界一件關係最重大的事情。内地人士對於此事，非常隔膜。就是我們在那裏，聞見較近，也不敢説能全得真相。東歸以後，詢問此事的人極多；將來此日記的閲者恐怕也有同樣的希望；所以我止好把我所聽説的，審擇一番，取其較可信的，先將楊增新、樊耀南之爲人，次將此事變之經過略述如下：

（一）楊增新之爲人。楊雲南人，少年進士，早任州縣；自民國成立以後，統治新疆者十七年。用"老吏"一詞的善誼，他實在是一位極精明强幹的老吏。至於其他什麽老子啦，什麽道學啦，全是他緣飾吏治的東西，並不是他的本色。新疆地面雖遼闊，而人口到現在也不過四五百萬；他可以説用治理州縣的方法治理新疆全省，歸結能保全全省十七年的治安，也並不是一件僥倖的事情。我常説：他的爲人同前清慈禧后頗多相似之點：一、他們兩個的政見全偏守舊；二、他們兩個的自信力全很强；三、是一件更重要的點，就是他們兩個遇見利害關頭，全是眼明手快，毫無一點遲疑或留戀。可是他們兩個也很有不同的地方：一點是楊氏長，一點是慈禧后長。慈禧后總是一位"賈母式"的老太太，終天好享福，而楊將軍則勤勵節儉，數十年如一日。他無論冬夏，每日五點多鐘即起；批閱公事，看書，會客。至十一二點鐘，午睡一二小時，起後仍照午前工作；八九點鐘即睡。他這樣的勤勵，所以全省的大小事，他差不多全知道。荷蘭費神父嘲笑他說，哈密如果有一個臭蟲發燒，他也會知道：這雖是句玩話，也足以見他的精神無所不貫注。至於飲食、衣服、室內的陳設，以至於文玩書籍，可以說一無所好。他室內的陳設，以及衣食之需，據我所眼見的，比我們這一班窮措大，止有不及的，並無過的。攻擊他的人，說他私產甚多，他現在已經"蓋棺"，看這一類攻擊的話，也未必靠得住。這些全是他比慈禧后長的地方。可是慈禧后的用人，規模宏闊，不管什麼曾國藩、左宗棠、李鴻章、張之洞、袁世凱，她無所不敢用。楊將軍對於少有異同的人，全不敢用。樊耀南挖苦他，說他非"盛德在木"的人不敢用，也的確是實在的情形。他治理新疆十七年，功過很難說。據我個人看，無論怎麼樣說，總可以說是功多於過。他接治新疆的時候，新疆並不統一。伊犁的武人就比他的勢力大的多。就是喀什噶爾各處的武人，對於迪化省政府的關係，也是若即若離。他用種種巧妙的方法，削奪武人的兵權，使新疆成了統一的局面。他現在去世已過二年，而新疆仍能安然無內鬨，實在是他一件很大的功績。第二，阿爾泰一地，如果不是他毅然收歸新疆，一定早已淪為異域。這兩件功績，就是攻擊他的人，也萬不能不承認。他的短處，却有兩重要點：第一是愚民，第二是紊亂幣制。他的思想極舊,總以爲新人物不過止能搗亂,毫無實際,所以他對於教育,不是不能提倡,是不願意提倡。新疆當前清末年,杜彤任提學使的時候,整理教育,成績已斐然可觀。楊氏接着辦了十七年,教育不惟沒有一點進步,並且比從前差的多:這不是他不能辦,是他不願意辦。他自己作了一付對子,掛在大堂上,文爲:"共和實草昧,羞稱五伯七雄,紛爭莫問中原事;邊庭有桃源,狃率南回北準,渾噩常爲太古民。"上聯表現他的長處,而下聯則爲其短處。他理想的民衆,是渾渾噩噩的,你安望他能竭力提倡教育呢? 新疆各市面上不見現洋。票面寫"紅錢四百"者,名一兩銀票。大約三兩銀票可換現洋一元。通共發行若干,外面並不知其詳,不過據我所聞,恐怕不下三兩千萬兩。這全是不兌換紙幣,毫無預備金,將來整頓幣制時,頗非容易。不過這一點,他總很可原諒:因爲前清每年受協二百餘萬兩現銀的省分,民國以來,協餉全停,並且常常有些軍事,他一不借外債,二不多加稅,這也總算很虧他了,怎麼樣還能厚責他呢? 至於近來他最被較新人物所指摘的,約有兩點:一爲他近來對俄交涉,頗涉疲弱;二爲想利用纏頭兵以反革命。近幾年對俄交涉,樊耀南及交涉署中人所主張比較强硬,他却頗多讓步,是實在的情形。讓步的原因,是他對於内地革命,總不安心,少有變故,想從甘肅回内地,幾不可能;從迪化到塔城有汽車路比較容易;想留一條逃回内地的路,對於俄國,不能不少有所遷就,也是很實在的。不過據我所聞,他對於俄國,總還算好,還沒有大喪權辱國的地方。樊耀南對於此點,常對我講,可是我覺得他的話雖非臆造,却不免有誇張的地方。楊增新思想頑舊,對於革命自不了解。他最後辦講武堂,實在是一種抵抗革命的計畫。他對於漢人頗不信任,所以講武堂的學生,除了大軍官的子弟以外專收纏民。樊耀南屢次對我説:這是對我們漢人將來的一大危機。樊先生這些話,我可以相信他並非故意誇張,然而我覺得他慮患過深,危機並不如此大。楊將軍於第二次革命時,利用漢回以制漢人,於民國五六年時,利用哈薩克以禦蒙古,全算很有成功。説他很有成功,就是説他對付着把事變應付過去,以後又把從前利用的人解散掉,并没有受他們的牽掣。他這樣屢次的成功,你怎麽樣能怪他又想利用纏頭以企圖抵抗革命①呢?總而言之,他思想舊、好愚民,是他極大的短處,至於其他的錯誤均有可恕。他是一個文人,絶不像内地軍閥的任意亂作。他雖然企圖抵抗革命,可是内地如果統一,一紙召還,他絶不會抵抗命令,那是他所常説,也是大家很相信的。所以我總以爲他是一個功多於過的人。

　　(二)樊耀南之爲人。樊湖北人,曾留學日本。於黎元洪作總統時,由中央放一道尹到新疆去。據説當時中央的意思,是想把楊增新的省長將來分給他。楊氏知此意,他豈能任他肘腋之下有異派的人掣他的肘,所以就留他在迪化,使他數月不能到任。樊氏爲人謹慎小心,每日上院異常恭謹,歸結改變了楊將軍的意旨。現在新疆建設廳長閻毓善是一位做舊文章的人。他同樊氏好互相挖苦,他就作一聯四六嘲笑他,文爲:“謹慎小心,未睹霍光之過;謙恭下士,頗有王莽之風。”從此兩句,頗可想見樊氏的丰儀。楊將軍也知道樊君同他意見不合,但是他總覺得他不過是

---

①編者注:“抵抗革命”,原誤作“抵革抗命”。

一個書生，無能爲害；并且新疆方面人材缺乏，樊君心思很精細，留他在那邊，也還可以幫若干的忙。反過來，放他回内地，他對於新疆情形比較明白，在内地同他搗亂，他却感覺着比較難應付，所以他就留着用他。以後無論樊氏怎麼樣告假，想回内地，他總是拿"我們這些游魂孤鬼，在這樣的戈壁灘上，想回去總是一塊兒回去"一類的話相搪塞。樊氏因此就覺到他軟扣着他，就非常地恨他①。樊氏人很清廉，新疆官俸異常地薄，他雖然一個時候，同時兼着軍務廳長、交涉署長、迪化道尹三個要差，他自處也異常地儉約，可是他仍是很窮：因此他的兒子在北京上學及家中婚喪大故，楊氏常於官俸外另送幾千"兩"銀子：楊氏待樊氏，專就外面看起，可以説隆情厚禮了。樊氏儉約勤勵，毫無嗜好，略同楊氏，絕非新疆其他政界各要人所能及。比較有新知識，略能與楊將軍立異同的，可以説止有樊君一人，所以新疆較新的人，全很恭維樊君。關内的革命潮流又是這樣的洶湧，楊將軍雖是禁止報章，檢查信件，想以一手掩蔽着，也實在不可能。同革命表同情的人全想推倒楊將軍，推戴樊廳長：七月七日案件的真正原因，大體如是。

(三)七月七日案件的真相。這一天的事情，有人説樊耀南全不與聞，事後爲人所陷害；又有人説現在的省政府主席金樹仁，本與樊君通謀，事後賣友。以我個人觀察，這些話全靠不住。樊君爲人素日太小心，而七月七日的事，却不免過於魯莽；他除了他自己的三十個衛隊以外，毫無一點可靠的武力，就冒冒然舉大事，

①編者注："非常地恨他"，原誤作"非地他恨他"。

這似乎同他素常的性情不很像，所以有人疑惑他并不與謀。我初到新疆，因爲樊廳長是楊將軍手下頂紅的人，所以對他説話非常小心。以後常聽他説話，才曉得他同楊將軍意見不很合，但是當時萬想不到他能爲主謀暗殺楊老將軍。可是從事後想起，他後些時的談話，頗有儼然以將來的主席自居的地方。他七月初五日在我寓裏談，力言楊氏想用换湯不换藥的辦法，有委員會而無委員，並演説三民主義在新疆從很長的時候已經實行，可見楊氏七月一日的更换旗幟，不過是一種掩蔽耳目的方法。他歸結説："楊先生自以爲他這樣的辦法就可以辦得通，他可不曉得各省的怪人在這邊的多的很，一定要大糟糕！"像他這一類的話，絕不像是無意的。至於攻擊金樹仁的人説他與謀，主要的證據，説他在這一天的宴會臨時退席。不過據我所聽説，這完全是偶然的。並且金君爲楊將軍信厚的門生，樊君謀殺楊將軍①而謀之金君，樊氏素日慎密，當不至是。然則樊君素日小心謹慎，而此日遽用無抵抗十五分鐘能力的武力，冒然舉事，豈不是太可疑麽？——是無可疑。因爲楊將軍待樊君，雖隆情厚禮，而楊將軍素常是以反臉不認人著名的。他今日待你很好，明天把你槍斃，是很作過幾次的事。況且據樊君説，他本有一個委員會的名單，廳道全有名字，而樊君獨不在列：這全是使樊君慄慄自危的地方。一切想推倒楊將軍的人全是樊君的朋友，然則樊君縱想置身事外，也是事實之所不允許。所以説他是真正的主謀，或屬未必，而説他完全不與謀，似不可能。七月七日爲俄文法政專門學校——這是新疆唯一的"最

---

① 編者注："軍"，原誤作"君"。

高學府"！——畢業之期，新疆政界的要人同俄國領事館諸君全
參與盛會。演說照像後，即開午筵。是日客共三桌：楊將軍同一
錢代表、杜旅長、閻廳長、李迪化道尹等皆在中間一桌，樊耀南等
在西邊一桌。據說筵席不設於前面禮堂而設於後面較隱僻的教
室中，殊屬可疑。以後該校教務主任張純熙君被槍斃，張君係此
次變故主謀者之一，似屬毫無問題。楊將軍此日還要到講武堂
去，想少坐一坐，就離席到那邊。可是菜只一上，即有着藍長衫人
入場，取手槍向楊將軍放，楊共中七槍，立時隕命。杜旅長亦死。
閻廳長受傷。這個時候，楊將軍的副官長及副官等在別室內就
席；初聞手槍聲，還覺到是賀畢業人的放鞭炮，毫無準備；後始知
有變，副官長奔入室中，見楊將軍受傷，想上去背他出來，受槍亦
死，餘副官死者又二三人。凶手以後據說是樊君的衛隊，不過當
時並沒有人看出。樊君從肇事場逃出後，據說他率領衛隊，入據
將軍衙門，下條子請各廳道開會議，是時由政務廳長初改民政廳
長之金樹仁即率將軍衛隊向內進攻。抵禦未久，即全被擒。夜中
樊君被殺，據說死的很慘酷。次日即由金樹仁君代理主席。新疆
無大武官，頂大的是年已衰耄的蔣師長，聽說直接管轄的部下，不
過三百餘人，所以金君文人，各方面也頗有不滿意的他的人，而他
還能夠撐持着局面。至於樊敗金勝的理由，也頗簡單。新疆本爲
湘軍所恢復，所以從前軍界的勢力全在兩湖人手中。楊增新對於
南人甚屬憎厭，自從他治新疆，軍界的勢力漸從兩湖人落到甘肅
人手中。金君爲甘肅之導河縣（原名河州）人。因爲楊增新爲河
州知州頗久，所以新疆政界要人導河縣人頗多。金君亦當楊氏治
河州時，曾拜楊氏之門。此次如果樊氏成功，軍權當仍由甘肅人

還之兩湖人，此必非甘肅軍人之所樂受：樊敗金勝，此爲其主要原因。至金樹仁之爲人若何，是否能維持局面，當亦爲讀者之所欲知。但我見金氏，不過三兩次，頗不願多説。政界要人不滿意他的人很多，不過這也很難怪；他從前的聲望遠在建設廳長閻毓善及財政廳長徐謙之下，一旦超居其上，使他們全心悦誠服，也的確太不容易。他抓人當兵，以至於收成雖好，而糧價反很昂貴，這一點最爲大家所攻擊，也的確有可被攻擊的道理。但是因這一點就判斷他一切不行，也未免有武斷的嫌疑。不過他的烟癮頗大，他的才具不惟遠在楊增新之下，並且不及樊耀南；這是那邊比較有知識的人所全承認的。我對於他能説者，不過如此。

附録二　沿途雜録

　　包頭附近村頭或野地多小廟如内地。我所見底六七小廟裏面,二爲五道神,二爲大仙廟。有一廟不知何神,神像頗類我們鄉間的土地爺、土地奶奶。但二神不在一室内,中以木板隔開,女神像亦較小,我開玩笑就説他們是道學禮教人家之土地神。又有小廟無像,有三神牌,完全相同,上書"五湖四海九江八河之神位"。又有一廟,神像三髻長鬢,道士冠,頗端嚴,前有一神牌,上書"供蚜蚄俸虮蚁之神位"。外有一木軸,八楞,兩端細,中粗,長二寸許,上書"上上,大吉"等字;旁有一瓦鐙盤,疑係以木軸轉於盤上以卜休咎。

　　包頭出海面一千零四十米達,地氣高寒。太陽出時頗熱,人後即不能離棉衣。日中在街上走,兒童赤身,老人還有披裘的。同一時候①而衣飾相差如此!

　　包頭北直至蒙古草地中,馬蓮草疑當作馬蘭草到處皆有,以路旁

────────────

①編者注:"候",原誤作"侯"。

爲最多。現正開花，氣微香，色紫。塞外所見底花，止有此一種。
五月三十日。

　　包頭北二三百里內皆有漢人居住。廟宇以龍王廟爲最多，或
者是因爲此地水泉稀少，水屬難得可貴的緣故。廟前大約有土牆
一堵，上薄下厚。牆上中間及兩端皆高，略如Ɱ字形。正面有一
土砌大龍字。背面有一小洞，內有一小神，不知何名。再後有一
小土臺，大約是祭小神的香臺。再後即係正廟，大約係爲土室一
間，或略大，或極小。屋頂仍係Ɱ字形，或立小石爲之。內所供
神不一，除龍王外，馬牛財神等雜牌的神全有。大約全有卜軸，如
前所記。據我所見，以紅瓦子公宗的爲最大。廟前二三十步的光
景有一坐戲臺，臺約半人高，上面也像內地廟前的戲臺，但已經破
毀，聽說民國以來，就沒有修理。廟檐前懸一鐵鐘，爲同治五年所
鑄。廟內正坐神三，但上首一神像比其餘二神像小得多。神皆着
道士冠。下首更有一小神，皆不知何名。神手上全被哈達，大約
是受蒙古風俗的影響。壁皆彩繪，圖頗幼稚①。正面神後繪神像
五。中間神年少無鬚，執珪正坐。兩旁有鬚神四，全執珪向中坐。
左右兩壁皆畫龍神行雨狀。右壁上繪一龍，下有一惡鬼執繩牽其
鼻，就像牽駱駝的一樣，大約也是受地方的影響了。

　　白靈廟豬肉每一元可買六斤。牛羊無另賣的，須要整買自
宰；如用十元買一羊，可得三十斤肉；三十元買一牛，可得肉二百
斤。通常然爐用牛糞。但洋廣雜貨鋪內櫃房中爐大約用煤。煤
每一元可買六十多斤。手藝人租一平常之蒙古包每月出洋三元。

①編者注："稚"，原誤作"雅"。

買一平常之蒙古包，須用四十多元。鷄蛋每一元可買三十幾個。間有自種葱韭白菜的，但收成聽說不很好。今天六月三日有人來帳篷前賣葱，六十銅元一斤，因爲從漢地來到這裏賣葱，須要走五六十里路，並且每次也不見得能賣多少斤，所以貴到這步田地。

　　蒙古人敬佛，全用畫像，絕無用印像者，所以每廟附近全有若干畫師包攬生意。聽說這些畫師全是山西應州人，並且全是應州城裏的人。無論内外蒙古全是如此。應州城内小康的家，子弟少長，即送畫師處學畫，衣食自備，尚須送老師若干禮物。五年出師。藝成者即到内外蒙古作畫。每年三月出，十月即各自歸家。白靈廟有畫鋪四家。我所認識底有白姓一家。鋪中共四人：一宋姓，每年工價一百元，兩個徒弟，每年每人工價五十元，全管飯。白姓係掌櫃，每年約可賺二三百元。聽說應州城内在内外蒙古的畫師，通共有好幾千人。每人每年平均要帶回家中錢百幾十元，括總算起，那個款項的數目也就可觀了。

　　白靈廟爲康熙年間所建，並且關於康熙皇帝的傳說頗多。他們說："白靈廟爲九道山會集的地方，這句話有幾分真實，雖没有九道之多，也要有六七道。所以叫作九龍口。廟前一小山曾爲康熙爺所截斷，即所以破其風水；建廟於九龍會集的地方，也就是要壓此地的王氣。"這些傳說一定是漢人的，不是蒙古人的，歷史的價值大約也很有限。不過西邊十數里有所謂康熙營盤者，黃仲良去看一次，據説還有營壘的遺址可尋。康熙皇帝之征準噶爾，共有三①次：第一次康熙二十九年（一六九〇②）。曾命康親王傑書等屯

①編者注："三"，原誤作"四"。
②編者注："〇"，原脫。

歸化城，邀噶爾丹的歸路；但噶爾丹自烏蘭布通敗遁後，歸化城兵未邀擊，不知此路前鋒軍是否曾至白靈廟。第二次康熙三十五年（一六九六）。西路師自寧夏出發，然據殷化行《西征紀略》言：“日四五十里，或五六十里，循黃河行可十餘日，遂舍河載水束芻度戈壁。……”則此路實循黃河東北行六七百里後，始舍河向東北度磧，軍行或可過白靈廟。又據魏源説：此次“西自大同、歸化城度漠北至推河亦設三十餘驛；聖祖第三次由此出寧夏……費揚古西路凱旋之師實此還，故聖祖親勞之於歸化城。……”（《聖武記》中《康熙親征準噶爾記》）自歸化城北度大漠，白靈廟似爲必由之路。如上所推不誤，則當第二次及第三次出師時（康熙三十六年，一六九七），白靈廟實爲大軍經過要地。惟康熙皇帝自歸化城至寧夏時，是否曾北過白靈廟，現尚未考明。白靈廟一偏殿内，有一像，滿裝端坐，問喇嘛，他們就信口説是佛像。我説佛像絶没有這樣的，恐怕是康熙爺的像罷，他們也信口答説是是。他們這些話完全靠不住，我們現在只好傳疑了。七月二日。

　　前兩天因爲要采集植物標本，需要幾個花夾子，就派人到ㄎㄨㄌㄐㄝㄌㄐㄝㄌㄚㄇㄨ南數里小村上找來一木匠，昨晚來到。我今天問他，他説此地莊戶人家的情形頗詳，大約如下：

　　此附近漢人大約以農業爲生，每頃地每年應交糧錢交固陽縣。二十餘塊，租錢交蒙古王公，固陽附近則不交租錢。不及一塊；外應出軍糧錢塊餘，保衛團錢五六塊，車馬差事錢，太平時候，每年需交七八塊，但近年荒亂，每年需交二十塊光景。然則每頃地每年太平時須出洋三十餘塊，荒亂時須出洋五十塊光景。所種有釉麥、小麥、小米等類,至高粱①、玉蜀黍則不能生。麥每年清明後種,處暑後收。中收每畝二斗,上收可到四五斗。每斗二十斤。小麥每斗一元,秞麥較貴。粗布每尺一角,洋布每元可買七八尺;莊户人家多穿粗布,因爲它比較耐穿。棉花每斤一元,本地不出,以來自大同、歸化一帶者爲佳;至來自新疆的,品色較次,七八角錢即可得一斤。男人多穿不加面子的羊皮,女子則不穿,只穿棉衣。惟富家女人家亦間穿羔皮。平常人穿的大羊皮襖,約值十來塊錢。固陽縣城頗寥落,只有布鋪、藥鋪等類,並無糧店。想買東西必須南到包頭。所以本地人多用實物交換,無内地趕集趕會一類的事情。一年内惟過年及八月節全體肉食,至於五月節,只有有錢的人才肉食。每村皆有龍王廟,大村則並有五道廟。十數村成一會,每會太平時每年亦唱戲酬神。每演四天。戲據説是二簧腔,但恐怕不見得是北京之所謂二簧。梆子腔也沒有。每班三四十人。演一次價洋百元左右。討飯的也到家裏住,可以跟着吃喝。通常吃菜子油,每元買三四斤,點燈也用。至煤油則不通行。娶婦通常須花洋七八十元,但亦不等。所費錢以送女家禮爲大宗,至衣飾則頗簡陋,有錢人也不過做三兩件泰西寧綢衣服。娶時用轎車。賃一轎車每日約二元。富人用轎車四輛,夫、婦、娶親客、送親客各乘其一。貧人止用一輛,新婦乘之,至新婿則騎馬。馬可借用。七月二日。

此次五月二十六日至ㄚㄇㄙㄝ儿河畔,廿八日移ㄏㄚㄋㄚ河畔,明日(七月廿日)啟行,在此間共住五十四日。ㄚㄇㄙㄝ儿同

---

①編者注:“粱”,原誤作“梁”。

ㄏㄚㄋㄚ雖異名，實一河，不過隔一山頭。再往上五六里，則名ㄏㄨㄐㄝㄦㄊㄨㄍㄡㄌ，其實仍是一河。外國人把現在住的地方叫作ㄏㄨㄐㄝㄦㄊㄨㄍㄡㄌ，其實並不很對。名叫作河，其實不過一乾河道，間存積水而已。上游下游僅以地勢高下知之。東西數十里中，以住帳地水爲最多，然亦數經斷續。此地雨澤甚少，五十四日中落雨不過四五次，且每次雨量甚少，聞農民頗苦旱，即蒙古人亦因雨少草不長，牧畜不肥爲苦。近幾天内氣壓頗低，雨雖不大而次數較多，現在仍正細雨淋漓，或將有需足的雨澤，亦未可知。雨後草長畜肥，自屬可喜，但恐終夜不住，明日行期又須展緩耳。野畜止見黄羊同狼。黄羊即麠的俗名，無角，身態亦與鹿近羊遠。聽説在北京其肉價頗貴，每斤需價五六毛。在此地則獵取頗易；初到時，每日食此，大家全有點厭煩。狼亦甚多，每夜聞嗥聲。有一天，時當正午，它來到帳篷附近數十步内，拉爾生要用槍打它，它才逃去。蟲類頗多。夜間如不小心，點燈而不關帳篷，即有一種小蟲，成千成萬的飛來，頗討人厭。草佳處有一種小蠅，人過即麕集面目間，驅之不去，極惹人厭。帳篷附近無小蠅而青頭蠅頗多。飯廳内時置高二寸餘的盛牛奶的小瓶，青頭蠅進，即不能出，有時至滿。惟此種蠅在住帳内尚易驅除。亦有尋常之所謂飯蠅，但不多。蠅在帳内，最喜集帳脊横木之兩端，時被擠斃而彼集如故。草中有一種黑蟲長幾二寸，能飛，初時尚不多，希淵謂應設法毒死，不然將成草灾。近則幾到處皆有。七月十九日。

三德廟在烏喇特旗西境，過此一二百里即至阿拉善旗地。地有生意廿餘家，皆在廟東ㄔㄜㄉ丨ㄡㄍㄡㄌ附近，南十里許至瓦窰，北十里許至ㄨㄣㄨㄌㄍ或名ㄨㄣㄨㄌㄚㄍ，依河散居。因爲此地不許蓋房子，所以全在蒙古包內居住。商人、手藝人大約爲山西代縣、忻縣、定襄、崞縣各處人，止有一家爲直隸深縣人，字號爲永盛厚，在北京北池子有分莊，故在此地稱爲京莊生意。至於山西生意之最殷實者，爲同心西、天義長兩家。此地南離民地，聽說尚有百里光景，漢人食物全從民地運來。小麥麵每元七八斤，秞麥麵則略貴，且不易得。據說如有肉食者，仍以小麥麵爲佳，如不肉食，則以秞麥麵爲較耐飢。吃點皆用胡麻油，每元約買三斤。駝毛每元二斤，棉花極少，須二元一斤。主要燃料爲一種木材，叫作ㄐㄧㄚㄍㄠ。夏日或燒牛糞。此樹本地不出，生於北邊五六十里處，出產頗多，可以自己往樵采。樹身可至三四把，高不過五六尺，木材不堅，不能成器，止可供燃燒。本地頗有榆樹，但不許樵采。在此地作買賣者，生意小則可領半票，大則須領整票。每一票每年應納地稅三十四兩，半票半之。八月十九日。

現在五原縣治與隆興長隔橋相望，土人也有稱它爲隆興長的，因爲五原設治以前，止有隆興長，故土人稱其舊名。隆興長爲正定人王同春的"牛居"。居讀若具。土人稱種田，許多佃户聚居的地方爲牛居。王因善看渠口，在後套中頗有聲名。私家大渠如楊家河子，官家大渠若永濟渠，據說全是王所看底渠口。王即前些年作土匪，現在領半土匪軍隊，稱護路總司令王英的父親。八月二十八日，這些是永盛厚張掌櫃説的。

蒙古人除喇嘛外幾無識字者，即喇嘛亦大半不識字。且近來念經，全用西藏字。一能念經的蒙古喇嘛，我問他，他止識藏字，並不識蒙古字。八月十九日。

新疆市面用紅錢及票銀。紅錢即內地之制錢，不過背面有纏頭字。市面行不甚多,不過比今日北平市面之蹦子略多而已。票面書明憑票發足紅錢四十文者,名曰一錢銀票,現用黃油布印。票面書明憑票發足紅錢一百文者,名曰二錢五分銀票。票面書明憑票取足紅錢四百文者,名曰一兩銀票,票背注明值湘平銀一兩。此二種票,舊票皆在內地定印,新一兩銀票,則由新疆自購機器製印。舊票新票在理論上價值相等,納稅或與官錢局交易亦得相等,但舊票破爛,爲市民所不喜用,每百兩價值與新票相差約二三兩。各種票上均有纏頭字。此類票銀均屬不兌換紙幣,所以想買國幣百元,現時出價三百二十三兩,入價三百四十五兩。票面標明紅錢四百的一兩銀票,止能換紅錢一百六十。新疆的機器每天可印票印五六千兩。楊蓋臣去世後,金德庵在那裏終日捉兵,_{新疆無人願意當兵。}那裏普通作苦的人每月除食用外,總可以剩票銀二十兩左右,而兵士除管飯外,每月只得餉銀六七兩,所以到農忙時,兵士多逃。金德庵加每兵餉錢二兩,然尚相差甚遠。如須當兵,必到處強捉始可。餉銀無着,又終日在那裏發行,將來價值不曉得又要低落若干。票銀換紋銀,十六年每紋銀百兩換票銀三百三十兩乃至三百四十兩,十七年_{秋冬之交;以下所言十七年,均屬此時。}則換票銀三百七十兩乃至四百兩。新疆與內地的匯兌向分信兌、電兌兩種;十六年國幣一元,信兌二兩二,電兌二兩四;十七年信兌二兩四乃至二兩五,電兌二兩七。至物價則十六年與十七年相差更遠。專就迪化論,麥十六年每石_{約四百斤}票銀二十八兩至三十兩,十七年官家定價四十兩,市面則貴至五十五兩。白麵分水磨、旱磨二種,十六年每百斤水磨七兩,旱磨九兩;十七年水磨十七兩,旱磨二十兩。大米每斗十六年票銀四兩五;十七年則七兩五乃至八兩。煤分嵐炭_{又名焦炭}、大煤、烟炭三種:通常燒爐用嵐炭;鋪戶用大煤,住户用烟炭。嵐炭又分白灰、黄灰、雙石窩、爛豆腐四種,前三種十六年每百斤價銀七錢五至一兩;十七年則貴至一兩七錢五。爛豆腐十六年每百斤一兩二;十七年則二兩。大煤分大窑煤、小窑煤二種:此二種十六年每百斤價銀一兩二;十七年二兩四。烟炭又分開花炭、二架梁、東山炭三種:此三種十六年每百斤價銀六錢;十七年則八錢。這種物價驟然騰高,原因全由金德庵的捉兵。以後或仍能低落亦未可知。此條係據十七年冬所抄的單子補記。

附錄三　中國學術團體協會與斯文赫定博士所訂合作辦法原文

中國學術團體協會爲組織西北科學考查團事與瑞典國斯文赫定博士訂定合作辦法如左：

第一條　本協會爲考查西北科學事務，容納斯文赫定博士之協助，特組西北科學考查團。

第二條　本協會特組西北科學考查團理事會，依據本合作辦法，監察並指揮該團進行一切事務。

第三條　西北科學考查團，由理事會委任中外團員若干人組織之。外國團員之由斯文赫定博士選定者，本協會審核後予以委任，其姓名、國籍、資格及所擔任科目，另列附單。

第四條　理事會就團員中委任中外團長各一人，其外國團長即由斯文赫定博士任之。

第五條　中外兩團長之任務規定如左：

（一）旅行中之行止及工作時間等事，由外國團長商同中國團長規定之。

（二）關於團員之工作分配，外國團長須預徵中國團長之同意。中國團長如有提出工作分配時，亦須得外國團長之同意。

（三）途中與各地方長官接洽事務，由中國團長主持辦理。

（四）采集品之運輸，由中國團長主持辦理。

第六條　關於全團經費之擔負，及其他旅行中一切必需事項，規定如左：

（一）全體團員自出發之日起，至事畢回京之日止，所需之食料、篷帳、夫役、駝畜、醫藥，采集品之運京，及其他旅行上必要之費用，均由斯文赫定博士擔任之。

（二）斯文赫定博士除擔任外國團員之薪水外，並自出發之日起，至事畢回京之日止，按月捐助華幣八百五十元於本協會，其用途另列附單。

（三）其餘未盡事宜，由中國團長隨時與赫定博士商洽辦理，並報告理事會考核。

第七條　旅行往返路綫，由北京經包頭、索果諾爾、哈密、迪化、羅布諾爾至車爾成。遇必要時，得由兩團長妥商，略予變更。但如有重大之變更時，須電請理事會審查，核准後始能執行。

第八條　旅行期限，自離京之日算起，至多不得過兩年。

第九①條　旅行中所考查之事項，其主要者爲：

地質學、地磁學、氣象學、天文學、人類學、考古學、民俗學。

第十條　凡直接或間接對於中國國防國權上有關係之事物，

———————————

①編者注："九"，原誤作"八"。

一概不得考查。如有違反者,應責成中國團長隨時制止。

第十一條　旅行時所繪地圖,除工作所用區域外,其比例不得大於三十萬分之一。

第十二條　考查時應守之規定如下:

(一)不得有任何籍口,致毀損關於歷史、美術等之建築物。

(二)不得以私人名義購買古物等。

第十三條　關於考古學,規定不作發掘的工作。但遇有小規模之發掘,對於全團之進行並無大礙,又采掘所得之物不甚重滯,運輸上無須有特別設備者,得由中國團長商同外國團長執行之(但對於全團進行並無妨礙時,較大規模之考古學的發掘仍可爲之)。

第十四條　收羅或采掘所得之物件,其處分方法規定如左:

(一)關於考古學者,統須交與中國團長或其所委托之中國團員運歸本會保存。

(二)關於地質學者,其辦法同上,但將來運回北京之後,經理事會之審查,得以副本一份贈與斯文赫定博士。

第十五條　考查所得各項成績,其處分方法規定如左:

(一)照片:須交理事會審查,並須交存一本於理事會。

(二)自然科學中之圖綫記錄:須交與理事會審查,於六個月內審查完畢。

(三)筆記圖畫或日記:依上條辦理。

(四)地圖:除經理事會於六個月內審查外,並須由理事會轉送參謀本部審查。

(五)電影片:(一)須經理事會審查;(二)須存副本一份於理事會;(三)初次開映須在北京。

凡未經上文所説之審查手續者，不得發表。

第十六條　考查完畢時，須用本協會名義發表正式報告。其辦法如左：

（一）每種科學出一小册子，其篇幅約定爲八開本二百西頁，用中文及西文對照排印。

（二）此項排印費由本協會擔任之，印成後贈一百部與斯文赫定博士。

（三）報告上所刊著作者之姓氏，除首列兩團長外，其餘團員，均依西文字母次第排列之。

（四）此項報告，當於考查完畢後二年六個月之內出全。

第十七條　由此次考查而產生之大部著作，其發表方法規定如左：

（一）出版須在正式報告出版之後。

（二）分著作爲兩部，關於地質學、人類學、考古學、民俗學等屬甲部，關於地磁學、氣象學、天文學等屬乙部。甲部著作由本協會擔任經費，在中國出版。乙部著作由斯文赫定博士擔任經費，在歐洲出版。雙方交換一百部，其餘自由發行。

（三）關於甲部之材料，無論是中國團員或外國團員考查所得，統須交與理事會。關於乙部之材料，無論是中國團員或外國團員所得，經理事會於六個月之內審查完畢後，交與斯文赫定博士。

（四）甲乙兩部中各項著作，須用同一總名概括之，並須照同一版本同一式樣印刷之。

（五）此項著作用本協會名義發表，其著作人之姓名，分刊各卷之上。但甲部之書，應由中國團長任總編輯，外國團長任副編輯。乙部之書外國團長任總編輯，中國團長任副編輯。

第十八條　考查氣象時設有氣象臺四座，此項氣象臺中所用儀器，斯文赫定博士已允贈與中國。俟考查完畢時，由斯文赫定博士交與理事會。

第十九條　本訂定辦法，附有英文譯本一份，應以中文爲準。

以上合作辦法十九條，於中華民國十六年、西曆紀元一九二七年四月二十日，經本協會第九次大會之議決，並推定當日主席周肇祥先生爲代表，與斯文赫定博士逐條研究，雙方認爲滿意，於是月二十六日在北京北京大學研究所國學門簽字。

　　　　　　　　　　　　　　周肇祥　Sven Hedin